U0687892

本书编写组

顾　问：孙家栋　戚发轫　叶培建

主　编：赵小津
副主编：李　杰
成　员：孔延辉　孙荻艺　张国航　母国新
　　　　胡水洋　孙　琳　庞　丹　王同心
　　　　成　方　门　昱　薛　飞

精神的力量

航天精神引领中华民族探索浩瀚宇宙

赵小津 主编

中国空间技术研究院 编

人民出版社

责任编辑：毕于慧
封面设计：王欢欢
版式设计：汪　莹
责任校对：史伟伟

图书在版编目（CIP）数据

精神的力量：航天精神引领中华民族探索浩瀚宇宙／中国空间技术研究院　编；
　　赵小津　主编 . — 北京：人民出版社，2022.1（2022.3 重印）
ISBN 978 - 7 - 01 - 024337 - 5

I.①精…　Ⅱ.①中…②赵… 　Ⅲ.①思想政治教育 - 研究 - 中国
　　Ⅳ.① D64

中国版本图书馆 CIP 数据核字（2021）第 251676 号

精神的力量
JINGSHEN DE LILIANG
——航天精神引领中华民族探索浩瀚宇宙

中国空间技术研究院　编　赵小津　主编

人 民 出 版 社 出版发行
（100706　北京市东城区隆福寺街 99 号）

北京盛通印刷股份有限公司印刷　新华书店经销

2022 年 1 月第 1 版　2022 年 3 月北京第 2 次印刷
开本：710 毫米 ×1000 毫米 1/16　印张：28.75
字数：410 千字

ISBN 978 - 7 - 01 - 024337 - 5　定价：118.00 元

邮购地址 100706　北京市东城区隆福寺街 99 号
人民东方图书销售中心　电话（010）65250042　65289539

版权所有·侵权必究
凡购买本社图书，如有印制质量问题，我社负责调换。
服务电话：（010）65250042

序

这本《精神的力量》，有高度、有深度、很厚重。读完后，我的心情久久不能平静。

作为一名航天"老兵"，我有幸亲历了中国航天事业自创建以来经历的峥嵘岁月，有幸参与了许多重大的工程任务，有幸见证了许多重要的历史时刻。这么多年来，我一直有一种强烈的感觉，这就是：搞航天、干事业，既要靠物质的力量，更要靠精神的力量。航天精神是伟大的精神，蕴含着无穷的力量。当我们通过传承与弘扬，掌握了这种精神，把它转化成不可限量的物质创造力，航天事业就能够永远发展下去，永远兴旺发达。

翻开这本书，航天精神的力量扑面而来。回想我国航天事业刚起步时，真是一无所有、一穷二白。几十年过去了，我们一步一个脚印走到了今天，取得了辉煌成就，得到了党中央的高度肯定和全国人民的点赞加油，让世界刮目相看。是精神，是深厚博大的航天精神，涵养了"敢教日月换新天"的气魄，连贯起一代接着一代干的征程，引领着全体航天人砥砺奋进、一往无前。

这本书的字里行间，全是澎湃的热情，全是珍贵的回忆。在激情燃烧的岁月里，在毛主席的亲切关怀和周总理的直接领导下，在钱学森等科学家的组织推动下，中国航天人自力更生、艰苦奋斗，让航天事业从无到有、从小到大迅速地发展壮大起来。我永远忘不了，从天上传来的《东方红》旋律，是那么地悠扬、那样地动听！改革开放后，党中央和全国人民继续大力支持航天事业，中国航天人披荆斩棘、刻苦攻关，让航天事业一日千里，突飞猛进地实现飞跃，大踏步赶上时代。杨利伟飞天、中国人进入太空，给我们带来了无与伦比的激动和幸福，至今回味无穷！进入新时代，习近平总书记提出了航天梦，中国航天人奋力奔跑、勇敢逐梦，让航天事业奔向强国目标，自立自强谱写了新的辉煌篇章。北斗泽沐八方，嫦娥飞天揽月，天问造访火星，天和筑梦天河……这些最好的消息一件接着一件地传来，很圆满，很不容易，我真是万般地快慰！

习近平总书记曾经对我讲："'两弹一星'精神激励和鼓舞了几代人，是中华民族的宝贵精神财富。"这让我感触很深。航天精神深厚博大，跨越时空，不断发展，蕴含着无穷的力量。这本书从理论层面进行了阐发，总结了规律，提炼了经验。这样做非常必要、很有意义、引人深思。

探索浩瀚宇宙，是我们民族数千年来矢志不渝的追求，也是全人类的共同梦想。仰望星空，航天事业神圣而光荣，但也充满了坎坷与艰辛，必须坚持精神的引领，用好精神的力量。无论条件如何变化，无论发展到哪一步，都要把航天精神传承好、弘扬好、发展好。

现在，历史的接力棒已经交到新时代航天人的手中，建设航天强国使命在肩，弘扬航天精神薪火相传。在新的征程上，我

图1 | 1989年，时任航天工业部副部长的孙家栋在中国空间技术研究院调研（左为本书主编）

愿与大家一起继续前进。我坚信，有党的领导和全国人民的支持，有伟大航天精神的引领，我们中国航天人通过接续奋斗，一定能够开创更加美好的明天，一定能够实现航天强国的梦想，一定能够为实现中华民族伟大复兴作出更大贡献！

2021 年 10 月

目　录

前　言 001

第一编　深厚博大的航天精神及其力量

第一章　党中央高度重视传承和弘扬航天精神 003
第二章　深厚博大的航天精神 009
　　第一节　航天传统精神和"两弹一星"精神 009
　　第二节　载人航天精神 011
　　第三节　探月精神 012
　　第四节　新时代北斗精神 014
第三章　航天精神引领中国航天事业跨越发展 017
　　第一节　航天事业的使命责任 017
　　第二节　空间事业的发展成就 024

第二编　中华民族向宇宙进军（1956—1978）

第四章　新中国航天事业的创建 031
　　第一节　一定要发展尖端技术 033
　　第二节　向科学进军 035
　　第三节　海外游子学成归来 038

第四节　下决心搞导弹 042

第五章　东方红响彻寰宇 050

第一节　"我们也要搞人造卫星" 050

第二节　我国研制人造卫星的时机已到 057

第三节　勒紧裤腰带，咬紧牙关 067

第四节　一颗螺丝钉也不能放过 074

第五节　"独立自主、自力更生精神万岁" 083

第六章　自强不息　成果累累 092

第一节　科学实验卫星：迈出坚实步伐 092

第二节　返回式卫星：三星连续告捷 094

第三节　气象卫星：深入研究探索 097

第四节　通信卫星：列入国家计划 099

第五节　系统工程：走出自己的路 104

第七章　航天精神的孕育 108

第一节　一切为了祖国 108

第二节　自力更生是首要经验 110

第三节　"科学的春天到来了" 112

第三编　跨世纪的凌云飞跃（1978—2012）

第八章　加快我国航天事业发展步伐 119

第一节　发展航天高技术 119

第二节　实施载人航天工程 125

第三节　推动航天事业科学发展 130

第九章　敢向苍穹挂新星 135

第一节　继往开来的奋斗 135

第二节　集中力量打歼灭战 138

第三节　星瞰神州　通天盖地 ………………………… 143

第四节　卫星通信效益显著 ……………………………… 153

第十章　载人航天圆千年夙愿 …………………………… 160

第一节　跨越世纪　纵横苍穹 ………………………… 160

第二节　深入的论证　宏伟的蓝图 …………………… 165

第三节　全力以赴交出军令状 ………………………… 173

第四节　"非典"来袭，载人首飞成功 ……………… 181

第五节　"我已出舱，感觉良好！" ………………… 187

第六节　神舟往返天地　天宫太空穿针 …………… 196

第十一章　星光璀璨　造福人民 ……………………… 206

第一节　通信卫星大展身手 …………………………… 206

第二节　资源卫星成为"百家星" …………………… 211

第三节　气象卫星"叱咤风云" ……………………… 214

第四节　星河如带　飞向天外 ………………………… 218

第十二章　航天精神的凝练与发扬 …………………… 221

第一节　航天传统精神的凝练 ………………………… 221

第二节　"两弹一星"精神的提出 …………………… 223

第三节　中华民族的宝贵精神财富 …………………… 224

第四节　载人航天精神的阐发 ………………………… 226

第五节　"特别"的精神丰碑 ………………………… 229

第六节　航天"三大精神"的深远影响 …………… 231

第四编　向航天强国梦进发（2012 年以来）

第十三章　航天梦，中国梦 …………………………… 237

第一节　创新是第一动力 ……………………………… 237

第二节　发展航天事业，建设航天强国 …………… 239

第三节　为实现航天强国梦而不懈奋斗 …………………………… 247

第十四章　献给世界的中国北斗 …………………………………… 251
　　第一节　辉煌的"五个千万工程" ……………………………… 252
　　第二节　从无到有，北斗一号登上舞台 ……………………… 257
　　第三节　覆盖亚太，北斗二号走向世界 ……………………… 262
　　第四节　全球组网，北斗三号泽沐八方 ……………………… 273

第十五章　九天揽月星河阔 ………………………………………… 290
　　第一节　千万里的追寻 ………………………………………… 290
　　第二节　奔月而去　"绕"月而行 …………………………… 295
　　第三节　"落"月留痕　勘察月背 …………………………… 301
　　第四节　采"回"月壤　荣耀归来 …………………………… 309
　　第五节　"天问"探火　"祝融"驭火 ……………………… 318

第十六章　空间技术大发展大跨越 ………………………………… 328
　　第一节　中国的空间站来了 …………………………………… 328
　　第二节　通信卫星比肩国际高水平 …………………………… 340
　　第三节　遥瞰寰宇　感知天地 ………………………………… 347
　　第四节　科学探测卫星求新知 ………………………………… 351
　　第五节　国际合作展现中国担当 ……………………………… 356

第十七章　航天精神的赓续发展 …………………………………… 363
　　第一节　从北斗精神到新时代北斗精神 ……………………… 363
　　第二节　从"可上九天揽月"到探月精神 …………………… 368
　　第三节　实现中国梦的强大动力 ……………………………… 372

第五编　航天精神的建构与启示

第十八章　深厚的精神渊源 ………………………………………… 377
　　第一节　历久弥新的民族精神 ………………………………… 377

第二节　赓续传承的红色血脉 ……………………………………… 381

第三节　孜孜以求的科学品格 ……………………………………… 387

第四节　创新开放的时代气质 ……………………………………… 392

第十九章　深广的精神力量 ……………………………………… 396

第一节　关于精神的力量 …………………………………………… 396

第二节　航天精神力量的生发 ……………………………………… 398

第三节　航天精神力量的涌动 ……………………………………… 401

第二十章　深沉的文化自信 ……………………………………… 404

第一节　对社会主义核心价值观的丰富与强化 …………………… 404

第二节　对信仰信念信心精神动力的巩固与发扬 ………………… 407

第三节　对人类和平与发展崇高事业的融汇与促进 ……………… 414

第二十一章　深刻的经验启示 …………………………………… 419

第一节　坚持党的坚强领导，不忘初心、矢志报国 ……………… 419

第二节　增强志气骨气底气，坚定自信、自立自强 ……………… 422

第三节　统筹物理事理人理，尊重知识、尊重人才 ……………… 424

第四节　把握发展规律大势，放眼时代、拥抱世界 ……………… 428

结　语 …………………………………………………………… 432

主要参考文献 …………………………………………………… 436

后　记 …………………………………………………………… 444

前　言

　　精神是有力量的。精神的力量是无穷的。深厚博大的航天精神，蕴含着磅礴绵延的精神力量，是中国共产党人精神谱系的重要组成部分，彰显了中华民族自强不息的伟大精神，引领中华民族在探索浩瀚宇宙的征途上砥砺奋进、阔步前行。

　　飞向太空、遨游宇宙的梦想，与中华民族的沧桑历史一样悠远。我们的祖先自古以来就仰望星空、放眼天下、渺观宇宙，形成了丰富的认识，凝练了深刻的智慧，影响了中华民族历经五千多年而生生不息的文明面貌。新中国成立后，中国共产党领导中国人民以革故鼎新、改天换地的气魄，激情燃烧、斗志昂扬，决心"我们也要搞人造卫星"，矢志"上九天揽月"，开启了中华民族向宇宙进军的征程。

　　中国航天事业是当代中国的璀璨篇章。1956 年，国防部第五研究院成立，这是我国第一个导弹研究机构，标志着中国航天事业的创建。1968 年，中国空间技术研究院成立，这是我国为专门研制人造卫星及其他航天器而成立的机构，标志着中国航天开始形成完整的工业体系。60 多年来，在中国共产党的领导下，经过几代航天人接续奋斗，中国航天事业积淀了深厚博大的航天精神，并以其为引领，创造了辉煌的成就，大幅提升了我国的综合国力和国际地位。

　　历史川流不息，精神代代相传。在引领航天事业发展的同时，航天精神也得到了丰富发展。航天传统精神、"两弹一星"精神、载人航天精神、探月精神、新时代北斗精神，由中央明确提出并大力倡导。它们如同一串明珠，熠熠生辉，在史册上永恒定格，永放光芒。

在探索浩瀚宇宙的征途上，航天精神鼓舞着一代又一代航天人爱国创新、勇攀高峰，把我国建设成了航天大国、正在迈向航天强国。航天精神的力量有着极为丰富、十分生动的表现——

表现为党中央高瞻远瞩、系统擘画，以高度的战略清醒与科学的战略决断，调动各方资源，创建和发展航天事业，提出并倡导航天精神，领导和推动航天事业不断从胜利走向新的胜利。

表现为一代代航天人不忘初心、接续奋斗，满怀对祖国和人民的无限热忱，毅然投身航天、报效祖国，团结拼搏、甘于奉献、薪火相传，推动航天事业在发展中从高峰攀上新的高峰。

表现为一位位杰出的航天科学家仰望星空、鞠躬尽瘁，面对国家需要而毅然抉择，面对艰难险阻而永不言败，勇立时代潮头，历经千锤百炼，成就不朽功业，带领队伍创造了一座又一座里程碑。

表现为一支支航天队伍自立自强、创新超越，服务国家发展大局，一步一个脚印前进，闯过一道道难关，啃下一块块硬骨头，用成功报效祖国，用卓越铸就辉煌，交出了一张又一张优异答卷。

表现为一个个航天工作者心怀梦想、发愤图强，撸起袖子干、挥洒汗水拼，舍小家为大家、为国家，严慎细实地工作，无怨无悔地奋斗，奋勇创新、奋力超越，唱响了一首又一首写给梦想的赞歌。

航天精神的力量不止于此。在漫天的星光中，有许多是我们的卫星，它们照亮了广袤人间，播撒了现代文明，带来了显著效益；在静谧的太空中，有我们的空间站在运行，它扬帆在宇宙，筑梦于天河，温馨而舒适，令人心向往之；在月球上，在火星上，"嫦娥"与"玉兔"相守，"天问"与"祝融"为伴，它们拓宽了人们的视野，延展了知识的边界，创造了新时代的中国传奇。再看那一枚枚火箭冲天而去，一项项航天技术广泛应用，一个个航天故事振奋人心……中国航天的发展、成就和故事，给人们带来了便利、振奋与感动，给社会带来了方方面面的深远影响。这些也都是航天精神力量的体现与力证。

　　我们编写这本书的目的，就是方便读者更加系统地了解航天精神，更加深入地领略航天精神引领中华民族探索浩瀚宇宙的光辉历程，更加真切地感受精神的力量。全书由五编组成。第一编"深厚博大的航天精神及其力量"重在导入，介绍航天精神形成发展的脉络，勾勒力量的轮廓。第二、三、四编重在讲述，结合具体的时空历程，回顾航天精神是如何鼓舞和推动中国航天事业不断从胜利走向新的胜利的。其中，第二编"中华民族向宇宙进军"回顾社会主义建设时期中国航天事业的峥嵘岁月（1956—1978），第三编"跨世纪的凌云飞跃"着眼改革开放后中国航天事业的巨大发展（1978—2012），第四编"向航天强国梦进发"讲述中国特色社会主义进入新时代以来中国航天事业的伟大跨越（2012 年以来）。第五编"航天精神的建构与启示"重在阐发，回溯源流，探讨内在的力量与外在的意义，总结经验与启示。

　　2021 年是中国共产党成立 100 周年，也是航天事业创建 65 周年。奋斗百年路，启航新征程，我国开启了全面建设社会主义现代化国家新征程，航天事业发展也全面进入了航天强国建设新阶段。星空浩瀚无比，探索永无止境；新阶段、新使命、新征程，更加呼唤精神的力量。航天精神不仅能够让我们更加坚定发展航天事业的信念信心，而且为我们推动航天强国建设、开辟新的征途提供了不竭的力量源泉，必须始终传承好、弘扬好、发展好。同时，我们真诚地希望，航天精神及其力量，以及这其中蕴含的规律与智慧，能够为各个领域、各行各业的发展与进步提供有益的启示与借鉴，让精神的光芒引领奋斗，让精神的力量愈发澎湃，以奋斗的合力与力量的汇流，向着全面建成社会主义现代化强国的目标，向着实现中华民族伟大复兴的中国梦而奋勇前进！

第一编

**深厚博大的航天精神
及其力量**

——航天精神引领中华民族探索浩瀚宇宙

"经过几代航天人的接续奋斗，我国航天事业创造了以'两弹一星'、载人航天、月球探测为代表的辉煌成就，走出了一条自力更生、自主创新的发展道路，积淀了深厚博大的航天精神。"① 在 2016 年 4 月 24 日首个"中国航天日"到来之际，中共中央总书记、国家主席、中央军委主席习近平作出重要指示，指出航天精神具有"深厚博大"的鲜明特征。

人无精神则不立，国无精神则不强。科学成就离不开精神支撑。在中国航天事业推动国家富强、民族复兴的奋进征程中，中央根据航天事业发展与重大工程成就，明确提出了航天传统精神、"两弹一星"精神、载人航天精神、探月精神、新时代北斗精神，赋予丰富的内涵，期许持续的奋斗。

精神是奋斗的升华，奋斗是精神的展开。深厚博大的航天精神紧扣时代脉搏，在赓续传承中动态发展，展现了航天人在不同历史阶段完成党和国家赋予的使命和任务的蓬勃气象。航天精神彰显品格、激荡时代，蕴含着磅礴绵延的力量，支撑并推动着中国航天事业在历史洪流中砥砺奋进，在时代进程中挺立潮头，取得巨大成就，实现跨越发展。

---

① 《习近平在首个"中国航天日"之际作出重要指示强调　坚持创新驱动发展勇攀科技高峰　谱写中国航天事业新篇章》，《人民日报》2016 年 4 月 25 日。

第一章　党中央高度重视传承和弘扬航天精神

　　天行健，君子以自强不息。五千多年来，中华民族以爱国作为民族精神的基因，以创新作为最深沉的民族禀赋，自强不息、刚健有为，经受住了无数难以想象的风险和考验，始终保持旺盛的生命力，生生不息、薪火相传。鸦片战争以后，国家蒙辱、人民蒙难、文明蒙尘，中国人民奋起反抗，仁人志士奔走呐喊，但各种努力都以失败而告终。在历史的进程中，中国共产党应运而生。中国共产党一经成立，就把为中国人民谋幸福、为中华民族谋复兴确立为自己的初心使命，团结带领人民进行了艰苦卓绝的斗争，谱写了气吞山河的壮丽史诗。

　　毛泽东说："人是要有一点精神的"①。习近平指出："精神是一个民族赖以长久生存的灵魂，唯有精神上达到一定的高度，这个民族才能在历史的洪流中屹立不倒、奋勇向前。"② 中国共产党始终重视精神的力量。觉醒年代，中国共产党的先驱们创建了中国共产党，形成了伟大建党精神。一百年来，中国共产党在应对各种困难挑战中，在长期奋斗中构建起以伟大建党精神为源头的中国共产党人精神谱系，锤炼了不畏强敌、不惧风险、敢于斗争、勇于胜利的风骨和品质。

　　"中国人从来就是一个伟大的勇敢的勤劳的民族，只是在近代是落伍了。"③ 新中国成立初期，面对"中共的胜利将不过是昙花一现而已"的断言，面对帝国主义的政治孤立、经济封锁、军事威胁，面对满目萧条、百废待

---

① 《毛泽东文集》第七卷，人民出版社 1999 年版，第 162 页。

② 习近平：《在纪念红军长征胜利 80 周年大会上的讲话》，《人民日报》2016 年 10 月 22 日。

③ 《毛泽东文集》第五卷，人民出版社 1996 年版，第 343—344 页。

兴的"一张白纸",毛泽东代表中国共产党和中国人民,斩钉截铁地回答道:"我们中国人是有骨气的。""中国人死都不怕,还怕困难吗?"① 他强调:"我们有充分的信心,克服一切艰难困苦,将我国建设成为一个伟大的社会主义共和国。"②

20 世纪 50 年代中期,毛泽东主席和党中央决策发展"两弹一星",突破国防尖端技术。1956 年 1 月 25 日,毛泽东在最高国务会议上说:"我国人民应该有一个远大的规划,要在几十年内,努力改变我国在经济上和科学文化上的落后状况,迅速达到世界上的先进水平。"③ 在"向科学进军"的热潮中,1956 年 10 月 8 日,国防部第五研究院正式成立,标志着中国航天事业的创建。国防部第五研究院的建院方针由聂荣臻提出,经毛泽东和周恩来批准,被确定为"自力更生为主,力争外援和利用资本主义国家已有的科学成果"。1956 年我国建立了社会主义制度,进入了社会主义社会。航天事业是与社会主义建设和改革开放同步的,发展航天事业是国家整体发展战略的重要组成部分。

党中央历来高度重视航天精神,明确提出航天精神的名称与内涵,并且始终肯定和褒扬航天精神,要求大力传承和弘扬航天精神。

在社会主义建设时期,毛泽东以人民领袖的雄才大略擘画航天事业发展蓝图,批准重大决策,多次会见、考察,在 1958 年 5 月发出了"我们也要搞人造卫星"的伟大号召,并勉励钱学森和大家要独立自主,自力更生,敢于走前人没有走过的道路。④ 周恩来、聂荣臻等老一辈革命家亲切关心航天事业发展,借鉴革命经验,倡导建立科学的科研制度,作出重要决策和指示批示。他们始终关怀航天队伍成长,高度评价航天事业取得的成绩。

---

① 《毛泽东选集》第四卷,人民出版社 1991 年版,第 1495、1496 页。
② 《毛泽东文集》第六卷,人民出版社 1999 年版,第 350 页。
③ 《毛泽东文集》第七卷,人民出版社 1999 年版,第 2 页。
④ 参见《毛泽东年谱(一九四九——一九七六)》第三卷,中央文献出版社 2013 年版,第 479 页。

　　钱学森回忆道:"周恩来总理和聂荣臻元帅是这项事业的直接领导者、组织者和指挥者,他们表现了极高的组织能力和领导艺术。"① 周恩来是具体负责"两弹一星"工作的中央专门委员会的负责人,他严谨细致、平易近人的民主作风令大家钦佩不已,他提出的"严肃认真、周到细致、稳妥可靠、万无一失"十六字指示深入人心、影响深远。聂荣臻在周恩来的领导下,具体组织"两弹一星"事业。在党中央的亲切关怀和中央领导同志的动员、感染和带动下,大家赓续革命年代的优良传统,下决心在航天这个光荣的岗位上干一辈子,为发展和突破尖端技术献出自己的一生,把祖国建设得更强大,并以此为"万世之荣"。在那火热的战斗岁月里,老一代航天人和科技工作者留下了光荣的历史足印:1964 年 10 月 16 日,我国第一颗原子弹爆炸成功;1966 年 10 月 27 日,我国第一颗装有核弹头的地地导弹飞行爆炸成功;1967 年 6 月 17 日,我国第一颗氢弹空爆试验成功;1970 年 4 月 24 日,我国第一颗人造卫星发射成功,太空传来《东方红》旋律。这是中国人民在攀登现代化科技高峰的征途中创造的非凡的人间奇迹。

　　1978 年 12 月召开的党的十一届三中全会实现伟大历史转折。改革开放后,邓小平强调要一切从社会主义初级阶段的实际出发;思想更解放一些,改革的步子更快一些;中国人要振作起来;争取整个中华民族的大团结;振兴中华民族。② 他高度重视航天事业发展,要求把力量集中到急用、实用的应用卫星上来,高度评价"两弹一星"是国家兴旺发达的标志,赞赏人造卫星好,强调首要经验就是自力更生。在以邓小平同志为核心的党中央亲切关怀下,航天队伍解放思想、实事求是、开动脑筋,继续团结一致地艰苦奋斗。1984 年 4 月,东方红二号试验通信卫星发射成功并成功定点,航天技术更加有力地服务国计民生。邓小平还反复强调科学技术是第一生产力,推动"863"计划的编制和实施,并叮嘱"中国必须在世界高科技领域占有一

---

① 钱学森:《关于"两弹一星"与伟人的一些回忆》,载解放军总装备部政治部编:《两弹一星——共和国丰碑》,九洲图书出版社 2000 年版,第 107 页。
② 参见《邓小平文选》第三卷,人民出版社 1993 年版,第 251、264、358、161、357 页。

席之地"①。1986 年航天事业创建 30 年时，航天传统精神逐步得到凝练，至 1990 年 5 月确定内涵，并由聂荣臻亲笔书写。

进入 20 世纪 90 年代，以江泽民同志为核心的党中央决策实施载人航天工程，给予大力支持，并领导航天队伍向新世纪挺进。江泽民多次接见航天战线同志，赞扬其品格作风，要求抓住机遇，开拓进取，加快我国航天事业发展步伐。1999 年 9 月，中央隆重召开表彰为研制"两弹一星"作出突出贡献的科技专家大会，江泽民提出了"两弹一星"精神，强调必须将这种精神继续发扬光大。②1999 年 11 月，载人航天工程首战——神舟一号任务取得成功。与此同时，以东方红三号通信卫星、资源一号资源卫星、风云二号静止轨道气象卫星为代表的应用卫星研制取得突破，开始得到广泛应用。

进入新世纪，以胡锦涛同志为总书记的党中央科学部署、系统推进多项航天重大工程，并领导航天队伍取得新跨越。胡锦涛充分肯定航天战线同志的宝贵品质，激励大家拼搏奉献，以更高的标准和更昂扬的斗志，为我国航天事业发展而不懈奋斗。2003 年 10 月，神舟五号将杨利伟送入太空并成功返航。胡锦涛亲临现场并发表重要讲话，提出了"载人航天精神"。中央在贺电中强调要大力弘扬载人航天精神。③2005 年 11 月，中央召开庆祝神舟六号载人航天飞行圆满成功大会，胡锦涛要求在全社会大力弘扬载人航天精神。④2007 年 10 月，嫦娥一号任务取得成功。与此同时，我国应用卫星研制也取得重大进展，更加全面地服务国计民生。

党的十八大以来，以习近平同志为核心的党中央高度重视航天事业发展，科学擘画航天事业未来发展，强调大力传承和弘扬航天精神。习近平

---

① 《邓小平文选》第三卷，人民出版社 1993 年版，第 279 页。
② 参见江泽民：《论科学技术》，中央文献出版社 2001 年版，第 161—168 页。
③ 参见方向明主编：《旗帜——航天"三大精神"学习读本》，中国宇航出版社 2020 年版，第 9 页。
④ 参见《胡锦涛文选》第二卷，人民出版社 2016 年版，第 385—390 页。

总书记发表一系列重要论述，高度肯定、亲切褒扬航天精神，指出航天人的奋斗和成就"彰显了中华民族自强不息的伟大精神"，强调"不管条件如何变化，自力更生、艰苦奋斗的志气不能丢"①。他提出了"探索浩瀚宇宙，发展航天事业，建设航天强国"的航天梦，并站在实现中华民族伟大复兴中国梦的高度，要求必须传承好、弘扬好航天精神，敢于战胜一切艰难险阻，勇于攀登航天科技高峰。2016 年 3 月，中央批准、国务院批复，自 2016 年起将每年 4 月 24 日设立为"中国航天日"。② 在党中央的坚强领导下，新时代的航天人自立自强、守正创新，推动我国空间技术和航天事业实现大发展、大跨越，为实现中华民族伟大复兴进入不可逆转的历史进程，立下了卓越功勋。

2020 年 7 月 31 日，在北斗三号全球卫星导航系统建成暨开通仪式上，习近平亲自宣布"北斗三号全球卫星导航系统正式开通"，并要求传承好、弘扬好新时代北斗精神。③

2019 年 1 月 11 日，在探月工程嫦娥四号任务取得圆满成功之际，中共中央、国务院、中央军委在贺电中提出了探月精神。④2020 年 12 月 17 日，习近平代表党中央、国务院和中央军委祝贺探月工程嫦娥五号任务取得圆满成功，在贺电中勉励大家大力弘扬探月精神，一步一个脚印开启星际探测新征程。⑤

---

① 《习近平给参与"东方红一号"任务的老科学家回信强调　敢于战胜一切艰难险阻　勇于攀登航天科技高峰》，《人民日报》2020 年 4 月 25 日。
② 参见《习近平在首个"中国航天日"之际作出重要指示强调　坚持创新驱动发展勇攀科技高峰　谱写中国航天事业新篇章》，《人民日报》2016 年 4 月 25 日。
③ 参见《习近平出席建成暨开通仪式并宣布　北斗三号全球卫星导航系统正式开通》，《人民日报》2020 年 8 月 1 日。
④ 参见《中共中央国务院中央军委对探月工程嫦娥四号任务圆满成功的贺电》，《人民日报》2019 年 1 月 12 日。
⑤ 参见《嫦娥五号返回器携带月球样品安全着陆　中国探月工程"绕、落、回"三步走规划如期完成　习近平致电代表党中央、国务院和中央军委祝贺探月工程嫦娥五号任务取得圆满成功》，《人民日报》2020 年 12 月 17 日。

　　2021 年 4 月 29 日，在中国空间站天和核心舱发射任务成功后的贺电中，习近平要求大力弘扬"两弹一星"精神和载人航天精神，自立自强、创新超越。①5 月 15 日，他在天问一号探测器成功着陆火星后的贺电中说，你们勇于挑战、追求卓越，使我国在行星探测领域进入世界先进行列，祖国和人民将永远铭记你们的卓越功勋。②

　　探索浩瀚宇宙是人类的共同梦想。习近平总书记多次指出，航天事业要积极开展国际合作，为人类和平与发展的崇高事业、增进人类福祉作出新的更大贡献。"开放融合""合作共赢"已融入航天精神，成为重要的内涵，引领中国航天更加有力地推动构建人类命运共同体，创造美好生活、服务世界人民。

---

① 参见《中国空间站天和核心舱发射任务成功　习近平代表党中央、国务院和中央军委致电祝贺》，《人民日报》2021 年 4 月 30 日。
② 参见《我国首次火星探测任务天问一号探测器成功着陆火星　习近平代表党中央、国务院和中央军委致电祝贺》，《人民日报》2021 年 5 月 16 日。

第二章　深厚博大的航天精神

奋斗从哪里开始，精神就从哪里产生。航天精神在党领导创建和发展航天事业的过程中孕育，在一代代航天人投身重大工程实践的拼搏与取得的成就中得到了凝练，由中央明确提出，并得到大力倡导。

胜负之征，精神先见。党中央一声令下，赋予使命、提出目标，航天人就会迅速行动，勇于担当、敢于胜利。党旗所在，就是航天人的力量所在；党旗所向，就是航天人的奋斗方向。在党的领导下，航天事业坚决服从服务于国家战略，走出了中国特色的发展道路，创造了辉煌成就，积淀了深厚博大的航天精神。最有代表性的是航天传统精神、"两弹一星"精神、载人航天精神、探月精神、新时代北斗精神。前三者通常被并称为航天"三大精神"。

第一节　航天传统精神和"两弹一星"精神

航天传统精神是自1986年开始得到凝练，于1990年确定表述并由聂荣臻亲笔书写的。"两弹一星"精神是在1999年9月由中央提出的。它们虽然正式提出于20世纪八九十年代，但实际上反映的是航天事业初创阶段的精神气质。

航天传统精神的主要内涵是"自力更生、艰苦奋斗、大力协同、无私奉献、严谨务实、勇于攀登"，主要是总结凝练了航天事业在初创阶段队伍的精神面貌和发展的基本经验。

"两弹一星"精神的主要内涵是"热爱祖国、无私奉献、自力更生、艰苦奋斗、大力协同、勇于登攀”，主要是概括凝练了 20 世纪 50 至 70 年代在研制导弹、核弹（原子弹、氢弹）和东方红一号卫星中广大研制工作者培育和发扬的崇高精神。

　　航天传统精神和“两弹一星”精神最突出的特质是热爱祖国、自力更生。

　　热爱祖国是航天精神的起点和基石，奠定了中国航天人的初心所在。老一代航天人高举爱国主义的旗帜，怀着强烈的报国之志，自觉把个人的理想与祖国的命运紧紧联系在一起，把个人的志向与民族的复兴紧紧联系在一起。习近平指出：“历史深刻表明，爱国主义自古以来就流淌在中华民族血脉之中，去不掉，打不破，灭不了，是中国人民和中华民族维护民族独立和民族尊严的强大精神动力”[1]。在航天事业初创阶段，钱学森、任新民、王希季、杨嘉墀等一大批学有所成的科学家，放弃国外优渥条件，义无反顾回国报效，开创了中国航天事业；孙家栋等众多科技工作者以国为重，听从国家安排、不计个人得失，放弃自己熟知的专业领域，离开已有成就的工作岗位，从国内各个科研院所、部队、学校汇聚到航天战线，为“两弹一星”等重大任务而艰苦奋斗、无私奉献。

　　自力更生体现了航天人的意志和决心，奠定了中国航天事业发展的道路基础。在航天事业初创阶段，面对国家工业基础薄弱、人才资源匮乏、设备设施落后和西方国家孤立封锁等情况，老一代航天人下定决心依靠自己的力量，因陋就简、克服万难，排除干扰、勇于登攀，在没有经验、没有先进设备的条件下，成功研制了导弹、核弹，成功研制并发射了东方红一号卫星，让蘑菇云的画面传遍世界，让《东方红》的旋律响彻寰宇。

　　“两弹一星”精神与航天传统精神一脉相承，核心表述均为 6 个词语。在“两弹一星”精神中，“热爱祖国”为首词，之后的 4 个词全部来自航天传统精神。顺序上，“无私奉献”调至第 2 个，这一调整也呼应了当时的时代背景，强调了人们在具有新特点的奋斗中对“无私奉献”这一宝贵精神的

---

① 习近平：《在纪念五四运动 100 周年大会上的讲话》，《人民日报》2019 年 5 月 1 日。

需要。"自力更生、艰苦奋斗、大力协同"组合及内部排序不变，作为发展的方针、应有的作风和走群众路线、发挥制度优越性的要求等，是必须恪守的基本原则，是必须坚持的正确方向。航天传统精神中的"严谨务实"反映的是在创建中国航天事业这项前无古人的事业之后，我们对尊重科学规律、践行科学精神等的深刻认识。

"两弹一星"精神的最后一个词，对航天传统精神的"勇于攀登"略作调整，改为"勇于登攀"。两词意蕴相近，都是实践的指向。不过，毛泽东1965年作的《水调歌头·重上井冈山》中不仅有名句"可上九天揽月，可下五洋捉鳖，谈笑凯歌还"，还有一句"世上无难事，只要肯登攀"。使用"勇于登攀"，可以看作对光荣历史与伟大领袖的致敬，是克服艰难险阻、夺取伟大胜利的嘹亮回声，体现了探索浩瀚宇宙、永远一往无前的坚定信念。

老一代航天人培育形成的航天传统精神和"两弹一星"精神，为中国航天的不断壮大奠定了深厚的力量根基，为航天精神的发展铸就了坚固的精神基石。

第二节 载人航天精神

载人航天精神是随着载人航天工程的启动而逐渐形成的，于2003年10月由中央正式提出。

载人航天精神的表述是"特别能吃苦、特别能战斗、特别能攻关、特别能奉献"，反映了我国在1986年出台"863"计划、着手开展载人航天关键技术的预先研究和1992年正式实施载人航天工程之后，我国航天工作者在以载人航天工程为代表的航天奋斗中铸就形成的精神财富。

载人航天精神是"两弹一星"精神在新时期的发扬光大，是以爱国主义为核心的民族精神和以改革开放为核心的时代精神的生动体现。结合时代特点来看，载人航天精神还集中反映了这一时期航天人坚守不渝和科学求实的精神特质。

坚守不渝就是要砥砺兴国之行。20世纪90年代，一大批核心骨干人才矢志不渝，坚定选择了党和国家的事业，决心"要留下来给国家做点事"。他们最终成为中国航天发展的中流砥柱。如果说，钱学森等老一代航天人用"回来"的选择，诠释了对祖国的热爱和忠诚；那么，当时载人航天队伍中的年轻一代，则是用"留下来"的坚守，为航天人的爱国做出了新的注解。

科学求实就是要从实际出发，走具有自身特色的跨越式发展道路。中国载人航天比美、俄起步要晚，但我们没有照搬他们的经验，而是讲求实际，从起步之时就坚定地走适合自己的路，坚持高起点，以三舱段飞船起步，一举跨越美俄四十多年的发展历程。从1999年11月到2021年10月，载人航天队伍仅用22年时间，成功实施21次飞行任务并实现航天员全部安全往返，用100%的成功创造了近乎神话的"中国速度"。

在空间站建设过程中，载人航天队伍紧跟前沿技术，科学制定任务目标，把工程的科学性和可靠性摆在首位。如在载荷搭载问题上，严格工序标准，严控产品质量，使中国空间站试验载荷的重量占比达到26%，而国际空间站的这个比例只有7.9%。这将大大提升未来中国空间站的效用。2021年，天和核心舱、天舟二号货运飞船、神舟十二号载人飞船、天舟三号货运飞船、神舟十三号载人飞船先后升空，中国空间站建造的5次年度发射任务全部圆满完成。2022年，中国空间站按计划将全面完成建造任务，并开启运营阶段。这将再次刷新"中国速度"。

"四个特别"的载人航天精神，作为新时期的航天精神，与航天传统精神和"两弹一星"精神构成了航天"三大精神"，并为航天事业后续发展提供了强劲动力。

第三节　探月精神

探月精神是随着中国探月工程在2004年正式立项后推进实施而逐渐形成的，于2019年嫦娥四号任务成功后在中共中央、国务院、中央军委发来的贺电中首次提出，在 2020 年嫦娥五号任务成功后，习近平代表党中央、国务院和中央军委发来的贺电中再次确认。

探月精神的主要内涵是"追逐梦想、勇于探索、协同攻坚、合作共赢"，反映了我国进入 21 世纪将目光投向月球和深空，启动嫦娥探月后，嫦娥团队在九天揽月的征途中稳步实现绕、落、回"三步走"的探索逐梦。

探月精神最为核心的特质是"追逐梦想"和"勇于探索"。

追逐梦想就是要心怀强国之梦。与各类卫星相比，探月工程不直接以应用为目的，需要极大的原创性、开拓性，梦想的高度决定工程的高度。既然要探月，就不能和外国人走一样的路；只有起点高、跨度大，才能追得上。这是嫦娥团队对"梦想"二字的理解和解读。这梦想，是目标，是动力，是方向。

嫦娥团队年轻有为、敢想敢梦。探月之旅的每一步跨越，都汇聚了无数艰辛和漫长等待。以嫦娥五号任务为例，从 2011 年 1 月工程立项，到 2020 年 12 月圆满成功，整整历经十年，3600 多个日夜。团队里的很多年轻人，十年如一日，从论证到立项再到设计研制，可以说把最美好的青春都奉献给了"嫦娥"。但这些年轻人自己却非常乐观，表示非常享受这种圆梦的感觉。他们用"逐梦"的情怀，将个人梦想融入航天梦、中国梦，为航天人的爱国注入了新时代内涵，让中国人走向深空的步伐迈得更大、更远。

勇于探索就是要敢为人先、敢走前人没走过的路。嫦娥四号的月背软着陆，一直被全世界视为"不可能完成的任务"。20 世纪 50 年代起，各国陆续向月球发射了 100 多个探测器，但从未有一个探测器在月球背面软着陆。嫦娥四号研制团队集智攻关，成功通过"鹊桥"中继卫星架起了月背与地面的信息之桥，用中国人的智慧解决了世界性难题。当时，美国科学家曾向我方提出请求，希望将"鹊桥"中继卫星的设计寿命由 3 年延长至 5 年，因为他们也准备到月球背面去，希望届时能借用到这颗中继卫星。

16 年的探索，38 万公里的追寻，嫦娥团队用 100% 的成功，创造了探月的新历史。综观全球，探月任务成功率仅为 50%。苏联历经 11 次失败才首次成功落月，美国虽然首次成功但在 7 次着陆中 2 次失败，2019 年以色列和印度首发月球着陆任务均以失败告终。中国首次月球软着陆即获成功，改变了多国首次落月均告失败的历史。月背着陆、采样返回更是刷新了"中国高度"，开创了世界探月史的奇迹。

探月精神形象地刻画了嫦娥团队在工程实践中追逐梦想、勇于探索的奋斗姿态和格局担当，展现了航天精神的新时代意蕴，是航天事业后续发展的思想引领和真诚愿景。

第四节　新时代北斗精神

新时代北斗精神是随着北斗卫星导航系统建设的推进，在北斗二号区域卫星导航系统开通服务后中央提出"北斗精神"的基础上，在北斗三号全球卫星导航系统的建设实践中得到丰富发展，于 2020 年 7 月由中央提出的。①

新时代北斗精神的主要内涵是"自主创新、开放融合、万众一心、追求卓越"，反映了我国自 20 世纪 90 年代启动北斗卫星导航系统建设后，历经北斗一号、北斗二号、北斗三号系统建设，北斗团队在推动北斗导航系统实现从无到有、从有源到无源、从区域到全球的跨越发展过程中的峥嵘奋斗。

新时代北斗精神的核心特质是自主创新和追求卓越。

自主创新就是要勇担利国之任。北斗工程在早期就遭遇了前所未有的打压和遏制。北斗一号首颗卫星曾差点因美国人的频率阻挠而夭折。中国与欧洲围绕伽利略系统开展的合作，也因欧洲人核心技术不与欧盟以外的国家合作而被迫中止。北斗卫星核心部件原子钟的进口也受到遏制和封锁。关键核心技术是要不来、买不来、讨不来的。北斗团队打掉一切依赖思想，秉承原始创新、自主发展理念，让北斗工程坚定地走上了独立运行、自主可控的发

---

① 北斗精神的内涵是"自主创新、团结协作、攻坚克难、追求卓越"。从北斗精神到新时代北斗精神，内涵的主要变化是中间的两个词语。

展道路。

从北斗一号、北斗二号、北斗三号分步实施的战略决策，到中国特色北斗卫星导航体制的设计，再到星间链路、高精度原子钟等160余项关键核心技术攻克和500余种器部件国产化研制的突破，无不折射出北斗团队创新的志气和追求。到2020年，北斗核心部件国产化率达到100%，卫星寿命大于10年，定位精度优于10米，授时精度优于20纳秒，各项性能指标达到世界一流。可以说，从攻克卫星上采用的新技术、新器件、新工艺到通过批量生产和密集发射保证卫星系统发挥有效性，北斗团队紧紧握住了国门钥匙，撑起了中国人的脊梁。

追求卓越就是要永不止步，实现超越发展。20余载深耕天疆，北斗团队始终瞄准一流，实现了多项"国际首次"。在建设思路上，与先行者GPS一步建全球不同，北斗系统首次创新性提出"先区域、后全球"，为世界卫星导航系统建设提供了创新发展模式。在卫星轨道选择上，与其他全球卫星导航系统采取单一轨道星座构型相比，北斗系统独树一帜，在国际上首次设计采用GEO/IGSO/MEO混合星座①，用最少卫星数量实现最好覆盖效果，为建设全球卫星导航系统提供了全新范式。在星座控制上，北斗系统攻克了国际上首个混合星座的星间链路技术，系统解决了不能全球布站实现全球星座运行管理及性能提升的难题。在功能实现上，北斗系统首次创新融合了导航

① GEO指地球静止轨道，IGSO指倾斜地球同步轨道，MEO指中圆地球轨道。北斗系统是由GEO卫星、IGSO卫星和MEO卫星三种轨道卫星组成的混合导航星座。GEO卫星相对地球静止，轨道高度35786千米，轨道倾角为0度，单星覆盖区域较大，3颗卫星可覆盖亚太大部分地区。IGSO卫星轨道高度与GEO卫星相同，轨道倾角为55度，星下点轨迹为"8"字。北斗MEO卫星轨道高度约21500千米，轨道倾角为55度，绕地球旋转运行，通过多颗卫星组网可实现全球覆盖，北斗MEO星座回归特性为7天13圈。北斗独创的混合星座设计，既能实现全球覆盖、全球服务，又可为亚太大部分地区用户提供更高性能的定位导航授时服务。亚太大部分地区，每时可见约12至16颗卫星，全球其他地区每时可见4至6颗卫星，卫星可见性和几何构型较好。参见《北斗系统中"三"的奥秘》，北斗卫星导航系统网站，http://www.beidou.gov.cn/zy/kpyd/201912/t20191226_19774.html，2019年12月24日。

与通信能力，其短报文服务可实现天地双向通信，突破了其他卫星导航系统仅能无源定位的局限，解决了用户只能知道"我在哪"的问题，实现告诉别人"我在哪""在干什么"的超越，成为世界上第一个将多功能融为一体的全球卫星导航系统。

新时代北斗精神体现了广大工程技术人员的大思路、大格局。北斗团队恪守不渝的自主创新、追求卓越，是航天事业后续发展的坚定追求和奋斗方向。

航天精神主要来自于以航天重大工程为代表的奋斗，熔铸于一代代航天人在最典型的实践中凝练形成的宝贵文化传承，以重大工程之名为名，并以工程奋斗之卓绝而成其精神之深厚，以工程成就之辉煌而成其精神之博大，使深厚博大的航天精神具有了磅礴绵延的力量。

航天精神在整体上也是一个内容丰富的集合概念，是党领导航天队伍在奋斗中铸就和发展的一系列精神的总称。航天精神还是一个守正创新的历史概念，源流清晰，持续发展，不仅见证了航天事业发展壮大的历程，引领砥砺奋进，而且深刻反映时代气象，与党和国家事业同频共振。

虽然不同的航天精神产生于不同的社会历史条件下，有着不同的形成背景和不同的内容表述，但是各个精神之间具有一脉相承、完整连贯的思想传承，即一以贯之的爱国奉献、一以贯之的艰苦奋斗、一以贯之的自立自强。爱国奉献是航天人投身航天事业的初衷和内生动力，是每一代航天人矢志不渝的信仰，也是航天人最宝贵的精神特质。艰苦奋斗是航天事业从初创阶段就确定的发展路径，体现了航天人敢于战胜一切艰难险阻、勇于攀登航天科技高峰的意志和决心。自立自强是航天事业发展的根本路径和战略支撑，是每一代航天人接续奋斗的事业目标。

总而言之，航天精神拥有深厚的精神渊源，蕴含崇高的道德情怀，基于厚重的工程实践，拥有连贯的思想内核，是一代代航天人理想、信念、智慧、情感的结晶，生动诠释了积极的价值取向与笃定的人生信条。

第三章　航天精神引领中国航天事业跨越发展

太空是信息时代人类活动的重要领域，卫星等各类太空平台以及与之相关的空间系统，是国家政治、经济、科技和国防建设的关键信息基础设施。航天作为融政治、经济、军事和科技博弈于一体的"高边疆"，已成为世界各国战略竞争的制高点。

精神无形，却总能激发出无穷的力量。中国航天之所以能开拓创新、突破前进，归根到底在于航天精神的支撑和引领。在航天事业的创建、发展、跨越和登攀中，一代代航天人矢志航天报国初心，全身心投入航天事业，奋力担起使命，勇敢追逐梦想，把我国建设成了航天大国，并正在向着建设航天强国的航天梦和实现中华民族伟大复兴的中国梦而砥砺奋进。在新长征的道路上，中国航天事业攻克了一项又一项技术难关，实现了一个又一个重大跨越。

第一节　航天事业的使命责任

党的十九大报告指出："中国共产党人的初心和使命，就是为中国人民谋幸福，为中华民族谋复兴。"① 航天事业是党和国家的事业、人民的事业。党旗所向，就是航天事业的发展方向。中国航天 60 多年的发展历程，就是一代代航天人不忘初心、拼搏进取，坚决服从服务于国家战略的光辉奋斗史。航天系统党组织、广大党员和干部职工，始终以高度的政治责任感和强

① 《习近平谈治国理政》第三卷，外文出版社 2020 年版，第 1 页。

烈的事业心，积极投身航天事业的伟大实践，用实际行动肩负起了富国强军的神圣使命。

具体说来，航天事业的使命责任可以用几个关键词概括。

铸大国重器——关乎国家和民族的前途命运

航天科技是国之重器、国之利器，体现国家意志和大国力量，是维护国家主权、捍卫民族尊严的"杀手锏"。习近平指出："航天科技是科技进步和创新的重要领域，航天科技成就是国家科技水平和科技能力的重要标志。"①"空间技术领域是高技术集中的领域，空间技术水平是一个国家科技实力的重要标志，也是一个国家经济实力、综合国力、国防实力的重要标志。"②

"两弹一星"的成功是新中国社会主义建设成就的集中体现，极大地振奋了中华民族精神，增强了中国人民的自信心和自豪感；极大地增强了国防实力，奠定了国家安全基石；塑造了新中国崭新的大国形象，显著提升了中国的国际地位。

改革开放后，尤其是进入新时代以来，载人航天、北斗导航、嫦娥探月、火星探测等航天重大工程任务在推进中，不断突破一系列关键核心技术，持续取得重要进展、重大成就。这些体现了伟大的中国道路、中国精神、中国力量，极大地增强了民族自信心，巩固了我国作为航天大国的地位，提升了我国的科技实力、综合国力和国际影响力，加快了把我国建设成为航天强国的进程。

习近平指出："当今世界综合国力竞争的核心和焦点是科学技术。现在，

---

① 《习近平在会见天宫二号和神舟十一号载人飞行任务航天员及参研参试人员代表时强调　在航天事业发展征程上勇攀高峰　努力建设航天强国和世界科技强国》，《人民日报》2016年12月21日。

② 《中国有梦　青春无悔——习近平五四青年节参加主题团日活动侧记》，《人民日报》2013年5月6日。

各主要国家都在抢占未来科学技术制高点，包括国防科技制高点。"①"真正的大国重器，一定要掌握在自己手里。核心技术、关键技术，化缘是化不来的，要靠自己拼搏。"②"重大科技创新成果是国之重器、国之利器，必须牢牢掌握在自己手上，必须依靠自力更生、自主创新。"③

航天科技是毋庸置疑的"制高点"，航天领域的卫星、航天器、导弹、火箭以及一系列关键核心技术，是当之无愧的"大国重器"，承载着光荣与梦想。肩负铸就大国重器的重任，中国航天通过自力更生、自主创新，不断实现突破，研制能力大幅提升。以卫星为例，经过65年的发展，我国卫星在轨数量显著攀升，仅次于美国，位居世界第二。载人航天、深空探测、北斗导航、高分辨率对地观测等国家重大科技专项任务，民用空间基础设施和军事航天装备体系建设，代表了国家意志和大国力量，功能实现的优劣程度直接关系国家安全，关乎国计民生。

筑安全基石——支撑世界一流军队建设

太空是继陆、海、空之后人类活动的第四疆域。凭借位置优势、广阔性和无国界性，太空在信息获取和信息攻击方面独具优势，航天科技已成为维护国家安全与利益的"高边疆"和终极制高点。"两弹一星"元勋王希季院士讲："天，中国人是有份的。在太空这个世界各国争夺的新领域，中国不仅要有一席之地，更要扩大到一片之地。"④ 展望未来，谁掌握了制天权，谁就能掌控空权、制海权、制陆权。天上安全，国家才能更安全；天"用"得好，国家才能发展得更好。

---

① 《习近平在中国科学院考察时强调 深化科技体制改革增强科技创新活力 真正把创新驱动发展战略落到实处》，《人民日报》2013年7月18日。
② 《习近平在深入推动长江经济带发展座谈会上强调 加强改革创新战略统筹规划引导 以长江经济带发展推动高质量发展》，《人民日报》2018年4月27日。
③ 《习近平在北京大学考察时强调 抓住培养社会主义建设者和接班人根本任务 努力建设中国特色世界一流大学》，《人民日报》2018年5月3日。
④ 《"百岁国宝"王希季：与党同龄 一生为国》，《中国航天报》2021年7月28日。

从世界范围来看，大国的航天都是从军事应用和巩固安全开始发展的，军用需求牵引航天的发展。一份 1961 年的重要材料一针见血地指出："现在已到了洲际导弹时代，防御洲际导弹的办法只有用洲际导弹进行回击，因此不能生产洲际导弹的国家，其国防只不过是一种慰藉。"① 洲际导弹作为导弹技术的一种，是推动国防建设、捍卫国家安全的重要威慑。

进入 21 世纪，世界主要国家纷纷加强太空战略部署，发展太空力量和手段。中国航天从事研制的导弹、卫星等航天器，是现代战争的"拳头""眼睛""神经"，是捍卫国家主权与安全的坚强后盾。

在重大节日阅兵式上，由中国航天科技集团抓总研制生产的导弹武器等型号装备是不可或缺的重要内容，并且往往压轴出场，接受党和人民检阅。在 2015 年举行的纪念中国人民抗日战争暨世界反法西斯战争胜利 70 周年抗战胜利日大阅兵上，十余种型号武器装备在阅兵式上震撼亮相，展示了威武的阵容。在 2017 年举行的新中国成立后我军首次以庆祝建军节为主题的盛大阅兵中，多型武器装备以战斗姿态接受检阅。在 2019 年举行的庆祝中华人民共和国成立 70 周年阅兵式上，包括洲际战略核导弹在内的多型武器装备集中展示了中国航天科技集团在支撑世界一流军队建设的进程中取得的最新成果，彰显了坚定不移发展航天事业、建设航天强国的坚定信念。

60 多年来，中国航天承担了一大批国防科研生产任务，研制并提供了一流的航天装备，是我国军队和国防建设的战略科技力量，为建设世界一流军队、建设航天强国提供了坚实支撑。也正是因为这些，我国在世界舞台上的底气才更足，腰杆才更硬，说话才更有分量。

启经济引擎——推动国计民生健康发展

航天科技早已融入国民经济建设方方面面，辐射带动相关经济转型升

---

① 《毛泽东年谱（一九四九——一九七六）》第五卷，中央文献出版社 2013 年版，第 5 页。毛泽东批示"中国的工业、技术水平，比日本差得很远，我们应取什么方针，值得好好研究一下"。

级。通过充分发挥航天特有的天地一体化优势，卫星导航、遥感和通信等技术都已成功高效地运用于国土资源、农林水利、海洋环保、交通运输、数字通信、环境减灾、边防控制等各个方面。

在东北地广人稀的地方，北斗导航可以帮助无人机进行播种和收割。2020年，在武汉火神山、雷神山医院的建设中，北斗高精度定位设备确保了工地放线测量一次完成，为医院迅速施工争取了宝贵时间。同年5月，中国登山健儿再登珠穆朗玛峰峰顶，珠峰高程测量以北斗数据为主。北斗的创新应用还体现在工业互联网、物联网、车联网、区块链等新兴领域。除此之外，在重大灾害发生时，天基卫星系统成为灾害应急响应的重要甚至是唯一手段，具有不可比拟的优势。高分辨率对地观测系列卫星、气象卫星、通信卫星可被紧急调度监测暴雨洪涝、地震滑坡泥石流等自然灾害事件，为保护民众生命和财产安全作出贡献。

除此之外，航天科技涉及材料、电子、信息、化工等诸多领域，上下游产业十分广泛，牵引带动了国家高新技术产业的发展，特别是新材料、新工艺的开发和应用。据统计，在千余种新材料中，有80%是因航天需求而诞生的，促进了产业结构的不断优化。

航天科技与百姓生活息息相关，不仅可以改变人们的生活方式，更能提高百姓的生活品质。从数字广播电视、卫星移动通信，到日常的远程教育、远程医疗；从人们外出时用到的导航系统、共享单车、共享汽车，到对气象、海洋、地质等进行监测，对雾霾等进行治理；从生物保健品，到未来赴太空旅游成为日常旅游项目，都离不开航天技术的发展。依托特有的空间资源优势和云计算、大数据、信息安全等技术，航天科技助力城市及行业智慧管理和运行，为智能交通、智慧生活、智慧城市建设贡献着重要力量，将更好地造福人民大众。

亮国家名片——打造高科技领域国际合作典范

中国航天积极开展多种形式的国际交流与合作，为国家政治外交大局提供了强有力的支撑，成为代表国家形象的重要名片。65 年间，中国航天为近 30 个国家和国际组织实施 50 余次发射任务，提供近 20 次发射搭载服务，实现整星出口签约近 30 颗，成功在轨交付 20 余颗。

在地球环境监测方面，与巴西、意大利、法国等国家联合研制，成功发射了地球资源卫星、电磁卫星、海洋卫星。自 1988 年起就建立合作的中巴地球资源卫星项目还被誉为"南南合作的典范"。

在深空探测和载人航天领域，积极开展国际联合探测。嫦娥四号探测器上搭载了沙特、荷兰、德国、瑞典的 4 项科学仪器，天问一号火星探测器上搭载了欧空局、法国国家空间研究中心等航天机构的多项科学仪器。2022 年左右，中国空间站将建成并投入使用，许多国家都主动与我国寻求合作。

在卫星应用方面，积极建设空间信息走廊，促进卫星资源开放共享。参加多边国家对地观测领域合作机制，成为世界气象合作组织重要成员，先后为澳大利亚、日本等 30 多个国家抗击森林火灾、地震海啸等提供了大量卫星遥感数据。

依托"一带一路"倡议，中国航天服务国家外交战略，为推动构建人类命运共同体不断作出贡献。以北斗应用为例，截至 2020 年底已向"一带一路"沿线国家和地区超过一亿用户提供服务，相关产品出口 120 余个国家和地区。基于北斗的国土测绘、精准农业、数字施工、智慧港口等已在东盟、南亚、东欧、西亚、非洲等地成功应用。

在航天技术援外方面，积极帮助发展中国家建设本国的航天工业体系，邀请发展中国家航天技术人员来中国参观学习，培养技术和管理人员，帮助培养从天到地的人才队伍。在与委内瑞拉、埃及、巴基斯坦等国的航天合作过程中，传授中国标准，提供技术转让，帮助相关国家提升航天能力。

中国航天已成为中国高端装备"走出去"和开放合作大国胸襟的重要标志，为我国外交带来了不断显现的体制优势和良好声誉，使我国国际影响力显著提升。

探未来出路——引导人类文明的延续和发展

世界航天之父齐奥尔科夫斯基曾经说:"地球是人类的摇篮,但是人类决不会永远躺在摇篮里,首先他们将小心翼翼地穿出大气层,然后去征服整个太阳系。"从古至今,广阔无垠的太空,总是给人以无穷的想象,召唤着人类不断去追寻、去探索。虽然地球现在正处于青壮年时期,但它终有寿命,无论是小行星撞击、超新星爆发、伽马射线暴,还是资源消耗、气候变化,地球上的生命在某个时刻都将变得危在旦夕,人类将来终有一天要离开地球,迁徙到其他地方。就像中国科幻电影《流浪地球》①描述的那样,到那时,人类的出路和迁徙只能通过航天技术实现。

中国航天已在星际探索方面进行了一系列尝试和努力。已经发射的量子卫星、硬 X 射线卫星,都是对宇宙太空进行探索,对它的电磁场、量子、粒子、各种成分,还有一些天体进行观测。这对揭示宇宙奥秘、探索人类起源、认知人类生存环境等都有着非常重要的意义。

2020 年 7 月,中国首颗火星探测器天问一号发射升空,经历 7 个月左右、4 亿公里的长途跋涉后到达火星,成功一步实现"环绕、着陆、巡视探测"三大任务目标,开辟了国际火星探测史的先河。纵观全球 44 次火星探测任务,成功率仅为 50% 左右。中国的火星探测,让中国的星际探索站在了最前沿的舞台。

未来,中国还将实现火星取样返回,完成中国首次月球极区环境与资源勘查探测,实现月球极区采样返回、月球极区资源开发利用试验和小行星探测,完成新一代载人天地往返运输系统研制,首次载人月球探测,开展木星系探测,进行太阳系典型天体探测。随着中国航天科技的发展,更多的宇宙奥秘将得到揭示,为探索人类起源、认知人类生存环境,为人类更好地生存和发展作出贡献。

---

① 《流浪地球》是 2019 年上映的中国科幻灾难片,故事背景设定在 2075 年,讲述了太阳即将毁灭,已经不适合人类生存,而面对绝境,人类将开启"流浪地球"计划,试图带着地球一起逃离太阳系,寻找人类新家园的故事。

第二节　空间事业的发展成就

半个多世纪以来，中国航天奋力追赶世界领先的脚步，从无到有、从小到大，从原来的跟跑到现在的并跑和在部分领域的领跑，取得了举世瞩目的辉煌成就和跨越式发展。习近平指出："航天科技取得的创新成果极大鼓舞了中国人民的创新信念和信心，为全社会创新创造提供了强大激励。"①

作为航天事业的重要组成部分，中国空间事业是探索浩瀚宇宙、发展航天事业的核心篇章。隶属于中国航天科技集团的中国空间技术研究院是中国空间事业的主力军。长期以来，航天事业一直受到党和国家领导人的高度重视，空间事业也是在党的领导和关怀下成长起来、走向壮大的。空间技术队伍听党话、跟党走，推动空间事业从无到有、从小到大、从弱到强，向党和人民交出了一份举世瞩目的成绩单，为中华民族迎来从站起来、富起来到强起来的伟大飞跃发挥了重要作用。

在几代人的接续奋斗中，中国空间技术研究院铸就了东方红一号人造地球卫星、神舟五号载人飞船和嫦娥一号月球卫星"三大里程碑"，实现了我国航天领域的多个第一，形成了六大系列航天器，在载人航天、深空探测、导航卫星、对地观测、通信广播以及空间科学与技术试验领域取得了重大成就，彰显了"航天强国建设引领者、空间事业发展领导者"的使命担当。

载人航天领域

自 1992 年载人航天工程立项后，神舟无人飞船、神舟载人飞船、天宫空间实验室、天舟货运飞船、天和核心舱等航天器相继发射升空，截至2021 年 10 月成功实施 21 次飞行任务（含 2021 年空间站关键技术验证阶段的 5 次），先后将 20 人次航天员送入太空，顺利完成了载人航天"三步走"

---

① 《习近平在会见天宫二号和神舟十一号载人飞行任务航天员及参研参试人员代表时强调　在航天事业发展征程上勇攀高峰　努力建设航天强国和世界科技强国》，《人民日报》2016 年 12 月 21 日。

战略中载人飞船和空间实验室两步任务目标，具备载人近地轨道天地往返运输能力、在轨驻留能力和一定规模的空间应用能力，并全面进入空间站时代。2022 年，中国空间站计划实施 6 次飞行任务，完成在轨建造，实现长期稳定运营，实现工程建设的"三步走"。同时，中国新一代载人飞船试验船已于 2020 年首飞成功，显著提升了中国载人飞船的乘员人数和货物运输能力，为中国载人月球探测、空间站运营任务奠定了坚实基础。

深空探测领域

自 2004 年国家作出实施探月工程的重大战略决策以来，探月工程经过十余年艰辛探索，"绕、落、回"三步走规划已如期完成。嫦娥一号成功绕月探测，获取了清晰的月面图像；嫦娥二号在获得后续任务预选着陆区高分辨率图像后，首次实现我国行星际飞行；嫦娥三号任务首次实现了中国航天器月面软着陆和巡视探测，超期运行刷新了月面探测器的世界纪录；嫦娥四号实现人类航天器首次在月球背面着陆巡视探测；嫦娥五号首次实现了我国地外天体采样返回，使我国成为第三个可以从月球采样返回的国家。

中国深空探测的脚步已迈向更遥远的火星。我国首次火星探测任务于 2016 年立项。天问一号探测器于 2020 年 7 月 23 日在海南文昌由长征五号运载火箭成功发射，2021 年 2 月 10 日成功实施火星捕获，成为我国第一颗人造火星卫星，2 月 24 日探测器进入火星停泊轨道，开展了为期约 3 个月的环绕探测，为顺利着陆火星奠定了基础。天问一号探测器于 2021 年 5 月 15 日成功着陆火星，是我国首次实现地外行星着陆，使我国成为第二个成功着陆火星的国家。

导航卫星领域

中国北斗卫星导航系统于 1994 年立项起步。2020 年 7 月 31 日，习近平亲自宣布北斗三号全球卫星导航系统正式开通。北斗三号全球卫星导航系统提前半年全面建成并投入运营，使我国成为继美俄后第三个自主建成全球卫星导航系统的国家，成为我国攀登科技高峰、迈向航天强国的重要里程碑。中国北斗系统功能强大、性能一流，实现了从区域服务能力向全球服务能力的跃升，并在卫星上实现多功能聚合，形成了以短报文、星基增强、精密定位等为代表的特色服务。

北斗三号系统已广泛应用于交通、物流、水文、环境、测绘等经济建设和国家安全领域，为全世界的用户提供服务。中国北斗与美国、俄罗斯、欧洲卫星导航系统持续开展兼容与互操作，监测评估、联合应用等合作顺利推进。

对地观测领域

中国历来重视遥感科技的发展，在 20 世纪 70 年代就发射返回式遥感卫星，成为世界上第三个掌握卫星返回技术的国家。20 世纪 80 年代以来，我国航天遥感事业取得长足进步，风云气象卫星、海洋系列卫星、资源系列卫星、环境减灾系列卫星等一系列重要遥感卫星的成功发射，在土地资源调查、生态环境监测、农业监测与作物估产、灾害预报与灾情评估、海洋环境调查、天气预报、空气质量监测、电子地图与导航等活动中，发挥了重大作用，使我国跻身世界遥感科技领域前列。2020 年，高分十三号、高分十四号相继成功发射，作为国家重大专项之一的高分辨率对地观测系统工程圆满收官，具备时空协调、全天时、全天候、全球精细观测能力，达到世界先进水平，大幅提升了我国遥感数据自给率。

通信广播领域

中国通信卫星工程起步于 20 世纪 70 年代初，1984 年 4 月东方红二号卫星的成功发射，标志着中国成为世界上第五个能够独立研制并发射地球静止轨道卫星的国家，实现了我国通信卫星从探索到实践的第一步跨越。后续按照平台化发展思路，东方红三号、东方红四号、东方红五号等系列平台被成功研制并应用，我国通信卫星研制能力达到世界先进水平。在民商用通信广播卫星方面，已研制部署"中星"系列卫星，其中中星十六号卫星作为我国首颗高通量卫星，系统容量超过 20Gbps，验证了我国在 Ka 频段通信载荷方面的研制和应用能力，使我国通信卫星进入互联网应用时代；亚太 6D 卫星是我国"十三五"时期研制的通信容量最大、波束最多的民商用通信卫星，总容量达到 50Gbps，广泛用于海事通信、机载通信、车载通信以及宽带互联网接入等方面。

我国还发展了"天链"数据中继卫星，2012 年实现天链一号三星全球组网，成为继美国之后世界上第二个拥有全球组网中继卫星系统的国家。2019 年以来，天链二号卫星发射入列，技术更强、性能更优。

空间科学与技术试验领域

为了对航天任务急需的新技术进行先期试验，同时开展空间环境探测与空间科学研究，中国在刚开始研制卫星时，就开始发展科学探测与技术试验卫星系列。瞄准国家急需开展的大量新技术在轨应用验证，带动了一系列装备型号立项研制。实践系列科学探测与技术试验卫星、天琴一号技术验证试验卫星以及暗物质探测、硬 X 射线探测、量子通信等科学卫星，发射后在轨获取了一批宝贵的原始数据，推动空间科学研究向先导性试验、原始性创新转变。

数十载栉风沐雨，几代人艰苦奋斗，中国空间事业在一穷二白中起步，在艰难险阻中突破，在接续成功中跨越，将中国航天事业不断推向世界科技前沿的舞台中心，让中国高度、中国速度、中国精度、中国气度闪耀于浩瀚的宇宙苍穹。在取得这些非凡的物质成就的同时，一代代空间事业的耕耘者身体力行，在党的领导下积淀了深厚博大的航天精神。这些精神穿越时空、历久弥新，为中国航天事业的发展积聚了宝贵的精神财富，注入了亘永的力量，鼓舞并推动着中国航天事业在奋斗中发展，在发展中创新，在创新中超越，在超越中实现梦想。

精神的力量

第二编

中华民族向宇宙进军
（1956—1978）

——航天精神引领中华民族探索浩瀚宇宙

20世纪50年代中期，中央根据当时的国际形势，作出了发展尖端技术、创建航天事业的战略决策，大批优秀的科技工作者怀着对新中国的满腔热爱，响应党和国家的召唤，义无反顾地投身到这一神圣而伟大的事业中来。

1956年，随着社会主义革命取得胜利，我国迈进了社会主义社会。10月8日，国防部第五研究院宣告成立，中国航天事业由此启航。在党中央的直接领导下，在全国人民的大力协同下，老一代航天人卧薪尝胆、发愤图强、自力更生、艰苦奋斗，打掉一切依赖思想，凭着那么一种干劲、那么一种热情、那么一种奋斗精神，在社会主义建设时期取得了以"两弹一星"（导弹、核弹、人造卫星）为代表的举世瞩目的航天发展成就。从1956年到1978年，我国航天技术以研制试验为主，积累技术、奠定基础，向着浩瀚宇宙矢志探索，向着世界先进水平努力追赶，向着科技高峰奋勇登攀。

这一阶段的奋斗与成就，彰显了中华民族在自力更生的基础上自立于世界民族之林的坚强决心和能力。东方红一号卫星的成功发射，树立了我国在向宇宙进军的征途上的第一座里程碑。从此，中华民族在探索浩瀚宇宙的征途上，迈出了坚毅的步伐。

这一阶段的奋斗与成就，孕育了航天传统精神和"两弹一星"精神，彰显了热爱祖国的真挚情怀和自力更生的鲜明品格。以此为引领，中国航天实现了重大突破，中华民族进入了太空时代。

第四章　新中国航天事业的创建

　　人类自古就对广袤无垠的天空充满向往，中华民族世代传递着飞天的梦想。作为四大文明古国之一，中国不仅有四大发明，而且还是古代火箭的故乡，宋代就制成了世界上最早的火箭。我国古代火药、火箭技术的发展，其时间之早、技艺之高，在世界各国遥遥领先。[1]我国的风筝和火箭也被称为"最早的飞行器"。[2]13世纪以后，伴随中西方的密切交往，中国的火药、火箭技术逐步传入欧洲，并对后来西方的文明发展与科技进步产生了深远影响。

　　16世纪以后，哥白尼、伽利略、牛顿等相继作出重大科学贡献，推动了近代科技革命的发展。20世纪初，在欧美科学家的努力下，现代火箭技术在理论上有了重大突破，1903年俄国的齐奥尔科夫斯基发表《利用喷气工具研究宇宙空间》，1923年德国的奥伯特出版《深入星际太空的火箭》。20世纪30年代，德国的火箭技术从原理性研究转入工程研制。1942年10月，德国成功发射世界上第一枚弹道式火箭（V-2火箭，射程260公里）。二战后，美国、苏联从德国获得了大量的导弹资料、实物、设备和一批工程技术

---

① 据史料记载，北宋开宝三年（公元970年），兵部令史冯继升等进火箭法，并当场作了表演，受到宋太祖赵匡胤的赏赐。真宗咸平三年（公元1000年），神卫水军队长唐福献火箭。咸平五年，冀州团练史石普制火球火箭等火器。这种利用火药燃烧面产生反作用推力的原理，也曾用于各种烟火玩具等。北宋钦宗时代（公元1126年）金人入侵汴京（河南开封），宋军曾用火箭武器抗击金军。在战争中火箭传入金和元（蒙古）。南宋时代宋、金、元三国交兵时，火箭是一种常用的武器。大约在13世纪，我国发明的火箭通过阿拉伯人之手传入欧洲。至今在阿拉伯的古书里还可以找到中国古代火箭的记载。

② 美国华盛顿宇航博物馆的大厅里挂着一支中国风筝，在它边上写着："人类最早的飞行器，是中国的风筝和火箭。"参见刘卉：《漫谈中国风筝艺术》，《文艺争鸣》2011年第6期。

人员，借鉴了德国在导弹设计、试制、试验方面的经验，很快建立起自己的导弹、火箭工业。1957 年 10 月，苏联发射人类第一颗人造地球卫星；美国也于 1958 年 1 月将卫星成功送入太空。人类由此开启了向宇宙进军的征程。从 20 世纪 50 年代中期到 70 年代末，世界各国把数以千计的各种航天器送往宇宙空间，航天技术迅速从科学技术试验进入实用和商品化阶段，在经济、科学、文化、军事等各个方面取得了巨大的效益，航天工业也由此成为世界上发展最快的新兴产业之一。

社稷千秋，苦难辉煌。我们国家虽然在人类文明史上长期处于领先地位，但由于封建制度的禁锢，近代以来没有跟上世界科技大发展的潮流，错失了工业革命机遇，逐渐落后了。1840 年，中国被西方坚船利炮敲开了国门，一步步沦为半殖民地半封建社会，中华民族遭受了前所未有的劫难。为了拯救民族危亡，中国人民奋起反抗，无数仁人志士奔走呐喊，在黑暗中苦苦求索，努力探寻救亡图存的出路。

十月革命一声炮响，给中国送来了马克思列宁主义。1921 年，中国共产党成立，这是开天辟地的大事变，给灾难深重的中国人民带来了光明和希望，为中国革命指明了方向。从此，中国人民从精神上由被动转为主动，中国革命的面目为之一新。历经 28 年艰苦卓绝的斗争，中国共产党领导人民推翻了三座大山，建立了新中国。

在着手夺取全国胜利、筹建新中国之际，毛泽东要求全党同志务必继续地保持谦虚、谨慎、不骄、不躁的作风，务必继续地保持艰苦奋斗的作风。① 在中国人民政治协商会议第一届全体会议上，他对代表们说，我们有一个共同的感觉，这就是我们的工作将写在人类的历史上，它将表明：占人类总数四分之一的中国人从此站立起来了。他强调，我们的国防将获得巩固，不允许任何帝国主义者再来侵略我们的国土。让那些内外反动派在我们面前发抖吧，让他们去说我们这也不行那也不行吧，中国人民的不屈不挠的

---

① 参见《毛泽东选集》第四卷，人民出版社 1991 年版，第 1438—1439 页。

努力必将稳步地达到自己的目的。①

1949 年 10 月 1 日，中华人民共和国宣告成立。中华民族的发展开启了新的历史纪元。

新中国成立时，第三次技术革命正在世界上如火如荼地发展，并呈现多元突破与综合的技术变革态势。当时，航天技术出现重大突破，而且与国家战略、国防实力深度绑定，成为大国地位和综合实力的重要标志。作为当之无愧的核心技术、国之重器，航天是二战后美苏争霸的焦点，也是国际竞争的制高点。

在国际上，没有核心技术的优势就没有政治上的强势。仰望绚烂星空，面对浩瀚宇宙，新中国不能缺席，矢志复兴的中华民族必须向宇宙进军。但新中国成立之初底子极为薄弱，尤其是重工业基础"一穷二白"，要想搞成导弹、火箭和卫星，尽快地追上苏联、美国，开启自己的太空时代，难度极大，挑战极大。但是，再大的困难也吓不倒中国共产党和中国人民。

第一节　一定要发展尖端技术

新中国成立后，新生的人民政权面临着错综复杂的国内形势与国际环境。在国内，革命战争还未完全结束，经济上继承的是一个十分落后的千疮百孔的烂摊子；国际上，妄图称霸全球的美国拒绝承认新中国，竭力阻挠其他国家承认新中国，并实行经济封锁、军事包围和战争威胁。面对复杂形势和种种考验，党领导全国各族人民满怀信心地迎接挑战，开始了建设新中国的伟大斗争。

1950 年 6 月，新中国成立还不到一年，朝鲜内战爆发了。美国随即派兵武装干涉，发动对朝鲜的全面战争，并且不顾中国政府的严重警告，悍然越过三八线，把战火烧到了中朝边境。同时，美国还派遣第七舰队入侵台湾

---

① 参见《毛泽东文集》第五卷，人民出版社 1996 年版，第 342—346 页。

海峡，并调整了对台政策，将侵占台湾作为一项长期政策确定下来，公然阻挠中国的统一进程。新中国的国家安全受到严重的外来威胁，面临极其严峻的考验。中央经过深入研究，决定出兵朝鲜。10月，中国人民志愿军雄赳赳、气昂昂，跨过鸭绿江。面对世界上最强大的第一流军队，面对最凶恶的敌人，面对除了原子弹以外所有的现代化武器，中国共产党、中国军队和中国人民没有被吓倒，而是以大无畏的英雄气概起而应战。志愿军将士发扬伟大的爱国主义精神和革命英雄主义精神，同朝鲜人民和军队一道，历经2年零9个月艰苦卓绝的浴血奋战，打败了武装到牙齿的对手，打破了美军不可战胜的神话，迫使不可一世的侵略者于1953年7月在停战协定上签字，赢得了抗美援朝战争的伟大胜利，谱写了惊天地、泣鬼神的雄壮史诗。中国人民向世界宣告："西方侵略者几百年来只要在东方一个海岸上架起几尊大炮就可霸占一个国家的时代是一去不复返了！"①

新中国虽然取得了抗美援朝战争的胜利，但也深刻认识到了战争中暴露出的巨大装备差距。美军将领在回忆录中说："要不是我们有强大的火力，总能得到近距离空中支援，并且牢牢地控制着制海权，中国人可能早就把我们打垮了。"② 而且，新中国头上的"核讹诈""核威慑"阴影徘徊不去。1955年春，美国总统艾森豪威尔发表了拟对中国和东方红色阵营实行"大规模报复"的核讹诈演说。当时，世界和平人士严厉谴责美国核讹诈政策。著名的国际和平战士、法国科学家约里奥·居里请人转告毛泽东：你们要反对原子弹，你们必须要有原子弹，原子弹也不是那么可怕的，原子弹的原理也不是美国人发明的。他还将亲手制作的10克含微量镭盐的标准源赠给中国。③ 当时，世界核能研究与利用迅速发展，继美国之后，苏联、英国等也在1949

---

① 《中国共产党简史》，人民出版社、中共党史出版社2021年版，第154页。

② 《李奇微回忆录》，王宇欣译，转引自严鹏：《简明中国工业史（1815—2015）》，电子工业出版社2018年版，第133页。李奇微是朝鲜战场上麦克阿瑟的接替者，于1951年4月至1952年5月期间，任"联合国军"总司令、驻日盟军最高司令和远东美军总司令。他之后任北大西洋条约组织武装部队最高司令、美国陆军参谋长。

③ 参见李觉等主编：《当代中国的核工业》，中国社会科学出版社1987年版，第3—5页。

年、1952 年相继跻身"核俱乐部"。原子弹吓不到中国人民，但帝国主义的
咄咄逼人和疯狂鼓噪，世界爱好和平力量的殷切期望，世界科学技术的新发
展，都促使中国一定要发展核武器这样的尖端技术。

在当时我国经济还十分落后，工业基础和科学技术力量还很薄弱的情况
下，为了把有限的人力、物力、财力，集中使用在最重要、最急需、最能影
响全局的方面并首先取得突破，党和国家决定重点发展以导弹、原子能为代
表的尖端技术。1955 年 1 月，毛泽东在中南海主持中共中央书记处扩大会议，
听取李四光、钱三强等著名科学家作的汇报，作出中国要发展核工业、搞原
子弹的战略决策。之后，国务院、中央军委立即开展研究发展导弹技术的有
关问题。1955 年下半年，钱学森冲破重重阻挠终于返回祖国，受到了热情迎
接，并推动中央加快作出发展导弹的决策。1956 年，钱学森向党中央提交了
《建立我国国防航空工业的意见书》，就发展火箭、导弹提出了谋划建议，受
到中央高度重视。之后，中央作出了发展导弹和成立导弹管理局、导弹研究
院的决定。10 月 8 日，国防部第五研究院成立，中国航天事业由此创建。

第二节 向科学进军

中国共产党作为马克思主义政党，历来重视科学技术。抗日战争时期，
在延安就建立了自然科学院。随着解放区的不断扩大，科技事业有了初步的
发展。但在国民党统治区的旧中国，现代科学技术仍旧是一片空白。

新中国刚刚诞生，在百废待兴、困难重重的情况下，党中央和人民政府
立即着手发展科学技术事业。作为新中国成立初期的根本大法，《中国人民
政治协商会议共同纲领》第四十三条明确规定："努力发展自然科学，以服
务于工业农业和国防的建设。"[①] 新中国的成立，让中华民族的科学技术事业
从此步出谷底，迅速恢复并进入了崭新的阶段。

---

① 《建国以来重要文献选编》第一册，中央文献出版社 1992 年版，第 11 页。

从 1949 年到 1956 年，中国努力恢复国民经济，展开各项建设，实行"三大改造"，建立了社会主义制度。在此期间，中央通过留用与教育旧中国留下来的知识分子、争取和安置归国专家和培养新一代科技人员等三条途径，推动科技队伍迅速成长、不断壮大。1950 年 2 月，中苏签订友好同盟互助条约后，苏方在科技发展方面给予了积极帮助，派遣专家来华指导任教，接收中国派遣留学生与研究生等。由于新中国成立初期几乎没有现代工业，技术水平也很低，中国在苏联的援助下，集中主要力量进行了 156 个重点企业的建设。1953 年"一五"计划开始执行时，科技工作已初具规模，并迅速地步入为经济发展与国防建设服务的轨道，迈出了坚定有力的前进步伐。

进入 1956 年，三大改造运动进入高潮，人民民主专政进一步巩固，政治形势空前稳定；整个工农业生产和国民经济得到巨大的发展。新中国的科研机构数量翻了三番多，增长到 381 个；科技研究人员从 600 余人增长到近两万人，增长了 30 多倍。这支初具规模的研究队伍通过学习和实践，具备昂扬向上的面貌，为科技发展作出了贡献。但总的看，这一时期的科技工作中，创造性的研究工作比较少，水平也不高，原子能、导弹和火箭技术等还是空白。

为了改变中国科学技术的落后状况，1956 年 1 月，中共中央召开关于知识分子问题的会议。周恩来作了《关于知识分子问题的报告》，郑重宣布我国知识分子已经是工人阶级的一部分，并用相当大的篇幅阐述"向科学进军"的问题。[①] 科学是关系国防、经济和文化各方面的有决定性的因素。世界科学技术的迅速崛起，已经把我们抛在科学发展的后面很远，我们必须急起直追，向现代科学进军。毛泽东在会议最后一天讲了话，强调中国应该有大批知识分子，号召全党努力学习科学知识，同党外知识分子团结一致，为迅速赶上世界科学先进水平而奋斗。[②] 这次会议向全国人民发出了"向科学进军"的动员令。会后，国务院成立科学规划委员会，在周恩来、陈毅、李

---

① 参见《周恩来选集》下卷，人民出版社 1984 年版，第 158—189 页。
② 参见《毛泽东年谱（一九四九——一九七六）》第二卷，中央文献出版社 2013 年版，第 515 页。

富春、聂荣臻等的组织领导下，汇集六百多位科学家，并邀请近百名苏联专家，历经数月反复论证，编制出《1956—1967 年科学技术发展远景规划纲要（修正草案）》以及若干方面的具体计划。这是我国首份发展科学技术的长远规划，明确了"重点发展，迎头赶上"的方针，提出要按照"力求自力更生，但要有计划地合理地运用兄弟国家的帮助，虚心地学习一切国家的长处，并把学习外国长处和继承发扬科学遗产、总结本国的经验这两个方面结合起来"的原则进行国际科学合作。[1]

在纲要列出的 12 年的 12 个科学研究重点中，"原子能的和平利用"居于首位。纲要在重要科学技术任务中"新技术"部分，论述了原子能技术和火箭技术[2]的重要性，指出它们"在我国还都是空白点"，必须"学习和掌握这些新技术"和"加快地建立作为这些新技术的基础的理论学科"，并提出了具体的发展思路。其中，火箭技术就是导弹技术。导弹就是靠火箭发动机推进、由制导系统导引的火箭弹，运载火箭与导弹的最基本区别在于有无战斗部。

纲要展望说，只要我们永远保持着前进的信心和旺盛的战斗精神，团结一致，虚心学习，奋斗不懈，任何人都不能阻止我们走向胜利，一个科学技术繁荣发达的中国一定能够在不太长的时间内出现在世界上。[3]

纲要制定出来以后，在党中央的坚强领导和全国人民的团结支持下，广大科技工作者纷纷响应号召，树雄心，立壮志，刻苦钻研、顽强拼搏，为迅速实现规划目标而奋斗，推动我国科学技术大踏步前进，取得了显著成绩，整体工业水平有了很大提升。在全党和全国"向科学进军"的热潮中，1956年制定的 12 年科学技术发展远景规划，到 1962 年就基本完成了；1963 年，我国又提前制定了新的 10 年科学技术发展规划。毛泽东就制定这个规划作出指示：科学技术这一仗，一定要打，而且必须打好。不搞科学技术，生产

---

① 参见《1956—1967 年科学技术发展远景规划纲要（修正草案）》。

② 纲要将"喷气飞机和火箭"作为一项技术进行论述和部署。

③ 参见《1956—1967 年科学技术发展远景规划纲要（修正草案）》。

力无法提高。①

第三节　海外游子学成归来

中华民族是勤劳、智慧的民族，每一代都有着无数的优秀儿女。新中国成立时，许多中国人在欧美国家工作或留学，有的是声名鹊起的科学家，有的是学业优异的留学生，他们掌握了先进的知识，融入了国外现代的生活方式，但始终没有忘记魂牵梦绕的祖国。

新中国成立后，在祖国的召唤下，一大批游子毅然决然回到祖国怀抱，自觉把个人的理想与国家的命运、个人的志向与民族的振兴紧密联系在一起，以国家为重、使命为重、事业为重，将炽热的爱国之情化作强烈的报国之行。他们为我国创建和发展航天事业提供了重要条件，发挥了重要作用。

"无一日、一时、一刻不思归国参加伟大的建设高潮"

钱学森生于 1911 年，1934 年毕业于上海交通大学，随后赴美留学，师从著名空气动力学教授冯·卡门，成为其最得意的学生和最得力的助手。在出国时，他就向送行的同学表示："我去美国是学习他们的最先进的技术，学好了回来报效祖国。"② 钱学森在美国享受着优厚的待遇，有着富裕的生活和优越的工作条件。二战结束之际，他提出的"火箭客机"的概念（即后来的航天飞机）产生了很大影响，个人迎来了在美期间学术生涯的一个高峰。但随着麦卡锡主义的盛行，钱学森在"大清查"中受到牵连，被联邦调查局调查，并被强行吊销了参加涉及美国军方机密科研项目

---

① 参见《毛泽东文集》第八卷，人民出版社 1999 年版，第 351 页。

② 钱学森后来回忆道："我从 1935 年去美国，1955 年回国，在美国呆了整整 20 年。这 20 年中，前三四年是学习，后十几年是工作，所有这一切都是在做准备，为的是日后回到祖国能为人民做点事。"参见《人民科学家的忠诚——写在钱学森同志归国 50 周年之际》，《人民日报》2005 年 10 月 8 日。

的"安全许可证"。

1949 年 10 月，钱学森在报纸上看到了中华人民共和国成立的消息，对妻子蒋英说：祖国已经解放，我们该回去了。他准备付诸行动，并向加州理工学院提出了辞呈。1950 年 8 月，钱学森一家准备乘坐加拿大班机离开美国时，钱学森却以莫须有的罪名遭到美国海关的扣留。美方甚至出示了所谓的"证据"：钱学森的回国行李中有美国"密码本"。那只不过是一个对数本！之后，美国司法部拘禁了钱学森。后迫于舆论的压力，钱学森在被拘禁约半个月后得以保释，但被限制了自由——未向移民规划局申请，不得走出以家为中心、半径大约是 15 英里的范围。

钱学森不能走。这是美国军方的态度。他们将钱学森看作"最优秀的火箭专家"，"无论在哪里，一个钱学森都抵得上 5 个海军陆战师"。要知道，在整个朝鲜战场，美国的地面主要兵力也只有 7 个师。

钱学森被软禁了整整 5 年。但尽管如此，他还是潜心研究，等待回国时机，并完成了以控制论命名的《工程控制论》。这是世界上第一部系统讲述工程控制论的专著，英文第一版出版后引起了很大的反响。他还经常通过阅读报刊，了解新中国成立后的发展建设情况。

1955 年 6 月，钱学森和夫人蒋英到一家餐馆去用餐。他们按照事先商量好的计划，由钱学森缠住联邦调查局人员，蒋英借口上洗手间，给在比利时的妹妹寄了一封信，请她把信转寄给杭州同乡、全国人大常委会副委员长陈叔通。

信中这样写道："被美政府拘留，今已五年，无一日、一时、一刻不思归国参加伟大的建设高潮。""学森这几年中唯以在可能范围内努力思考学问，以备他日归国之用。"陈叔通接信后很快交给了周恩来总理，周恩来立即转给外交部，并指示在中美大使级会谈中向美国提出严正交涉。在中国政府的强烈要求和多方营救下，钱学森于 1955 年 8 月初终于得到允许离开美国。

临行前，钱学森带着夫人和两个孩子来到恩师冯·卡门家里，向他告别。74 岁的冯·卡门接过钱学森送的《工程控制论》和《物理力学讲义》两本书，一边翻动书页，一边说："我为你骄傲，你现在在学术上已经超过了我！"听到老师的夸奖，钱学森十分激动，感到自己 20 年的努力没有白费，而且更重要的是，自己代表的是中国人，得到这样的评价"为中国人争气了"！这是钱学森的"人生中的三次激动"之一。①

1955 年 9 月 17 日，钱学森一家登上了"克利夫兰总统号"轮船，踏上了回国的旅途。10 月 8 日经香港进入广东，后经上海抵达北京，受到了热烈的迎接。后来，钱学森果然不负众望，领导了中国航天事业白手起家、发展壮大，书写了中国航天事业壮阔发展的篇章。

在美国的 20 年里，钱学森一直保留着中国国籍。他回忆说："我在美国那么长时间，从来没想过这一辈子要在那里呆下去。我这么说是有根据的。因为在美国，一个人参加工作，总要把他的一部分收入存入保险公司，以备晚年退休之后用。我一块美元也不存，许多人感到奇怪。其实没什么奇怪的，因为我是中国人，根本不打算在美国住一辈子。"

梁园虽好，非久居之乡

忆往昔，20 世纪 50 年代，面对百废待兴、百业待举的困难局面，我国

---

① 1991 年，钱学森被授予"国家杰出贡献科学家"荣誉称号，是全国获此殊荣的唯一一人。但他在讲话中却说："如果说老实话，应该承认我并不很激动。怎么回事？因为我这一辈子已经有了三次非常激动的时刻。"第一次激动是在回国之际与老师告别，冯·卡门对他说他在学术上已经超过了自己。钱学森为得到世界闻名的大权威的点赞，为中国人争气了而激动。第二次激动是在回国 3 年多后、新中国成立 10 年时的 1959 年 1 月，他被接收为中国共产党预备党员。钱学森为自己"是一个中国共产党的党员了"而"简直激动得睡不着觉"。第三次激动是获奖的 1991 年，他看了王任重同志写的《史来贺传》的序。在这个序里王任重说中央组织部把雷锋、焦裕禄、王进喜、史来贺和钱学森这五个人作为解放 40 年来在群众中享有崇高威望的共产党员的优秀代表。钱学森"心情激动极了"。他为自己"现在是劳动人民的一分子了，而且与劳动人民中最先进的分子连在一起了"而激动。这三次发自内心的激动，不是来自于荣誉，而是因为自己为中国人争气光荣、入党光荣、为人民服务光荣。参见钱学森在 1991 年 10 月 16 日召开的授予钱学森同志"国家杰出贡献科学家"荣誉称号和一级英雄模范奖章的仪式上的讲话，《人民日报》1991 年 10 月 19 日。

开始大规模搞工业化，开始搞尖端技术，"是真正的白手起家，是真正的创业"。张劲夫①回忆说："我们靠的是一批从国外回来的有高度爱国心的科学家，又靠他们带出一批年轻的科学家，他们靠的是一种崇高的精神，一种为了祖国富强而献身的精神，他们是'两弹一星'的真正功臣。"②23 名"两弹一星"元勋中，包括钱学森在内，有 21 位有海外留学经历。他们为发展新中国的科技事业、航天事业作出了卓著的贡献。

21 人中，最早的王淦昌、赵九章，先后于 1934 年、1938 年在德国获得博士学位，同年返回祖国。

1943 年，屠守锷在麻省理工学院获得硕士学位，进入布法罗寇蒂斯飞机制造厂任工程师。1945 年，他听到抗战胜利的消息，即决定辞职回国。1947 年，黄纬禄、彭桓武回国。1948 年，钱三强、王大珩、陈芳允回国。1949 年 8 月，任新民放弃美国布法罗大学的教职回国。

1950 年，王希季、朱光亚、程开甲、邓稼先、吴自良等返回祖国。王希季 1949 年获弗吉尼亚理工学院科学硕士学位后，于 1950 年 3 月登上"克利夫兰总统号"轮船回国。有人问他为什么不继续读博，他答：从我出生时起，国家就一直在混乱中。我出去读书时国家还没统一，回来时已经统一了，这对我来说很重要。同在船上的还有华罗庚、朱光亚等。大家热烈地讨论，憧憬回国后应该如何建设一个强大富饶的中国。当谈到新中国应该有自己强大的工业和国防时，王希季抑制不住兴奋的心情，放声歌唱起来："黄河之滨，集合着一群中华民族优秀的子孙。人类解放，救国的责任，全靠我们自己来担承……"紧接着，华罗庚和所有的中国留学生都唱起了这首《抗日军政大学校歌》，久久不能平静。在船上，华罗庚还发表了《告留美人员

---

① 张劲夫同志是原中顾委常委、国务委员，1956 年至 1967 年任中国科学院党组书记、副院长，主持中国科学院的日常工作。在周恩来总理、聂荣臻元帅的领导下，他组织中国科学院的科学家和科技人员参与了"两弹一星"的研制工作，为此作出了重要贡献。

② 张劲夫：《请历史记住他们——关于中国科学院与"两弹一星"的回忆》，《人民日报》1999 年 5 月 6 日。

的公开信》："梁园虽好，非久居之乡，归去来兮！"这封信在留学生中引起很大的震动。后来有记者问程开甲："你如果不回来，在学术上会不会有更大的成就？"他感慨地说："我不回国，可能会在学术上有更大的成就，但绝不会有现在这样幸福，因为我现在做的一切，都和祖国紧紧地联系在一起。"

随着冷战的加剧和朝鲜战争的爆发，1951年10月，美国当局明令禁止中国留学生离境。直到1954年中美日内瓦谈判取得进展，美国政府才解除了禁令。滞留美国的一批留学生终于回到故土。1955年，钱学森、陈能宽回国。1956年，杨嘉墀回国，他决定动身前对妻子说："咱们快回国吧，别等人家把祖国建设好了我们才回去，那就不像样了。"1957年，姚桐斌、郭永怀回国。姚桐斌后来说："外国人总是瞧不起我们中国人，这是历史的偏见。我们一定要发愤图强，将来拿事实给他们看。"20世纪五六十年代，还有一大批留学人员远赴苏联、东欧学习，成为我国建设和改革事业的重要力量。孙家栋、周光召分别于1958年、1961年学成归来。

在那段海归历史中，还有这么一件事：1954年11月29日从美国驶往香港的"威尔逊总统号"快到檀香山时，美国移民局找船上所有中国留学生谈话说，快到美国西部国境线最后一个口岸了，你们有没有人想留下？如果想，就在夏威夷下船。

无一人作声。

对中国百年留学潮中最为特殊的那批人来说，他们经受过战乱，也出去看过世界，但踏上回国路后，便只有一个愿望：回家，回家，回家。

回到一个崭新的国家。

第四节　下决心搞导弹

新中国成立后，随着新的社会秩序的确立，人民群众逐渐树立起明确的社会主义意识，爱国主义、集体主义、为人民服务等共同价值观得到传播和崇尚，良好的社会风气与社会道德规范开始形成。抗美援朝的胜利，土地改革和民主改革的实施，国民经济的恢复和各项建设的展开，三大改造的推进和走向高潮，让人民群众不仅在政治上站了起来，而且开始建立民族自信心。当时，全国人民朝气蓬勃、斗志昂扬，凭着"革命加拼命"的精神，凭着"一万年太久、只争朝夕"的勇气，抱着"几年辛苦，万年幸福"的决心，创造了一个又一个可以载入中华民族和人类史册的奇迹。

1954年，新中国第一架自制飞机首飞上天。1956年，第一辆汽车驶下装配线。毛泽东说，自从盘古开天辟地以来，我们不晓得造飞机，造汽车，现在开始能造了。① 但在我国从来没有的新技术领域，比如核弹、导弹这样门槛极高、要求极高的技术，以当时的条件，中国人行吗？

中国人怎么不行啊？

钱学森回国后，经过短暂休整，即接受上级安排，到中国科学院工作。

为了尽快熟悉情况，钱学森赴我国的重工业基地——东北考察，并希望到中国人民解放军军事工程学院（简称哈军工）见一下两位老朋友。由于哈军工的保密要求十分严格，这一请求最终被报告给了时任解放军副总参谋长、哈军工院长的陈赓将军。陈赓十分痛快地批复"可以"，并立即安排行程，当天夜里便乘机从北京抵达哈尔滨。第二天，钱学森到访哈军工时，陈赓将军率队在门口迎接，热情地表示"哈军工打开大门欢迎钱学森先生"，并亲自陪同考察。

在参观火箭技术实验室时，陈赓问道："钱先生，你看我们中国人能不能搞导弹？"钱学森正因为在美国受到不公平待遇甚至是折磨而憋了一肚子气，便斩钉截铁地答道："中国人怎么不行啊？外国人能搞的，难道中国人不能搞？中国人比他们矮一截？"陈赓说："好！"②

① 参见《毛泽东文集》第七卷，人民出版社1999年版，第27页。
② 钱学森：《周总理让我搞导弹》，载《中国航天腾飞之路》，中国文史出版社1999年版，第15页。

1955 年 12 月，钱学森从东北考察回京。正在住院治疗的彭德怀元帅得知消息，迫不及待地要安排与钱学森会面。几天后，彭德怀在医院病房见到了钱学森，并问出了与陈赓一样的问题，得到了一样的答案："行！"

1956 年 1 月，在彭德怀、陈赓等的安排下，钱学森给在京的军事干部作了题为《关于导弹武器知识的概述》的报告，连讲 3 场，引起了部队高级将领对导弹的极大关注。当时很多人还不知道导弹为何物。身经百战的开国元帅贺龙、陈毅、聂荣臻、叶剑英等，都兴致勃勃地赶来听讲，当起了钱学森的学生。解放军高层刮起了"钱学森旋风""导弹旋风"。

钱学森的归来，让中国"两弹"研制工作提上了日程。

2 月 1 日，在中国人民政治协商会议第二届全国委员会第二次会议期间，毛泽东设宴招待全体政协委员。刚刚被增补为全国政协委员的钱学森收到了毛泽东亲笔签名的大红请柬。入场时，工作人员引他去安排好的第 37 桌，但到桌前竟然没找到他的座位签。原来，当宴会座次送呈毛泽东时，毛泽东用红铅笔在第 37 桌钱学森的名字上画了个圆圈，一个弧线箭头就把他安排到了第一桌紧挨着毛泽东右手边的位置。宴会上，毛泽东与钱学森进行了亲切交谈。

2 月 4 日，叶剑英在家招待钱学森夫妇，陈赓作陪。席间，他们热烈地谈论了中国自行研制导弹式武器的问题，并决定去找周恩来总理。钱学森回忆说："叶帅、陈赓他们与总理谈话，后来大概就谈定了。总理交给我一个任务，叫我写个意见——怎么组织一个研究机构？后来我写了一个意见，又在西花厅开了次会，决定搞导弹了。那天开完会，在总理那里吃了一顿午饭，桌上有蒸鸡蛋，碗放在总理那边，总理还特意盛了一勺给我。"①

这个任务和意见，就是钱学森 1956 年 2 月 17 日递交给国务院的《建立我国国防航空工业的意见书》。当时为了保密起见，用"国防航空工业"这个词来代表火箭、导弹。这份意见书是我国导弹事业的奠基之作，引起了党

① 钱学森：《周总理让我搞导弹》，载《中国航天腾飞之路》，中国文史出版社 1999 年版，第 15 页。

和国家决策层的高度重视。

打掉一切依赖思想

之后，中央果断作出了发展导弹技术的决策。1956 年 4 月，国家成立了航空工业委员会，负责领导我国导弹和航空事业的发展建设，聂荣臻任主任，钱学森是委员之一。5 月，聂荣臻代表航空工业委员会向国务院和中央军委提出了《关于建立我国导弹研究工作的初步意见》。周恩来主持中央军委专门会议，就此展开讨论。

1956 年 10 月 8 日，导弹研究机构——国防部第五研究院（简称国防部五院）成立了。聂荣臻出席成立大会勉励大家以自力更生、奋发图强的精神，进行学习研究，毕生致力于我国的导弹事业。① 他对大家说："现在人数虽少，但只要大家团结一心，艰苦奋斗，中国的导弹事业一定会有美好的前景。"② 钱学森任国防部五院首任院长。这一天也正是钱学森回国一周年。

聂荣臻提出，国防部五院的建院方针是"自力更生为主，力争外援和利用资本主义国家已有的科学成果"。这一方针得到了毛泽东主席和周恩来总理的批准，也由此成为中国国防尖端技术的重要方针。③

这一阶段，为了发展国防科技，搞出尖端技术，中央采取了一系列重大举措。1958 年 10 月，国防部国防科学技术委员会（简称国防科委）成立，聂荣臻任主任，陈赓任副主任。在组建国防部五院后，选派专家人才，完善分院设置。1958 年，组建了核武器研究机构。1952 年起，中央还陆续组织建设了一批国防科技工业高等院校，在一些大学设立一批重点专业，组建了常规兵器试验基地、综合导弹试验基地、海军武器装备试验基地、核武器试验基地等。

导弹是"国之重器"。尽管当时中苏友好，苏联对中国提供了很多援助，但面对中国关于导弹技术的援助请求，苏联先是予以婉拒。1957 年 10 月两

① 参见张钧主编：《当代中国的航天事业》，中国社会科学出版社 1986 年版，第 8 页。
② 《天魂》编委会编著：《天魂：航天精神纪事》，中国宇航出版社 2012 年版，第 15 页。
③ 参见张钧主编：《当代中国的航天事业》，中国社会科学出版社 1986 年版，第 9 页。

国正式签署《关于生产新式武器和军事技术装备以及在中国建立综合性原子能工业的协定》（简称《国防新技术协定》）后，苏联允诺在导弹、核武器等方面给中国相应的帮助，提供了两枚苏制 P-2 弹道导弹，但在一些关键技术和环节上仍有所保留。老一代航天人从导弹仿制起步，刻苦钻研，不断取得突破性进展。1959 年 6 月，苏联单方面撕毁了《国防新技术协定》，拒绝向中国提供核武器的技术援助。1960 年 7 月，就在导弹仿制进入决战阶段，即将开始总装之际，苏联照会中国政府，宣布停止对华援助，停止派遣并撤走专家。苏联专家临行前带走了许多重要的设计图纸和有关资料，并对中国人说，他们走后这些导弹零件会变成废铜烂铁。

新中国 20 世纪 50 年代在决定发展国防尖端技术的时候，就有把立足点放在自己力量基础上的准备。苏联毁约停援，不可能动摇中国独立自主地建立战略核力量的决心。这一消息传到正在北戴河召开的中共中央工作会议，毛泽东说："要下决心搞尖端技术。赫鲁晓夫不给我们尖端技术，极好！如果给了，这个账是很难还的。"[1] 他的话表达了中国人民不信邪、不怕压，勇于战胜困难的决心和意志。国防工委也召开会议，着重讨论了国防工业系统在新形势下如何贯彻自力更生方针的问题。国防工委主任贺龙在会上提出了卧薪尝胆、发愤图强，打掉一切依赖思想，下最大的决心依靠自己的力量，突破国防尖端技术的要求。[2]

---

[1]　毛泽东：《要下决心搞尖端技术》，《党的文献》1996 年第 1 期。

[2]　参见谢光主编：《当代中国的国防科技事业》（上），当代中国出版社 1992 年版，第 44—45 页。其中，"国防工委"的全称是中央军委国防工业委员会，成立于 1960 年 1 月。1961 年 1 月，中共中央决定，国防工业一律由国防工委直接领导。后文还提到了"国防工办"，即国务院国防工业办公室，是 1961 年 11 月经中共中央批准、12 月正式成立的。国防工办作为国防工委、国防科委两委的第一线办事机构，负责组织两委的日常工作。1982 年，国务院、中央军委决定，将分工管理国防工业的三大机构——国防科委、国防工办和军委科技装备合并，组建国防科工委，隶属中央军委建制，受国务院、中央军委双重领导。1998 年国务院机构改革时，按照"军政分开""供需分离"的原则，组建新的国防科工委与总装备部。2008 年国务院机构改革时，撤销国防科工委，职能划入工业与信息化部，新组建国家国防科技工业局。

导弹事业迎来"美好的前景"

面对苏联专家的"预言",钱学森与大家决心"一定要搞出争气弹"!屠守锷说:"人家能做到的,不信我们做不到。"1960 年 11 月 5 日,中国第一发"1059"导弹首次飞行试验不负众望,获得了圆满成功!聂荣臻当晚在酒泉发射基地举行的祝捷会上说:在祖国的地平线上,第一次飞起了我国自己制造的第一枚导弹,是我军装备史上的一个重要转折点。① 这次成功表明,中国通过自力更生,已经初步掌握了导弹制造技术。

之后,以导弹、核弹为代表的尖端项目取得快速进步,导弹事业"美好的前景"逐渐成为现实,也推动了运载火箭技术的发展,为开展航天发射任务提供了基础条件——

1964 年 6 月 29 日,我国自行设计研制的东风二号中近程液体导弹经过一次发射失利后,终于成功完成首次飞行试验。

1964 年 10 月 16 日,我国第一颗原子弹爆炸成功,新疆罗布泊的戈壁上空升起了由原子核裂变引发的巨大火球和蘑菇云。这朵蘑菇云振奋了中国,震动了世界,成为中华民族的永恒记忆。10 月 19 日,毛泽东评价说,无可奈何花已开。再有十年,原子弹、氢弹、导弹我们都搞出来了,世界大战就打不成了。②

1965 年 3 月,在 2400 多名科技人员、干部和工人对研制地地导弹进行大讨论的基础上,《地地导弹发展规划》(即"八年四弹"规划)提出并得到中央专门委员会原则批准。规划明确指出,要在 1965—1972 年这 8 年时间内,研制成功用于"两弹结合"的中近程液体弹道导弹,中程、中远程和远程液体弹道导弹,分别对应东风二号甲中近程导弹、东风三号中程导弹、东风四号中远程导弹和东风五号洲际导弹。

1966 年 10 月 27 日,我国成功地用东风二号甲中近程导弹进行了"两

① 参见《中国航天事业的 60 年》,北京大学出版社 2016 年版,第 138 页。
② 参见《毛泽东年谱(一九四九——一九七六)》第五卷,中央文献出版社 2013 年版,第 421 页。

弹结合"试验。导弹飞行正常，核弹头精确命中目标，实现了核爆炸。这是我国第一颗装有核弹头的地地导弹爆炸成功，表明中国已具备战略威慑能力，结束了中国核武器"有弹无枪"的局面，打破了美苏两个超级大国的核垄断。

1966 年 12 月 26 日，中国第一枚新型地地中程导弹东风三号首次飞行试验基本成功，这是中国第一个独立研制的全新作战武器，揭开了中国战略导弹研制史上新的一页。

1967 年 6 月 17 日，我国第一颗氢弹空爆试验成功。我国仅用了短短 2 年零 8 个月的时间，就实现了从原子弹到氢弹的巨大跨越，比美苏等国用时大大缩短，堪称现代科技史上的一个"奇迹"。

导弹、原子弹、氢弹的相继成功表明，中国没有洋拐棍，依然可以昂首挺立。毛泽东风趣地说：应该给赫鲁晓夫发一个一吨重的大勋章。①

1970 年 1 月 30 日，中国自行研制的第一枚中远程两级地地导弹"东风四号"第二发全程遥测弹飞行试验成功，表明中国基本攻克多级导弹的关键技术难题。

1970 年 4 月 24 日，长征一号运载火箭将东方红一号人造卫星送入太空。

之后，1971 年 9 月 10 日，远程运载火箭第一发遥测弹按预定的低弹道顺利升空，试验取得了基本成功。不过，受到大环境影响，此后一段时间，远程运载火箭全程飞行试验处于延宕状态。

1980 年 5 月 18 日，中国向南太平洋预定海域成功地发射了自行设计生产的东风五号洲际导弹，首次全程飞行试验成功完成。这是中国首次从本土向公海进行的洲际导弹试验，标志着中国战略武器走完了研制、试验全过程，达到了新的水平。至此，"八年四弹"规划虽然延迟数年，但最终全部变成了现实。

1982 年 10 月 12 日，第二发巨浪一号遥测弹水下发射试验成功，标志

---

① 参见《聂荣臻回忆录》（下），解放军出版社 1984 年版，第 809 页。

着中国的战略核导弹从液体发展到了固体，从陆上发展到了水下，从固定阵地发射发展到了隐蔽机动发射。中国成为世界上第五个拥有潜艇水下发射导弹能力的国家。此后，战略武器的研制重点向改进与提高转变，包括精度、生存能力、发射方式、缩短发射时间等方面。

导弹成果还衍生出了"长征"系列运载火箭。从长征一号，到长征三号、长征三号甲，再到长征五号等，"长征"家族不断壮大，并实现了越来越强的运载能力。

只有"上天"，才能"航天"。导弹与运载火箭技术的发展，为研制发射人造地球卫星等航天器提供了基本条件。后者也是现代尖端科学技术的重要标志之一。在艰苦的条件下，老一代航天人发愤图强、埋头苦干，推动了卫星技术的发展，创造了令全国各族人民自豪的非凡成就。

1970 年 4 月 24 日，中国第一颗人造地球卫星——东方红一号发射升空，推开了属于中国的太空时代的大门。《东方红》的旋律响彻寰宇，举国为之振奋，全世界为之轰动。

此后至 1978 年，我国的卫星技术取得显著进展，空间技术发展达到了一个新的水平。这些成就让中华民族在向宇宙进军的道路上迈出坚毅的步伐，并彰显了中华民族自强不息的伟大精神。

第五章　东方红响彻寰宇

　　20 世纪六七十年代，"两弹一星"是中国在科学技术上，尤其是在国防科技领域取得的最重大、最重要的成就，一扫国人百年悲啸的心态，让中国人扬眉吐气，树立了自立于世界民族之林的自信。

　　在"一穷二白"的底子上，要造出卫星打上天，何其艰难！在党的领导下，在精神的鼓舞下，老一代航天人坚持独立自主、自力更生，将满腔的报国热忱，转化为艰苦奋斗的深入实践，转化为隐姓埋名的无私奉献，在搞成导弹、核弹后，于 1970 年 4 月 24 日将东方红一号卫星送入太空，筑牢了国家自立自强的坚强基石。老一代航天人的精神跨越时空，他们的功勋已经牢牢铭刻在新中国史册上。作为杰出的代表，23 位"两弹一星"元勋的名字光芒闪耀，将与共和国同在。

第一节　"我们也要搞人造卫星"

　　苏联和美国相继发射卫星后不久，毛主席就发出了"我们也要搞人造卫星"的伟大号召。在党的领导下，大家决心自力更生，艰苦奋斗，向着科技高峰勇于登攀。

　　苏联毁约停援后，大家也不气馁。聂荣臻对国防部五院的同志们说：中国人民是聪明的，并不比别的民族笨。钱学森向聂荣臻表态：我们五院的同志一定会在压力面前挺直腰杆，自力更生，创建起自己的导弹事业；请转告中央放心，苏联压不倒我们。他还讲，中国的科学家聪明得很！而且中国科技人员都是拼命干的，外国人少有像中国人这样拼命干的。①

伟大号召开启叩天之路

二战结束后的十年间，苏联和美国在冷战对抗中，围绕航天运载器和人造地球卫星展开了竞赛。1957年11月7日是十月革命40周年。10月4日，苏联先于美国，发射了人类第一颗人造地球卫星——"斯普特尼克一号"②，荣摘了"全球第一"的桂冠，成为具有极大政治意义的重要献礼。苏联的这颗卫星被称为"红色月亮"，在全世界范围内引起了极大震荡。社会主义阵营备受鼓舞，而资本主义阵营的心理"近乎歇斯底里"，团结局面遭遇重创。当时，美国朝野一片哗然，把这一天当作"国耻日"；西欧"惶恐不安"；日本破除"对美国迷信"……尽管美国总统艾森豪威尔故作轻蔑地说，苏联只是"将一个小球送上了太空"；但技术优越的"神话"、一厢情愿的领先"幻觉"，都在"红色月亮"上天后被粉碎了。美国在一次发射失败后，直到1958年初，才成功发射了"探险者1号"卫星。苏联和美国相继发射卫星后，开始大搞太空军事化，把亘古静谧的太空扰动得硝烟弥漫。

1957年11月2日，应苏联方面邀请，毛泽东率团乘专机赴莫斯科，参加十月革命40周年庆祝大会以及国际共产党和工人党会议。抵达次日，苏联又发射了一颗更大而且肉眼可以看得见的人造地球卫星，还载有一只叫"莱卡"的小狗。在莫斯科期间，毛泽东发表了热情洋溢的讲话，高度评价说："全世界公认：苏联两次发射人造卫星的成就，开辟了人类征服自然界的新纪元。"③"在苏联发射人造卫星以后，就在最重要的科学技术部门方面也占了压倒的优势。"④他感慨道：目前是世界局势的一个转折点。这是世界上

① 钱学森：《周总理让我搞导弹》，载《中国航天腾飞之路》，中国文史出版社1999年版，第16页。
② 该卫星的俄文名为Спутник-1，原意同行者、旅伴或伴侣。英文名为Sputnik-1。
③ 《毛泽东文集》第七卷，人民出版社1999年版，第313页。
④ 《毛泽东文集》第七卷，人民出版社1999年版，第325页。

两个阵营力量对比的转折点。从今以后，西风压不倒东风，东风一定要压倒西风。①

那段时间，人造卫星的意义和用途受到了党中央和中国科学界的高度关注，大家的热情很高。1958 年 5 月 15 日，苏联发射了第三颗人造地球卫星，重达 1327 公斤。5 月 17 日，毛泽东在中共八大第二次会议上说：苏联第三颗卫星上天，这是好事。苏联卫星上天，我们想不想搞个把两个卫星，我们也要搞一点卫星。② 他还指出，要搞就搞得大一点。③

这一号召提出时，距苏联的第一颗人造地球卫星发射成功刚刚半年。矢志民族复兴的中国共产党和中国人民，以向宇宙进军的强烈愿望与决心，开启了中华民族的叩天之路。

但是，对积贫积弱百年之久、元气刚刚开始恢复的中国而言，要把卫星打上天，谈何容易？1958 年时，中国国民生产总值只有约 1450 亿元人民币，人均不过 200 元；钢产量只有 1000 万吨左右；能源消耗仅为 1.76 亿吨标准煤。毛泽东说，中国经济落后，物质基础薄弱，使我们至今还处在一种被动状态，精神上感到还是受束缚，在这方面我们还没有得到解放。④

中国必须奋起直追，尽快改变贫穷落后的面貌。我们要搞人造卫星，有什么、靠什么？有党的领导，有全国人民的力量，有革命战争的经验，有正在快速发展的国民经济和科学技术，更有自力更生的决心和干劲。

必须依靠自己的力量！

航天科技高度复杂，国际合作十分重要。1950 年 9 月 30 日，首届国际

---

① 参见《毛泽东年谱（一九四九——一九七六）》第三卷，中央文献出版社 2013 年版，第 249 页。

② 参见《毛泽东年谱（一九四九——一九七六）》第三卷，中央文献出版社 2013 年版，第 350、351 页。

③ 戚发轫：《毛泽东与东方红卫星》，载《中国航天腾飞之路》，中国文史出版社 1999 年版，第 11 页。

④ 参见《毛泽东文集》第七卷，人民出版社 1999 年版，第 350 页。

宇航大会在巴黎举行，决定创立国际宇航联合会。国际科学界呼吁发射人造地球卫星，商定将适逢太阳活动最趋活跃高峰的 1957 年 7 月至 1958 年 12 月定为"国际地球物理年"。1954 年 10 月，苏联和美国同时接受了国际地球物理年委员会关于发射科学卫星的建议，并在国际地球物理年期间发射了卫星。

新中国积极参加国际地球物理年等世界航天活动。1957 年苏联发射卫星后，党中央高度重视，要求中国科学院等密切注意有关情况。应苏联科学院请求，我国在全国范围内开展了卫星观测。竺可桢、钱学森、赵九章等许多著名的科学家，积极倡导开展中国的卫星研究工作，并多次就卫星进行座谈，认为我国花几年时间也能实现卫星上天，建议中国科学院把卫星列为重点任务来抓。中国科学院党组经过研究，认为这是关乎国防和人民和平安宁的头等大事，并把卫星研制列为中国科学院 1958 年第一项重大任务，为了保密，代号叫"581"任务。

1958 年 5 月"我们也要搞人造卫星"的号召发出后，各项工作加快开展。7 月，中国科学院初步提出了我国卫星规划和"三步走"思路，并向聂荣臻报告：第一步发射探空火箭，第二步发射小卫星，第三步发射大卫星。任务的分工是：火箭以国防部五院为主，探空头和卫星及观测工作以中国科学院为主，相互配合。要求苦战三年，实现我国第一颗卫星上天。当时，聂荣臻与有关方面的同志进行了深入研究，并深刻认识到导弹与火箭的密切联系，认为中国应着手研制导弹，同时对卫星进行早期研究，"两条腿走路"最终发射自己的卫星。

为实现规划任务，中国科学院成立了 581 组，专门研究卫星问题，钱学森为组长，赵九章、卫一清为副组长。另设技术小组，由钱学森和赵九章主持。他们在 7 月到 9 月每周要开两到三次会，夜以继日地推进工作。通过与中国科学院内外 31 个单位通力协作，581 组完成了运载火箭结构的初步设计并搞出了载有多种高空环境探测仪器及动物舱的两种探空火箭头部模型，为自力更生发展我国空间事业迈出了可喜的第一步。

10 月 1 日，中国科学院举办的"自然科学跃进成果展览会"开幕，为 9

周年国庆献礼。展品中，卫星和火箭的设计图和模型引起了轰动。刘少奇、周恩来、李富春、聂荣臻、彭德怀等先后莅临参观。10 月下旬，毛泽东也来到了展览会，在陆元九^①的讲解下兴致勃勃地观看展品和演示。陆元九是毕业于美国麻省理工学院航空工程系的博士，当时只有 38 岁。谈到当时的情景，他历历在目：毛主席最后观看的是"火箭飞行"表演，火箭一启动毛主席就站了起来。当发现是有人躲在火箭模型的背后用手拉橡皮绳时，毛主席哈哈大笑说，土一点不怕，土八路不是把洋鬼子打败了嘛！^②

1958 年 11 月，中国科学院向中央汇报了科学家们对研制人造卫星的意见和计划，得到赞同。中央政治局研究并决定，拨 2 亿元专款支持中国科学院搞卫星。^③当时新中国成立还不到 10 年，年度财政收入只有 300 亿元左右。决定拿出这样一笔巨款，不仅是沉甸甸的分量，更是极为郑重的期待。年底，这笔钱就到位了，推动了一系列相关项目的开展与建设，为早期的导弹与运载火箭技术发展和空间技术探索奠定了重要的工程基础。

要造卫星，首先得知道卫星是什么样子，有初步认识，建立基本知识。为了探索发展我国空间技术的途径，根据中苏科学技术协定，1958 年 10 月 16 日，中国科学院派出了由赵九章、杨嘉墀、钱骥等科学家组成的"高空大气物理代表团"到苏联考察"取经"，积极争取援助。但在为期 70 天的考察中，这群踌躇满志的中国顶尖专家们看了一些高空探测仪器及科技展览馆展出的卫星模型，考察了一些天文、电离层、地面观测站等，见到了火箭的

---

① 陆元九是我国自动化科学技术开拓者之一。作为早期出国留学的博士，新中国成立初期，陆元九突破重重阻力毅然回到祖国怀抱。他潜心研究，矢志奉献，首次提出"回收卫星"概念，创造性运用自动控制观点和方法对陀螺及惯性导航原理进行论述，为"两弹一星"工程及航天重大工程建设作出了卓越贡献。2021 年，他被授予"七一勋章"，是在中国共产党成立 100 周年之际首次获此殊荣的 29 位共产党员之一。

② 参见梁东元：《中国载人航天前传》，《神剑》2013 年第 3 期。

③ 参见张劲夫：《请历史记住他们——关于中国科学院与"两弹一星"的回忆》，《人民日报》1999 年 5 月 6 日。

一个头部。但是，此次主要想看的卫星，却连影子也没有见到。而随着中苏关系走向恶化，考察团后来也受到了冷遇。大家感慨道："发展人造卫星，必须依靠自己的力量！"

现在放卫星与国力不相称

"卫星"是 1958 年最受欢迎的热词之一。在"争上游"的形势下，人们想得也较简单，似乎只要奋力一跃，卫星就能上天。但科学是来不得半点虚假的。随着工作的深入，计划推进遭遇了困难。1959 年初，访问苏联的中国专家代表团回国后进行了认真总结，指出发射人造卫星技术很复杂、综合性很强，我国尚未具备条件，应坚持从小到大、从低到高、循序渐进的方针。

20 世纪 50 年代末 60 年代初，"大跃进"赶上三年灾荒，全国吃不饱；西方封锁禁运；中苏交恶，赫鲁晓夫变脸，落井下石。时任中央委员会总书记邓小平分析了国内经济、科技形势，实事求是地按照科学规律，对卫星发展战略作了精辟的分析，指示现在放卫星与国力不相称，要调整空间技术研究任务。[1]1959 年 1 月，中国科学院党组传达了这一指示。中国的航天研究探索的重点转到搞探空火箭上。

实践证明，邓小平把握住了中国卫星的发展航向，是从实际出发符合国情的。因为国家经济、技术力量有限，为了国防的急需，只能优先保证导弹、原子能的发展。在这种情况下，重点开展人造卫星单项技术的研究，创造必需的研究试验条件，就能为空间技术的发展打下良好的基础，一旦条件成熟，就可以在短时期内研制和发展我国的人造卫星。[2]

由于缩短了战线，突出了重点，我国在探空火箭研制方面取得了可喜的进展。1960 年 2 月 19 日，我国自行设计制造的"T-7M"试验型液体探空火箭，

① 参见《中国航天事业的 60 年》，北京大学出版社 2016 年版，第 130—131 页。
② 戚发轫：《毛泽东与东方红卫星》，载《中国航天腾飞之路》，中国文史出版社 1999 年版，第 12 页。

在上海市南汇县境内的简易发射场首次发射成功，飞行高度 8 公里，迈出了我国探空火箭技术的第一步。王希季主持了这枚火箭研制任务。5 月，毛泽东参观了上海新技术展览会，躬身仔细察看了在会上展出的我国首次发射成功的试验型探空火箭，询问有关情况，并意味深长地说，8 公里那也了不起！并鼓励大家：应该 8 公里、20 公里、200 公里地搞上去。①

继续努力突破国防尖端技术

在那个困难时期，关于国防尖端项目是"下马"还是"上马"，矛盾和争论十分尖锐。毛泽东、周恩来等中央领导同志下决心坚持"上马"。1961 年中央批准了聂荣臻提出的《关于导弹、原子弹应坚持攻关的报告》，毛泽东明确指示：要下决心搞尖端技术，不能放松或下马。周恩来强调：我们有共同信念，一定要靠中国人自己的力量，造出"两弹一星"。陈毅说，脱了裤子当当，也要把我国的尖端武器搞上去。他还多次跟聂荣臻讲："我这个外交部长的腰杆现在还不太硬，你们把导弹、原子弹搞出来了，我的腰杆就硬了。"聂荣臻也坚持认为：为了摆脱我国一个世纪以来经常受帝国主义欺凌压迫的局面，我们必须搞出以导弹、原子弹为标志的尖端武器，同时还可以带动我国许多现代科学技术向前发展。②

东风一号用了苏联的图纸资料，到了东风二号，就完全没有任何经验可借用了。东风二号要加大射程、提高运载能力，一开始自己设计确实没有经验。1962 年 3 月，第一发东风二号导弹在酒泉基地试射试验失利。这也让第一次参加任务的戚发轫铭记终生：当时只觉得对不起党，对不起人民，心里非常难过，无地自容。聂荣臻严肃指示各级领导不要追查责任，亲切安慰大家，科学试验有成功就有失败。要总结经验教训，吃一堑、长一智，以利再战。③1962 年 7 月，中央军委详细研究了国防科委关于导弹故障分析和请

① 参见张钧主编：《当代中国的航天事业》，中国社会科学出版社 1986 年版，第 88—89 页。
② 参见张钧主编：《当代中国的航天事业》，中国社会科学出版社 1986 年版，第 16—17 页。
③ 参见《中国航天事业的 60 年》，北京大学出版社 2016 年版，第 144 页。

求解决有关问题的报告，并将有些重大问题当即转报中共中央。周恩来指出：突破国防尖端技术恰如攀登珠穆朗玛峰，也得分阶段，逐步往上爬。国防尖端技术的综合性和复杂性很强，一定要按照客观规律办事，循序渐进，打牢基础，有步骤地按程序进行。①

1962 年 11 月，中央十五人专门委员会成立，简称中央专委，这是在中共中央的直接领导下具有高度权威的行政权力机构，着力促进原子能事业和导弹核武器等的发展。周恩来任主任。毛泽东批示"很好，照办。要大力协同做好这件工作"。② 中央专委的成立加强了党对国防科技事业的领导，使其稳步走上独立自主、自力更生的道路，促进科研攻关进入新阶段。我国逐步建立起比较配套的航天工程体系，在独立研制导弹、火箭的道路上迈出坚实步伐，为研制和发射人造地球卫星奠定了坚实基础。

第二节　我国研制人造卫星的时机已到

1959 年不急于搞人造卫星后，钱学森、赵九章等继续在人造地球卫星的理论探索、预先研究以及探空火箭研制等方面开展工作，为开展卫星工程研制创造了必要条件。1965 年，在大家共同努力下，卫星进入了工程研制阶段。研制人员在党的坚强领导下，自力更生、大力协同推动工作，面对重重困难，不畏险阻、迎难而上，向前迈出坚实的步伐。

世上无难事，只要肯登攀

1964 年，随着国民经济调整任务的胜利完成，国家优先安排的导弹、原子能等尖端技术取得重大突破。加速发展我国空间技术的问题，开始提到

---

① 参见谢光主编：《当代中国的国防科技事业》（上），当代中国出版社 1992 年版，第 72 页。
② 转引自谢光主编：《当代中国的国防科技事业》（上），当代中国出版社 1992 年版，第 48 页。1965 年 3 月，委员会的组成人员进行了调整和扩大，中央十五人专门委员会随之改称中央专门委员会。

议事日程上来。赵九章和钱学森先后上书中央，建议加速我国空间技术的发展。钱学森在 1965 年 1 月的建议中提出，必须及早开展有关研究，到时才能拿出东西来，因此要早日列入国家计划，促其发展。中国科学院还组织力量草拟了发展卫星的规划纲要。

　　周恩来总理十分重视两位科学家的建议和意见。聂荣臻副总理批示"人造卫星只要力量有可能，就要积极去搞"。[①]1965 年 4 月，国防科委根据各有关方面座谈的意见，提出了 1970 年至 1971 年发射我国第一颗人造卫星的设想。7 月，中国科学院受国防科委委托，提出了《关于发展我国人造卫星工作的规划方案建议》。当时的判断是：如果运载工具 1969 年能搞出来，1970 年放人造卫星是可能的。中央专委先后原则批准了上述设想和规划建议，决定将这项工作纳入国家任务，列入各有关部门的长远规划及年度计划，全面开展研制工作。

　　根据中央批准的方案，我国发展人造卫星采取由简到繁，由易到难，从低级到高级，循序渐进，逐步发展的方针。整个卫星工程由国防科委负责组织协调，卫星本体和地面测控系统由中国科学院负责，运载火箭由七机部[②]负责，卫星发射场由国防科委试验基地负责建设。我国第一颗人造卫星由此进入工程研制阶段。我国空间技术战线全体人员"大干快上造卫星"的多年愿望开始实现。因为这个任务是 1965 年 1 月正式提出建议的，在"581"任务的基础上，这一工程代号被定为"651"任务。

　　在 1966 年 5 月经过修订后，形成了《发展中国人造卫星事业的十年规划》。规划明确，我国发展人造卫星的指导原则是：一、以我为主，走自己的路，根据我国自己的需要来确定卫星种类，根据我国的特定条件来确定技

---

① 戚发轫：《毛泽东与东方红卫星》，载《中国航天腾飞之路》，中国文史出版社 1999 年版，第 12 页。

② 七机部是第七机械工业部的简称。为了将当时分散在不同部门的研制单位有效协调组织起来，1964 年 12 月 26 日，三届全国人大一次会议通过了成立七机部的决议。七机部以国防部第五研究院为主要基础，统一管理整个航天科技工业。

术途径，以解决自己需要为标准来衡量赶超；二、要大力协同，充分发挥社会主义制度的优越性，全国大协作；三、鉴于卫星工程的综合性强、协作面广，必须统一领导、集中管理；等等。规划提出，人造卫星首先以科学技术试验卫星开路，取得经验，然后发展应用卫星系列，包括返回式卫星和气象卫星，也包括开展地球静止轨道通信卫星的研究工作。这一规划为我国空间技术的起步指明了方向，对后来的发展起了重要的作用，成为描绘我国人造卫星事业有序发展的宏伟蓝图的纲领性文件。实践证明，这份文件提出的指导原则、作出的发展部署，是符合中国国情的。①

东风劲吹宜扬帆

宏伟规划和目标确定了，首先还是先要集中力量，把我国第一颗人造卫星研制出来。1965 年 9 月，中国科学院从力学所、自动化所、地球物理所等单位抽调技术人员和干部，开始组建卫星设计院。在该院技术负责人钱骥的领导下，卫星总体设计组开始拟定第一颗人造卫星的总体方案。

10 月 20 日至 11 月 30 日，中国科学院受国防科委的委托，主持召开了我国第一颗人造卫星总体方案论证会。来自各相关方面的 120 名代表在 42 天的会期中，对有关重大问题进行了反复、慎重而热烈的讨论。

与会代表一致认为：中国的空间技术起步虽晚，但起点要高，第一颗卫星在重量、寿命、技术等方面，都要比苏、美第一颗卫星先进，并做到上得去、抓得住、测得准、报得及时，听得到、看得见；要慎重初战，努力做到一次成功。会议初步确定了卫星及其运载火箭的技术指标、技术途径。总体组何正华提出建议：第一颗卫星为一米级，命名为"东方红一号"，并在卫星上播放《东方红》乐曲，让全世界人民听到。这得到了与会专家的赞同。为了保证第一颗卫星发射的需要，会议还建议在全国疆域内建立相应的观测网、信息传递系统和计算机控制中心。会议期间，周恩来还特意邀请与会代

① 参见张钧主编：《当代中国的航天事业》，中国社会科学出版社 1986 年版，第 39—40 页。

表在人民大会堂小礼堂观看了文艺节目。

1965 年可以称得上是我国的"卫星年"。这一年，制定了我国空间技术发展规划和火箭技术发展规划，推动我国人造卫星事业终于从多年的学术和技术准备开始转入工程研制。

为了落实第一颗人造卫星的研制任务，1966 年初，中国科学院正式成立了"651"设计院（即卫星设计院），开始了卫星总体方案的论证和设计，着手筹建有关的试验室。赵九章任院长，钱骥等任副院长。与此同时，为了加强地面观测跟踪系统的工作，从有关电子技术研究所抽调技术力量，组建了代号为"701"的工程处，负责地面观测系统的设计、台站选址和勘察、台站的基本建设等，著名电子学科学家陈芳允担任技术负责人。此外，中国科学院还发挥各有关研究所的专业技术特长，安排了 100 多项空间技术预先研究课题，相关研究成果在我国后来人造卫星的研制中发挥了重要作用。

1966 年 5 月，经国防科委、中国科学院、七机部等相关单位领导共同商定，同意我国第一颗人造卫星命名为"东方红一号"，运载火箭命名为"长征一号"，采用两级液体燃料火箭加第三级固体燃料火箭发动机组成。计划于 1970 年发射。看起来，我国研制人造卫星迎来了大好局面。

采取措施　排除干扰

然而进入 1966 年，正当我国第一个航天工程进入技术攻关阶段，卫星本体、运载火箭和地面观测三大系统的研制工作取得可喜进展时，"文革"发生了。航天科研部门和卫星研制的每个角落也受到冲击。眼看着卫星工程的好形势或将被断送，技术人员和广大群众心急如焚，希望中央采取措施，扭转局面。[①]

为了保护我国这支新生的空间科学技术队伍免受摧残，保证卫星工程按计划进行下去，作为直接领导者，周恩来总理、聂荣臻副总理采取了一系

---

① 参见张钧主编：《当代中国的航天事业》，中国社会科学出版社 1986 年版，第 43 页。

列措施，力图在尖端技术部门把动乱抑制到最低程度，尽可能减少损失。尤其是周恩来在东方红一号从任务的确定到研制工作的全过程都倾注了大量心血，不仅多次听取卫星、运载火箭工作进展情况和存在问题的汇报，而且亲自出面排除干扰，保护科研人员，在有力推动研制工作的同时，给予大家最大程度的保护。

为了调解航天战士、两派群众，周恩来亲自接见、亲自协调，对大家动之以情、晓之以理，并宣布对国防工办和国防工业各部实行军事管制。周恩来"文革"期间接见航天群众代表 37 次，仅 1967 年 1 月 7 日这一天安排的 9 次活动中，就有 2 次是接见七机部的群众代表。[1]1967 年 3 月，毛泽东阅了周恩来关于对国防工业部门和国防科研院、所实行军管的报告，并批示："退总理照办。"[2]

就长征一号运载火箭的发动机试车问题，周恩来于 1969 年 7 月 17 日、18 日、19 日和 25 日连开 4 次会议，亲自协调、解决和落实试车问题，对两派群众，苦口婆心地进行说服教育，对工作中的困难、问题和组织安排考虑得十分周到、井井有条。[3] 他还批准了一份需重点保护的几百名工程技术人员名单，并指出：这些同志都是搞国防科研的尖子，即使不是直接参加某工程的，也要保护，主要是从政治上保护他们，不许侵犯他们、抓走他们；如果有人要武斗、抓人，可以用武力保护。总之，要想尽一切办法，使他们不受干扰，不被冲击。[4]

至此，东方红一号研制被纳入军事管理，研制中的主要科技人员被纳入保护名单。据钱学森回忆，"文革"中他们都是受保护的："没有周总理的保护恐怕我这个人早就不在人世了。那时我们都是被军管的，军管会每星期都

---

[1] 郑德晃：《周总理对火箭总装车间的关怀》，载《中国航天腾飞之路》，中国文史出版社 1999 年版，第 26 页。
[2] 《毛泽东年谱（一九四九———一九七六）》第六卷，中央文献出版社 2013 年版，第 67 页。
[3] 任新民：《航天历程中的几点回忆》，载《中国航天腾飞之路》，中国文史出版社 1999 年版，第 63 页。
[4] 参见《周恩来年谱（一九四九———一九七六）》下卷，中央文献出版社 1997 年版，第 314 页。

要向总理汇报一次。名单送上去以后，总理（对军管会负责人）说：'名单中的每个人，你们要保证，出了问题我找你们！'"[1] 任新民也感慨道："正是由于周总理的保护，不仅使我免受皮肉之苦，更主要的是使我没有间断技术工作，实为三生之大幸。"[2]

周恩来不仅非常关心和充分保障科技人员，还始终十分尊重大家。1970 年 4 月 2 日，他在听取东方红一号研制情况和发射准备情况汇报前点名："任新民，到了没有？"当任新民回答后，周恩来指着旁边的位置说："到前边来，这是你的位置。"任新民回忆：这虽是普通的一句话，可在"文革"时期，对自己这样一个从旧社会走过来的知识分子，着实是有一种信任感和满足感。[3]

中国空间技术研究院成立

组织相对集中的科研机构，"集中力量，形成拳头，进行突破"是我国从 20 世纪五六十年代经济和技术的实际情况出发，组织科技攻关积累的一条重要经验。这样可以在科学技术力量还比较薄弱的情况下，适当集中人才、设备和经费，加上全国的大协作，比较有把握地在一些新兴科技领域取得突破。但由于历史的原因，我国第一颗人造卫星的研制，最早是分散在中国科学院、七机部及其他一些部门进行的，这给组织领导和指挥调度带来很多困难。尤其是"文革"开始后，"多点失效"的情形放大了这种困难。解决组织体制问题迫在眉睫，尽可能降低"文革"干扰更是当务之急。

1967 年初，聂荣臻向中央提出了组建中国空间技术研究院的建议。这样做，一方面可以把分散在各部门的空间研究机构集中起来，形成拳头，实行统一领导；另一方面，把中国空间技术研究院编入军队序列，以正面教育

---

[1] 钱学森：《周总理让我搞导弹》，载《中国航天腾飞之路》，中国文史出版社 1999 年版，第 16 页。

[2] 任新民：《航天历程中的几点回忆》，载《中国航天腾飞之路》，中国文史出版社 1999 年版，第 67 页。

[3] 任新民：《航天历程中的几点回忆》，载《中国航天腾飞之路》，中国文史出版社 1999 年版，第 64 页。

为主，不搞大鸣大放大字报大辩论，使科研生产照常进行，保证我国第一颗卫星如期发射。党中央、国务院原则同意了这一建议。①

1967 年 6 月，中央军委同意国防科委提出的组建中国空间技术研究院的方案。8 月 12 日，国防科委决定在中国空间技术研究院成立前，先成立"国防科学技术委员会 651 筹备处"。9 月，聂荣臻副总理向中央提出了《关于国防科研体制调整改组方案的报告》，建议把国防科研方面的研究力量进一步集中起来，成立 18 个研究院，其中第五研究院名称为"人造卫星、宇宙飞船研究院"，即后来的中国空间技术研究院。10 月 25 日，毛泽东在此报告上作出批示，同意照办。②

11 月，国防科委召开体制会议，讨论了中国空间技术研究院的组建方案，明确了所属单位的方向、任务、分工、人员调整，确定该院以中国科学院所属的"651"设计院、自动化研究所、力学研究所分部、应用地球物理研究所等所厂和七机部第八设计院、军事医学科学院第三研究所等单位从事空间技术研究的力量为基础，并从七机部抽调部分技术骨干进行组建。其中，中国科学院划归的研制队伍约 6000 余人。

1968 年 2 月 20 日，中国人民解放军第五研究院正式成立，归军队建制，由国防科委领导。钱学森任院长。研究院的主要职责和任务是：参与制定国家的航天发展规划，负责航天器的技术指标论证，负责各类航天器的研究、设计、生产和试验，负责与运载火箭、发射场和地面测控系统之间的技术协调。

研究院成立后，条件十分困难，面临着边研制卫星边建设研究院的双重任务。人造卫星是尖端技术高度集中的产物，水平高、难度大。当时，大家没有经验，没有现成的资料，没有各种先进的技术装备。所有这些问题靠谁解决？靠外国还是靠自己？ 1985—1991 年期间任院长的闵桂荣总结说：答

① 参见张钧主编：《当代中国的航天事业》，中国社会科学出版社 1986 年版，第 43 页。
② 参见《毛泽东年谱（一九四九——一九七六）》第六卷，中央文献出版社 2013 年版，第 136 页。

案只有一个，靠自力更生。①

　　后来，研究院的隶属关系和领导体制几经变动。1970 年 5 月 15 日，经国务院、中央军委批准，研究院划归七机部领导，但仍属军队序列，国防科委建制。1973 年 7 月 24 日，国务院、中央军委决定，中国人民解放军第五研究院（不含宇宙医学和工程研究所）脱离军队序列，正式划归七机部建制，名称为第七机械工业部第五研究院，对外称中国空间技术研究院（一般简称"航天五院"，或者直接简称为"五院"；国防部第五研究院简称为"老五院"）。②

图 2 │ 中国空间技术研究院成立初期的设计大楼

孙家栋"当天转行"

　　1967 年 7 月，由钱学森推荐，聂荣臻亲自点将：调孙家栋去负责我国第一颗人造地球卫星的总体设计工作。从此，这位"共和国勋章"获得者与"东

---

① 参见《飞翔太空》征文编辑部编：《飞翔太空——中国空间技术研究院二十年》，宇航出版社 1987 年版，第 4 页。

② 参见张钧主编：《当代中国的航天事业》，中国社会科学出版社 1986 年版，第 46—47 页。

方红"系列卫星和中国空间技术发展结下了不解之缘。

孙家栋自幼便渴望学习、热爱学习，有着宏大的志愿。1950年农历正月十五，正在哈尔滨工业大学就读的孙家栋得知，新中国的人民解放军空军要在他们这批学生中挑选人员，有意者可立即报名接受挑选。孙家栋毅然填报了从军申请，并且当天报名、当天得到批准、当晚登上了前往解放军空军第四航空学校的列车。1951年7月，经过多轮考核、层层选拔审批，他荣幸地入选第一批公派留学人员，被选送到苏联茹科夫斯基空军工程学院，就读飞机设计专业。

在苏联就读期间，孙家栋苦读苦练，追求进步。1956年2月，在解放军首次实行军衔制时，孙家栋被授予中尉军衔，并在中国驻苏联大使馆礼堂由朱德元帅见证，接受了聂荣臻元帅颁发的领章和肩章。1956年8月，留学生党支部批准孙家栋加入中国共产党。1957年11月17日，他在莫斯科大学礼堂，亲耳聆听了正在苏联访问的毛泽东主席的那段"名言"："世界是你们的，也是我们的，但是归根结底是你们的。你们青年人朝气蓬勃，正在兴旺时期，好像早晨八九点钟的太阳。希望寄托在你们身上。"毛泽东还说世界上怕就怕"认真"二字，共产党就最讲认真。① 这给孙家栋以莫大的鼓舞。

在6年零8个月的学习过程中，孙家栋各科5分全优，毕业时被授予最高苏维埃颁发的纯金"斯大林奖章"，登上了苏联红军俱乐部的领奖台。那一年，全苏联军队院校毕业生中，只有13人获此殊荣，中国留学生名列其中十分不易。孙家栋赢得了广泛赞赏，成为大家关注的焦点。但此时的孙家栋心中只有一个念头：毕业后立即回国，祖国急需人才，用学到的知识，报效祖国和建设祖国！1958年4月，他与22名同窗战友登上了归国的列车。回国后，他在钱学森身边工作，参加了钱学森主持制定导弹火箭发展的12年规划和制定"八年四弹"规划等工作。这一干就是9年。

---

① 参见《毛泽东年谱（一九四九——一九七六）》第三卷，中央文献出版社2013年版，第248、249页。

　　1967 年 7 月 29 日，北京夏日的午后酷热难耐，38 岁的孙家栋正在画导弹设计图，突然有一位客人登门造访。"我是国防科委的汪永肃参谋，组织上派我来向你传达上级的指示。国家将要开展人造卫星方面的研究，为了保证人造卫星研制工作能够顺利进行，中央已确定组建空间技术研究院、由钱学森担任院长，专门负责人造卫星方面的研究。钱学森向聂荣臻元帅推荐了你，根据聂老总的指示，上级决定调你去负责我国第一颗人造地球卫星的总体设计工作。"[1] 在当时造反派夺权、行政领导干部靠边站的情况下，汪参谋直接找到孙家栋本人谈了上级的安排，并当即用吉普车载孙家栋来到研究院的临时办公地点——友谊宾馆，由有关领导作详细说明。

　　面对事业转折，"国家需要，我就去做"。这次，孙家栋当天接到通知，当天即服从安排，当天由搞导弹转入搞卫星。他经常说：时势造英雄，英雄造时势。在 9 年导弹研制经历中，导弹技术发生了巨大跨越。接下来就要"攀登"人造地球卫星这座新高峰了。

　　开展卫星总体设计工作，就是要将概念性的卫星从理论变为现实，要从概念研究变为工程实施。这就需要建强卫星总体研制的队伍和总体设计部。在当时的情况下，这个问题极为棘手。受命于卫星研制关键时刻的孙家栋勇敢担当，向钱学森提议由火箭技术研究院推荐几个搞总体方面的技术人员，强化研制力量。钱学森要求孙家栋提个名单后再研究确定。搞卫星人人想争，选人是很敏感的事情，稍不注意就会"引火上身"，甚至影响卫星研制工作。孙家栋心一横，决定就从搞卫星的需要出发，选条件优越、技术水平高超的同志。经过一段时间的紧张考察挑选，从不同的专业角度和技术特长出发，孙家栋最后选定了戚发轫等 18 位同志，获钱学森赞同后，报聂荣臻并得到批准。这个名单由于分配合理，列出人员的基本素质大家也有目共睹，所以无可争议地得到了认同。1967 年 10 月，火箭技术研究院的群众高举彩旗，敲锣

---

① 　王建蒙：《星系我心——著名航天工程技术专家孙家栋》，中国宇航出版社 2009 年版，第 49 页。

打鼓，热烈欢送。当时大家评价孙家栋这活干得漂亮、开了个好头。

第三节　勒紧裤腰带，咬紧牙关

1965年，周恩来在听取第一颗人造卫星总体方案的汇报时，得知汇报人是钱骥，便风趣地说：我们的卫星总设计师也是姓钱啊？我们搞尖端的，原子弹、导弹、卫星，都离不开"钱"啊。[1] 周恩来一语双关。搞导弹有钱学森，搞原子弹有钱三强，现在搞卫星又有个钱骥，真是缺不了姓钱的。另一层意思是，搞卫星和搞原子弹、导弹一样，要花大钱。

纵观整个卫星研制历程，大家艰苦奋斗、无私奉献，全国各个方面大力协同，真可谓"勒紧裤腰带，咬紧牙关"[2]。我们用比外国少的学费，办成了大的事情。

因陋就简又何妨

北京西苑操场甲一号，是20世纪五六十年代中国科学院向中直西苑机关借用的一处院落。当时的这里，荒芜凋敝，杂草丛生，条件简陋，但却是我国空间事业的发源之地。我国卫星国家立项的建议书在此成稿；我国第一颗卫星的设想方案在此酝酿诞生；卫星的预研在此展开；气象火箭探测试验由此出发……

院内北侧，有一座三层灰砖南北向小楼，作为研究实验室之用。随后又陆续建有几十间平房，有行政办公用房、机加工车间、玻璃车间、器材仓库、车库等。早期研制人员还将西北角一个旱厕所改装为环境模拟实验室。为了做真

---

[1] 参见张劲夫：《我国第一颗人造卫星是怎样上天的？》，《人民日报》2006年10月17日。

[2] 2018年4月26日，习近平在考察湖北东湖高新区的烽火科技集团有限公司时强调：核心技术、关键技术、国之重器必须立足于自身。他指出，过去在外部封锁下，我们自力更生，勒紧裤腰带、咬紧牙关创造了"两弹一星"，这是因为我们发挥了社会主义制度优势——集中力量办大事。下一步，科技攻关也要这样做，要摒弃幻想、靠自己。参见梁小虹主编：《中国航天精神辞典》，中共中央党校出版社2021年版，第518页。

空仪器，他们还自己动手建造土煤气发生炉，作为吹玻璃、封接真空管之用。

那时遵循勤俭办科学方针，一切都是因陋就简。在这里工作的 8 个研究组，全面展开火箭探空各项研究和卫星预研准备工作。没有人干过卫星，这是最现实的工作阻力。钱骥跟大家说：不怕，我们自己干！他带领大家查找文献，一点一滴、从零开始。钱骥虽然没有海外留学经历，但他爱学肯学，看文献如饥似渴，是有名的英语达人，学英语、看文献不在话下。他在学习过程中，特别注重制作读书卡片。他一生中，做了近两万张读书卡片，形成了庞大珍贵的数据库。在没有计算机的时代，这些卡片就是最大的智力支撑。作为东方红一号卫星总体组成员，胡其正深情地回忆说："钱骥教会了我们如何看书，如何读文献。"

在北京西苑操场甲一号，日子虽然艰苦，但所有人干劲都很足。每晚都是领导来催促年轻人早点熄灯回去休息。钱骥总是勉励大家：人生一定要有目标，不然活着就没有意义。在赵九章、钱骥等带领下，大家基本摸清了卫星的组成、功能和关键技术，并理出了我国卫星发展的途径。以应用为牵引，成为开展卫星研制工作的重要思路。

1965 年 5 月底，中国科学院要求在 6 月 10 日前必须拿出第一颗人造卫星方案设想和卫星系列规划轮廓。赵九章和钱骥配合院领导，负责全面组织工作，钱骥亲自带领业务骨干会商会战，只用十天时间就拿出了第一颗人造卫星的初步方案。之后，钱骥作为技术负责人，主持制定了卫星总体方案。没有电子计算机，就用手摇式计算机；没有办公桌，就趴在水泥地上设计图纸。一把老虎钳、两把锉刀、几张铝皮、几张三合板、十几支蜡烛和几把旧手电筒，便开始了中国人造卫星的设计与研制工作。

会议的主题是吃肉

1960 年至 1962 年是中国航天"困难而有进展的三年"。说困难，是因为我国遭受自然灾害，全国性的食品短缺，全国人民都面临吃不饱肚子的问题。在这 3 年里，航天研制人员每人一个月 27 斤粮食，还要匀出来两斤给饭量大的同志。每顿饭，只能吃到一个馒头，一角钱干菜汤，汤里只有几星油花。七成的研制人员都因为营养不良，身体出现了不同程度的浮肿，很多人的脚肿得只能趿拉着鞋。有时候实在饿得不行，研制人员把喝酱油汤当成缓解饥饿的方法。

1961年春节前夕，钱学森、钱三强、孙家栋等科学家受邀走进人民大会堂宴会厅。大家看到，这里没有会议桌，只有餐桌。餐桌上，碗筷已摆好。大家心里犯嘀咕：今天这是开什么会？突然，掌声响了起来，周恩来和陈毅、聂荣臻走进宴会厅。主宾席上，周恩来的身边一边是钱学森，一边是钱三强。聂荣臻举杯道："各位辛苦了，为了感谢大家，总理要我和陈老总请大家来开会，会议主题只有一个，吃肉！"周恩来起身为在场的科学家夹肉并说："吃吧，都要吃，吃好！吃肉补补脑。"①

那个时期，面对一些发达国家对中国的全面封锁和苏联断绝援助的双重压力，为了保证尖端武器的顺利研制，聂荣臻以个人的名义"化缘"，呼吁人民解放军海军和北京、沈阳、济南、广州等军区领导机关，尽快拨一批副食品支援国防部五院。这些单位在生活物资同样紧缺的情况下，省吃俭用、慷慨相助，很快把猪肉、鱼、大豆、海带、水果等食品送去支援国防科研单位。这些食品均以中共中央和中央军委的名义专门分配给专家和科技人员。此后，也把一批副食品给予了相关院所和各试验基地的科技人员。聂荣臻指示：这些食品只能供科研人员食用，其他人员不得享受。由此，这些食品被冠以"科技肉""科技鱼""科技豆"的名称。

在党中央的亲切关怀和大力支持下，大家的伙食得到了改善，在当时的工程研制单位的食堂，开设了甲、乙两个售饭窗口。甲窗口供应肉片炒菜、白米饭、一碗汤，这是科研人员的专用窗口。有时候在这个窗口，每位科研人员还能得到一个用羊油煎的小面饼；清炖黄豆被加进了科研人员的菜盘子，虽然只有一汤匙，却温暖了科研人员的胃和心。而乙窗口仍然是馒头和

---

① 郭兆炜：《东方红一号：开天辟地启新元》，《太空探索》2020年第4期。

干菜汤，党政机关的领导干部和保障部门的同志自觉性非常高，都按规定办事，在乙窗口打饭。

在那个困难的时期，毛主席戒了肉，周总理停掉了茶，邓小平戒了烟……党中央向科学家们表示关怀和感谢的礼物，就是一碗科研人员久违的肉。① 在那个特殊的年代，"周总理请吃肉""科技工作者特供"，是一种莫大的激励、鼓舞与动力，承载着党中央和全国人民的厚望。

来自全国的大力协同

组织全国大协作，是在20世纪60年代前后，随着中国国防科技事业的发展和在自力更生突破国防尖端技术的过程中，开始形成和发展起来的。当时，国家组织国防科研部门、中国科学院、工业部门、高等院校和地方科研部门这五个方面，组成了全国范围的协作网。他们根据自己的条件，充分发挥各自的优势，为"两弹一星"研制解决了许多重大的技术关键问题。

除了技术力量的协作外，还需要物资条件的保证。为此，在全国范围内组织力量，自力更生解决发展国防尖端技术必需的各种新材料、电子元器件、仪器仪表、精密机械、特殊设备等的研制、生产和供应问题。当时，这些被称为"开门七件事"的项目②，特别是新材料，成为突破国防尖端技术和发展国防科技的关键。中央强调一定要立足于本国材料的基础，将新材料研制列为国家计划的重点，予以优先保证。

围绕卫星研制任务，无论是"581"还是"651"，从干部到人才，从资金到政策，从场地到设备，中央都给予倾斜和大力支持。尤其是人才方面，

---

① 参见王建蒙：《星系我心——著名航天工程技术专家孙家栋》，中国宇航出版社2010年版，第55页。

② 聂荣臻当时常对身边工作的同志说："一家人过日子，少不得柴米油盐酱醋茶，这叫开门七件事，依我看，新型原材料、精密仪器仪表、大型设备，就是办国防工业和尖端科学的柴米油盐酱醋茶。"后来这句话传开了。大家常说的"开门七件事"指新型原材料、电子元件、仪器仪表、精密机械、大型设备、测试技术、计量技术。参见科学时报社编：《请历史记住他们——中国科学家与"两弹一星"》，暨南大学出版社1999年版，第12页。

抽调精干力量到航天部门，形成强有力的核心研制队伍。各部委、地方、单位和军队各兵种，选配骨干队伍配合推进相关工作，广泛调动力量做好后勤保障。1965 年，周恩来在审议人造卫星方案部署时强调，只要"651"任务需要，全国的人、财、物都可以调动起来，不管是哪个地方、哪个单位的，一律放行，全面绿灯。①

当时，总后勤部特种物资计划部负责统管全国特种工程等物资需要的计划、申请与分配工作，全国形成了一个顺畅的体制性物资供应网，工程所需要的仪器仪表、专用设备、特殊材料总是优先满足。即便在三年困难时期，其他部门的外汇都缩减，国防科研方面却甚少因此而受影响。②1970 年东方红一号发射时，动用了全国 60% 的通信线路，仅守卫通信线路的群众就达60 万人，在以酒泉卫星发射中心为中心，遍及全国的卫星测控网上，每一根电线杆下都站着一个值勤民兵。这样浩大的工程，没有团结协作，简直是不可想象的。贯穿整个"两弹一星"任务，后勤保障工作几乎渗透了全国的方方面面，全国人民都为之贡献了或多或少的力量。

中国空间技术研究院 1968 年成立时，工作人员大部分来自中国科学院，研制航天器所需的物质条件十分缺乏。测试设备少，试验设备不齐，加工设备不足，基本不具备工程研制手段，不适应空间飞行器的设计、生产和试验。在当时不能引进和购买国外的技术和设备的情况下，完全是靠自己动手，发扬自力更生精神，并在国内有关单位的大力协作下，攻克技术难关，研制了各种技术配套设备，建立了一批专用实验室和专用车间，制造了动平衡机、精密转台等。不少项目和设备设施达到国家先进水平，有的填补了国家空白，一些还达到了国际先进水平，为研制各种空间飞行器和研究、发展空间技术创造了必要的条件。经过一个时期的努力，研究院研制机构日趋健全，试制生产手段和测量试验设备初具规模，初步形成了一个比较配套的航天器研制体系。

---

① 参见姜天骄：《太空奏响"东方红"》，《经济》2021 年第 5 期。

② 参见张钧主编：《当代中国的航天事业》，中国社会科学出版社 1986 年版，第 510—514 页。

在那个年代，"两弹一星"工程得以迅速完成，是中央的高度重视和国家的充分财政支持的结果，是各部门、各单位物资供应到位和方方面面后勤保障有力的结果，是在全国大协作的基础上组织建设与研制队伍努力奋斗的结果。这些正是社会主义制度优越性的充分体现。

想方设法攻克难关

在基础工业薄弱、技术经验匮乏的情况下，东方红一号卫星研制需要克服许多困难，攻克大量难关。

例如，星上需要用到一个小小的电信号连接器，但当时国内能够制造的企业几乎没有。孙家栋不得不揣着总理办公室开具的介绍信，通过上海市找到上海无线电五厂，与几位有经验的老师傅具体切磋探讨，制定了初步方案后又经过反复试验，才最终把这种特殊器件给造了出来。

在热控系统研制中，需要进行卫星热真空模拟试验，来检验设计的合理性，但当时国内没有这种设备，又不可能从国外引进，怎么办？热控系统技术负责人闵桂荣提出了模拟轨道积分平均热流的理论，提出采用远红外电加热笼的模拟方法。技术人员研制成了这种热流模拟系统，并成功地应用于各次的卫星热平衡试验。

星上的 4 根短波天线是用来发送《东方红》乐曲信号和遥测参数的，为拉杆形式，在星箭对接安装时呈收缩状态；在天上星箭分离后则必须在太空高速旋转状态下展开。这是比较复杂的运动过程。当时没有计算机来做仿真模拟，只能完全靠地面试验。试验需要的设备是技术人员自己动手研制生产的。在第一次地面试验中，出现了天线折断被甩出的问题，试验未能成功；接着做第 2 次、3 次、4 次……一直做了十几次都未能成功。参与东方红一号研制任务的戚发轫对当时的情景印象深刻。他回忆道："天线一甩断了就跑出去了，我们怎么办呢？在仓库里有很多的包装箱，包装箱都有盖子，包装箱很粗糙，都有一个缝，所以每个人拿一个盖子从缝里观察试验；年轻人就爬到房梁上去看。在这种条件下人们做了很多试验，把尺寸、整个程序都搞清楚了。"经过反复研究和试验，大家才把问题机理给分析彻底，定位了"天线间连接部分太短，强度不够"这个症结，并重新修改了天线结构设计，重新进行的试验均获成功。难关终于得到攻克。

由于条件限制，很多对精度要求较高的卫星部组件都需要用手工打造。大家决心"有条件要上，没条件创造条件也要上"，一点一点、一锤一锤地完成了全部组件制造工作。星上红外地平仪到了天上要在低温环境中工作，技术人员为了做试验，用液氮浸泡的办法挑选元件；但当时工作秩序还不正常，大家就自己蹬着车，去把液氮拉回来。

当时，仪器舱罩上有4000多平方厘米的面积要进行镀金，但国内没有实践经验，也无资料可查，试验场内条件不具备、场外无协作，既无防毒设施，又无精密温控装置，镀金面上屡屡出现气泡，达不到设计要求。大家因陋就简、土法上马，在冰天雪地里搭起一个木棚，在里面挖了两个大坑，上面支起三个大铅槽，槽中放入硝酸溶液，下面烧木柴加温。为了防止风沙弄脏电解液，他们就在木棚上盖上几片石棉瓦。大家没有防毒口罩，就用湿毛巾捂住鼻子做试验；实在憋不住了，就跑到棚子外面吸几口新鲜空气，接着跑回棚里继续干。经过两个多月的苦战，终于通过采用化学溶液清洗再进行电镀的办法，攻克了难关。

卫星上天，必须扛得住复杂的外太空环境，这就必须在地面做空间环境试验。法国的第一颗卫星就是因为发射后仪器舱温度过低而失灵；日本的第一颗卫星则因仪器舱温度过高而只运行了一天就报废。中国必须自主研制卫星空间环境模拟试验设备，也就是俗称的"真空罐"。这是绕不过去的，但在当时要做的这件事看起来是"根本无法完成的"。怎么干？设备建多大？技术指标是什么？大家一无所知。唯一的线索是钱骥在国外杂志上看到的一张照片。面对这样一份完全开创性的工作，环境模拟先驱者黄本诚说，这是他一生中"最大的冒险"，"好像在一个没有测量过的海洋中航行一样，完全没有前例可以援引"。大家想方设法地学习调研试验，在厂房与工人师傅同住同吃同劳动，又做设计又跑加工，逐渐摸索出一条自己的途径，突破

了 10^{-2} Pa 量级的难题，甚至做到了 6.5×10^{-3} Pa 的真空度。经过 3 年多努力，全部材料立足国内的中国首套空间环境模拟试验设备——KM1 和 KM2 真空罐研制成功。这项成果填补了我国航天空间环境工程领域的技术空白，为东方红一号卫星提供了整星环境模拟试验，为型号圆满成功奠定了坚实的基础，被誉为"自力更生的典范之一"。

第四节　一颗螺丝钉也不能放过

严谨务实是每一个航天人都应具备的素质和作风。航天工程任务十分复杂。每一枚火箭、每一颗卫星，都是由多个分系统，数以万计甚至几十万个元件、器件、零件构成的有机整体，其中任何一个元器件的故障，都有可能导致全系统的失利。由于一根导线折断或者虚焊，造成整个试验失利；由于一个部件失灵，整个任务功亏一篑；由于某个细节考虑不周，整个试验毫无结果的事故，都发生过。对航天工程来说，产品的质量和可靠性，是产品的生命，是关系成败的决定因素。

1961 年，聂荣臻主持制定了"科学十四条"，连同《关于自然科学工作中若干政策问题的请示报告》一并报送中央，并被批转全国。邓小平还提出要在实践中加以补充，使之成为科研工作的遵循。"科学十四条"明确，研究机构的根本任务是"出成果，出人才"，要发扬敢想、敢说、敢干的"三敢"精神，坚持工作的严肃性、严格性和严密性的"三严"精神，以及加强党对科研工作的领导等，为国防尖端事业的发展进一步指明了方向。[①]

严谨务实的示范

对于钱学森这样一位世界级的大科学家，孙家栋在苏联留学时就早已耳闻，回国后更是有幸与他一起工作。在孙家栋看来，钱学森是一位治学非

———————
① 参见谢光主编：《当代中国的国防科技事业》（上），当代中国出版社 1992 年版，第 57—59 页。

图 3 | 钱学森给学生讲解分子间相互作用问题

常严谨又十分爱护年轻人的学者。钱学森与年龄大些的同志开会时态度较严肃，批评起人来也不留情面。不过，对待如孙家栋这样工作不久的大学毕业生时，钱学森却十分宽容，年轻人在他面前不仅毫无拘束感，不懂就向他请教，甚至有时还敢据理就某个技术细节与他争论。

在与钱学森交往中，令孙家栋最难忘的一件事发生在 1964 年自己任东风导弹主任设计师时。当时一种新型导弹即将运往发射基地，进度很紧。按照惯例，产品出厂前要完成装配、测试工作。两个导弹用的陀螺要与平台进行出厂前的试装。工厂在平台上试装了一个合适后，便提出第二个不装了的请求。因为两个陀螺是同一批生产的，质量应是一样，孙家栋觉得有道理就答应了。

然而运到靶场后，恰恰就是这个陀螺，怎么也装不上。这下，孙家栋可急坏了，赶紧组织人员连夜加班干。钱学森听了汇报后，没有批评孙家栋，而是出主意把陀螺仔细研磨后再试装。这种精密部件的研磨很费时间，钱学森来到现场也不说话，背着手走来走去。孙家栋和工人师傅从下午 1 点一直干到第二天凌晨 4 点才装好，钱学森就在现场一直陪着，大家几次劝他回去休息，但他就是不走。

孙家栋说："这一晚钱老不说话，却比批评我更难受。他对工作的严谨态度也从此影响了我的一生。"从此，大家从点滴小事做起，不敢有丝毫的马虎。提起钱学森，孙家栋的话语中总是充满着由衷的敬意。

孙家栋后来一直坚持这种严格要求的作风。有人说孙家栋太严厉了，孙家栋解释说，钱学森为我们树立了严谨的好作风，我们必须认真办好每件事。

不仅钱学森对孙家栋等有直接的影响，其他"两弹一星"元勋都是严谨务实的代表，深刻影响了身边的同志和后来的航天人。

王希季当时任七机部第八研究院总工程师，承担主持我国第一枚运载火箭——长征一号的研制工作。在认真研究我国既有技术发展情况和相关技术资料后，他经过非常严格缜密的分析，创造性地提出了一个以中程液体推进剂导弹为火箭的第一级和第二级，研制一个固体推进剂火箭作为第三级的运载火箭方案，并开展了大量探索，为长征一号研制发挥了奠基性作用。

杨嘉墀 1965 年参与了《关于发展我国人造卫星工作的规划方案建议》的起草和论证工作，是总体组五人成员之一。他一再要求大家"技术上要严谨，做到炉火纯青"，并且率先垂范。处理信息时，必须将计算机给出的上千个数据在图上标成点，画出概图。当时有个年轻人偷懒求快，选标了几十个点，画了个概图。杨嘉墀就做示范，用一整天时间，标出上千个点，画出一个准确的图形。这种精益求精的作风深刻影响了大家，并保证了东方红一号卫星姿态测量的顺利完成。

陈芳允是开展卫星测控工作的专家。除了完成测控总体设计，他还亲自参加了设备研制和台站建设工作，与年轻的军人们一起坐上火车，跋山涉水、走南闯北，勘测卫星跟踪测量点。陈芳允负责总体设计的东方红一号卫星测控系统，实现了"抓得住，测得准，报得及时"，而且在轨道测量精度上与其他国家相比也达到了较高水平，并为中国卫星测控网的建立奠定了基础。这项成果后来荣获国家科技进步奖特等奖。

敢于担当的"傻大胆"

孙家栋 1967 年开始负责我国第一颗人造地球卫星总体设计工作后，即着手主持了第一颗人造卫星总体和分系统技术方案的论证工作，从系统工程的观点出发，重新制定了东方红一号卫星的总体技术方案和研制任务书。由于总体技术队伍得到了组织落实，卫星研制工作快马加鞭。他严谨务实、无私无畏，敢于担风险，数次大胆陈言，将对个人可能带来的影响置之度外，得到了领导的信任和大家的支持，并让卫星总体技术指标得到及时确定。

1967 年 12 月，国防科委召开第一颗人造卫星研制工作会议，审定总体方案和各系统方案，确定了卫星总体方案的目标是"上得去，抓得着，看得见，听得到"。1968 年 1 月，国家正式批准了东方红一号卫星研制任务书，卫星全面进入研制试验的冲刺阶段。

技术目标确定、开始任务冲刺后，就要对大量没有论证清楚的问题逐一落实。比如空间环境状况和温度参数全无，需要什么样的试验设施和指标参数也都不掌握，尤其是理论的设想方案如何在实际中实现，地面的设备如何满足空间的条件，等等。当时，航天系统还没有建立总设计师制度，孙家栋担任的技术总负责人就相当于总设计师。他大胆提出对原来的卫星方案进行简化，充分发挥技术人员的聪明才智和积极性，并说服了一些老专家，把卫星研制计划分两步走，即先用最短的时间实现卫星上天，在解决了有无问题的基础上，再研制带有探测功能的应用卫星。

当时火箭技术并不成熟，所以要尤为重视卫星的安全性能，如果卫星技术方案过于复杂，也许发射一次成功就不容易实现。孙家栋的这个大胆设想，立即得到了大多数人的赞成和认可。大家立即对卫星原方案进行了修改和简化设计。但这时候，卫星研制又遇到了问题：各分系统设计方案参差不齐，不协调不配套；这一修改方案也找不到拍板的人。孙家栋最终拿着方案找到了国防科委副主任刘华清，直率地说："你懂也得管，不懂也得管。你们定了，拍个板，我们就可以往前走。"听了汇报，问了有关情况，刘华清心想这事不能拖，总得有人承担责任，便对孙家栋说："技术上你负责，其他问题我负责，我拍板。"拍板定了对卫星方案的若干修改和简化后，刘华清向聂荣臻报告并得到了其批准。卫星计划得以继续进行。刘华清说："回想起来，当时这么干，除了有一种强烈责任感外，也有一点儿傻大胆的味道。"[1]

孙家栋 1969 年向周恩来总理作的一次汇报，让人印象尤为深刻。

火箭的运载能力是一定的，卫星的总重量必须控制在一定范围内，所以设计研制都要千方百计地减少重量。东方红一号卫星上装载的各种仪器，分别由不同的单位设计制作。当时，各相关单位不甘落后，纷纷在自己单位研制的星上仪器上镶嵌了毛主席像章，而且做得又大又重。单个像章重量看起来微不足道，但许多个加在一起就不一样了。而且，卫星上天后还面临温度控制和散热的问题，对仪器的要求非常高。由于像章的设计没有经过统一计算，卫星上天后的仪器温度可能超出计算，甚至因外壳过厚而难以散热，造成温度过高。

这个事情大家心里都明白，但谁也不敢吱声。1969 年 10 月下旬的一个晚上，卫星快出厂了，孙家栋作为卫星总体技术总负责人和钱学森的助手，与钱学森一同来到人民大会堂江苏厅向周恩来总理汇报。"没讲几句话，总理马上就清楚了。总理水平非常高。"孙家栋说。

周总理嘱咐大家："搞卫星一定要讲科学，要有科学态度。你们回去好好考虑一下，只要把道理给群众讲清楚，我想就不会有什么问题。"[2]

周总理的话让孙家栋如释重负，也推动了问题的解决。

让卫星看得见、听得到

1957 年苏联在发射"斯普特尼克一号"卫星时，就曾要求卫星做到肉

[1] 《刘华清回忆录》，解放军出版社 2004 年版，第 319—321 页。
[2] 王建蒙：《星系我心——著名航天工程技术专家孙家栋》，中国宇航出版社 2009 年版，第 56—58 页。

眼可见，并向地面传回了"的……的……"间断式的无线电短波信号。这也让苏联的这颗"红色月亮"名副其实。我国的卫星研制人员为了也实现"看得见，听得到"，实事求是地做了大量探索。

为了确保"看得见"，大家想了很多办法。因为卫星直径只有 1 米，做大了火箭打不了，经过多次向搞天文的同志咨询，最后不仅将星面抛光做亮，而且做成了 72 面多面体，这样一转就能散光。不过这仍有"看不见"的风险。后来，决定用"观测球"来代替"观测裙"，即在第三级火箭上加一个空心的球形体，对其表面做镀铝处理，并且抛光，尽可能提高其反光率，满足观测条件。上天前，为了节省空间和减少阻力，不对球体进行充气；上天后，通过末级火箭自旋时产生的离心力为球体进行充气，使其展开膨胀成一个 40 平方米的巨型球体。由于"观测球"表面积巨大，且放光效果好，它的亮度能够达到 3 等星，可以满足人们的地面观测，从而实现"看得见"的政治目标。实际上，前面的小亮点才是卫星，但大家看到了"观测球"就等于看到了卫星。

怎么才能"听得到"？当时我国的老百姓一般只有收音机，很难播放卫星的短波频率，最后决定由中央广播电台转播。但如果只是"嘀嘀嗒嗒"的工程信号，不仅不直观，而且群众听不懂，于是确定播放《东方红》乐曲。这样，我国的卫星升空后，能播《东方红》乐曲的连续信号，人们还能用收音机听得到，我们就不仅能够充分地宣扬社会主义制度和毛泽东思想，展现中国特色，并且在技术上，相比于苏联的间断信号也高出了一筹。

为了保证乐音嘹亮悦耳，技术人员在制作乐音装置过程中进行了艰辛探索。他们专门跑到北京火车站听钟楼的报时声，又跑遍了北京大大小小的乐器店比较音质，最后决定把北京火车站钟声的节奏和铝板琴的琴声合二为一。但一开始生产出来的乐音装置，在各种试验中不是出现乐音错乱，就是发生乐音变调。乐音装置的主要设计者刘承熙等从线路设计、电装工艺上查找原因，从"音键"的选择、调配，到所有元器件、材料和测试仪器，反复进行探索试验，经过上百次试验，终于取得了令人满意的效果，让卫星奏出了音乐纯正、节奏明快、格调高雅的《东方红》乐曲。

考虑到火箭发射过程中振动对乐音装置的影响，技术人员采用了环氧树脂固封的方法。然而，令人日夜担心的问题出现了：《东方红》的乐曲竟然变调了！又是夜以继日、逐点逐级的紧张检查，最终才定位了问题。原来，环氧树脂在固化中导致碳膜电阻"中毒"，音源振荡器振荡回路中电阻的阻值便因此改变了。对症下药后，问题才得到了解决，根除了变调的风险。这个乐音装置盒是星上唯一镶嵌毛泽东像章的单机装置，像章的下方刻着"东方红"三个字，临摹的是毛泽东的手书。

严肃认真、周到细致、稳妥可靠、万无一失

20 世纪 60 年代中期，周恩来总理就做好"两弹"工作，作出"严肃认真、周到细致、稳妥可靠、万无一失"的十六字指示。① 这是对航天工作者必须遵循的工作原则与作风的高度概括，对航天研制队伍的思想作风建设，提高发射试验成功率具有重要意义，并成为之后历次大型地面试验和航天发射试验的座右铭，在整个航天工业战线深入人心。

东方红一号卫星发射，是我国第一次进行人造卫星发射，大家都没有经验。周恩来直接关心、亲自领导了这次发射任务，以精益求精的要求和严谨务实的态度，推动卫星发射准备全部妥当、任务取得成功。当时受到极左思潮的冲击，一些同志受到了不公正的待遇，但他们仍怀着对祖国和航天事业的满腔热爱，认真负责、无私奉献，全力做好工作。

经过艰苦努力与顽强拼搏，到 1970 年 2 月，用于合练的长征一号运载火箭完成出厂，发射东方红一号卫星的准备工作基本就绪，地面观测跟踪系统和发射场的研制和建设工作也基本完成。国防科委要求各大系统，正式开

---

① 1966 年 10 月 27 日，我国成功地用东风二号甲中近程导弹进行了"两弹结合"试验。试验前，周恩来总理要求做到"认真、实干、周到、细致"。后经张爱萍等根据周恩来总理多次指示精神，总结概括为"严肃认真、周到细致、稳妥可靠、万无一失"作为周恩来总理的指示。这一方针后来成为尖端武器研制工作的座右铭。参见《中国航天事业的 60年》，北京大学出版社 2016 年版，第 165 页。

图4 ｜ 研制人员组装东方红一号卫星

始进行发射前的准备工作。

1970年3月5日起，2颗发射星先后开始了总装工作。按照总装技术要求和工艺流程，每颗星要经过15道工序才能完成出厂前的全部工作。到3月21日，两星总装全部完成，接着又进行了全面的质量复查。3月25日，卫星通过出厂验收评审。

3月26日，周恩来总理批准火箭、卫星正式出厂。技术人员接到通知，将1枚长征一号运载火箭和2颗东方红一号卫星装上了前往西北发射场的专列。周总理还特意请前来汇报情况的领导干部、专家转告大家：千万不要以为工作已经都做好了，一定要过细地做工作，要搞故障预想，对各种可能的情况展开讨论。[①]

4月1日，专列抵达我国西北的酒泉卫星发射场。

---

① 参见《中国航天事业的60年》，北京大学出版社2016年版，第176页。

4月2日下午，周恩来在人民大会堂召集会议，听取即将发射的我国第一颗人造卫星及其运载火箭情况的汇报。他详细询问了苏、美两国发射卫星的情况，非常关心运载火箭第一级落点位置。①

4月2日起，经过4天的细致检查测试，2颗星均符合设计要求。

4月8日，长征一号运载火箭完成第一次总检查，东方红一号卫星与火箭对接，呈水平停放状态，参加运载火箭的第二、三次总检查测试，于4月10日完成。至此，卫星在技术阵地的工作全部结束。

卫星和运载火箭矗立在发射塔架上，在离发射塔架约100米处的地下控制室，排列着卫星和运载火箭的检测设备，发射基地的技术人员熟练地操作，紧张有序地对卫星和火箭进行垂直状态的测试，设计部门的技术人员紧密配合。

4月14日晚，周恩来等中央领导同志又在人民大会堂听取刚从发射基地返回北京的钱学森、任新民、戚发轫等关于卫星、火箭在发射场测试情况的汇报。当汇报到产品内有多余物时，他很严肃地批评说：这个不行。你们的产品是死的，可以搬来搬去，总比开刀容易，总可以搞干净，无非晚两天出厂。不能把松香、钳子丢在里头，这个不能原谅。他强调，要谦虚谨慎，注意搞好协作。如果这次成功了，还要继续前进，不要骄傲自满。这次试验也可能搞不成，这不要紧，失败是成功之母。这场汇报持续到了深夜。最后，周总理深情地祝大家返回发射场一路平安，预祝这次发射一举成功。②

4月16日深夜10时许，周恩来亲自给国防科委打电话："在京的中央政治局同志研究了你们的报告，中央同意你们对卫星发射的安排，批准卫星和运载火箭转运发射阵地。"他再三叮嘱，这次发射事关重大，到发射阵地后，一定要认真地、仔细地、一丝不苟地、一个螺丝钉都不放过地进行检查。同时，每日的测试情况要及时地向他报告。③

---

① 参见张钧主编：《当代中国的航天事业》，中国社会科学出版社1986年版，第257页。
② 参见张钧主编：《当代中国的航天事业》，中国社会科学出版社1986年版，第257—258页。
③ 参见张钧主编：《当代中国的航天事业》，中国社会科学出版社1986年版，第258页。

4月17日下午，东方红一号卫星和长征一号运载火箭安全转运到发射阵地的南工位，开始发射前测试。当日，基地在发射场开了隆重的"发射卫星动员大会"，发射部队和机关、保障等部门上千人参加了大会。

4月20日，周恩来又打来电话，叮嘱这次发射要做到"安全可靠，万无一失，准确入轨，及时预报"，并要求将这16字要求传达给在发射场的全体参试人员。[①] 很快，一幅书写着16字要求的红色巨幅标语高高地、醒目地悬挂在了发射塔架上，试验队员们一抬头就能看到。

4月23日，发射阵地的各项测试检查工作全部结束。钱学森与酒泉基地领导在发射任务书上签字。

卫星发射在即。

第五节 "独立自主、自力更生精神万岁"

通过精心的组织与细致的工作，东方红一号卫星发射任务取得了成功，中国从此进入了空间时代。一时间，《东方红》的旋律传遍了华夏大地，让全国人民沉浸在幸福与喜悦之中；传到了世界各处，让全世界为之瞩目。

东方红一号任务的成功，是中国人坚持独立自主、自力更生方针，完全依靠自己的力量，在勇于登攀科技高峰的征程中取得的一项重大成就，进一步奠定了中国的大国战略地位，产生了深远的影响。

繁星闪烁迎卫星

1970年4月24日，酒泉基地。

这一天，发射场区风和日丽，春风拂面，人们精神抖擞，期待着第一颗卫星上天。气象部门预报发射场区的天气，晚上8点到9点，云高7000米以上，风速小于4—5米/秒。发射时间预定在晚上9点30分左右。

---

① 参见《中国航天事业的60年》，北京大学出版社2016年版，第176页。

早上 7 点，周恩来向毛泽东报送《关于发射我国第一颗人造地球卫星的请示报告》。报告说：目前火箭和卫星已在发射基地竖起，经检查测试，对发现的问题，均已解决。现拟同意于今夜发射，请主席批示。毛泽东批示："照办。"①

当天上午，给运载火箭的第一、二级加注了推进剂，紧接着，卫星和运载火箭进入发射前的 8 小时准备工作程序。

下午 3 点 50 分，周恩来打电话给国防科委：毛泽东主席已批准这次发射。希望大家鼓足干劲，过细地做工作，要一次成功，为祖国争光。这个指示立即传达到发射场，传达给在各个岗位上的参试人员，大家倍受鼓舞，决心夺取发射任务的成功。②

晚上 8 点，发射指挥员下达发射前"一小时准备"的口令，地下控制室各测试间的测试人员更加聚精会神地工作，技术人员注视着操作人员的每个动作和各种仪表上的数字显示及灯光指示。

为了保证安全，在下达"三十分钟准备"的口令后，在发射架上和场坪上工作的人员撤离到指定的疏散地点。在临近发射的时刻，人们默念着周总理刚发来的指示"关键是工作要准确，不要慌张，要沉着，要谨慎"，互相用眼神打气。③

卫星预定在晚上 9 点 35 分发射，8 点多钟的时候，发射场上空的云层还显得很低，看不见天上的星星。9 点钟稍过，云层渐退，犹如拉开了天幕，星星露出来了，它们闪烁着，微笑着迎接我国第一颗人造卫星上天。

时间在一分、一秒地过去，离发射时间只有 20 分钟、15 分钟、10 分钟、5 分钟，发射场区万籁俱静，脐带塔上灯火通明，周围的聚光灯把场坪照得如同白昼一般。载着卫星的运载火箭矗立在发射架上，向着星空，蓄势待发。

① 《毛泽东年谱（一九四九——一九七六）》第六卷，中央文献出版社 2013 年版，第 293—294 页。
② 参见张钧主编：《当代中国的航天事业》，中国社会科学出版社 1986 年版，第 258 页。
③ 参见张钧主编：《当代中国的航天事业》，中国社会科学出版社 1986 年版，第 259 页。

卫星入轨了！

发射时刻终于来到了！指挥员下达了"一分钟准备"口令！过了 15 秒，发出了"牵动"口令，地面各种记录设备开动了起来！又过了 30 秒，发出了"开拍"口令，地面的光学记录设备开始工作了！当计数器上出现了"0"字的时候，指挥员即刻发出了洪亮的"点火"命令，操作人员有力地按下了点火开关，只见一级火箭的 4 个发动机喷出了橘红色的火焰，巨大的气流将发射架底部导流槽中的冰块吹出四五百米远。

晚上 9 点 35 分，火箭在震耳的隆隆声中离开了发射塔架，徐徐上升，发动机喷出的几十米长的火焰光亮夺目。火箭越飞越快，直冲云霄。

当时在地下室看到有线电视屏幕上火箭起飞一刹那时，大家拔腿就往外跑，地下室的通道又狭又长，55 岁的任新民和 52 岁的沈家楠跑在最前面，后面的年轻同志们又不好催他们跑得更快一点，真是急坏了！大家跑到外面，跟发射场附近的人们一起，看美丽的火箭划破夜空直奔东南方而去，越飞越高，越来越小，隐隐约约是两个小黑点——看来两级分离正常了。过了一会儿，看不见目标了，大家又赶回地下室听广播。

发射场区的各种地面测控设备，紧紧跟踪着卫星。各观测站不断地向指挥中心报告"跟踪目标""跟踪良好"，地面遥测系统报告"飞行正常"。人们每听到"良好""正常"的报告，总是报以热烈的掌声和欢呼声。火箭飞行离发射场越来越远，离地面越来越高，在指挥所的记录仪上，彩笔描绘出的火箭飞行轨迹与设计轨道完全一致。

13 分钟后，从现场指挥所的广播里，传来了"星箭分离、卫星入轨"的喜讯。人们顿时沸腾起来，个个尽情地欢呼、跳跃，有的激动得热泪盈眶。

晚上 9 点 50 分，国家广播事业局报告，收到了我国第一颗卫星播送的《东方红》乐曲，声音清晰洪亮。

晚上 10 点整，国防科委指挥所向周总理报告：运载火箭一、二、三级工作正常，卫星与火箭分离正常，卫星入轨了！周恩来高兴地说："准备庆贺！"他立即向毛泽东报告了这一喜讯。大家在发射场坪上召开了庆祝大会，钱学森、基地领导和试验队代表发表了热情洋溢的讲话，热烈庆祝我国第一颗人造卫星发射成功。①

　　经过观测，展开后的卫星观测裙如三等星一样明亮可见。而发射约 90 分钟后，卫星转到第二圈经过喀什上空，酒泉发射基地的收音机响起了"东方红，太阳升……"的乐曲。

　　由此，中国成为继苏联、美国、法国、日本之后，世界上第五个能独立研制和发射卫星的国家。

　　东方红一号成功发射的消息传出，人民群众沸腾了，国际社会震动了。

欢庆伟大胜利

　　1970 年 4 月 24 日，东方红一号卫星成功发射，准确入轨，为璀璨的星空再添亮丽。周恩来总理当天在审阅将要发表的《新闻公报》稿时，亲自加上了"坚持独立自主，自力更生方针"的字句。②

　　4 月 25 日下午，新华社受权发布《新闻公报》，向全世界宣布：1970 年 4 月 24 日，我国成功地发射了第一颗人造地球卫星。卫星运行轨道，距离地球最近点 439 公里，最远点 2384 公里，轨道平面与地球赤道平面的夹角 68.5 度，绕地球一周 114 分钟。卫星重 173 公斤，用 20.009 兆周的频率播送《东方红》乐曲。③

　　喜讯传来，举国欢腾。《人民日报》《解放军报》都用大字套红《喜报》，刊载了这一喜讯，刚发就很快被数不清的手抢了个精光。就连正在开会的陈毅元帅也忘记了外交部部长的身份，情不自禁地挤进了会议厅里抢《喜报》的行列……

　　《新闻公报》发表当晚，4 月 25 日晚 8 点 29 分，东方红一号卫星飞经北京上空。那个星期六的晚上，北京的天安门城楼、东西长安街和各主要街道，

---

① 参见张钧主编：《当代中国的航天事业》，中国社会科学出版社 1986 年版，第 260 页。
② 参见张钧主编：《当代中国的航天事业》，中国社会科学出版社 1986 年版，第 54 页。
③ 参见《我国第一颗人造地球卫星发射成功》，《人民日报》1970 年 4 月 26 日。

图5 | 热烈庆祝我国第一颗人造地球卫星发射成功

红旗招展、灯火通明，锣鼓声、欢呼声通宵达旦、响彻全城。大家争相观看东方红一号卫星遨游天际。道路上，乐队在卡车上高奏起欢快的乐曲，如潮水般的人们高举彩旗，燃放鞭炮，游行庆祝七十年代第一个春天的大喜事。

喜讯传遍城乡。到处一片欢腾，到处喜气洋洋，成千上万的人敲锣打鼓、燃放鞭炮，成千上万的人扶老携幼涌出了家门仰望天空。他们热烈地等待着，或极目远望，或驻足聆听，或围坐在收音机旁，分享着卫星带来的喜悦。

喜讯传遍边疆。解放军指战员组织起一支支宣传队给边疆群众送喜报。新疆天山南北的各族群众点起篝火，敲起手鼓，弹起冬不拉，热烈欢呼这一重大成就。内蒙古、西藏、云南地区的各族群众也用各自的方式表达着激动之情。

喜讯传到港澳。4月25日，香港、澳门各界热烈举行庆祝会、座谈会，举办了庆祝晚会。4月28日晚，东方红一号卫星飞经香港、澳门地区上空。人们带着收音机、指南针、望远镜，成群结队地涌到山头、高地、海岸，争相仰天观看。

"独立自主、自力更生精神万岁！"连续几天，中央人民广播电台和《人民日报》等报纸分别广播和发表东方红一号卫星每天飞经我国和世界各国主要城市的时间和来去方位。那段时间，人人纷纷发言、写诗、撰文，树雄心、立壮志，讴歌"毛泽东思想的伟大胜利"，记述内心澎湃的感受，抒发满腔如火的激情，并转化成实际的行动。

东方红一号卫星遨游太空，为我国欢庆20世纪70年代的首个五一国际劳动节增添了新的光彩。毛泽东、周恩来等党和国家领导人在节日的天安门城楼上，亲切地接见了参加研制和发射我国第一颗人造卫星的钱学森、任新民、戚发轫等代表。毛主席还与大家两次握手。[①]

在新华社发布《新闻公报》后，各国驻华记者以急电或特急电向本国报道这个最重大的新闻。许多友好国家、地区的领导人、团体和友好人士，向我国发来了贺电和贺信，热烈祝贺中国人民取得了伟大胜利。东方红一号卫星在国际舆论场上泛起了巨大的涟漪，在国际社会产生了重大影响。

东方红一号卫星发射入轨后，卫星环绕地球运行，星上能源系统和各种仪器工作正常，性能稳定，实现了任务要求。由于能源系统的保证，星上各种仪器实际工作的时间远远超过了设计要求，《东方红》乐音装置和短波发射机连续工作了28天，取得了大量的工程遥测参数，为后来的卫星设计和研制工作提供了依据和经验。

功勋铭刻史册

我国第一颗人造卫星发射成功，全面考核和验证了卫星、火箭、发

[①] 参见《当代中国的航天事业》(中国社会科学出版社1986年版，第54页)和《飞翔太空——中国空间技术研究院二十年》(宇航出版社1987年版，第16页)。

射场、地面测控网各大系统的有效性和协调性，是我国航天史上的重大突破，也是一个新的开端。东方红一号卫星有力地带动了中国现代科学技术的发展，填补了许多学科空白，为我国实现技术发展的跨越，积累了宝贵的经验。

我国虽然比苏联首次发射卫星晚了 13 年，但这毕竟是在我国这样一个经济技术比较薄弱的国家里，完全依靠自己的力量实现的，是来之不易的，充分体现了党的独立自主、自力更生方针的胜利，显示了勤劳、勇敢的中国人民的智慧和力量。

而且，东方红一号重 173 公斤，比早于中国发射卫星的苏联、美国、法国、日本的第 1 颗卫星的总和还要多①；其跟踪手段、信号传递方式、星上温度控制系统也都更优。而且，东方红一号卫星的轨道为最高，刚发射时的轨道近地点为 439 公里，那里的气体分子十分稀薄，对卫星运动施加的阻力很小。因此，卫星尽管只工作了 28 天，但仍能依靠惯性在天上长期飞行。

1986 年 5 月 15 日，东方红一号卫星与后来成功发射的返回式卫星作为一个奖项，以"可返回型卫星及'东方红一号'卫星"为项目名称，被授予 1985 年度（首届）国家科技进步奖特等奖。

1988 年 10 月 24 日，邓小平在视察北京正负电子对撞机工程时，专门谈道："如果六十年代以来中国没有原子弹、氢弹，没有发射卫星，中国就不能叫有重要影响的大国，就没有现在这样的国际地位。这些东西反映了一个民族的能力，也是一个民族、一个国家兴旺发达的标志。"②

1999 年 9 月 18 日，在庆祝中华人民共和国成立 50 周年之际，中共中央、国务院、中央军委在人民大会堂召开表彰为研制"两弹一星"作出突出贡献的科技专家大会，授予或追授 23 位科技专家以"两弹一星功勋奖章"。其中，王希季、孙家栋、任新民、杨嘉墀、钱学森、屠守锷、黄纬禄、姚桐斌、钱

---

① 苏联、美国、法国、日本的第 1 颗卫星分别重 83.6、14、42、9.4 公斤。
② 《邓小平文选》第三卷，人民出版社 1993 年版，第 279 页。

图 6 | 1999 年 9 月 18 日，荣获"两弹一星功勋奖章"的航天老专家们在人民大会堂前合影（左起：屠守锷、杨嘉墀、黄纬禄、任新民、王希季、孙家栋）

骥等 9 人在航天工业部门工作过。他们是人民共和国的功臣，是老一代科技工作者的杰出代表，是新一代科技工作者的光辉榜样。

2020 年 4 月 24 日是东方红一号卫星成功发射 50 周年，也是第五个"中国航天日"。习近平在 4 月 23 日给参与"东方红一号"任务的老科学家回信中说："50 年前，'东方红一号'卫星发射成功，我在陕北梁家河听到这一消息十分激动。当年，你们发愤图强、埋头苦干，创造了令全国各族人民自豪的非凡成就，彰显了中华民族自强不息的伟大精神。老一代航天人的功勋已经牢牢铭刻在新中国史册上。"①

东方红一号卫星的成功发射，开辟了中国航天的新纪元，但这只是一

---

① 《习近平给参与"东方红一号"任务的老科学家回信强调 敢于战胜一切艰难险阻 勇于攀登航天科技高峰》，《人民日报》2020 年 4 月 25 日。

个起点。正如钱学森在发射那天的庆祝大会上，引用毛主席的话勉励大家那样——

"夺取全国胜利，这只是万里长征走完了第一步。如果这一步也值得骄傲，那是比较渺小的，更值得骄傲的还在后头。"①

在东方红一号卫星的"注视"下，航天人赓续精神的力量，接续奋力前行，不断创造着新的航天传奇。

---

① 钱学森引用的这句话，出自毛泽东在中国共产党第七届中央委员会第二次全体会议上的报告。《毛泽东选集》第四卷，人民出版社 1991 年版，第 1438 页。

第六章　自强不息　成果累累

"两弹一星"取得成功后，航天人在十分困难的情况下，继续坚守报国初心，充分发扬精神的力量，顽强战斗，排除万难，发射了科学实验卫星、返回式遥感卫星，推动了东方红二号通信卫星、风云一号气象卫星等工程立项，取得了十分可喜的进展。

从 1956 年到 1978 年，在党中央的直接领导下，航天事业在社会主义建设时期从无到有、从小到大，迅速地发展壮大起来。尤其是 1975 年至 1978 年，我国连续 3 次成功试验返回式卫星，成功发射 3 颗重型卫星，标志着空间技术发展达到了一个新的水平。①

第一节　科学实验卫星：迈出坚实步伐

空间科学探测，不仅对认识自然界，研究发生在空间的各种自然现象，以及这些现象同人类赖以生存的地球和大气环境的关系具有重要意义，而且同人造卫星和其他航天器的研制有着十分密切的关系。

我国自 1958 年起着手开展空间科学探测，并于 20 世纪 60 年代初发展了最初的探空火箭。进入 70 年代，东方红一号卫星上天后，发射一种专门

---

① 3 颗返回式卫星均使用长征二号运载火箭，分别于 1975 年 11 月 26 日、1976 年 12 月 7 日、1978 年 1 月 26 日成功发射。3 颗重型卫星指使用风暴一号运载火箭发射的技术试验卫星，在 1973—1976 年期间共进行 6 次发射试验，3 次取得成功，发射日期分别是 1975 年 7 月 26 日、1975 年 12 月 16 日、1976 年 8 月 30 日。见《在毛主席的亲切关怀和周总理的直接领导下　我国成为第三个掌握卫星返回技术的国家》，《人民日报》1978 年 4 月 2 日。

用于空间物理探测的科学实验卫星被提到议事日程上来，以"实践"命名的卫星系列就是肩负空间科学探测，同时兼顾航天新技术试验任务的卫星。

第一颗科学探测和技术试验卫星——实践一号，于1971年3月3日发射成功，进行了空间科学探测，取得了一部分数据。

之前在东方红一号卫星研制过程中，孙家栋等技术人员曾对方案进行了简化。东方红一号卫星发射之后，考虑到空间技术发展的需要，推动科研成果运用于工程应用，作为卫星总体技术负责人的孙家栋和承担东方红一号卫星研制工作的技术人员，提出了以试验长寿命供电系统为主要任务的第二颗人造卫星方案的设想。

1970年5月，中国空间技术研究院召开会议，按照"综合利用""一次试验、全面收效"的精神，对原设计的东方红一号甲卫星方案进行审定，计划在东方红一号卫星的基础上，增加8项空间技术试验及空间探测项目。其外形与东方红一号相似，也是一颗72面球形多面体的姿态自旋稳定卫星。会后国防科委将该卫星命名为实践一号。8月，研制报告得到中央批准。[①]

1971年3月3日，长征一号运载火箭在酒泉发射基地发射实践一号科学实验卫星成功。卫星发射成功后，友好国家、组织和友好人士纷纷向我国发来贺电，真诚祝贺中国航天事业的又一重大胜利。

作为我国第一颗科学实验卫星，实践一号卫星用于试验太阳能电池供电系统、温控系统、电子元器件等在空间长期工作的性能，同时用于测量空间环境的各种物理参数。该卫星原设计寿命1年，但在空间正常工作时间长达8年，一直到1979年6月11日才坠落，为我国设计长寿命卫星积累了宝贵经验。卫星长期工作的遥测系统一直清晰稳定地向地面发回遥测信号，吸引了世人的注目。实践一号卫星任务的成功，让中国航天在东方红一号卫星取得成功后，在探索空间技术的道路上又迈出了坚实的步伐。

1971年实践一号发射成功后，我国开始考虑空间物理探测卫星的研制

---

① 参见张钧主编：《当代中国的航天事业》，中国社会科学出版社1986年版，第265—266页。

工作。1972 年 4 月，实践二号作为我国第一颗专门用于空间物理探测的科学实验卫星，被列入了国家计划。1973 年 5 月至 1974 年 9 月，卫星总体设计队伍在钱骥的主持下，经过反复研究论证，提出了卫星设计方案。方案确定，这是一颗空间物理探测兼新技术试验卫星，主体是一个外接圆直径 1.23 米、高 1.1 米的八面棱柱体，在相互隔开的 4 个侧面上各有一块矩形太阳能电池帆板，发射时帆板下垂，入轨后帆板张开。卫星有实时遥测和延时遥测两种手段，并尽可能地采取了一些新技术，为应用在其他卫星上积累经验。

1977 年夏，有关部门经过全面权衡，建议用"风暴一号"火箭发射实践二号卫星，并提出了"一箭多星"的设想。最终确定用 1 枚"风暴号"火箭发射实践二号、实践二号甲、实践二号乙 3 颗卫星。研制试验人员为解决星箭连接等关键技术问题做了探索。在 1979 年 7 月第一次发射任务中，因运载火箭第二级发生故障，卫星未能入轨。之后，各单位对卫星及分系统进行了 3 次质量复查。至 1981 年 9 月，实践二号卫星通过"一箭三星"的方式发射成功。

东方红一号卫星和实践卫星，集中地代表了我国航天活动初期的技术水平。在研制它们的同时，我国航天工作者们就开始向更高的目标进军——研制重 10 倍、技术更复杂的返回式遥感卫星及其大型运载火箭。

第二节 返回式卫星：三星连续告捷

航天器全部或其中一部分，在空间完成了预定的任务后，需要再返回地球的，称为返回式航天器。根据有效载荷和任务、目的不同，返回式卫星可以分成许多类，但都需要解决卫星返回技术。使卫星从轨道上安全返回地面，除了要解决一般卫星的技术问题外，还必须突破调姿关、制动关、防热关、软着陆关、标位及寻找关等诸多技术难关，个个都是难啃的硬骨头。

按照中央专委会原则批准的《关于发展我国人造卫星工作的规划方案建

议》，我国自 1966 年初开始返回式卫星的方案论证工作。由王希季[①] 主持，对卫星总体方案进行讨论，年末拟定出卫星方案设想。1967 年 9 月，进入方案设计阶段；1970 年 3 月，卫星开始初样研制；1973 年 1 月，卫星转入正样研制阶段。最早的返回式卫星通过在星上安装相机，在轨道上分别对国内预定地区和星空进行摄影，从而获取一些地面和空间信息，因此也被称为返回式遥感卫星。

党中央高度关注返回式卫星任务进展。1972 年 9 月，周恩来、朱德、董必武、叶剑英、李先念等中央领导同志来到七机部火箭总装厂，视察了长征二号火箭的研制工作，在现场观看了返回式卫星产品，并向大家送去了毛泽东和党中央的亲切关怀。周恩来语重心长地说："我们现在还是试验阶段，要想办法尽快结束这个试验阶段。"[②] 这让大家感到极大振奋，并受到了鞭策。

返回式卫星由中国空间技术研究院负责技术抓总，直接参加卫星研制的有 81 个单位，分布在全国 16 个省、市、自治区。卫星的运载工具采用的长征二号大型运载火箭，是在我国研制的洲际液体燃料火箭的基础上改装的，由运载火箭研究院及在三线地区新建的火箭发动机基地共同承担。在研制工作中，由于受到"文化大革命"的干扰，加上技术上遇到的困难，研制进度一再拖延，发射计划多次改变。

直到 1974 年，发射返回式卫星的条件终于具备。在 11 月 5 日的第一次发射中，因运载火箭控制系统一根导线折断，试验未能成功，卫星本体没有得到考验。"飞了 21 秒之后，火箭爆炸了。在那样冰天冻地里面，大家真是含着眼泪，在地面搜索所有的残骸，捡了三天。"孙家栋回忆起当时的情景，十分唏嘘。

这次失败后，中央军委副主席叶剑英立即作出明确指示："失败是成功

---

① 王希季时任七机部第八设计院总工程师。该单位的前身是上海机电设计院，1968 年起调归中国空间技术研究院，现为 508 所。

② 转引自张钧主编：《当代中国的航天事业》，中国社会科学出版社 1986 年版，第 59 页。

之母，不要颓丧，要继续奋斗，再接再厉，一定要达到目的为止。"[1]广大研制人员决心从失败中吸取教训，认真分析原因、举一反三，并牢固树立质量第一的思想，做了大量工作。1975年8月，张爱萍听取了关于即将出厂的返回式卫星及长征二号运载火箭质量情况的汇报，要求大家对产品要做到"精心保健"，确保质量，力争"一鸣翔天"。[2]

　　1975年11月26日，我国第二次发射返回式卫星获得成功。卫星在空间工作正常，运行三天后，按预定计划成功地返回地面。毛泽东对这次试验非常关心，多次审阅了有关的报告，观看了卫星获得的遥感资料。[3]

　　由此，我国成为第三个掌握卫星返回技术的国家。1976年10月，中央政治局执行党和人民的意志，毅然粉碎了"四人帮"，结束了"文革"。广大航天工作者欢欣鼓舞，并拿出实际行动，于12月再次取得返回式卫星发射成功。此后至1978年，3颗返回式卫星连续成功。

　　为了确保卫星成功，王希季高度重视质量工作，以极为严谨务实的作风开展工作。返回式卫星是一个复杂的航天飞行器，有数万个元件和零件，要在极为复杂恶劣的宇宙空间环境中做到稳妥可靠、万无一失，是很不容易的。国外返回式卫星曾经过多次失败才获得成功。王希季多次对身边的研制人员强调：我们这个发展中国家不能和那些发达国家相比，我们对风险的承受力低。要体谅国家的难处，尽我们最大的努力去保证每一颗卫星的可靠性，以期用最小的投入去获取最大的效益。

　　王希季从不肯放过哪怕细小的疏忽。为了切实保障产品的高质量，他摒弃过去那种凭经验大致估算的惯例，结合工程中的各个环节，按照可靠性理论进行量化，经过概率分析，对每一个分系统到总体都制定出一系列必须遵守的硬性指标，要求对每一个系统、每一个零部件都要进行认真计算，交货时必须附有可靠性指标。他不仅亲自在现场指导技术人员，采取提高可靠性

---

① 转引自张钧主编：《当代中国的航天事业》，中国社会科学出版社1986年版，第192页。

② 转引自张钧主编：《当代中国的航天事业》，中国社会科学出版社1986年版，第310页。

③ 参见张钧主编：《当代中国的航天事业》，中国社会科学出版社1986年版，第56页。

措施，而且对这样一颗复杂卫星的情况和动态了如指掌。对重要的数据，他会自己动手计算核实；对关键的部位，他甚至会打着手电筒钻进去亲自检查。一旦他提出问题，不仅问题尖锐具体，而且他总要刨根问底，容不得半点含糊。这样的作风深刻影响了整支队伍，确保了发射和回收任务的连续成功。

返回式卫星发射任务第三次取得成功的日期，是1978年1月26日，时值全国科学大会行将召开之际。叶剑英当天听到消息后高兴地说：这是科研工作1978年的开门红，祝贺同志们取得的胜利！[①]在3月召开的全国科学大会上，孙家栋发了言，详细介绍了我国返回式卫星的研制经过，强调说发展我国空间事业必须坚持"独立自主，自力更生"的方针，走我国自己的道路。返回式卫星的多项科学研究成果受到大会表彰。[②]20世纪70年代发射成功的3颗返回式卫星，使我国完成了返回式卫星的试验阶段，为进入应用阶段奠定了基础。1981年通过的《关于建国以来党的若干历史问题的决议》还专门提到了"人造卫星发射回收的成功"这一成就。[③]

第三节　气象卫星：深入研究探索

常言道"天有不测风云"。为了观察气象，我国古人几千年来"夜观天象"、推测天气、总结气候，留下了许多记录。竺可桢曾根据历史文献重建了中国过去五千年的温度变化趋势。

近代以来，人们为了探索天气变化的奥秘，在世界各地建立了成千上万个气象观测站，以监测天气的变化。然而，由于受一些条件的限制，在全球范围内，气象观测站分布很不均匀，也不合理。尤其是占地球表面约71%

[①]　转引自张钧主编：《当代中国的航天事业》，中国社会科学出版社1986年版，第316页。

[②]　参见《在毛主席的亲切关怀和周总理的直接领导下　我国成为第三个掌握卫星返回技术的国家》，《人民日报》1978年4月2日。

[③]　参见《〈关于若干历史问题的决议〉和〈关于建国以来党的若干历史问题的决议〉》，中共党史出版社2010年版，第88页。

的浩瀚无垠的海洋，以及人烟稀少的沙漠、高山、极地等处，观测站更是寥寥无几。

20 世纪 60 年代，气象卫星在国际上发展起来。气象卫星的出现，开辟了一个从宇宙空间来探测大气、观测云雨的新方式。气象卫星沿空间一定轨道运行，采用遥感技术，可以获得因常规手段受观测时间、空间限制而难以发现的一些天气系统。一颗太阳同步轨道（极轨）气象卫星，每 12 小时就能对全球天气进行一次观测。一颗地球静止气象卫星，则可为追踪生命史较短的天气系统进行短时间间隔（半小时甚至几分钟）的观测。如果在赤道上空布置 4—5 颗地球静止气象卫星，再加上两颗极轨气象卫星，便可使观测范围覆盖全球。利用气象卫星，"风云"已然可测，对天气进行"察言观色"不再是难事。

1969 年 1 月底，一股超强冷空气侵袭我国，华东、中南广大地区有线通信全部阻断，人民生命财产遭受到严重损失。当时我国开展天气预报依赖传统手段，对高山、沙漠、海洋等人迹罕至地区的资料获取相当困难。周恩来总理在接见中央气象局等单位的代表时指出：一定要采取措施，改变天气预报落后的面貌，要搞我国自己的气象卫星。[1]1969 年底，中共中央、国务院和中央军委联名下达了研制气象卫星的任务。之后，航天、气象等部门做了大量调查研究和探索性工作。

1974 年召开的气象卫星任务协作会提出，发展我国气象卫星，必须结合我国的实际，实事求是、力求先进、先易后难、逐步完善。会议还讨论了气象卫星的基本技术要求和系列发展初步设想，并确定由总体研制单位与使用单位共同制定总体方案。[2]

1977 年 11 月底，根据中央军委有关指示的精神，国防科委召开了气象卫星工程大总体方案讨论会，我国第一颗极轨气象卫星被命名为"风云一

---

① 参见曹静：《追星——风云气象卫星的前世今生》，气象出版社 2018 年版，第 14 页。

② 参见薛伟民、章基嘉主编：《当代中国的气象事业》，中国社会科学出版社 1984 年版，第 116—119 页。

号"。这是一颗试验型气象卫星，也是我国的第一代太阳同步轨道气象卫星。该卫星携带的探测仪器是红外、可见光双通道扫描辐射仪，采用三轴稳定方式，有 5 个探测通道，设计寿命为一年。此后一年多时间里，星体和星上各分系统基本结束技术方案设计，承制单位进入样机研制阶段。[1]

第四节　通信卫星：列入国家计划

通信手段和技术的发展，驱动着人类文明的进步。中华大地幅员辽阔、地形复杂，东西、南北相距超过万里，对军事通信、民用通信都提出了很高的要求。但如果在对应我国国土的静止轨道上放一颗通信卫星，就能够实现对几乎全部国土和近海以及周边地区的覆盖。

在国际上，20 世纪 60 年代中后期，通信卫星技术快速发展并迅即得到广泛应用，满足了市场的迫切需要，促进了世界范围内的信息传输和交流，很快便成为洲际通信与洲际电视传输的主流方式。国际卫星通信市场迅速扩大，世界上出现了持续的通信卫星热。到 1970 年初，世界上各类试验型、实用型的通信卫星已达 28 颗。但当时我国还没有自己的通信卫星，还没有应用卫星通信，与世界相比已经大大地落后了。研制通信卫星，建立卫星通信系统，成为紧迫的需要。

钱学森等很早就注意到了通信卫星等技术，认识到研制通信卫星的重大意义。在美国 1962 年发射"电信 1 号"和"中继-1"两颗通信卫星后，钱学森于 1963 年 1 月抽调 4 位上海机电设计院的同志到国防部五院，亲自指导开展人造卫星研究设计的先期准备工作，并对国外气象卫星、通信卫星、载人飞船等发展动态进行持续的跟踪研究。之后，赵九章、钱学森在分别提出的建议和意见中，都明确提出应考虑准备发展和发射通信及广播卫星。中国

---

[1] 参见薛伟民、章基嘉主编：《当代中国的气象事业》，中国社会科学出版社 1984 年版，第 116—119 页。

科学院 1965 年提出的《关于发展我国人造卫星工作的规划方案建议》，对建立我国的卫星通信系统作了论述。1966 年 5 月正式发布的《发展中国人造卫星事业的十年规划》展望并明确了这一任务和通信卫星的发展，在东方红一号之后将这系列卫星编名为东方红二号、东方红三号等。"651"任务启动后，航天部门就一些卫星通信单项课题开展了探索研究。东方红一号卫星虽经方案简化，但上天后播放《东方红》乐曲，实现了"听得见"目标，也可以被认为是进行了卫星广播通信。

　　东方红一号卫星发射后，我国军用和民用通信部门提出了我国试验通信卫星尽早问世的迫切希望，从而改变我国通信技术落后的面貌。1970 年 6 月，中国空间技术研究院和中国运载火箭技术研究院分别组织队伍，开展了通信卫星及其运载火箭新技术的研究。刚刚完成东方红一号研制发射任务的总体设计人员，听到继续承担试验通信卫星研制任务的消息后，感到格外高兴。他们像一支刚刚打完胜仗的部队又去执行新的战斗任务那样，信心百倍地投入到新的卫星研制任务中去。但我国卫星研制走过的路程太短了，经验也少，再加上通信卫星与东方红一号卫星差别很大，大家感到有些力不从心。通过分析，大家清晰地认识到，静止轨道是有限的自然资源，有利于各国的轨道位置是稀缺的，必须尽早地拿出总体方案，早日拿出通信卫星去占领有利于覆盖我国国土的轨道位置。

　　经过充分的讨论和细致的工作，大家提出了我国试验通信卫星总体方案的初步设想，并提交中国空间技术研究院 1970 年 11 月召开的"119 会议"进行研究。通过对国外卫星通信发展状况、不同轨道卫星通信方案等进行深入分析，同时基于国情，大家提出：要避免重走国外的老路，充分吸取国外的经验，建议选用对地球表面相对静止的静止轨道通信卫星方案，直接研制技术难度大、实用价值高的地球静止轨道通信卫星，并以当时代表世界先进水平的"国际通信卫星–III"方案作为主要参考。

　　按照这种思路，我国要跨过中低轨道通信卫星阶段，直接发射静止轨道卫星，实现"一步走"。然而要发射通信卫星，不仅要把卫星造出来，还要有运载火箭、发射场、测控、地面通信站等的全面支持，必须同步地推进和完成这五大系统的建设。尽管东方红一号卫星上了天，但那是一颗远地点只有 2384 公里的大椭圆低轨道卫星；而通信卫星不仅本身技术十分复杂，而且要打到 15 倍高的静止轨道上去。这就要求必须完成一系列技术攻关，如卫星要充分减重，并且具备很强的姿态控制和变轨能力等；还要造一个新的能力更强的火箭，发动机能多次点火，经过停泊轨道、转移轨道和静止轨道等阶段，实现变轨发射。我国主要在北半球中低纬度，要往赤道上空发卫星，发射场的纬度越低越好。酒泉发射场在北纬 41° 左右，纬度较高，不利于发射通信卫星。因此，还要新建一个纬度较低的发射场，最终选址在四川西昌（北纬 28° 左右，与位于美国佛罗里达州东海岸的卡纳维拉尔角发射场纬度相当）。测控包括地面测控站、海上测控船等，都要根据东方红二号这个任务来做准备。卫星上了天，要开展卫星通信，需在地面建设相应的卫星通信站来进行信号的接收。

在当时的国际形势下，我国要实现这一目标，就必须在自力更生中艰苦探索，难度可想而知。尽管已经研究了卫星总体方案的设想，研制人员也做了许多探索性的工作，但由于这是一项庞大的系统工程，各系统之间的技术协调、指标分配、计划分工迟迟定不下来，卫星重量与运载能力的协调也是几经反复、充满周折。尤其是"文革"进一步放大了这些困难。尽管科研人员千方百计推进卫星论证和各系统、各方面的研究探索工作，但在 20 世纪 70 年代前期，这项任务始终徘徊不定、进展缓慢，仍处于方案探索的阶段。

1972 年美国总统尼克松访华，开启了"破冰之旅"。为了便利美方随行的大批记者开展报道，我国临时租用美国卫星地球站设备，经国际通信卫星进行卫星通信。2 月 21 日，尼克松走下专机舷梯，即受到了周恩来的热情迎接。0.3 秒后，两人握手的画面即传回了美国，随即给地缘政治和国际格局带来了深远的影响。尼克松访华的实况吸引全球观众争相观看，甚至创造了收视率的历史纪录。同时，太平洋两岸通过国际通信卫星还架设起了一条特别的电话"线路"——卫星电话，让尼克松一行可以随时随地与本国通话。据统计，尼克松访华期间，美国三大广播公司共播出了 52 个小时的电视节目、34 个小时的广播节目，观看和收听这些节目的美国人在六千万至一亿左右，全世界估计约有 10 亿人。①

这也让中国人第一次直观地认识到了通信卫星的巨大作用与便利。当时北京的市民议论纷纷，觉得不可思议，期盼着中国什么时候也能拥有这种技术。尼克松访华后不久，我国 1972 年 9 月迎接日本首相田中角荣来华访问时，也作了类似安排。这一年起，我国外交局面不断打开，对外交往日益密切，走向国际的通信需求快速增长，既对发展通信卫星提出了更加紧迫的要求，也让人真切地感受到了差距。

面对当时通信卫星任务徘徊不定、进展缓慢的状况，研制人员和广大干部群众非常着急；看到外国领导人访华报道情况的资料和卫星地面站的实物，很多人都震撼于通信卫星的巨大功用以及国际通信卫星领域取得的快速发展，对比我国和别国的差距很受刺激。大家迫切盼望着改变这种状态。周恩来总理在日理万机的情况下，十分关心这项工程的进展情况，并于 1974 年 5 月 19 日对反映这些情况的群众来信作了批示，要求国家计委、国防科委联合召开会议，先将通信卫星的制造、协作和使用方针定下，然后再按计划分工做出规划，督促进行。②

之后，中国第一颗通信卫星的研制进度大大加快。在有利的形势下，大家抓住时机，全力投入，迅即展开了相当充分的工作。1974 年 6 月，中国空间技术研究院即组织召开卫星方案可行性讨论会，讨论了卫星总体方案设想、大型试验方案及环境模拟试验条件，协调了各系统间的初步指标分配。9 月，七机部召开了卫星通信工程情况交流会，交流了卫星、运载火箭和地面测控设备的研制情况，讨论了这三大系统之间的技术接口问题。

① 参见《天魂：航天精神纪事》（中国宇航出版社 2012 年版，第 122—123 页）和《当代中国的广播电视》（下）（中国社会科学出版社 1987 年版，第 366—368 页）的有关记载。

② 参见张钧主编：《当代中国的航天事业》，中国社会科学出版社 1986 年版，第 323 页。

　　1975 年 2 月，国家计委、国防科委提出了《关于发展我国卫星通信问题的报告》，并报请中央审批。这是我国卫星通信工程的指导性文件。1975 年 3 月 31 日，中央军委召开第八次常委会议，委员们对《关于发展我国卫星通信问题的报告》进行了热烈讨论，表示赞同并决定马上请示党中央。第二天，这份报告经中央军委副主席叶剑英签署，呈送毛泽东和党中央，并得到批准。[①]

　　卫星通信工程由此被命名为"331"工程。它的方针是：集中力量打"歼灭战"，综合利用，军民结合，平战结合，国际国内通信、广播、电视兼顾，先解决有无和各方面试验的需要。这个工程包括通信卫星、运载火箭、测控系统、发射场和地面站五大系统，由国防科委负责抓总。

　　从此，我国卫星通信工程正式列入国家计划。过去几年的徘徊局面很快得到改变，我国卫星通信工程由此走上了正轨，正式开始了型号研制。由于这项工程规模大、涉及的部门多，为了加强对整个工程实施集中统一领导，1976 年 5 月，国务院、中央军委批准成立了"卫星通信工程领导小组"，并在该领导小组下成立了跨部门的技术协调小组。7 月至 8 月，国防科委在北京召开通信卫星第一期工程大总体会，提出在论证中既要考虑技术上的先进性，更要考虑可靠性，还要考虑经济性和合理性。这为今后包括通信卫星在内的各种应用卫星的发展进一步明确了原则和方向。[②]

　　我国人口多、底子薄，经济落后，必须把有限的投资用在急用实用的重点项目上。要缩短战线，突出重点，有所赶、有所不赶，有所超、有所不超，衡量是否要赶超，要以解决我国自己的需要为尺度。1977 年 9 月，国防科委制定了战略火箭和航天技术新的发展规划，确定了三项重点工程，发射静止轨道试验通信卫星是其中之一。这个规划区分了轻重缓急，体现了既量力而行又积极奋斗的精神。党中央很快予以批准。航天部门随即集中力量

---

① 参见张钧主编：《当代中国的航天事业》，中国社会科学出版社 1986 年版，第 324 页。

② 参见张钧主编：《当代中国的航天事业》，中国社会科学出版社 1986 年版，第 64、325—326 页。

进行攻关，并很快就取得了可喜的进展。①

第五节　系统工程：走出自己的路

　　发展航天技术，既要有迎头赶上国际先进水平的雄心壮志，又要有脚踏实地的科学态度，尊重客观规律。在我国航天事业发展初期，全部的卫星、运载火箭及地面保障设备等均由我国科研人员负责研制，都是自力更生的产物，质量和可靠性比较高，而且投资的费用比较少，产品价格比国外同类型的航天系统价格要低得多。

　　这些表明，在党的领导下，航天队伍依托全国大协作，在学习借鉴的同时，不断总结自己的实践经验，经过艰苦的探索，逐步建立起适合我国国情的科学的管理体系和方法，走出了中国特色的航天发展道路，开始形成独特的发展优势。基于航天的实践，钱学森等提出了系统工程思想，产生了深远影响。

　　中国共产党领导中国人民近代以来的革命斗争和建设实践，推动了系统工程思想的形成和发展。钱学森回忆说，中国过去没有搞过大规模科学技术研究，"两弹"才是大规模的科学技术研究，那要几千人、上万人的协作，中国过去没有。"组织是十分庞大的，形象地说，那时候我们每次搞试验，全国的通讯线路将近一半要由我们占用，可见规模之大。那时是周恩来总理挂帅，下面由聂总具体抓，这个经验从前中国是没有的。我想，他们是把组织人民军队、指挥革命战争的那套经验拿来用了，当然很灵，从而创造了一套组织领导'两弹'工作的方法。"他提到周恩来曾在一次中央专委会上指出："我们这套东西将来也可以民用嘛！三峡工程就可以用这个。""这套东西"，就是指这一套组织、指挥大规模科学技术研究、生产的领导方法。②1957年，

---

① 参见张钧主编：《当代中国的航天事业》，中国社会科学出版社1986年版，第61—71页。

② 钱学森：《周总理让我搞导弹》，载《中国航天腾飞之路》，中国文史出版社1999年版，第16页。

钱学森对聂荣臻说：我有这个预感，因为我们的制度能使意志高度集中统一，这比自由化的美国更适合搞火箭工程。①

在周恩来、聂荣臻等的领导下，钱学森等在组织实施导弹工程和推动航天事业发展的过程中，成功运用"工程控制论"等方法，研究、制定、验证、完善了一整套中国现代工程系统开发的技术过程。这就是系统工程。中国的航天事业是党和国家的事业，是人民的事业，必须充分发挥社会主义制度优势，坚持独立自主、自力更生的方针，实事求是地制定规划、提出目标，守正创新地谋求发展、登攀超越，同时要加强队伍建设，优化配套体系，不断研究和提高科学管理水平，建立健全组织管理的机构与制度。系统工程是一种科学的理论、科学的方法，蕴含着航天的品格，闪耀着理性的光辉，宣示着科学求实、大力协同等精神力量。

1962 年东风二号导弹首次试射失利后，钱学森在总结经验教训时明确提出：导弹武器系统是一个复杂的系统工程，必须从系统总体的角度去考虑问题，加强系统之间的协调。从此，系统工程理念成为国防部第五研究院的工作遵循和进行决策、调控、指挥的有效组织形式。

利用系统工程方法，在科学管理方面就要建立健全以总体设计部为核心的研究组织机构体系，以预先研究阶段和研制阶段为特征的研究程序管理体系，以计划协调技术为核心的计划组织调度管理体系，涵盖组织建设、队伍建设、质量管控能力建设等的技术管理体系，等等。②

总体设计部。钱学森指出："一切规模较大的工程都有'总体'，都有'协调'问题，都需要有个指挥来从总体运动的观点协调个人活动。"③导弹、火箭和卫星都是非常复杂的系统工程，由很多分系统组成；每个分系统又由大量仪器、组件、部件构成。这就要求必须精心设计、精心生产、精心试验，

---

① 参见霍有光：《钱学森年谱》（初编），西安交通大学出版社 2011 年版，第 124 页。
② 参见陶家渠：《系统工程原理与实践》，中国宇航出版社 2013 年版，第 8—10 页。
③ 钱学森、许国志、王寿云：《组织管理的技术——系统工程》，《上海理工大学学报》2011 年第 6 期。

才能拿出既符合特定指标要求、又满足工程进度和预算约束的优质产品。在长期的航天实践中，逐渐探索并建立起了总体设计部，按照系统工程理论加强总体设计工作，职责包括定义工程系统，进行系统分析，在反复论证和模拟试验的基础上提出系统方案，逐层完善系统设计等，从而使整个工程系统研制得以有序、高效地运行。

"两条指挥线"。航天工程是尖端技术，具有探索性、创造性的特点，要求研制人员勇攀技术高峰，充分发挥创造力；要求大力发扬技术民主，鼓励不同的人从不同角度进行探索，提出不同意见，以便集思广益。同时，在技术和工程管理上，又需要集中，需要有严格的技术责任制，需要建立强有力的、有权威的指挥系统。20世纪60年代，我国根据干部队伍配置实际，在党委和行政的统一领导下，建立了各有专职的技术指挥线和行政调度指挥线。1962年制定的《国防部第五研究院暂行条例（草案）》对此作出了明确规定。两条指挥线的体制基本形成，并在改革开放后得到恢复，在三项重点工程中得到完善。在统一的领导下，以总设计师系统为核心的技术指挥线与以计划调度为中心的行政指挥线实现有效的合作。总设计师与总指挥合称为型号两总。

"三步棋"。航天工业系统是一个研究、设计、试制、生产、试验的有机联合体。每研制一种新型号都需要采用许多新技术，科学研究占的比重大，在这一点上它不同于一般的工业部门；它又以型号为目标，主要从事工程技术和应用研究，在这一点上它又区别于从事基础科学研究的机构。聂荣臻提出了航天科研生产要按"三步棋"安排。即在一定的计划期内，要有三种处于不同阶段的型号，一种是正在试制、试验的型号，一种是正在设计的新型号，一种是正在探索研究的更新的型号。至少要看"三步棋"，这样可以加强工作的计划性和预见性。对一种型号来说，要分三步走，先经过预先研究，再转入型号研制，最后进行小批生产。实践证明，按"三步棋"安排科研生产，坚持预先研究先行，型号研制要按程序、分阶段管理，是符合航天工程的客观规律的。

这一时期，航天工程的计划管理、质量管理等也探索积累了许多成果，强调坚持有所为有所不为，集中力量打"歼灭战"，科学管理、持续探索，等等。计划管理方面，贯彻"三步棋"制定正确的规划、合理地分解计划，在"两条指挥线"的领导和总体设计部的组织下，贯彻综合平衡原则，充分运用先进的计划调度技术，实施动态调度，努力走出一条投入小、效益高的发展航天这样尖端科技的路子。质量管理方面，实现了贯穿设计、生产、试验等全过程的质量管理，把全部工作纳入质量第一的轨道，推动"文明生产"。实践表明，产品的质量和可靠性，是设计出来的、生产出来的、管理出来的，要努力提高全面质量管理水平。

这一时期，按照系统工程的办法，推进航天人才队伍建设也取得重大进展。按照1961年"科学十四条"明确研究机构以"出成果，出人才"为根本任务的要求，在党中央的亲切关怀下，一支又红又专的航天队伍得到有效配置、培养和锻造。他们坚持初心使命，以投身航天为"万世之荣"，既保持了艰苦奋斗的优良传统，又掌握了先进的科学技术，意气勃发、团结奋斗，能力扎实、作风过硬，心甘情愿地做一个埋头苦干的开拓者，全心全意为人民服务。大家无惧困难、顶住压力，团结地向前进，顽强地战斗，受到了中央的褒扬与群众的称赞。

1970年，钱学森离开第七机械工业部，赴国防科学技术委员会担任副主任。到任一周后，他专程回七机部对同志们说："到了国防科委，才发现我们这套做法，是很好的。"他嘱咐"要把我们这些年发展航天的这套做法，告诉给后面来的人"。这套做法的核心，实际上就是要回答中国航天在发展的各个历史阶段应该"干什么、不干什么、怎么干"。①1978年9月，钱学森的一篇理论文章《组织管理的技术——系统工程》问世。"系统工程中国学派"由此而创立，影响深远。

---

① 参见陶家渠：《系统工程原理与实践》，中国宇航出版社2013年版，第1页。

第七章　航天精神的孕育

精神铸就伟业，力量穿越时空。在热气腾腾的社会主义建设时期，勤劳、勇敢、智慧的中国人民，依靠自己的力量，走自己的路，在艰苦创业中追赶时代，在一个经济、科学技术比较落后的发展中国家，创建和发展了具有世界水平的先进的航天事业。这是中华民族的骄傲，是人类航天史上的壮举。

第一节　一切为了祖国

爱国主义是中华民族的优良传统和崇高美德，是中华民族精神的核心。中国共产党是爱国主义最坚定的弘扬者和实践者。热爱祖国、无私奉献是航天精神中最具凝聚力的精神纽带，是最具持久力的动力源泉。

新中国成立前夕，毛泽东以坚定的理想信念和革命的乐观主义精神，铿锵有力地指出："我们中国人是有骨气的"，"多少一点困难怕什么！"[1] 他强调："我们是能够克服困难的，不管什么样的困难也不怕。人民解放军的二十二年的斗争史给了我们这样一种经验和信心，只须共产党、人民解放军和全国人民明了自己所遇困难的性质，坚决地执行克服困难的各项根本政策，我们就能达到目的。"[2] 这种革命者为了祖国和人民而应该具备的大无畏奋斗精神，深深地影响并塑造了航天事业的精神气质。

新中国成立后不久，以毛泽东同志为核心的党的第一代中央领导集体就

---

[1] 《毛泽东选集》第四卷，人民出版社 1991 年版，第 1495、1496 页。

[2] 《毛泽东文集》第五卷，人民出版社 1996 年版，第 315—316 页。

吹响了"向科学进军"的嘹亮号角，并审时度势、运筹帷幄，果断作出研制"两弹一星"的重大战略决策并迅速组织实施。

当时，许多海外学子和已经功成名就的科学家，怀着一颗爱国报国的无比炽热的赤子之心，积极响应党和祖国的召唤，毅然放弃了优厚待遇和舒适生活，冲破重重阻力，历尽千辛万苦，义无反顾回到祖国怀抱。钱学森说："我的事业在中国，我的成就在中国，我的归宿在中国。"郭永怀说："作为一个中国人，都有责任回到祖国，和人民一道，共同建设我们美丽的山河。"姚桐斌说："我回来不是为了地位和金钱，是为了把学到的知识贡献给祖国。"

在国内，一大批科技人员、干部职工、解放军官兵，坚决响应祖国召唤，汇聚在国家重大任务的旗帜下，满腔热情地投身于"两弹一星"伟业，舍小家为大家，甘当无名英雄，顽强拼搏，无私奉献自己的聪明才智。老一代航天人以国家为重、使命为重、事业为重，将航天事业作为终生的事业，做隐姓埋名人，干惊天动地事，推动了"两弹一星"任务的实施。有的同志甚至为此献出了鲜血和生命。

1958年5月，毛泽东号召"我们也要搞人造卫星"。1965年8月，周恩来主持中央专委会议，原则批准了中国科学院《关于发展我国人造卫星工作的规划方案建议》。1968年2月20日，为了集中力量，让空间工程按计划继续进行，中国空间技术研究院正式成立。这是我国第一个专门从事空间飞行器研制的科研单位。从此，分散多处的空间技术研究力量凝聚成拳，中国航天事业掀开崭新一页。

当时，我国工业基础落后、科技人才短缺，党领导人民对社会主义道路进行了艰辛探索，社会主义建设在曲折中发展。中央成立专门委员会，领导"两弹一星"研制，周恩来担任主任。

祖国需要就是我们的志愿！一定要靠中国人自己的力量，造出"两弹一星"！杨嘉墀说："争名当争国家名，计利当计人民利。"钱骥说："为了祖国的空间事业，我愿意负重，我必须疾驰。"在"我们也要搞人造卫星"等伟大号召的指引下，在党中央的领导和中央领导同志的亲自决策、关怀和指挥下，老一代航天人在既无样星可参照、又无完整资料可借鉴的情况下，怀着敢于超越的坚强决心和豪迈气概，坚持独立自主、自力更生，调动一切积极因素，挖掘一切有用潜力，走因陋就简、土法上马、土洋结合、逐步完善的路子，克服了重重困难挑战，成功造出了"争气星"——东方红一号。

1970 年 4 月 24 日，东方红一号卫星发射成功。中华民族进入浩瀚宇宙的首战取得了圆满成功。在浩瀚无垠的太空，一首嘹亮的《东方红》向世界庄严宣告：中国人民胜利地掌握了人造卫星的技术。中国成为世界上第五个独立研制并发射人造卫星的国家。"两弹一星"鼓舞了中国人民的志气，振奋了中华民族的精神，为增强我国的科技实力特别是国防实力、奠定国家安全基石、塑造新中国崭新的大国形象、提升中国在世界上的国际地位等，发挥了不可替代的作用。

第二节　自力更生是首要经验

毛泽东 1945 年在分析抗日战争后的时局时强调："我们的方针要放在什么基点上？放在自己力量的基点上，叫做自力更生。"[1] 独立自主、自力更生是中华民族历经磨难而自强不息的优良传统，是中国共产党、中华人民共和国立党立国的重要原则与实践结论。在中国这样一个人口众多和经济文化落后的东方大国进行革命和建设的国情与使命，决定了我们只能走自己的路。

航天事业创建后，党中央根据发展要求不失时机地作出关键决策，明确目标任务，总揽全局、协调各方。航天队伍按照"自力更生为主，力争外援和利用资本主义国家已有的科学成果"的方针，迅速集结起来，展开艰苦奋斗。全国各部门、各地区坚决贯彻党中央决策部署，顾全大局、大力协同、全力支持。

1970 年 4 月 24 日，周恩来将"坚持独立自主，自力更生方针"加在东

---

[1] 《毛泽东选集》第四卷，人民出版社 1991 年版，第 1132 页。

方红一号发射成功的《新闻公报》稿中。这充分地表达了我国人民在现代科学技术上赶超世界先进水平的意志和决心。之后历次试验任务或卫星发射成功，在中央领导同志讲话、贺电贺信以及媒体报道中，"自力更生"高频出现，彰显了全体航天工作者和中国共产党、中国人民的骨气、志气和底气。

在那个年代，"两弹一星"是我国人民在物质技术基础十分薄弱的条件下，依靠广大科技人员艰苦攻关和全国大力协作创造出的人间奇迹。1981年6月召开的党的十一届六中全会通过了《关于建国以来党的若干历史问题的决议》，强调"核技术、人造卫星和运载火箭等方面的成就，表现出我国的科学技术水平有很大的提高"①。邓小平1982年5月在会见外宾时讲："从五十年代中期到七十年代，即在建国三十二年多的时间里大体有二十几年，我们完全或基本上处于没有外援的状况，主要靠自力更生。没有外援也有好处，迫使我们奋发努力。在这种精神的激励下，我们在这个期间搞出了原子弹、氢弹、导弹，发射了人造卫星等等。所以，我们向第三世界朋友介绍的首要经验就是自力更生。"②

东方红一号之后，我国在科学实验卫星、返回式卫星研制发射任务上取得重要进展。1975年，我国决定实施卫星通信工程（"331"工程），之后将其列为20世纪70年代末80年代初的三项重点工程③之一。航天人在逆境中自强不息，在曲折中顽强前进。

毛泽东1954年在出席一届全国人大一次会议时，信心满怀地宣告："我们正在前进。我们正在做我们的前人从来没有做过的极其光荣伟大的事业。

---

① 《〈关于若干历史问题的决议〉和〈关于建国以来党的若干历史问题的决议〉》，中共党史出版社2010年版，第65—66页。2021年11月召开的党的十九届六中全会通过的《中共中央关于党的百年奋斗重大成就和历史经验的决议》也指出，在社会主义建设时期，"两弹一星"等国防尖端科技不断取得突破，国防工业从无到有逐步发展起来。参见《中共中央关于党的百年奋斗重大成就和历史经验的决议》，人民出版社2021年版，第11页。

② 《邓小平文选》第二卷，人民出版社1994年版，第406页。

③ 指远程运载火箭、固体燃料火箭、试验通信卫星，也被称为"三抓"任务。

我们的目的一定要达到。我们的目的一定能够达到。"① 航天事业无疑是"极其光荣伟大的事业"的重要部分。在社会主义建设时期，航天事业发展在出成果、出人才的同时，出思想、出精神，孕育了航天精神。这些精神的孕育与生发，鼓舞了队伍，推动了奋斗。在党中央的领导和航天精神的引领下，老一代航天人实现了卫星上天的任务，并不断追赶时代，为航天事业接下来的发展奠定了坚实基础，提供了坚实的精神力量。

第三节 "科学的春天到来了"

1975 年初，四届全国人大一次会议闭幕后，邓小平在毛泽东、周恩来的支持下，全面主持中央和国务院的日常工作，大刀阔斧地进行了整顿。他强调把经济搞上去，首先是恢复生产秩序。这给航天事业带来了好的环境。邓小平强调，一定要搞好科学技术工作，并表态"只要你们大胆工作，错了我们负责"②。

1975 年 3 月，中央任命张爱萍任国防科委主任，加强了国防科技的领导力量。张爱萍复出后，在国防科技战线坚定开展整顿。他对干部群众说：现在处于困难时期，每一个人都要挺身而出，担负起责任，排除一切阻力，把局面扭转过来！他四处奔走，激励大家"一定要把失去的时间抢回来"，为完成国防尖端武器的研制而奋斗。这一年，我国史无前例地成功发射了 3 颗卫星，实现"三星高照"，并掌握了回收卫星技术。

这来之不易的好形势，很快又被所谓"批邓、反击右倾翻案风"运动所葬送。但广大干部职工仍以高度的政治觉悟和事业责任感，不畏风险、坚持斗争，克服重重困难，继续推进航天工程的研制工作。

"文革"结束后，中央在外交工作中采取了更加积极主动的行动，开展

---

① 《毛泽东文集》第六卷，人民出版社 1999 年版，第 350 页。
② 《中国共产党历史》第二卷（1949—1978）下册，中共党史出版社 2011 年版，第 927 页。

了频繁、广泛的出访活动，对世界经济和科技的发展、对我国同世界的差距有了清晰而深刻的认识。邓小平强调，必须尽快地缩小这个差距，这是要紧的事情。他十分感慨地说："中国六十年代初期同世界上有差距，但不太大。六十年代末期到七十年代这十一二年，我们同世界的差距拉得太大了"，"中国五十年代在技术方面与日本差距也不是那么大，而日本却在这个期间变成了经济大国"。① 1977 年到 1978 年，邓小平多次强调，"社会主义制度的优越性表现在它的文化、科学技术水平应该比资本主义发展得更快、更先进，这才称得起社会主义，称得起先进的社会制度"。在科学研究领域，我们损失很大。要承认落后，"承认落后就有希望"。②

20 世纪 70 年代起，"现代科学技术，以原子能的利用、电子计算机技术和空间科学技术的发展为主要标志，正在经历着一场伟大的革命"③。当时，在中央和各方面的共同努力下，航天事业发展很快就迎来了安定团结的新局面，航天工作者长期受到压抑的奋斗精神又重新焕发出来，英雄又有了用武之地，并对与世界先进水平的差距认识得更加深刻，决心努力赶超。

1977 年，中央确定 20 世纪 80 年代前期的航天任务主要目标是：向太平洋海域发射远程运载火箭、发射静止轨道试验通信卫星（"331"工程）、从水下发射固体燃料火箭。大家集中精力加油干，无私奉献拼命干，勇于登攀创新干，推动三项重点工程很快就有了可喜进展。这也被称为"三抓"任务。其中，向太平洋海域发射远程运载火箭于 1980 年 5 月 18 日实现，首战告捷；1982 年 10 月 12 日我国首次进行潜艇水下发射固体燃料火箭，获得成功。而发射静止轨道试验通信卫星，则是最难啃的硬骨头，至 1984 年 4 月 8 日才得以实现。

1978 年 3 月，全国科学大会在北京隆重举行。这是一次久违的盛会，经

① 《中国共产党历史》第二卷（1949—1978）下册，中共党史出版社 2011 年版，第 969—970 页。

② 《中国共产党历史》第二卷（1949—1978）下册，中共党史出版社 2011 年版，第 1018 页。

③ 《1978—1985 年全国科学技术发展规划纲要（草案）》。

历长期的"冰天雪地",科学终于迎来了久违的"春天"。在邓小平的推动下,全国科学大会讨论并制定了《1978—1985年全国科学技术发展规划纲要(草案)》。这份文件对形势任务作了准确的分析判断,在前言即开宗明义指出"科学技术是生产力。四个现代化的关键在于科学技术现代化",并专门对发展空间科学技术做出安排,明确要研制发射包括通信在内的多种应用卫星,建立相应的地面系统。①

全国科学大会的召开,让广大科技工作者受到极大鼓舞,带动了科技生产力得到极大解放,促进了观念的更新、思想的解放。会上,钱学森、朱光亚、孙家栋等回顾了新中国科学技术发展的战斗历程,瞻望将来,壮志凌云。钱学森连夜提出了发展我国科学技术的十项建议。孙家栋介绍了空间事业的发展。孙家栋说,20世纪50年代,我们人力物力非常缺乏,但是在毛主席亲切关怀、周总理直接领导下,只用十来年的功夫,我们的原子弹、氢弹爆炸了,卫星上天了。现在我们国家的条件好多了,要实现四个现代化,赶超世界先进水平,不是空话,而是历史的必然。摆在我们面前赶上和超过世界先进水平的任务,是十分光荣的。我们有优越的社会主义制度,有党中央的正确领导,有聪明睿智、勤劳勇敢的人民群众,我们能够在全国范围内,充分调动各方面的积极性,组成浩浩荡荡的科技队伍,高速度地向现代化目标挺进。我们的目的一定能够达到。②

"飞跃吧,伟大的祖国!"这是与会代表的强烈心愿,也是八亿人民的共同心愿。

春风送暖,万物复苏。这次大会的召开,被称赞为"科学的春天到来了!"之后的真理标准问题讨论,带来思想解放的滚滚大潮,也让"科学"愈发深入人心。从此,科学的种子开始真正根植在人民心中,并迅速生根发

---

① 参见《中国共产党历史》第二卷(1949—1978)下册,中共党史出版社2011年版,第1018—1020页。

② 参见《在毛主席的亲切关怀和周总理的直接领导下 我国成为第三个掌握卫星返回技术的国家》,《人民日报》1978年4月2日。

芽。科技工作令人尊敬，"科学家"令人向往，"讲科学"成为时尚，"学科学""用科学"蔚然成风。在"科学的春天"里，沐浴着"春风"，包括航天科研人员在内的广大科技工作者受到前所未有的重视和鼓舞，航天事业的发展进入了一个新的阶段。

1978年12月，党的十一届三中全会胜利召开。改革开放的春风拂遍了神州大地，历史的崭新一页就此掀开。

第三编

跨世纪的凌云飞跃
（1978—2012）

——航天精神引领中华民族探索浩瀚宇宙

  党的十一届三中全会的召开，实现新中国成立以来党的历史上具有深远意义的伟大转折，开启了改革开放和社会主义现代化的伟大征程。"科学技术是第一生产力"深入人心，产生了深远影响。面对国民经济和社会发展、国防现代化建设对航天发展提出的急迫需要，面对世界科技进步突飞猛进、综合国力竞争日趋激烈的新形势，党和国家对航天事业提出了更高的要求。中国航天必须更加有力地支撑国家战略，推动发展建设，必须赶上时代，让中国在世界高科技领域占有一席之地。

  面对更高的期待和"特别"的需要，航天队伍继续以"革命加拼命"的劲头，战斗攻关、吃苦奉献，用"特别"的精神，进行了跨越世纪的奋斗。大家以国家需要为最高需要，以人民利益为最高利益，视航天事业为生命，以崇高的追求和执着的信念，坚守不渝、科学求实，进行了顽强的奋斗，战胜了无数的困难，创造了非凡的业绩。基于此，我国空间技术从试验进入了应用阶段，载人航天工程实现了千年飞天梦，应用卫星更好地造福中国人民、惠及世界各国，"嫦娥奔月"也从缥缈的神话变成了现实的传奇。这些是伟大的中国人民在创造中国奇迹中取得的代表性成就，产生了深远影响。从 1978 年到 2012 年，伴随改革开放的时代进程，中国航天事业实现了跨世纪的凌云飞跃。

  这一阶段的奋斗与成就，彰显了以爱国主义为核心的民族精神和以改革创新为核心的时代精神，推动中华民族从站起来向富起来迈进。载人航天、月球探测与人造卫星一起，推动中华民族在探索浩瀚宇宙的征程上行稳致远。

  这一阶段的奋斗与成就，凝练了航天传统精神和"两弹一星"精神，铸就了载人航天精神，形成了对航天事业影响深远的"三大精神"，续写了中国共产党人的精神谱系。以航天"三大精神"为指引，一代代航天人接续奋斗，书写出了勇立时代潮头的辉煌篇章。

第八章　加快我国航天事业发展步伐

20 世纪 70 年代末，世界经济快速发展，科技进步日新月异。随着对外交往迅速扩大，中央领导同志以及航天部门代表走出国门了解外部世界，痛切地感受到我国的巨大差距，产生了强烈的危机感和紧迫感，迫切希望尽快改变局面。

进入改革开放新时期，航天事业发展也进入了一个新的阶段。在党中央的坚强领导下，航天部门坚决贯彻执行党的十一届三中全会的路线、方针、政策，坚持以科研生产为中心，开展了一系列恢复性的整顿工作，彻底改变了十年动乱中形成的混乱局面，使科研生产和各项工作走上了正轨，为航天事业进入 20 世纪 80 年代并取得更大发展做了准备。

第一节　发展航天高技术

邓小平指出："贫穷不是社会主义。"[1]"我们要赶上时代，这是改革要达到的目的。"[2]"现在我们干的是中国几千年来从未干过的事。这场改革不仅影响中国，而且会影响世界。"[3] 党的十一届三中全会决定，从 1979 年 1 月起，把全党的工作重点和全国人民的注意力转移到社会主义现代化建设上来，提出了改革开放的任务。[4] 按照中央精神，进入改革开放新时期，航天

---

① 《邓小平文选》第三卷，人民出版社 1993 年版，第 64 页。

② 《邓小平文选》第三卷，人民出版社 1993 年版，第 242 页。

③ 《邓小平文选》第三卷，人民出版社 1993 年版，第 118 页。

④ 参见《中国共产党简史》，人民出版社、中共党史出版社 2021 年版，第 224 页。

事业要有力地推动经济发展和生产力提高，同时要努力地赶上时代，在领域前沿占有一席之地。

集中力量发展急用、实用卫星

　　1978 年 8 月，邓小平专门就我国航天技术的发展方针作出重要指示，强调我国是发展中国家，在空间技术方面，我国不参加太空竞赛，现在不必上月球，要把力量集中到急用、实用的应用卫星上来。他还指出，军工部门要搞军民结合。① 他说，我们要合理使用力量，合理使用资金，还是把技术力量转到急需的方面。②

　　1978 年 9 月，邓小平在视察东北三省时反复强调，世界天天发生变化，新的事物不断出现，新的问题不断出现，我们关起门来不行，不动脑筋永远陷于落后不行。一定要根据现在的有利条件加速发展生产力，使人民的生活好一些。③1979 年 1 月 29 日至 2 月 5 日，邓小平对美国进行正式访问，这是新中国成立后中国领导人第一次访美。1 月 28 日他动身启程的这一天，正好是改革开放之后的首个农历春节。航天是此次访美的重要内容。他参观了美国宇航博物馆，并进入阿波罗十一号指令舱，听取宇航员介绍 1969 年乘坐这个座舱飞往月球的情况；出席了两国科学技术合作协定和文化协定签字仪式④；参观休斯敦附近的林登·约翰逊航天中心，会见美国首批宇航员之一的约翰·格伦并登上航天飞机模型座舱。此行让邓小平"看到了一些很新颖的东西"⑤。在邓小平访美前后，中国航天界也与美国、西欧、日本等进行了互相交流，深刻地认识到差距，坚定了奋起直追的信念，并积极开展对

① 　转引自张钧主编：《当代中国的航天事业》，中国社会科学出版社 1986 年版，第 66 页。
② 　参见《邓小平年谱（一九七五——一九九七）》（上），中央文献出版社 2004 年版，第 351 页。
③ 　参见《中国共产党简史》，人民出版社、中共党史出版社 2021 年版，第 221—222 页。
④ 　空间技术合作是协定的重要内容，当时随访的国务院副总理方毅与美国总统科学技术顾问普雷斯签署了空间技术合作的换文。
⑤ 　《邓小平年谱（一九七五——一九九七）》（上），中央文献出版社 2004 年版，第 475—486 页。

外科技合作和交流。

1979 年，党中央提出了"调整、改革、整顿、提高"的方针，国民经济发展进入调整时期。同时，党中央对国防工业提出了"军民结合、平战结合、军品优先、以民养军"的方针。①1980 年，邓小平在听取国家科委工作汇报时，提出必须把经济、社会发展计划与科技发展计划结合起来，克服它们之间相互脱节的毛病。之后，"科学技术工作必须面向经济建设，经济建设必须依靠科学技术"成为指导我国经济与科技协调发展的基本战略方针。②

航天部门贯彻中央的这些方针要求，集中主要力量于三项重点任务，并对科研生产任务、组织产品结构等实施深刻改革调整，实行严格的技术责任制，恢复总设计师制度等。加快静止轨道通信卫星等应用卫星研制，服务经济建设，成为广泛的共识，科研生产出现了多年未有的好形势。与此同时，国家加大对空间技术发展的经费扶持力度，航天科技开始从军工小天地走向国民经济建设的主战场，航天队伍高举精神的火炬，斗志昂扬地前行。

1984 年 4 月，东方红二号试验通信卫星发射成功，卫星通信工程告捷。1986 年 2 月，东方红二号实用通信卫星成功发射并顺利定点。由此，我国空间事业从试验走向了应用阶段，空间技术开始更好地造福国家、服务人民。

东方红二号实用通信卫星成功定点后不久，1986 年 3 月，国务院批准了航天工业部《关于加速发展航天技术的报告》，确定 20 世纪 80 年代后期 90 年代前期航天技术的目标任务是"新三星一箭一论证"。③"新三星"指东方红三号通信卫星、资源一号资源卫星、风云二号静止轨道气象卫星，"一

---

① 转引自张钧主编：《当代中国的航天事业》，中国社会科学出版社 1986 年版，第 67 页。

② 转引自武衡、杨浚主编：《当代中国的科学技术事业》，当代中国出版社 1992 年版，第 63—65 页。

③ 《中国航天事业的 60 年》，北京大学出版社 2016 年版，第 219—220 页。1981 年 9 月，我国通过"一箭三星"的方式发射了实践二号、实践二号甲、实践二号乙 3 颗卫星。此处的"新三星"或"一箭三星"规划的提法，是指分别研制攻关 1 枚火箭、3 颗（种）卫星，而不是要通过发射 1 枚火箭，将 3 颗卫星送入太空。

箭"即长征三号甲运载火箭，"一论证"是开展载人航天关键技术的预先研究。这项新的"一箭三星"规划，命名为"862"工程，这三颗卫星也被称为"新三星"。由此，我国的航天技术由研制试验为主转入了研制应用为主的新阶段。

科学技术是第一生产力

邓小平十分重视科学技术的作用。作为改革开放的总设计师，他时刻关注着国内外的科技发展动态，强调"世界新科技革命蓬勃发展，经济、科技在世界竞争中的地位日益突出"[①]，"中国要发展，离开科学不行"[②]，"现在世界的发展，特别是高科技领域的发展一日千里，中国不能安于落后"[③]，作出了"科学技术是第一生产力"的论断。他说："马克思讲过科学技术是生产力，这是非常正确的，现在看来这样说可能不够，恐怕是第一生产力。"[④]

进入 20 世纪 80 年代后，以信息技术、生物技术、新材料等高技术为核心的"第三次浪潮"开始席卷全球。与由蒸汽机、电力等单一技术引起的前两次产业革命不同，这次高技术革命几乎涉及了人类活动的所有重要领域，而且各技术之间不断交叉组合，繁衍出新的技术领域，形成了一个有机的、规模庞大的技术体系。高技术及其产业成为推动经济和社会进步的革命性力量，成为国家与国家之间，尤其是大国与大国之间最主要的竞争手段。

冷战期间，美苏大搞太空军事化，促进了航天技术迅速发展，并强有力地拉动了其他新技术的发展。1983 年，美国提出了雄心勃勃的"战略防御计划"，这便是后来震惊全球的"星球大战计划"。这个计划表面上看，是美国政府为对付苏联可能发动的大规模的核袭击而制造的一项以太空为基地实施全导弹拦截的综合防御体系，实质是以军备发展带动高新技术和国民经济

① 《邓小平文选》第三卷，人民出版社 1993 年版，第 127 页。
② 《邓小平文选》第三卷，人民出版社 1993 年版，第 183 页。
③ 《邓小平文选》第三卷，人民出版社 1993 年版，第 279 页。
④ 《邓小平文选》第三卷，人民出版社 1993 年版，第 275 页。

的全面振兴，进而在即将到来的 21 世纪抢占战略制高点。苏联、欧洲、日本等纷纷作出应对，争夺战略制高点。印度、韩国、南斯拉夫等也分别提出了相应的政策规划。这些背后，是产业结构的深入调整和技术的全面升级，世界高科技发展进入一个狂飙突进的时代。

20 世纪 80 年代初，我国正处于实行改革开放的历史性转变中。面对国际上日新月异的高技术竞争，作为一个起步较晚的发展中国家，在各方面条件都有限的情况下，中国要不要积极参与到国际高技术竞争中去？

"中国不能安于落后。"邓小平对战略机遇的重要性有着特别的敏感和认识，指出 21 世纪是高科技发展的世纪。在中国要不要发展高科技的问题上，他态度明确：我们要"从长远发展的利益着眼，不能只看到眼前"①，必须发展自己的高科技，在世界高科技领域占有一席之地。在 1992 年初的南方谈话中，他感慨道："近一二十年来，世界科学技术发展得多快啊！高科技领域的一个突破，带动一批产业的发展。我们自己这几年，离开科学技术能增长得这么快吗？要提倡科学，靠科学才有希望。"② 这些精辟的论述，深刻阐明了中央对发展高科技的深刻认识和坚强决心。

实施"863"计划

1986 年初，国防科工委召开国防科技计划会议，研究国防科技计划和发展问题。会上，专家们提出了不少国防科技中亟待解决的问题，但是，我国著名的无线电电子学家和卫星测控专家陈芳允还是感到，对高科技的发展问题讨论得还很不理想，一些预研工作和长远设想也远远不够。他在会上发言说："在科学技术飞跃发展的今天，谁能把握住高科技领域的发展方向，谁就可能在国际竞争中占据优势。我国的经济实力不允许全面发展高科技，但我们在一些优势领域首先实现突破却是可能的。"

---

① 《邓小平文选》第三卷，人民出版社 1993 年版，第 279 页。
② 《邓小平文选》第三卷，人民出版社 1993 年版，第 377—378 页。

中国科学院技术科学部主任、著名光学家王大珩，对陈芳允的这一观点非常赞同。会议结束后，两人又坐在一起进行了深入的探讨，一致认为，面对美国的"星球大战计划"，中国不能置之不理，因为这是关系到一个国家的国力和国威的问题，高科技有和没有，是绝对大不一样的。为了尽快落实，两人当即决定联名给中央领导写个关于发展我国高技术的建议，并且决定直接把信送给邓小平。

一个多月后，一份由王大珩起草、陈芳允补充的《关于跟踪研究外国战略性高技术发展的建议》，送到了世界著名核物理学家王淦昌和著名航天专家、中国空间技术研究院科技委副主任杨嘉墀的手上，两人看完建议信后，非常兴奋，当即表示完全赞同。定稿后，四位科学家郑重地签上了自己的名字。这天，是 1986 年 3 月 3 日。

仅仅两天后的 3 月 5 日，邓小平就对建议书作出批示："这个建议十分重要"，"找些专家和有关负责同志讨论，提出意见，以凭决策。此事宜速作决断，不可拖延"。① 关于中国高科技如何发展的问题，作为中国改革开放总设计师的邓小平已在脑海中酝酿多时了。

根据邓小平的批示，国家有关部委组织两万多位专家编制了高技术研究发展计划纲要。11 月，中共中央、国务院正式批准《高技术研究发展计划纲要》。② 面向 21 世纪的中国战略性高科技发展计划正式公之于世。由于四位科学家上书和邓小平的批示都是在 1986 年 3 月，该计划因此被称为"863"计划。③ 实施"863"计划要有庞大的资金支持。鉴于我国经济基础薄弱，四位科学家在提出建议时，考虑到国家的困难，谨慎地提出"要 2 个亿"。但中央批准的"863"计划下拨资金，一开始就是 100 亿。

《高技术研究发展计划纲要》从世界高技术发展趋势和中国的需要与实

① 《邓小平年谱（一九七五——一九九七）》（下），中央文献出版社 2004 年版，第 1107 页。
② 参见《邓小平年谱（一九七五——一九九七）》（下），中央文献出版社 2004 年版，第 1107 页。
③ 参见《中国航天事业的 60 年》，北京大学出版社 2016 年版，第 219 页。

际可能出发，坚持"突出重点，有限目标"的方针，共选择了七个领域的
15 个主题项目。这七个领域是：生物技术、航天技术、信息技术、激光技
术、自动化技术、能源技术、材料技术。"863"计划的目标被确定为：积极
跟踪国际高技术发展动向，并有所创新，培养科技人才，实现高技术产品的
商品化、产业化，为下个世纪国家发展储备后劲。

航天技术是七大领域中的第二领域，包含 2 个主题项目：一是大型运载
火箭及天地往返运输系统，二是载人空间站系统及其应用。

科技兴则国家兴，科技强则国家强。1987 年，"863"计划开始组织实施。
全国上万名科学家协同合作，埋头攻关。作为当时满足国家发展的迫切需
求、适应新技术革命和产业升级的关键之举，项目推进成效显著。至 2005
年，国家累计投入资金 330 亿元。超过 15 万名科研人员参与该项目，获得
专利 8000 多个，制定国家和行业标准 1800 多项，为中国在世界高科技领域
占有一席之地奠定了坚实的基础。

"863"计划是我国高技术发展的第一面旗帜，拉开了我国有组织、有计
划地开展高技术研究与开发的序幕。之后，党和国家陆续制定实施了一系列
推动科技发展的方针和政策，如推动高新技术产业化的"火炬计划"、支持
基础研究发展的"973"计划等，形成了基础研究、战略高技术研究、产业
技术开发相互协调的总体布局。

实践证明，中央果断决策实施"863"计划，敏锐把握了时代发展的契机，
为我国赢得了抢占未来战略制高点的宝贵时间。

第二节　实施载人航天工程

20 世纪 80 年代末 90 年代初，苏联解体、东欧剧变，冷战宣告结束。
国际竞争的焦点逐渐由军备竞赛转向以经济为基础、科技为主导的综合国力
竞争。世界许多国家特别是大国，都在加紧调整科技和经济战略，增强以经
济和科技实力为基础的综合国力，国际竞争越来越激烈。江泽民指出："世

界科学技术正在经历一场巨大的革命。科学技术的实力越来越决定着一个国家综合国力的强弱和国际地位的高低。"①

冷战的结束淡化了太空军事化的色彩，航天领域不再过分聚焦军事战争需要，各国航天活动更重视实效，经费出现压减势头。但航天领域的国际竞争仍十分激烈，呈现"一超多强"局面。军用航天突出战略威慑和有效使用，民用航天强调应用效益并日益勃兴，越来越多的国家、组织和企业纷纷涉足航天领域。1991年海湾战争中，美国首次全面动用航天系统支援部队参加战斗，累计调用50多颗军、民用卫星为战争提供服务，这种全新的作战方式，给世界各国带来极大震动，刺激更多的国家，尤其是发展中国家纷纷发展航天。同时，各国开始积极开展并参与国际合作，由美国主导，俄罗斯、11个欧洲空间局成员国、日本、加拿大和巴西共16个国家联合参与建造国际空间站。美、俄两国在载人航天领域持续开展紧密合作，与此前持续近40年的太空军事化对峙形成了鲜明对比。面对新的形势，中国迫切需要作出应对。

实施科教兴国战略

现代国际间的竞争，说到底是综合国力的竞争，关键是科学技术的竞争。如何发挥科学技术"第一生产力"的作用，如何真正实现科技、教育和经济的结合，成为党中央深切关注的重大问题。1992年，党的十四大报告明确指出："科学技术是第一生产力。振兴经济首先要振兴科技。只有坚定地推进科技进步，才能在激烈的竞争中取得主动。"② 同年，国务院颁布《国家中长期科学技术发展纲领》，对面向新世纪的科技发展作出规划。1993年，《中华人民共和国科学技术进步法》颁布施行，这是新中国第一部关于科学技术的法律。

1995年5月，党中央准确分析科技发展趋势和国内外形势，作出关于加速科学技术进步的决定，确定实施科教兴国战略。科教兴国，就是要全面

---

① 江泽民：《论科学技术》，中央文献出版社2001年版，第64页。
② 《江泽民文选》第一卷，人民出版社2006年版，第232页。

落实科学技术是第一生产力的思想，坚持教育为本，把科技和教育摆在经济社会发展的重要位置，增强国家的科技实力及向现实生产力转化的能力，提高全民族的科技文化素质，把经济建设转到依靠科技进步和提高劳动者素质的轨道上来，加速实现国家的繁荣强盛。①

实施科教兴国战略，必须不断提高创新能力。在 1995 年 5 月召开的全国科学技术大会上，江泽民指出：创新是一个民族进步的灵魂，是一个国家兴旺发达的不竭动力。一个没有创新能力的民族，难以屹立于世界先进民族之林。我们必须在学习、引进国外先进技术的同时，坚持不懈地着力提高国家的自主研究开发能力。② 面对信息化这样一场带有深刻变革意义的科技创新，要积极推动工业化与信息化相结合，以信息化带动工业化，实现跨越式发展。提出科教兴国战略后，中央在继续实施"863"计划的同时，于 1997年组织实施《国家重点基础研究发展计划》（"973"计划），加强国家战略目标导向的基础研究工作。

"921"工程启动

发展载人航天，具有重大而深远的战略意义。我国曾于 20 世纪 70 年代初就开展了早期探索。1986 年"863"计划的出台，让载人航天探索的嫩芽获得珍贵的雨露。1992 年，中央决策实施载人航天工程。嫩芽由此破土而出，最终成长为参天大树，让航天事业迎来更加广阔的舞台。

1987 年起，国防科工委组织专家组进行了全面深入的论证，得出结论：第一，中国人一定要上天，而且要快，否则跟不上世界发展形势；第二，中国载人航天要用飞船，而不是航天飞机；第三，要想搞飞船，需要做好充足的准备工作。③

---

① 参见《江泽民文选》第一卷，人民出版社 2006 年版，第 428 页。
② 参见《江泽民文选》第一卷，人民出版社 2006 年版，第 432 页。
③ 参见戚发轫：《"神舟"首任总设计师讲述：中国航天的历程》，中国文史出版社 2019 年版，第 62 页。

1992年1月8日，中央专委召开第五次会议，指出立即发展我国载人航天是必要的，要求国防科工委组织进一步对载人飞船工程研制问题进行技术、经济可行性论证。集中论证工作持续了半年，于1992年6月底圆满完成。中央专委第七次会议听取汇报，同意报告，并向中央呈报请示。

1992年9月21日，中共中央政治局第十三届常委会第195次会议在中南海勤政殿召开，审议了中央专委提交的《关于开展我国载人飞船工程研制的请示》，正式批准载人飞船工程立项上马。会议强调，要下决心搞载人航天，这对我国的政治、经济、科技等都有重要意义。载人航天是综合国力的标志，要坚持不懈地、锲而不舍地去搞。

由于中央专委批准载人航天工程的日期是1992年1月，中央政治局常委会扩大会议批准日期又是9月21日，所以中国载人航天工程被命名为"921"工程。

江泽民密切关注载人航天工程进展，亲自为工程第一艘试验飞船题名"神舟"。他强调："我们搞载人飞船，将使我国在二十一世纪激烈的国际竞争中居于更有利的地位。"①

向载人航天进军的号角吹响了，要实现中国人千年飞天梦想的浩大工程由此正式展开。

深化改革　扩大开放

航天事业一直被摆在重点发展的突出位置，是国家整体发展战略的重要组成部分。从中共中央召开全会提出的建议，到我国国民经济和社会发展的"八五""九五""十五"等计划文件，均强调要把握世界高技术发展的趋势，重点开发航天等高技术。在一些关系国家经济命脉和安全的高技术领域，要提高自主创新能力。这些为中国航天事业发展指明了方向，强化了责任，引领持续取得突破、抢占先机，不断缩小了我国与世界的差距。

---

① 《江泽民文选》第三卷，人民出版社2006年版，第470页。

随着改革的深入，航天管理体制和运行机制发生深刻变化。1992年召开的党的十四大，作出了建立社会主义市场经济体制的重大决策。1993年，航空航天工业部撤销，分别成立中国航空工业总公司和中国航天工业总公司（国家航天局）。中国航天开启企业化发展道路。1998年5月，国家航天局归新组建的国防科工委管理，作为国家在航天事业方面的最高行政管理部门。中国航天工业总公司不再承担政府职能。

1999年，为更好适应国家战略发展需要，中国航天工业总公司分拆为中国航天科技集团公司和中国航天机电集团公司。2001年7月，中国航天机电集团公司更名为中国航天科工集团公司。这次改革的目标是全面实行政企分开，建立现代企业制度。①

中国的科技发展离不开世界，世界科技的进步也需要中国。20世纪八九十年代，我国积极利用长征火箭承揽为国外发射卫星的业务，并在空间技术发展等领域开展了一些国际合作。20世纪90年代后期，中央根据经济全球化的发展趋势与国内改革开放的发展实际，在"引进来"基础上，适时提出实施"走出去"战略，形成对外开放新格局。② 中国航天积极探索国际科技交流与合作的路径与方式，在追求合作共赢的过程中，不断为我国对外开放、国际科技合作提供新的范式和思路。

要大力弘扬不懈奋斗的精神。1991年10月，中央授予钱学森"国家杰出贡献科学家"荣誉称号。③ 江泽民经常提及"两弹一星"的辉煌成就与宝

---

① 2013年4月，中共中央、国务院决定，两大航天集团均设立董事会。2017年四季度，随着全面深化改革的持续推进，两大航天集团均完成了公司制改制，名称分别变更为"中国航天科技集团有限公司"和"中国航天科工集团有限公司"，这为两大航天集团健全现代企业制度，形成有效制衡的公司法人治理结构和灵活高效的市场化经营机制奠定了坚实基础。

② 参见《中国共产党简史》，人民出版社、中共党史出版社2021年版，第306—307页。

③ 1991年10月16日，国务院、中央军委在人民大会堂举行授奖仪式，授予钱学森"国家杰出贡献科学家"荣誉称号和一级英雄模范奖章。江泽民代表党中央、国务院、中央军委向钱学森同志表示祝贺，指出这是当之无愧的，"这不仅是钱学森同志个人的光荣，也是全国科技工作者的光荣。同时，也是我们党、国家和人民对作为第一生产力的科学技术的高度尊重的具体体现"。见《人民日报》1991年10月17日有关报道。

贵经验，褒扬科学家和航天工作者呕心沥血、无私奉献的高尚品格与卓著成就。1999 年，中央隆重表彰为研制"两弹一星"作出突出贡献的科技专家，为他们颁发奖章，中央政治局常委悉数出席。江泽民在大会上提出了"两弹一星"精神，之后要求大力宣传和弘扬以"两弹一星"精神为代表的奋斗精神，要让这种宝贵的精神成为自觉的追求。2003 年中国空间技术研究院建院 35 周年时，江泽民专门致信祝贺，希望研究院与时俱进、开拓创新，发扬航天作风和"两弹一星"精神，努力为中国国防现代化建设和经济社会发展作出新的更大的贡献。①

创新与发展，功勋与精神，团结与力量，成功与荣耀，国家与民族。在这样的时代基调中，航天队伍走进了新世纪，航天事业取得了新成绩。

第三节　推动航天事业科学发展

20 世纪，人类创造了前所未有的巨大物质和精神财富，同时也经历了惨烈热战和长期冷战的磨难。进入 21 世纪，世界既面临前所未有的机遇，也面临着严峻的挑战。国际局势总体趋于缓和，世界多极化、经济全球化趋势深入发展，以信息技术和生物技术为代表的现代科学技术突飞猛进，为全球经济社会发展打开了广阔前景。胡锦涛指出："人类正在经历一场全球性科技革命，知识创新迅速发展，科技进步日新月异，科学技术越来越成为综合国力竞争的核心，我们比以往任何时候都更需要加快科技进步和创新步伐。"②

世界航天竞争格局不断加剧。美国、俄罗斯、日本、印度等越来越深刻地认识到，航天技术是提高综合国力和竞争力的重要途径和手段。为了争夺、开发、利用和控制太空资源，各国面向未来，纷纷出台了雄心勃勃的航天发展战略或中长期发展规划，增加航天经费预算，着力发展新一代运载火

---

① 参见《江泽民祝贺中国空间技术研究院建院 35 周年》，《人民日报》2003 年 2 月 21 日。
② 《胡锦涛文选》第二卷，人民出版社 2016 年版，第 112—113 页。

箭和应用卫星，进行新一轮载人航天和深空探测，形成了竞争日趋激烈的新一轮国际太空竞争格局。美国始终把对航天领域的控制视为体现其世界领导地位的象征，视为争夺 21 世纪高技术制高点的重点，在航天投入和探索方面遥遥领先。俄罗斯为了重振雄风，要在航天领域重铸辉煌，以维护其航天大国地位。为了在多极世界格局中扮演重要角色，欧洲将航天作为突破口，力图实现其独立自主创新、与美国相抗衡的发展战略。日本、印度等也不甘落后，在航天领域积极进取。这一时期，民商用的应用卫星取得较大进展，新型对地观测卫星升空，通信卫星升级换代，导航卫星系统太空争艳。

建设创新型国家

党的十六大以后，以胡锦涛同志为总书记的党中央提出科学发展观，强调"坚持以人为本，树立全面、协调、可持续的发展观，促进经济社会和人的全面发展"。① 中央认为，21 世纪头二十年，是我国经济社会发展的重要战略机遇期，也是我国科技事业发展的重要战略机遇期。面对汹涌澎湃的世界新科技革命浪潮，我们必须认清形势、坚定信心、抢抓机遇、奋起直追，并作出了建设创新型国家的决策。②

2005 年 6 月，中共中央政治局召开会议，研究部署国家中长期科学技术发展工作。会议强调，必须更加坚定地把科技进步和创新作为经济社会发展的首要推动力量，把提高自主创新能力作为调整经济结构、转变增长方式、提高国家竞争力的中心环节，把建设创新型国家作为面向未来的重大战略。③10 月，党的十六届五中全会审议并通过《中共中央关于制定国民经济和社会发展第十一个五年规划的建议》，把提高自主创新能力、建设创新型国家作为"十一五"时期的主要任务之一。2006 年 1 月，党中央、国务院召开

---

① 《中国共产党简史》，人民出版社、中共党史出版社 2021 年版，第 337—338 页。
② 参见《胡锦涛文选》第二卷，人民出版社 2016 年版，第 402 页。
③ 参见《中共中央政治局召开会议 研究部署国家中长期科学技术发展工作》，《人民日报》2005 年 6 月 28 日。

全国科学技术大会，胡锦涛在大会上对"建设创新型国家"进行了系统阐发。①

2007年10月，党的十七大提出，提高自主创新能力、建设创新型国家，是国家发展战略的核心，是提高综合国力的关键。要促进国民经济又好又快发展，就要坚持走中国特色自主创新道路，把增强自主创新能力贯彻到现代化建设各个方面。必须认真落实国家中长期科学和技术发展规划纲要，加大对自主创新投入，着力突破制约经济社会发展的关键技术。②

2008年国际金融危机来袭，我国率先实现经济回升向好。这与我国依靠科技的力量，大幅提高自主创新能力，加快转变经济发展方式，推动建设创新型国家是密不可分的。

建设创新型国家，要注重创造良好环境，培养造就富有创新精神的人才队伍，全面实施人才强国战略。同时要发展创新文化，努力营造创新氛围，培养创新精神。

航天工程列入国家重大科技专项

航天工程是国家意志的体现。大力发展航天事业，是党和国家为推动我国科技事业发展，增强经济实力、科技实力和民族凝聚力作出的一项强国兴邦的重要战略决策。面对新世纪新形势，党中央始终把航天事业发展作为国家重要战略决策，决策部署多项航天重大工程。胡锦涛勉励大家要在航天事业中"有所创造、有所作为"③。

2005年10月，党的十六届五中全会审议并通过《中共中央关于制定国民经济和社会发展第十一个五年规划的建议》，强调加快发展先进制造业，大力发展信息、生物、新材料、新能源、航空航天等产业。④

---

① 参见《胡锦涛文选》第二卷，人民出版社2016年版，第402—410页。
② 参见《胡锦涛文选》第二卷，人民出版社2016年版，第629页。
③ 《胡锦涛文选》第二卷，人民出版社2016年版，第115页。
④ 参见《中共中央关于制定国民经济和社会发展第十一个五年规划的建议》，《人民日报》2005年10月19日。

2005 年底，国务院发布《国家中长期科学和技术发展规划纲要（2006—2020 年）》。2006 年 1 月，党中央、国务院作出《关于实施科技规划纲要增强自主创新能力的决定》，明确提出用 15 年时间把我国建设成为创新型国家的战略目标，号召各方面和全社会行动起来，坚持走中国特色自主创新道路，以只争朝夕的精神为建设创新型国家而努力奋斗。①

在《国家中长期科学和技术发展规划纲要（2006—2020 年）》中，航天是重中之重，涉及 16 个重大科技专项中的 2 个（高分辨率对地观测系统、载人航天与探月工程）、8 个前沿技术中的 1 个（空天技术）、10 个"面向国家重大战略需求的基础研究"中的 1 个（航空航天重大力学问题）。

坚持自主创新，掌握战略主动

自力更生是中华民族自立于世界民族之林的奋斗基点。自主创新是攀登世界科技高峰的必由之路，是掌握民族发展命运的关键之举。建设创新型国家，必须着力提高原始创新能力，增强集成创新和引进消化吸收再创新能力。为了促进航天事业发展，以胡锦涛同志为总书记的党中央先后作出了实施月球探测工程、载人航天二期工程等重大决策，迈出中国向月球进军的步伐，推进我国航天事业不断取得新的成就。

在党中央的领导下，中国航天突破了一大批具有自主知识产权的核心技术，尤其是独立自主掌握了载人进入太空、出舱活动、交会对接、月球探测等关键技术。2003 年 10 月，神舟五号顺利将杨利伟送入太空，实现了中华民族的飞天夙愿，树立了中国航天事业的第二座里程碑。4 年后的 2007 年 10 月，嫦娥一号绕月成功，流传千古的神话成为"可上九天揽月"的现实，树立了中国航天事业的第三座里程碑。这些是我国继"两弹一星"之后，在高科技领域取得的重大突破。这些成绩是靠自力更生起步并在自主创新发展

---

① 参见《中共中央国务院关于实施科技规划纲要增强自主创新能力的决定》，《人民日报》2006 年 2 月 10 日。

中取得的。通过自主创新，我国牢牢地掌握了尖端技术发展的主动权。

　　在创造这些非凡业绩的过程中，航天队伍还培育和发扬了"特别能吃苦、特别能战斗、特别能攻关、特别能奉献"的"四个特别"的载人航天精神。2003 年 11 月，胡锦涛在庆祝我国首次载人航天飞行圆满成功大会上发表重要讲话，称赞载人航天工程队伍以惊人的毅力和勇气战胜了各种难以想象的困难，用满腔热血谱写了共和国载人航天事业的壮丽史诗。广大航天工作者是祖国和人民的功臣，他们为祖国、为人民、为民族创造的非凡业绩将彪炳史册。他强调，载人航天精神永远值得全党、全军和全国人民学习。①

　　2006 年 10 月，在中国航天事业创建 50 周年之际，胡锦涛亲致贺信，代表党中央、国务院和中央军委，向奋斗在航天战线上的广大科技工作者、干部职工和解放军指战员，向所有为我国航天事业作出贡献的同志们，表示热烈的祝贺和诚挚的问候。②

　　2007 年 12 月，胡锦涛在庆祝我国首次月球探测工程圆满成功大会上指出，我国首次月球探测工程的成功，实现了中华民族的千年奔月梦想，开启了中国人走向深空探索宇宙奥秘的时代，标志着我国已经进入世界具有深空探测能力的国家行列。这是我国推进自主创新、建设创新型国家取得的又一标志性成果，是中华民族在攀登世界科技高峰征程上实现的又一历史性跨越，是中华民族为人类和平开发利用外层空间作出的又一重大贡献。事实再一次向世人昭示，自强不息、勤劳智慧的中国人民有志气、有信心、有能力攀登世界科技高峰，不断为人类文明进步作出贡献。③

　　进入 21 世纪以来，在党中央的坚强领导下，航天队伍发扬航天"三大精神"，坚持科学发展，奋力自主创新，攻坚克难、拼搏奋斗，用成功报效祖国，用卓越铸就辉煌。

---

① 参见《胡锦涛文选》第二卷，人民出版社 2016 年版，第 111—112 页。
② 参见《胡锦涛为中国航天事业创建 50 周年致贺信》，《人民日报》2006 年 10 月 14 日。
③ 参见胡锦涛：《在庆祝我国首次月球探测工程圆满成功大会上的讲话》，《人民日报》2007 年 12 月 13 日。

第九章　敢向苍穹挂新星

　　20 世纪下半叶，应用卫星与卫星应用一直是国际航天发展与竞争的主战场。按照邓小平"要把力量集中到急用、实用的应用卫星上来"的要求，改革开放初期，航天队伍一方面继续研制发射科学实验卫星、返回式卫星，同时着力推进东方红二号试验通信卫星及风云一号气象卫星的工程任务。这些任务为提升百姓生活、增进人民福祉带来了实实在在的成效。

　　实施卫星通信工程，发射东方红二号试验通信卫星，是当时的三项重点工程之一。这是我国在 20 世纪 70 年代末 80 年代初开展的规模最大、技术最复杂、组织最严密的航天工程。在当时的世界上，以卫星通信为代表的航天技术得到快速发展与广泛应用，深刻地改变了社会生活和人类文明。研制通信卫星，发展卫星通信，意义重大、影响深远。但当时我们一没经验，二没资料，三没外援。在党的领导下，老一代航天人凝神聚力、全力以赴，完全依靠自己的力量，经过艰苦努力，最终于 1984 年将东方红二号试验通信卫星送到了赤道上空三万六千公里的静止轨道上。东方红二号"通天盖地"，长了中国人的志气，扬了中华民族的威风，开辟了我国用自己的通信卫星完成卫星通信试验的新纪元。我国也由此成为继美国、苏联、欧空局和日本之后世界上第五个掌握研制和发射地球静止轨道卫星技术的国家。

第一节　继往开来的奋斗

　　科学实验卫星方面，经过大量准备工作，我国于 1981 年 9 月通过"一箭三星"方式发射了实践二号、实践二号甲、实践二号乙 3 颗卫星。这是中国航天进入 20 世纪 80 年代开展的首次发射任务。中国成为继苏联、美国、欧空局之后世界上第四个用一枚火箭发射多颗卫星的国家。我国也首次获得了较完整的空间探测数据，还成功进行了太阳电池帆板和整星对日定向、主动式温度控制等卫星新技术的试验，为提高我国人造卫星的技术水平奠定了坚实基础。

卫星发射前约半年，1981 年 2 月，杨嘉墀被任命为实践卫星系列总设计师，当时实践二号系列已进入正样生产阶段。他总结了多年来参加返回式卫星工程的实践经验，分析研究了国外卫星发展所走的道路。他提出，应改进科研和生产管理，积极进行技术改造，重视制定长期的预先研究规划。这些措施都是研制高质量、高可靠性、长寿命卫星所必须重视的问题。他严格地把好卫星正样产品的质量关，组织各单位技术人员对卫星及其分系统进行多次质量复查，为"一箭三星"任务成功作出了重要贡献。1994 年、1999 年，我国又先后发射了实践四号、实践五号卫星，形成了中国科学与技术试验卫星系列。

返回式卫星方面，从 20 世纪 80 年代初开始进入应用阶段，开拓了遥感卫星应用的广阔前景，并为发展载人飞船奠定了坚实基础。从开发利用空间资源的角度看，返回式卫星发挥了先锋和带头的作用。

1982 年 9 月召开的党的十二大，提出了"建设有中国特色的社会主义"的重大命题。9 月 9 日，第四颗返回式卫星发射成功，这也是我国第一颗应用型卫星。党的十二大主席团特向参试人员发去贺电，指出"这是贯彻执行党的独立自主、自力更生方针的又一胜利"，"希望你们认真总结经验，再接再厉，努力奋斗，为我国科学技术攀登新的高峰、为实现四个现代化作出新的贡献"。[①] 这给全体参试和研制人员以极大的鼓舞和鞭策。

1985 年 10 月，我国成功地发射和回收了一颗用于国土普查的返回式遥感卫星，获得了我国国土资源的大量资料，为国家进行国土规划和宏观经济

---

① 《党的十二大主席团致电　热烈祝贺参加卫星发射工作全体同志　希望再接再厉，努力奋斗，为实现四个现代化作出新贡献》，《人民日报》1982 年 9 月 10 日。

决策提供了重要的科学依据。1987 年发射第 9 颗返回式卫星时，我国开始进行卫星搭载科学实验，其中包括中国科学院的砷化镓、法国的海藻生长和德国的蛋白质微重力实验；1988 年，我国开始在返回式卫星上搭载农作物种子，进行航天育种试验。

1982 年至 2005 年，我国共将 19 颗返回式卫星送入太空，18 颗成功回收。它们获得了大量空间遥感资料，除用于科学技术研究外，还广泛地应用于国民经济建设的许多方面，包括矿产石油勘探、地震地质调查、海洋海岸测量、港口河道建设、地图地形测绘、历史遗迹考古等许多方面，取得了显著的效益。以国土测绘为例：1949 年中华人民共和国成立后，国家组织庞大的国土测绘队伍开始国土测绘工作，经过 30 多年艰苦奋斗，直到 20 世纪 80 年代才完成了全国 20% 的国土测绘。而遥感卫星的投入使用，仅仅用了不到 5 年时间，就完成了过去 30 年人工传统测绘工作量的 4 倍，并且效果好、精度高。我国还利用返回式卫星平台，为国内外用户进行了大量的微重力和空间环境条件下的材料、生命科学试验，以及农作物种子搭载试验等，均取得了可喜成果。

气象卫星方面，改革开放后，尤其是进入 20 世纪 80 年代，国家经济建设和社会发展的强大需求，将气象卫星研制工作推上了"快车道"。广大航天科技人员锲而不舍地攻关，通过自主创新，对风云一号气象卫星总体方案进行了必要的修改，使之在性能上得到了较大的提高。

1985 年，国防科工委将风云一号卫星列为"七五"计划的重点项目。1988 年，风云一号 A 星发射成功。这是我国气象事业现代化的重要标志，中国由此成为继美国、苏联之后第三个拥有极地轨道气象卫星的国家。国务院、中央军委在贺电中说："这次卫星发射成功，填补了我国应用气象卫星的空白，标志我国航天和气象卫星技术有了新的进步，对促进国民经济的发展，具有十分重要的意义，对全国各族人民也是一个鼓舞。"[1] 风云一号之

---

① 《国务院和中央军委致电祝贺气象卫星发射成功》，《人民日报》1988 年 9 月 8 日。

后，"风云"不断"添丁"，形成了"风云"家族，并在世界范围内发挥了重要作用。

第二节　集中力量打歼灭战

卫星通信工程规模庞大、难度巨大、挑战极大，是空前的工程任务。为此采取了集中力量打歼灭战的重要方针。卫星通信工程包括通信卫星、运载火箭、通信地球站、地面测控网、发射场等五个系统，由国防科工委负责抓总。其中，通信卫星由中国空间技术研究院负责。

东方红二号试验通信卫星是卫星通信工程的明珠。自研制到发射、定点，再到投入使用，一代航天人付出了无数心血，终于托起了这颗明珠，托起了事业的希望，托起了明天的辉煌。

坚定信心自己搞出来

卫星通信工程从一开始，就确定了要坚持自力更生的原则。按照国际规则，向静止轨道发射卫星，必须向国际电联申请，拿到卫星定点的轨位资源。1977 年 3 月，我国向国际电联登记确定了卫星的位置。因此，这项工程在 1977 年 9 月列为国家重点任务时，我国研制和发射试验通信卫星的计划已经公布于世。全体研制人员深感任务之紧迫，责任之重大。[1]

改革开放之初，面对巨大的技术差距和急迫的现实需要，我国着力加强国际航天合作，并准备按照"适当的条件"向美国购买一颗通信卫星。在 1979 年邓小平访美期间，从美国购买通信卫星是中美两国关于空间技术合作换文中的重要内容。[2] 但因为种种原因，美国最终没有把通信卫星给我们。

美国人不卖，就更要坚定信心自己搞出来。统管卫星通信工程技术协调

---

① 参见张钧主编：《当代中国的航天事业》，中国社会科学出版社 1986 年版，第 64 页。

② 参见《中国航天事业的 60 年》，北京大学出版社 2016 年版，第 196 页。

和指挥调度工作的任新民对大家说："这样也好，就死了这条心吧！让我们横下一条心，尽快把自己的通信卫星搞出来，到天上去，为我们中国人争口气！"钱骥说："太空也有个席位问题，中国不能在同步轨道上缺席！我们不能给中华民族丢脸。"

大家便形成了这样一种共识：可以引进国外的先进技术，但不应排斥自己的研制工作，没有研制实践就无法利用好引进的技术，必须坚持把自己的研制工作搞到底。独立自主、自力更生的骨气不能丢。

1979 年，按照"调整、改革、整顿、提高"方针，通信卫星研制计划也作了调整：由原计划发射 2 颗卫星、占据 2 个卫星轨道改为只发射 1 颗卫星、占据东经 125°赤道上空 1 个位置，发射试验成功后，后续星为覆盖国内领土的国内通信卫星。①

1980 年 7 月，为了加速卫星通信工程研制，七机部发出通知要求加强领导，立军令状，"限定时间、切断后路"，确保质量，千方百计完成任务。10月，卫星通信工程总体协调会召开，进一步协调了各大系统间的计划和技术问题，讨论了首次发射试验方案和允许发射的条件，拟定了研制流程，研究了提高产品质量、确保发射成功的措施。

在这两三年的时间里，大家合力攻坚，取得了很大进步，收获了国外同行的称赞。1979 年 11 月，美国宇航协会代表团一行 19 人来华考察中国空间技术，到访了中国空间技术研究院等机构。

美国代表团在撰写的考察报告中说："中国在过去两三年内所进行的研究表明，他们在好些技术领域内都已经达到了先进的发展水平。""某些固体器件和某些技术似乎正在迅速地赶上美国的水平。当然，我们决不能完全相信所谓'中国技术落后美国 ×× 年'的任何笼统的评论。"他们认为中国正在认真对待在今后十年内实现卫星通信独立性这一既定目标，并看到为了向这个目标迈进，中国已经在技术上取得了可喜的进展。针对中国人往往引用

---

① 参见张钧主编：《当代中国的航天事业》，中国社会科学出版社 1986 年版，第 327 页。

"初级水平"这句话来形容自己的技术状态，美国人认为："这种说法是过分谦虚的。应该说，用'先进但还不成熟'这句话来描述他们的技术发展状态是较为合适的。"①

两个"一步走"勇攀高峰

　　卫星型号总体的重要技术工作内容之一，就是正确地拟定卫星总体方案。然而，要拿出一个符合我国国情、满足总体技术指标、既先进又可行的总体方案来，并不是一件轻而易举的事。尤其是还得拿出一个技术难度大、使用要求高的试验通信卫星的方案，更不是一件容易的事。

　　国外已经把许多颗试验型、实用型通信卫星打上天去了，我国究竟如何起步？美国有美国发展通信卫星的路子，苏联有苏联发展通信卫星的做法，中国该怎么办？大家虽然在东方红一号卫星等任务中积累了一些经验，但毕竟跨越太大、挑战太大。大家没有被困难吓倒，而是在克服困难中得到了锻炼、增强了才干。我国虽然没有研制通信卫星的经验，但要敢于创新，要闯出一条自己发展卫星通信的新路。这就是两个"一步走"。

　　"一步走"方案是东方红二号试验通信卫星最重要的技术特色之一，是带有战略性的决策。1970 年的"119 会议"即提出了这样的思路。1978 年孙家栋上任总设计师后，在副总设计师戚发轫的协助下，立即主持制定了卫星总体技术方案，并进一步明确了两个"一步走"原则：卫星"一步"发射至同步静止轨道，卫星研制指标"一步"达到当时第三代国际通信卫星的技术水平，同时把卫星通信技术试验与实际应用结合起来一次完成。

　　这种跨越式发展的方案，既不走美国先进行中低轨道卫星通信试验的模式，也不走苏联先发射大椭圆轨道卫星实施卫星通信试验的道路，而是直接发射静止轨道通信卫星进行卫星通信试验。这样做，技术难度虽然很大，但

---

① 美国宇航协会访华代表团：《中国空间技术的考察报告》，沈昭然译，《中国科技史料》1980 年第 3 期。

可以由试验、实用很快转入使用，将尽快缩小中国通信卫星在技术方面与发达国家的差距，较好地满足用户通信需求，并减少我国卫星通信网络建设的成本费用，实现较好的社会效益和经济效益。

综合以上一些基本指导思想和原则考虑之后，试验通信卫星的总体方案便具有了鲜明的技术特色。一是选择双自旋稳定方式，使其简单易行。二是选用全球覆盖通信天线，并用机械消旋保持对地定向，以提高增益。三是转发器采用中频转发式，以实现高增益放大。四是在同一转发器内设宽带、窄带两个信道，以满足实用通信要求。五是采用微波统一载波体制和综合利用的无线电系统方案，以减少星上设备功耗、重量、体积和载波频率，避免无线电干扰。六是采用备份设计，以提高可靠性和保证长寿命等。

后来的任务结果证明，试验通信卫星总体方案选择是正确的。正是总体工作能够把握全局，从我国自己当时的工业基础和技术发展的眼光入手，奋力创新超越，才使我国尽早成为能够发射静止轨道卫星的国家之一，并缩短了与世界上研制静止轨道通信卫星国家技术水平的差距。

敢于蔑视一切困难

东方红二号试验通信卫星是完完全全的中国货，是中国的卫星研制人员基于设计方案，立足国情和能力实际，通过艰苦奋斗、勇于登攀完成的。参与卫星研制、后来成为中国工程院院士的范本尧回忆说："当时卫星上所有的仪器设备全部都是自主研制的国产产品。"航天人铆足一股劲儿，敢于蔑视一切困难，顶着巨大的压力，排除各种干扰，攻克一个又一个关键技术，完成了艰难而光荣的跨越。

作为一颗静止轨道有源通信卫星，该星采用双自旋稳定方式，上天后将以 0° 轨道倾角定点在东经 125° 赤道的上空。卫星备有两套转发器，在国际电联规定的频段[1] 可以每天 24 小时全天候地转发电视、广播、电话、

---

[1]　频段为上行 6225 至 6425 兆赫兹，下行 4000 至 4200 兆赫兹。

电报、数传、传真等各种模拟和数字通信信息。

卫星共由 10 个系统组成。围绕完成通信业务，配置了相应的有效载荷，包括通信转发器和天线部件。星上大量分系统、元器件都是首次研制，挑战极大，难度极高。大家发扬严谨务实作风，精益求精推进工作，按时高质量完成了任务目标。

在控制系统中，消旋组件是关键部件之一，既作为天线和星体的连接件，也作为定向天线对地球定向的控制机构，由电机、速度及位置反馈元件——编码器和轴承组件组成。它的一部分是固定在自旋的星体上随星体一起旋转，一部分连接天线，不随星体转动。消旋组件必须在星上连续工作，直至寿命终了，而且无法备份，被国外视为影响整星可靠性的单点故障的主要部件之一。美国 1968 年至 1970 年相继发射的 5 颗国际Ⅱ号通信卫星，都是因消旋组件发生故障而停止工作的。为了攻克这一难关，参研单位开展了刻苦攻关，采用了严格的装配工艺和加工工艺，并对试验组合件进行了长达 3 年的真空模拟试验，开展了全面地面检验、飞行试验等，最终取得了满意的结果。

二次电源是将一次电源经二次转换，为星上各电子分系统提供所要求的多种电压的一个分系统。一旦出现故障，将会立即导致各个电子系统工作失常，从而给整个卫星带来不可挽回的损失。二次电源虽小，但关系甚大，必须做到长寿命、高效率、高可靠。当时，没有现成的方案可以借鉴，照抄照搬这条路走不通，而且没有备份产品，只能是一次成功、一锤定音。大家下决心既要攻克技术难关，也要攻克质量难关。针对发现的每一项问题，都开展深入研究，定位病灶、排除故障，还摸索出了一套行之有效的元器件老化筛选方法，制定了详尽的过程控制流程，组织了 QC 小组，与合作厂家建立了良好的协作模式。1982 年快到春节时，突然出现了 20 伏两路输出电压不稳的现象。大家顾不上合家欢聚，坚守在实验室里，做了大量故障分析试验。试验需要固定冷端温度，没有冰块，就自己跑到外头河沟里敲打冰层，用土办法取冰。为了彻查根源、彻查故障模式，一些同志一连熬几个通宵，熬红了双眼。最终研制的二次电源质量优良，不仅在星上工作完全正常，而且当年就被航天工业部评为部级优质产品。

总装测试与大型试验规模庞大、过程复杂。卫星奔向静止轨道且需长期定点运行，将面临更加复杂严峻的环境考验，必须在地面经过充分的大型试验，暴露问题、解决问题、减少风险。试验通信卫星共经历7项地面大型试验，包括初样阶段的电性星试验、结构星试验、温控星试验、大回路星试验、力学星试验等5项和正样阶段的正样检验星试验、发射星的验收试验等2项。大家为了保节点、保进度，经常日夜不停地连续苦战，争分夺秒地去完成任务。在无数个日夜的试验中，大家忘我奉献，克服了大量困难。夏天汗流浃背、蚊叮虫咬，冬天寒风刺骨、寒气袭人，但为了产品可靠、让卫星早日上天，大家就是掉几斤肉也在所不惜。

尤其是，正样阶段研制周期很短，振动、冲击、噪声、热真空四大地面试验的时间加起来也只有半年左右。噪声试验正值寒冷的冬天，室外温度低至零下14摄氏度。试验又必须露天进行，地面设备经过较长时间的预热才能达到正常工作状态，甚至连卫星也出现过因低温开机而不能马上正常工作的异常现象。为了保证试验正常进行，试验人员索性在测试车内过夜，第二天清晨提前将仪器预热。

通过顽强拼搏、艰苦奋斗，卫星研制工作得到顺利推进。1979年11月，东方红二号通信卫星初样的各项大型试验基本完成。卫星进入正样研制阶段，主要进行正样仪器的生产、试验，以及整星大型试验。1983年7月，所有大型试验全部结束；8月，东方红二号试验通信卫星0A、0B星完成出厂评审，五大系统及配套建设基本完成，具备了开展通信卫星发射试验的条件；9月，两颗卫星同时出厂。

第三节　星瞰神州　通天盖地

经过十分艰苦的努力，东方红二号试验通信卫星终于在1984年4月成功完成了发射和定点任务，宣告"331"工程取得成功，三项重点工程全部完成了。我国从此拥有了自己的通信卫星，并迅即得到应用，受到了高度评价。

山沟沟里的七个月

卫星出厂的下一站，是位于四川西昌的发射场。

鉴于卫星研制队伍历经 8 年工作，对卫星非常熟悉，组织决定卫星在发射场的测试任务也交由这支队伍承担。国防科工委批准了这一建议。

研制人员面临的第一道难关，就是要担负大量的体力劳动。1983 年 9 月，大家迎来了东方红二号试验通信卫星 0A、0B 两星同时出厂的挑战，还要完成文件资料和个人物品的装箱，尤其所有进场设备的清理和装箱，这是空前的工作量。当时自动化程度低下，计算机尚未推广，设备多而笨重。还有刚设计生产的一套通用地面电缆，共 50 多箱，每箱两三百斤重。大的设备机柜有一人多高，加上木质包装箱，也有数百斤。在没有搬运工人的情况下，大家不分男女老少，在统一组织下，把数百个包装箱从没有电梯的办公楼上搬到楼下，然后又搬运上卡车，到北京南苑车站后从卡车上卸下又搬到专列闷罐车上。这些从事卫星设计、测试和试验的技术骨干，大多数已是四五十岁的中年知识分子，但在体力活中挥汗如雨、并不言累，如期完成了任务。

1983 年 9 月 9 日，从北京到西昌的铁路专列徐徐开出，试验队员和星上及地面的产品同车而行。为确保安全和不打扰国家铁路运输计划，铁路部门采取"见缝插针"或"见空行车"的方式安排专列的运行。这一走就是四天五夜。列车穿过京广铁路、陇海线、宝成线、成昆线，来到了西昌冕宁的漫水湾，再经专用铁路，把人和星拉到了大凉山山沟里的彝乡深处。

这里群山叠嶂、峰峦起伏，开发程度很低。刚建好的发射场，一切都是新的，但又有些简陋。当时建好的只有 3 号和 5 号两个院子，转场道路也是开放式的，任由农人牵牛行走。试验队的住处在两条河沟交界处、铁路边的院子里，是发射场建设工人的临时营地。这里只有几个公用自来水管、简易的公共厕所，领导和队员都过着一样的集体生活，只有一个值班室兼会议室，只有一部电话能和北京联系，只有一部信号需经过几次差转过来且画面不甚清晰的电视机。卫星测试、加注厂房仅为火箭装配大厅的一个侧厅，由于面积太小，有些设备只能用车载放置室外，用电缆连接测试。大家因陋就简，安排完住处就直奔厂房，在那里开始了他们发射新卫星的征程。

当时，发射区的3号塔架尚未完工，设计所安装大队在昼夜施工，转场后的卫星需在合整流罩前测试数天。当时塔架没有封闭，更谈不上空调净化，卫星以蓝天为背景，有马蜂、鸟雀为伴。如此情景，总体设计人员不得不制作一顶"防潮帐篷"，内置民用除湿机为卫星保持一定湿度，为卫星调温的人带着干粮、热水瓶在塔上测试间昼夜值班。为了查找一个疑点或一个隐患，分析一个故障的原因，大家常常加班加点，反复测试，干到深夜。延误和耽搁吃饭更是常事，往往是准备好的饭菜热的放凉，凉了再热，以至要反复多次才能囫囵地吞下几口，边吃边惦记工作，都不知道吃的是什么。条件虽如此简陋，但总体设计人员一切按制定计划有序进行，一丝不苟、严肃认真地克服了一个又一个难题。

1983年10月27日，国务委员兼国防部长张爱萍专门到西昌发射场看望大家，要求把工作做细，千万不要"功亏一篑"。[①]

卫星预计1984年春节前发射。技术人员按照技术区卫星检测流程对卫星进行测试后转往发射区。元旦刚过，1984年1月5日清晨，试验队员们一大早就站在晨曦下的卫星发射场，看着运输卫星的特种车稳稳地停靠在高高的发射塔架前，在发射人员的精心操作下，卫星被缓缓吊起，装配到运载火箭上。

1984年1月26日16时15分，卫星完成了发射场的各项检测任务，发

---

① 参见《中国航天事业的60年》，北京大学出版社2016年版，第210页。

射倒计时程序进入 5 小时准备。发射人员按照测试规定对火箭进行第二次功能检查时，突然发现火箭稳定系统偏航波道输出信号超出正常值，这一异常发现立即打乱了正常发射程序。经判定，问题来自陀螺平台功能性故障。陀螺平台是火箭的心脏，发射指挥部决定中止当日发射，更换陀螺平台。卫星被迫从火箭顶上卸了下来。卫星总设计师孙家栋立即组织卫星技术团队主动予以配合，并对卫星做好监测和保护，决不能再因为卫星出问题而影响整体发射计划。

1 月 29 日，还有 3 天就要过年了。第一枚长征三号运载火箭载着试验通信卫星从发射台上腾空而起飞向太空，烈焰和轰鸣声照亮、震动了山谷，场面异常壮观。火箭第一、二级发动机的工作和第三级氢氧发动机的第一次工作都正常，地面各测量站跟踪良好。但当火箭飞到 940 秒时，第三级氢氧发动机第二次启动后推力消失，未能将卫星送入预定的地球同步转移轨道。经对空中的卫星进行测试，卫星上各系统工作正常；但由于没有送入预定轨道，卫星无法正常工作。30 日，中央军委副主席聂荣臻给试验队参试人员发来了慰问信；31 日，张爱萍对试验队进行了鼓励。[1]

经过测量、控制，卫星由低轨道升到高轨道，并进行了电视传输等试验。在发射任务没有完成的情况下，试验队领导很快决定，除少数人回京再把东方红二号 0C 星试验后运往发射场、第二发运载火箭进行故障处理外，大部分人员立即开始东方红二号 0B 星的测试工作。农历大年三十，试验队领导决定给大家做一顿丰盛的年夜饭，开放唯一的电话，让大家给家人送上春节问候。有些身经百战、不懈攻关的女同志，在大家举杯共祝新春的时候，痛哭着跑回宿舍；有排队打电话的男儿，听到亲人的声音失声落泪、哽咽不已。无论是谁，都会认为：这么多年的不懈奋斗、将近 5 个月在大山深处的坚守拼搏，总会很快取得丰硕回报吧？可惜，天不遂人愿！

不松懈、不气馁、总结教训，再次发射前的必胜信心，激励着参试

---

① 参见《中国航天事业的 60 年》，北京大学出版社 2016 年版，第 210—211 页。

人员。大家沉住气，继续战斗。

最终，东方红二号试验通信卫星 0B 星于 1984 年 4 月 8 日晚发射成功。卫星在定点过程中又是一波三折，但在精心操作下顺利渡险，完成定点并开通有效载荷。留守在西昌的队员才在欢呼声中踏上了返京的行程。

屈指一算，试验队员们在这里从秋天守到了春天，前后长达 7 个月。当时，有的同志家中有病人，有的家中有需要照料的幼儿，有的家中有要考大学或中学的学生，有的家里失去了老人但没有能回去奔丧，还有不少同志本身就是病号。他们在党政领导的关怀下，在进场前安顿好家庭生活，在任务中坚忍不拔地工作，战胜了困难，打赢了这场漫长的战役。研制人员彭成荣回忆道："当时每个人的心中都有一个念头，那就是一定要依靠自己的力量，把我国的通信卫星送上天，长中国人的志气，扬中华民族的威风！"

卫星定点步步惊心

作为一颗通信卫星，不仅要打上天，还要到赤道上空的静止轨道上去。从发射到定点的一系列复杂操作，环环相扣、步步惊心。而让试验队员的心提到嗓子眼的有两次，一次是因为发射当天的天气突变，一次是因为定点过程中卫星"发烧"。大家打起百分之百的精神，如履薄冰地开展工作。

1984 年 4 月 8 日是卫星总设计师孙家栋 55 岁的生日，也是卫星的发射日。发射场的上午，晴空万里，阳光灿烂。11 时，高矗于发射塔架上的火箭进入发射前 8 小时准备程序。15 时，液氧加注完毕。各系统地面设备运行正常。在几千公里外太平洋上的"远望"测量船也做好了一切准备，等待捕捉随时飞来的卫星。

然而到了下午，天气就开始转阴了。17 时左右，整个天空乌云滚滚，雷声阵阵，而且伴有偶尔落下的雨点。由于长征三号火箭使用低温燃料作为推进剂，这样的恶劣天气对发射来说意味着更大的风险。

望着天，大家一筹莫展、心急如焚。为了尽快决策，指挥部一方面马上在现场召开临时紧急会议，请气象专家作出判断；另一方面请当地有经验的乡亲帮助。气象部门作出判断：19时左右发射场无雷雨，地面风速小于5米/秒，可以满足发射条件。正在这时，有人请来了一位七十来岁、在当地被称为"活气象"的彝族老人。他根据自己数十年在本地生活和观测气象的经验，满面笑容地作出简明而又肯定的结论："今晚没有雨！说错了宁愿一辈子再不喝酒！"众人听罢，一阵大笑。专业的判断和"土办法"结论一致，让指挥部作出了最终决定：按原计划发射！①

18时50分，发射场上空果然雨消云散，风停雷止，夜空晴朗，漫天都是闪烁的星光。

19时20分，第二发长征三号运载火箭冲天而去，将这颗寄托着无数希望的通信卫星送入了太空。19时40分，运载火箭第三级准确入轨，卫星被送入地球同步转移轨道，发射取得圆满成功！

1984年4月10日上午8时47分，飞行测控人员在西安对卫星发出了远地点发动机点火的遥控指令，发动机准时点火，把卫星推入东经142°地球准同步轨道；接着又对卫星进行了姿态调整，使卫星建立了能够正常工作的自转轴垂直于地球赤道平面姿态，获得了利用红外信息长期跟踪控制的条件。

然而东方红二号试验通信卫星在定点过程中，又突然发生了星载蓄电池热失控异常。要知道，地面技术人员测控几万公里高空发热的卫星，如同医生在治疗发高烧的病人，如果不能及时为病人退烧，则会危及到病人的生命。但是，"病人"并不在医生的面前，它远在三万六千公里高度的赤道上空快速飞行。刻不容缓！若不立即让卫星"退烧"，将会引起卫星蓄电池损坏以致整个卫星失效。

张爱萍事前就要求参试人员要具备三种本领：正常情况下的操作本领，预想到的故障情况下的挽救本领，意想不到故障情况下的应急本领。大家前期也曾作出了很多故障预想。② 面对"发烧"的卫星，孙家栋临危不乱，

---

① 参见张钧主编：《当代中国的航天事业》，中国社会科学出版社1986年版，第351页。

② 参见张钧主编：《当代中国的航天事业》，中国社会科学出版社1986年版，第353页。

立即召集技术人员开会，投身到对卫星故障的应急处置中。大家群策群力，很快形成了解决问题的思路。凭着对卫星及其飞行过程的分析，孙家栋初步判断卫星发热是由于卫星相对太阳姿态角的变化所引起的，于是果断地做出了对卫星进行大角度姿态调整，降低太阳能电池阵与蓄电池之间的电压差，减小充电电流，迫使蓄电池停止升温和降温的应急故障处置的决定。

飞行测控人员一接到卫星的处置通知，便及时在地面对静止轨道上的卫星发出了应急指令：将星上所有功耗仪器设备全部打开，尽可能地消耗电能，多次调整卫星姿态，改变太阳辐射角，以减少太阳能电池对卫星的供电，最大限度地增加镉镍电池放电量。完成一系列技术措施后，卫星的温度立即得到了控制，但卫星还不能正常工作。大家又经过几个昼夜的模拟实验发现，当太阳照射角为 90° 时，卫星能源系统保持平衡可以将温度控制在设计指标范围内。

这时，孙家栋果断命令对卫星姿态角再调整 5°。

按照正常情况，"再调 5 度"的指令，需要根据精确的运算结果后形成文件，按程序审批签字完毕才能执行。但在这种紧急情况下，走程序批手续都已经来不及了。这时，操作指挥员也感到压力巨大，尽管孙家栋的指令已经在录音设备中录了音，但毕竟没有经过指挥部会商签字。指挥现场的几个操作人员为慎重起见，临时拿出一张白纸，在上面草草写下"孙家栋要求再调 5 度"的字据要孙家栋签名。

孙家栋当即拿起笔，在字据的下方飞快地签下了"孙家栋"三个字。

要知道这三个字的分量和风险，这得把个人的一切顾虑抛到脑后才行！放在战争年代，这就是要"将生死置之度外"了！

执行了地面发去的指令后，卫星温度停止上升，一点一点地回落，蓄电池热失控的现象被制服了。通过对卫星姿态再次调整，这一措施的正确性得到了验证，卫星成功定点、长期稳定运行。

让在太空中"发烧"的卫星化险为夷，这种处理决策在世界航天界也属少见。大家纷纷竖起了大拇指。事后，对卫星故障处理的这种"绝招"，也引起了航天界的广泛关注。

"烧"刚退，经检测又发现卫星上的定向通信天线无法展开正常通信，原因是天线在同卫星一起旋转。这一情况报告到孙家栋那里，他果断决定立即启动星上消旋系统。测控中心向卫星发出消旋指令后，卫星工作趋于正常。之后，卫星定点成功，开始工作。

严肃认真的工作，勇于担当的决断，让这颗凝聚无数心血、承载万众期望的卫星终于化险为夷。1984年4月16日18时27分，卫星准确定点于东经125°赤道上空的地球静止轨道，星上仪器工作良好。启动星上消旋组件，使定向天线对地定向，星上转发器做好开通试验的状态准备。

"这确是值得大庆大贺的事"

星瞰神州大地，天涯倏忽咫尺。1984年4月17日18时，卫星通信试验正式开始。早已调试好的北京、南京、石家庄、昆明、乌鲁木齐通信站开展了通信、广播、彩色电视节目传输、报纸版型传真和时间标准频率播发等工作。结果表明，卫星工作正常，传输效果超出预期。利用这颗卫星，昆明、乌鲁木齐等地的市民第一次看到了中央电视台直播的《新闻联播》。之前，他们得等上7天。① 我国边远地区通信落后的状态由此得到初步改变。

在多路数字电话通信试验中，话音清晰、保真度好，几乎没有噪声和干扰，通话双方隔着7万多公里的传输距离却如近在咫尺。4月18日10时，张爱萍在北京，利用卫星与远在3700公里外的新疆维吾尔自治区党委第一书记王恩茂即时通话，通话声音清晰真切。王恩茂说："乌鲁木齐市各族人民第一次看到了中央电视台播送的当天的新闻，感谢你们为祖国、为人民做出了很大的贡献。"张爱萍回答说："这是参加研制试验的全体同志努力的结

---

① 参见《天魂》编委会编著：《天魂：航天精神纪事》，中国宇航出版社2012年版，第123页。

果，全国人民，包括新疆人民大力支持的结果。"①

1984 年 4 月 25 日，卫星交付通信试验指挥部进行最后开通业务的准备试验。5 月 14 日，通信试验结束，正式交付使用。卫星进入了长期运行管理阶段。我国的卫星通信业务由试验阶段进入了试用阶段。

"敢向天穹挂新星"的豪情，通过奋斗变成了现实。参加这项任务的研制人员无不感到极大光荣。中央高度肯定，发来贺电并隆重举行了庆祝大会。

4 月 18 日，中共中央、国务院、中央军委就我国试验通信卫星发射成功发来贺电，指出："试验通信卫星发射成功，是我国社会主义现代化建设取得的一个重大成就，是我国航天事业取得的又一重大胜利，标志着我国航天技术有了新的飞跃。这对于加速我国社会主义现代化建设的进程，具有重大意义，对于全国人民也是极大的鼓舞。"② 同日，中央军委副主席聂荣臻致信国务委员兼国防部长张爱萍，衷心祝贺试验通信卫星发射成功，强调"这确是值得大庆大贺的事！"③

张爱萍为领导和推动卫星通信工程而付出了巨大心血。他当时胸中豪情涌动，挥毫写下"通天盖地"四个大字，并抒就了一篇《破阵子·我国同步卫星发射成功》④：

万里连营布阵，冲天烈火彤彤。莫问巡天几回转，好去乘风邀苍穹。运筹任从容。

玉宇明灯高挂，金丝细雨飞虹。玉帝躬身仙子舞，正是人间日瞳瞳。华夏沐春风。

4 月 19 日，张爱萍向新华社记者发表谈话。他说，我国是完全依靠自己的力量完成这次试验的。这次通信卫星发射的最大特点是一次发射成功，

① 张钧主编：《当代中国的航天事业》，中国社会科学出版社 1986 年版，第 355—356 页。
② 《四化建设的重大成就 航天技术的新飞跃标志 我国发射的试验通信卫星成功定点 中共中央国务院中央军委致电祝贺》，《人民日报》1984 年 4 月 19 日。
③ 《集智攻关奔向世界新技术高峰 聂荣臻致函张爱萍祝贺试验通信卫星发射成功》，《人民日报》1984 年 4 月 20 日。
④ 张爱萍：《破阵子·我国同步卫星发射成功》，《人民日报》1984 年 4 月 19 日。

并顺利进行通信、广播和电视等传输的试验和应用。这在世界航天技术史上是罕见的，充分显示了中国人民的雄才和胆略。他还说，这次试验通信卫星发射成功表明，我国的运载火箭技术水平不亚于其他先进国家，卫星通信技术也接近世界先进水平。①《人民日报》发表了题为《航天事业的新飞跃》社论，热烈祝贺试验通信卫星发射成功。

　　4月30日晚，在人民大会堂隆重举行庆祝我国试验通信卫星发射成功大会。参加研制试验的科学工作者、工程技术人员、工人、干部和解放军指战员的代表参加了大会。党和国家领导人出席了大会，向大家致以热烈的祝贺和亲切的慰问。②

　　我国试验通信卫星发射成功后，许多国际媒体纷纷发表评论或报道，赞扬我国这一重大成就，认为这是我国发展航天技术的重大突破，是自力更生的胜利。泰国《中华日报》指出，这颗卫星将为加快四个现代化建设带来一股非常巨大的推动力。法新社援引观察家们的话指出，中国试验通信卫星定点成功将大大提高中国的通信水平。美联社在报道这颗通信卫星成功定点时说，中国政府执行的政策，使它能够在空间技术方面取得重大的进展。

　　1984年10月1日在天安门广场隆重举行了国庆35周年阅兵和几十万群众的游行活动。航天工业科技队伍簇拥着装有东方红一号、实践二号、东方红二号等卫星模型的彩车，走过长安街，经过天安门，接受党和人民的检阅。全国各地的人们守在电视机旁，实时地收看到了阅兵和群众游行的画面，无不感到欢欣鼓舞。

　　东方红二号试验通信卫星的研制和发射，其规模之大、技术之复杂、组织之严密，在我国航天史上是空前的，它标志着我国航天技术的发展进入了一个新阶段。我国成为世界上少数几个能独立发射同步定点卫星的国家之

---

① 参见《张爱萍就试验通信卫星发射成功发表谈话　我国运载火箭和卫星通信技术进入世界先进行列》，《人民日报》1984年4月20日。

② 参见张钧主编：《当代中国的航天事业》，中国社会科学出版社1986年版，第357页。

一，并从此在外层空间唯一的地球静止轨道上占据了自己应有的轨道位置。

图 7 | 航天工业科技队伍在庆祝新中国成立 35 周年大会上接受检阅（彩车上的文字是
"飞翔太空"，三颗卫星左起分别为东方红二号、东方红一号、实践二号）

第四节　卫星通信效益显著

　　东方红二号试验通信卫星任务的成功只是一个起点。之后，航天人继续
自力更生，奋力勇攀高峰，推动东方红二号通信卫星不断发展，从试验到实
用，从一颗到多颗，有力带动并促进了我国通信事业发展。当时，面对"买
星"还是"造星"的争论，航天人力陈要以国为重、以我为主、虑及长远，
抓住了中国空间技术发展的时机，保住了发展的未来。

从试验到实用

卫星通信靠卫星和地面站构成通信网，实现通信信息的传递。通信地球站直接使用卫星，经上行站将电视、电报、电话、传真等通信信息发向卫星，由卫星转发到各地的接收站，再由接收站传送到邻近的千家万户。卫星通信工程启动后，我国开始研制自己的卫星通信地球站，分布在北京、南京、石家庄、昆明、乌鲁木齐、拉萨等祖国各处，形成了国内的通信网。再通过遍布我国山山水水、村村寨寨的接收站，电视节目自 20 世纪 80 年代中期起走进了千家万户。

东方红二号试验通信卫星在空间定点后，经过一段通信试验，即提供有关部门试用。卫星在空间工作正常，通信效果良好，为改善我国通信、广播、电视事业的技术手段，特别是发展我国边远地区的通信事业作出了重大贡献。我国边远地区通信、广播、电视传输的落后状态，也由此得到初步的改变。这颗卫星还进行了空间物理探测和空间物理研究。

这颗试验通信卫星最终运行了 4 年多。1985 年，东方红二号的卫星模型参加了在日本筑波举行的以人类空间环境为主题的科学技术博览会。1986 年 5 月，"试验通信卫星及微波测控系统"荣获国家科学技术进步奖特等奖。

截至 1984 年初，世界上已累计成功发射了 150 颗通信卫星 [美国 53 颗、苏联 34 颗、日本 6 颗（依靠美国大步发展）、欧空局 3 颗，其中一部分已"寿终正寝"]，供 100 多个国家和地区使用。当时，国际通信卫星已发展到第五代（-V），容量为 24000 路电话和两套彩色电视，地面天线直径仅 5 米。国际跨洋通信业务的 40% 由卫星承担。第六代国际通信卫星（-VI）也正在研制，预计于 1986 年发射；按照当时的计划，世界各国到 1990 年前后还要向静止轨道发射 100 多颗用于通信、电视以及军事目的的卫星。

这些让我国的航天工作者清醒地认识到：东方红二号试验通信卫星的成功虽然意味着很大的突破，但我国与世界先进技术相比还有一定差距，需要继续艰苦奋斗、勇于登攀。

1986年2月1日，农历小年，东方红二号卫星在西昌卫星发射中心进行了第三次发射，这次是实用型卫星。当时，党和国家领导人亲临现场观看发射。①2月20日农历正月十二，卫星定点成功，工作在东经103°赤道（位于苏门答腊岛中部、距新加坡不远）的上空。当时，航天工业部还在北京卫星地面站举行了试播现场会，李鹏、张爱萍等出席。中共中央、国务院、中央军委发来贺电，指出"这标志着我国已全面掌握运载火箭研制和发射、测控技术，卫星通信由试验阶段进入实用阶段，航天技术和电子技术取得了新的进展"②。

这颗实用通信卫星与东方红二号试验通信卫星相比，有三个新的特点：一是信号强度显著提高，传输效率和地面站接收电视的图像质量均有明显改善。全国所有地区，包括边境县市、乡镇、边防岛屿和厂矿、企业等单位，只要安装有6米口径天线的接收站，都能清晰地收到中央电视台通过卫星转播的节目。二是卫星的波束缩小，辐射能量集中，通信容量与第一颗卫星相比增加了四五倍。三是定点精度和电视、通信的传输质量明显提高，地面站收看电视质量明显提高，通信质量更加清晰。正如日本《每日新闻》等国际媒体在报道中所说，这次任务让"中国正式进入了利用卫星进行通信广播的时代"。

东方红二号实用通信卫星上天后，一台转发器的行波管很快失效，但另一台转发器在轨工作长达4年半之久。这颗卫星除了完成边远省区大城市的电视传播和15套广播节目发送，实现北京到昆明、乌鲁木齐、拉萨的军事通信外，还开展了新华社及地震局的数字通信、水利电力部的水文调度等卫星通信业务。

---

① 参见《中国航天事业的60年》，北京大学出版社2016年版，第218页。
② 《全面掌握运载火箭技术　卫星通信进入实用阶段　我发射的实用通信广播卫星定点成功　党中央国务院中央军委致电热烈祝贺》，《人民日报》1986年2月21日。

挖潜提能，创造显著效益

在研制东方红二号通信卫星时，研制人员已经认识到必须充分挖掘该卫星的潜能，提高它的总体性能，才能满足当时的通信需求。为此，东方红二号的改进型卫星在 1980 年就提出了设想，并从 1984 年 4 月起全面展开设计工作，5 月被正式命名为东方红二号甲。由于性能大幅提升，1 颗东方红二号甲卫星的总效益相当于 3 颗东方红二号。经过东方红二号甲传送来的电视节目，图像鲜艳逼真，声音清晰洪亮，得到了广泛肯定。

东方红二号甲卫星的研制遵循三条原则：一是充分挖掘东方红二号卫星的潜力，提高卫星通信能力，延长卫星工作寿命。二是进一步提高整星可靠性，使卫星满足实用要求。三是尽量保持东方红二号卫星的技术状态，改动的部分要经过充分论证，辅以必要的试验。这些原则后来成为卫星公用平台设计思想的基础。

东方红二号甲卫星研制过程比较顺利，前 3 颗卫星任务均取得了成功。第一颗于 1988 年 3 月 7 日成功发射、3 月 22 日定点。第二颗于 1988 年 12 月 22 日成功发射、12 月 30 日定点。第三颗于 1990 年 2 月 4 日成功发射、2 月 13 日定点。[①] 李鹏、刘华清等中央领导同志高度关注东方红二号甲卫星发射任务。他们前往西昌卫星发射中心或在北京指挥中心观看实况，并代表党中央、国务院、中央军委向大家致以热烈祝贺和亲切慰问。[②] 这 3 颗东方红二号甲卫星在轨工作正常，共同承担了 20 世纪 80 年代末 90 年代初我国国内卫星通信的主要业务，直接服务于通信事业、新闻事业、教育事业等的发展，创造了巨大的经济效益和社会效益。全国电视覆盖率从 30% 升至 80% 以上。全国开办电视教育台节目，覆盖了数以千万计的学员，培训了 100 多万名中小学教师，每年为国家节约费用高达几十亿元。

---

① 1991 年 12 月 28 日发射第四颗东方红二号甲通信卫星时，因火箭第三级氢氧发动机二次点火 58 秒后出现故障，卫星被送入 35088 公里高的椭圆轨道，后虽经技术处理进入永久轨道，但不能正常使用。

② 参见《中国航天事业的 60 年》，北京大学出版社 2016 年版，第 229、235、240 页。

不"买星"，要"造星"

在推进卫星通信工程、研制东方红二号通信卫星的过程中，关于后续通信卫星的发展，有一场关于"买星"还是"造星"的争论。

伴随世界卫星通信技术应用浪潮的冲击和我国经济社会发展带来的巨大需求，国内各行各业对通信卫星有了更高的期待。在经济社会发展和对外交往中，人们越来越深刻地体会到了卫星通信的便利，感受到了差距，也着力积极开展国际合作。

1977 年，中国政府声明决定加入《国际通信卫星组织协定》。1978 年起，每逢重要外事出访，国际通信卫星成为随行记者开展报道的主要方式。从 1978 年连续 4 次转播阿根廷世界杯足球赛的实况起，电台、电视台多次通过卫星转播重大的国际体育赛事，在国内引起了热烈反响。与此同时，中国与国际通信卫星组织之间展开了密切交往，加深了相互了解。在 1983 年联合国发起的"世界通信年"期间，我国积极参加并安排了多项活动。

进入 20 世纪 80 年代，世界各国在太空领域的角逐日益白热化，通信卫星领域更是竞争的焦点。世界上有 170 多个国家和地区使用卫星通信，但只有少数几个国家有自己的通信卫星，绝大多数国家都是通过买或租解决卫星通信的需要。当时，我国电子元器件研制生产的底子薄、基础差，严重制约了国产通信卫星的发展速度。1983 年，为了满足国内卫星电视的需求，尽快发展中国卫星电视通信事业，解燃眉之急，有关部门曾计划向国外卫星制造公司采购 Ku 频段电视直播卫星，并开展了招标工作。美国 RCA 公司、西德 MBB 公司和法国 MATRA 公司等 3 家卫星公司竞标，1985 年进展到评标阶段。

1984 年 4 月，东方红二号试验通信卫星发射并定点成功，为造出性能更先进的通信卫星积累了经验。到东方红二号实用通信卫星，星上通信用 C 波段转发器由 2 个增加至 4 个，承担了 30 路对外广播，中央电视台一、二套节目和 8000 多部卫星电话的传输任务。由此，我国收看电视的人口覆盖率从 30% 增加到 83% 左右。不过，与当时国外具有二三十个转发器的先进卫星比起来，它的性能仍逊色不少。

但是，通信卫星毕竟是核心技术、核心装备、核心能力，关乎国家的经济命脉与空间安全，关乎航天布局和战略全局，不能完全依据价值规律作出决策。东方红二号通信卫星的研制任务和经验积累表明，中国人在通信卫星研制这条路上，是能继续走下去的。中国理应在核心领域、战略产业方面始终坚持独立自主、自力更生，走自主发展的道路。通信卫星理应把国产作为国内用户使用的首选，这是提升国家核心竞争力的需要，也是壮大空间技术队伍、提高空间技术能力的需要。而且，一旦中国全面启动"买星"项目，国产卫星的研制生产能力将遭遇空前打击，通信卫星的市场乃至许多空间技术的发展机遇，将可能就此丧失。

关键时刻，航天专家们挺身而出，恳请国家不要批准购买国外卫星，给中国航天人一个平台、一次机会。1985 年 7 月，在中国空间技术研究院"关于广播卫星中外技术合作方案讨论会"上，时任院长孙家栋明确提出：要以我为主，尽快拿出通信卫星方案。随后，研究院呈报了题为《中国已具备以我为主研制、发射广播卫星的能力》的"白皮书"。

1985 年，国务院作出了"租星过渡"和"发展 C 频段综合卫星系统"的重要决策。①"租星过渡"即在国内通信卫星正式开放使用前，暂时通过租用国际通信卫星的转发器来解决需要。同年，国际通信卫星组织将一颗第五代通信卫星（–V）上的一个 72 兆赫兹半球波束转发器提供给中国，用于传送国内电视节目，特别是用于传送"电视大学"和其他教育、医疗和文化等节目。中国 50 多个地球站进网试验，结果都很成功，为中国在全国范围内普及卫星电视服务奠定了较好的基础。11 月，我国开始用国产电视发射设备，直接由设在北京郊区的国内卫星通信中央站，通过国际通信卫星向全国传送电视节目。

---

① 参见《宋健在全国卫星通信应用试点工作会上透露　近年将发射几颗国内实用通信卫星》，《人民日报》1986 年 12 月 22 日。

1986 年 2 月，东方红二号实用通信卫星发射成功、顺利定点，并开展了试播试验。3 月 7 日，李鹏主持召开国家电子振兴领导小组会议，决定依靠中国自己的力量研制新一代通信广播卫星。新一代卫星被命名为东方红三号。① 孙家栋担任总设计师。

作出不"买星"，要"造星"的决策，深刻地体现了中国共产党对独立自主、自力更生原则的坚持和贯彻，也体现了航天人以国为重、勇于登攀的坚定志气。

---

① 参见《中国航天事业发展的哲学思想（第二版）》，北京大学出版社 2016 年版，第 135 页。

第十章　载人航天圆千年夙愿

作为集中了众多高新技术的领域，载人航天，从来都是一个国家智慧和能力的制高点。神舟冲霄汉，天宫矗云端；航天员遨游苍穹，漫步太空。神舟团队一路艰辛、一路奋斗、一路辉煌，在中国航天发展史上谱写了前所未有的壮丽篇章，在世界航天发展史上创造了世所罕见的伟大奇迹。而这一切成功的背后，是几代航天人的汗水、热血和青春。

1992 年，载人航天工程，即"921"工程正式立项。1999 年，神舟一号成功升空。2003 年，神舟五号实现首次载人飞行。中国载人航天工程伴着辉煌一路走来，从论证到立项，从无人到单人，再到 2005 年神舟六号实现多人多天太空飞行，2008 年神舟七号完成中国人首次太空行走，2011 年神舟八号与天宫一号圆满完成首次交会对接任务……我国先后突破了一系列重大关键技术，取得一系列辉煌战绩，把中国航天事业的多个第一镌刻在了九天寰宇，让载人航天事业实现了飞跃发展。

在谱写中国载人航天事业伟大诗篇的历程中，几代航天人以对党和人民的无比热爱和忠诚，身体力行地继承和发扬老一代航天人铸就的航天传统精神和"两弹一星"精神，坚守不渝、艰苦奋斗，科学求实、勇于登攀，以"特别能吃苦、特别能战斗、特别能攻关、特别能奉献"的"四个特别"品质，铸就了深邃厚重的载人航天精神。

第一节　跨越世纪　纵横苍穹

飞天是亘古以来深埋于人类内心的梦想。对挣脱地心引力束缚的渴望，对飞跃天际、遨游太空的畅想，被演绎成各种各样的神话传说并流传至今。在我国古代，从"飞人""飞车""千里眼""顺风耳"等故事，到腾云驾雾的神话、列子御风的记载、敦煌飞天的绚烂、明代万户的壮举，这些无不反映了我们祖先对飞天的无限向往。

新中国成立后，决定将千年飞天夙愿照进现实。在冷战时期，苏联、美国争相搞载人航天工程。20 世纪六七十年代，我国也将载人航天工程提上了日程，开展"曙光一号"飞船的研究，称作"714"工程。但当时载人航天技术久攻不下，大家也有争论——在这样困难的条件下，国家到底该不该花这么多钱去作这项研究？最后周恩来决策，以当时的情况，中国不跟苏、美搞这个比赛，而要先把地球上的事办好。这就是要先做好民用卫星技术的研究，让老百姓受益，再去研发载人航天工程。1975 年，载人航天工程暂时下马。但此前所做的工作，为日后正式开展载人航天工程积累了必要的经验。①

改革开放后，载人航天工程正式启动。从 1986 年 "863" 计划按下启动键到 1992 年中央批准正式立项，这一工程经历了深入系统的论证过程。之后，经过艰苦努力，从世纪之交神舟一号发射成功开始，工程跨越了世纪并持续取得胜利，将杨利伟等航天员送入太空，让中国的神舟、天宫等航天器纵横苍穹。从 1992 年到 2012 年，中国载人航天工程在 20 年的推进过程中，交出了圆满答卷，为我国航天事业发展开辟了广阔前景。

一锤定音

中国载人航天该如何起步，早在论证之初，航天领域的专家们就遇到了一个"岔路口"——太空运载工具是选择研制飞船还是航天飞机？两种声音之间的争论异常激烈。

---

① 参见戚发轫：《"神舟"首任总设计师讲述：中国航天的历程》，中国文史出版社 2019 年版，第 52—53 页。

经过数年的审慎论证，各方逐渐达成了共识，并经过 1992 年 1 月 8 日召开的中央专委第五次会议明确：中国载人航天要从飞船起步。

1992 年 9 月 21 日，中共中央政治局常委会召开会议，正式批准载人飞船工程立项上马。

争八保九

"921"工程正式启动，启动伊始即确定了"第一艘试验无人飞船要争取 1998 年、确保 1999 年首飞"的目标，即神舟一号飞船要"争八保九"。这也是整个工程团队必须完成的军令状。面对时间紧迫、技术储备薄弱的现实情况，工程各系统为了争取时间而废寝忘食，为了攻坚克难而顽强拼搏。

神舟团队面临的压力尤甚。飞船与返回式卫星有相通之处，但由于多了"人"，对各项技术要求极高，复杂程度极大，许多技术问题必须先在地面做充分验证，完成初样、正样两个阶段。当时，以长二捆火箭为基础的长征二号 F 火箭打造完成了，准备在 1999 年进行首次发射试验。为了抓住这次机会，神舟团队创造性地提出了将仅用于地面电性能测试的试验飞船（初样电性船）改造为试验船的方案，并做了艰苦努力，制定了飞船最小配置进行首飞的简化方案，去掉 5 个分系统，仅保留 8 个确保飞船返回中国境内的分系统。方案报批后，神舟一号飞船最终实现了"争八保九"的目标，这也为工程后续开展奠定了坚实基础。

1999 年，世纪之交。5 月，以美国为首的北约部队悍然轰炸我驻南斯拉夫联盟共和国大使馆，中国政府和人民对这一野蛮暴行表示极大愤慨和严厉谴责，并提出最强烈的抗议。[1]8 月，中央召开全国技术创新大会，提出要进一步加强技术创新，发展高技术，实现产业化。[2]9 月，中央在人民大会

---

[1] 参见《江泽民文选》第二卷，人民出版社 2006 年版，第 321—327 页。

[2] 参见《江泽民文选》第二卷，人民出版社 2006 年版，第 392—400 页。

堂隆重召开表彰为研制"两弹一星"作出突出贡献的科技专家大会。10 月，庆祝国庆 50 周年的"世纪大阅兵"充分展示了中国国防和军队现代化建设的巨大成就。11 月，神舟一号任务取得成功，"921"工程首战告捷。12 月，澳门胜利回归祖国。在世纪交替之际，神舟一号飞船是中国航天奉献给祖国和人民的最好礼物。

千年梦圆

2003 年发射的神舟五号是我国首艘载人飞船。在这次任务前，神舟二号、神舟三号、神舟四号飞船先后发射成功，积累了必要经验。

2003 年 10 月 15 日 9 时整，中国首位航天员杨利伟搭乘神舟五号飞船，从酒泉卫星发射中心顺利飞向太空。约半小时后，杨利伟从太空向地面报告"感觉良好"。17 时 26 分，飞船在进行第 6 圈飞行时，杨利伟与地面进行了首次"天地对话"。18 时 40 分，杨利伟在太空展示中国国旗和联合国旗，并向地球发出问候。

10 月 16 日 6 时 23 分，在绕地球飞行 14 圈、21 小时后，神舟五号飞船返回舱在内蒙古四子王旗主着陆场成功着陆，实际着陆点与理论着陆点仅相差 4.8 公里，返回舱完好无损。航天员杨利伟自主出舱、状态良好。

神舟五号载人航天飞行任务获得圆满成功，我国载人航天飞行初战告捷，这是我们伟大祖国的荣耀，中华民族千年飞天梦想照进现实。同时，我国突破并掌握了载人航天领域的一大批关键技术。中央正式提出并要求大力弘扬载人航天精神。

飞天游宇

2005 年 10 月 12 日，神舟六号飞船将费俊龙、聂海胜两位航天员送入太空。5 天后的 10 月 17 日，飞船返回舱返回地面、安全着陆。与神舟五号相比，神舟六号飞行任务主要变化有 3 个：航天员人数从 1 人到 2 人，飞行天数从 1 天到 5 天，航天员首次从返回舱到轨道舱。

神舟六号飞行任务首次进行了有人参与的空间实验，初步掌握了多人多天在轨飞行技术，获得了大量数据，积累了宝贵经验。

2008 年 9 月 25 日，神舟七号飞船搭载翟志刚、刘伯明、景海鹏 3 名航天员被顺利送入太空。这是神舟飞船首次满载 3 名航天员，进行 3 人 3 天的空间飞行，满负荷、全方位地考核载人航天工程总体及各个系统。

此次任务实施了我国航天员的首次出舱活动。9 月 27 日，航天员翟志刚穿着中国自主知识产权的"飞天"舱外航天服，走出轨道舱舱门，迈出了中国人漫步太空的第一步！

神舟七号飞船在第 31 圈飞行中还释放了 1 颗质量约为 40 千克的伴飞小卫星。这是我国第一次从一个航天器上释放另一个航天器。神舟七号任务还进行了卫星通信链路的新技术试验。

9 月 28 日，3 名航天员乘坐神舟七号飞船返回舱安全返回地面。神舟七号载人航天飞行取得圆满成功，标志着我国已成为世界上第三个独立掌握空间出舱技术的国家。

相约天宫

天宫一号是我国全新研制的载人飞行器，也是我国首个目标飞行器。天宫一号由实验舱和资源舱构成，实验舱有效使用空间约 15 立方米，可满足 3 名航天员在舱内工作和生活需要，前端安装被动式对接机构，可与飞船实现对接。资源舱为空间飞行提供动力和能源。

2011 年 9 月 29 日，天宫一号发射成功。经两次变轨，进入高度约为 350 公里的近圆轨道，进行在轨测试。神舟八号飞船发射前，天宫一号降轨至高度约 343 公里的近圆轨道，等待交会对接。

2011 年 11 月 1 日，神舟八号飞船发射升空。飞船入轨后，经过远距离导引和自主控制飞行，于 11 月 3 日凌晨与天宫一号成功实施首次交会对接，形成了组合体。组合体飞行 12 天后，成功实现分离，并于 11 月 14 日成功实施第二次交会对接。11 月 16 日，在地面控制下，再次成功实现分离。17 日，神舟八号飞船进入返回程序，返回舱准确降落在预定落点。

天宫一号与神舟八号交会对接任务的圆满完成，标志着我国空间交会对接技术取得了重大突破，使得我们国家掌握了载人航天的三大基本技术。

2012年6月16日，神舟九号载人飞船发射，飞行乘组由景海鹏、刘旺和刘洋组成。刘洋是我国首位女性航天员。飞船入轨后，经过4次变轨，于18日14时许成功实现了与天宫一号目标飞行器的自动交会对接，形成组合体。约3小时后，航天员景海鹏首次成功进驻天宫一号，随后，刘旺、刘洋依次进驻。组合体飞行期间，3名航天员按计划开展了航天员医学实验和空间技术实验。6月24日，天宫一号与神舟九号组合体分离，随后，航天员实施了手动交会对接并取得成功。6月28日，航天员手动控制神舟九号飞船与天宫一号目标飞行器再次分离，飞船转自主控制。6月29日，飞船返回舱准确降落在预定区域。

至此，天宫一号与神舟九号载人交会对接任务全面实现了"准确进入轨道、精准操控对接、稳定组合运行、安全健康返回"的预定目标。

第二节　深入的论证　宏伟的蓝图

"863"计划点燃了中华民族发展高科技的希望之火。在1986年这个高科技事业发展的"春天"，沉寂多年的中国载人航天计划重新启动了。这是"863"计划的重要项目。

1987年2月，国防科工委组建了以屠善澄为首席科学家的专家委员会和两个下属主题项目专家组，负责对我国载人航天技术的总体方案和具体路径进行全面论证。

经过多年的艰苦论证，专家组最终就如何开展工程形成了共识。1992年，中央专委和中央政治局常委会先后批准载人航天工程。"921"工程承载着民族的希望，踏上了漫漫征途。

搞飞船还是搞航天飞机？

搞载人航天，对中国航天人来说，就是要在一片荆棘中闯出一条新路。在这条新路上，走不了几步就会遇到岔路口，必须作出选择。每一次选择都很艰难，因为关系到是走近路还是绕了远路；每一次选择都可能具有决定性意义，因为关系到最终的成败。

天地往返运输系统方案招标通知一经发布，应标单位非常踊跃。在随后召开的技术概念论证会上，来自60多家科研单位的2000多人参加并纷纷提出自己的方案。专家组从中初步筛选了载人飞船、小型航天飞机、航天飞机、两级火箭飞机、空天飞机等方案，进入论证阶段。

经过一年多的论证，专家委员会1988年7月在哈尔滨召开了方案评审会。会议认为：空天飞机、火箭飞机虽是未来天地往返运输系统可能的发展方向，但我国尚不具备相应的技术基础和投资强度，尚不宜作为21世纪初的跟踪目标；带主动力的航天飞机要解决火箭发动机的重复使用问题，难度比较大；可供进一步研究比较的是多用途飞船方案和不带主动力的小型航天飞机方案。

多用途飞船方案，是在我国正在研制的长征二号捆绑火箭的基础上，对火箭进行适应性改进，用于发射一次性使用的载人飞船，作为突破我国载人航天的第一步，之后再建空间站。此方案投资较小，风险也小，把握较大，可在2000年左右将航天员送入太空，实现我国载人航天的突破。

不带主动力的小型航天飞机方案，是首先研制一种低轨道运载能力为15—20吨的大推力运载火箭，用来发射不带主动力的小型航天飞机和空间站，在此基础上实现我国的载人航天飞行，争取在2010年或稍后建成初步配套的载人空间站系统。

"飞机派"认为：载人飞船是20世纪60年代的东西，作为天地往返运输手段已经处于衰退阶段。中国载人航天的起点应该高一些，航天飞机是一种发展趋势，技术含量高，既能像火箭一样垂直发射，又能像卫星一样在天上绕地球飞行，还能像飞机一样返回地面。航天飞机还可重复使用，比一次性使用更经济、更划算。

"飞船派"则认为：搞航天飞机技术复杂，投资大，研制周期长，风险重重，成功概率相对较低，而且中国此时还不具备航天飞机的生产工艺条件。载人飞船既可搭乘航天员，又可向空间站运输物资，还能作为空间站轨道救生艇用，且经费较低，更符合中国的国情。而且中国返回式卫星回收技术已完全掌握，搞飞船，成功率高，有利于确保航天员安全返回。

双方各持己见，谁也无法说服谁。这场学术争论引起了国防科工委和航空航天部的高度关注。1989年，航空航天部党组专门委托庄逢甘、孙家栋两位专家，主持召开飞船与小型航天飞机比较论证会。会上，两种不同的观点第一次进行了正面交锋。

中国空间技术研究院高技术论证组基于深入分析，从技术可行性、国家的经济承受能力和技术风险等方面，对载人飞船方案与小型航天飞机方案作了比较。论证组代表在会上明确表态："小型航天飞机不是未来的发展方向，不是经济的运输工具。欧洲发展小型航天飞机凭借的是航空技术优势，而我国航空技术尚不具有优势。欧洲小型航天飞机这条路尚未走完，技术风险大、投资风险大、研制周期长的缺陷已经暴露出来了。"

当时几个研制航天飞机国家的情况确实都不太乐观。除了美国研制成功几架航天飞机并投入使用外，俄罗斯研制了3架航天飞机，其中只有1架航天飞机进行了试飞，之后由于经费紧张，一直没有再进行新的飞行。欧洲空间局研制的赫尔姆斯号小型航天飞机，方案也是一变再变，进度一拖再拖，经费一加再加，欧洲国家都不想干了，最后只好下马。而拥有航天飞机的美国，在资金的投入上也花费不菲，每飞行一次就得2亿—3亿美元，而且每架航天飞机回来后，光检修就要半年时间。

这次比较论证后，航空航天系统内逐渐达成共识：在中国载人航天发展的途径上，只有从载人飞船起步。

是政治决策，不是纯科技问题

1988年8月，时任航空航天部部长林宗棠等向中央领导汇报工作，在

《关于航空航天工业几个重大问题的汇报提纲》中，提出在 20 世纪末，航天方面要研制一批新型导弹武器和各类应用卫星，研制天地往返系统和试验性空间站，力争在载人航天方面取得突破。考虑到经费限制，"863"计划航天领域的专家组指出建立自己独立完整的载人空间站有困难，提出是否先从载人飞船入手，争取在 2000 年后研制发射试验性载人飞船。这次汇报使载人飞船工程初步得到了中央领导的认同。①

　　但在上不上载人航天工程和采用什么途径发展我国载人航天的问题上，一直存在不同的意见，导致载人航天工程迟迟没有结论。时任航空航天部副部长刘纪原力主载人航天工程早日上马。他回忆说："历来任何一个国家的航天工程都是高层领导决策的，但是，我国的载人航天议题一直没有摆上国家最高层的议事日程。所以我就想，能不能让小平同志知道这个事情，提出意见。"②

　　为了促使载人航天工程早日上马，航空航天部组织一线专家组成课题组，与"863"计划专家组同时对发展载人飞船的可行性进行论证，认为从技术储备上来说，我国完全可以实现载人航天计划，关键是要有国家的决策和支持。1991 年 1 月，航空航天部成立了载人航天工程领导小组，由 19 名技术人员组成的联合论证组抓紧开展工作。同时，航空航天部还提出了《关于发展我国载人航天技术的建议》，建议我国载人航天以飞船起步。

　　1991 年 1 月 30 日，中国宇航学会、中国科学院、国务院发展研究中心联合举办"中国航天高技术报告会"，深入讨论了航天技术在国家战略中的地位和作用，探讨了建立以航天技术为龙头的高技术发展区的构想，提出要抓住机遇，尽快启动中国载人航天，并就真正落实"科学技术是第一生产力"政策达成行动共识。会后，刘纪原将航空航天部编写的《关于开展载人飞船工程研制的请示》和《关于发展我国载人航天技术的建议》两份文件，托人

---

①　参见林宗棠：《奋斗在工业战线的薄老》，《百年潮》2008 年第 1 期。

②　《当惊世界殊——中国航天发展纪实》，《神州》2006 年第 2 期。

呈送给邓小平。

在呈送的文件中，特别写道：上不上载人航天，是政治决策，不是纯科技问题，不是科技工作者能定的。我国航天事业的发展，面临老一辈无产阶级革命家领导创建的、得来不易的航天国际地位得而复失的危险。恳请中央尽快决策。①

时隔不久，刘纪原得知邓小平十分重视这件事。之后事情发展得非常迅速。关于载人航天的争论也由"上不上"的问题转到了"上什么"的问题。1991年3月，李鹏总理约见航空航天部高级技术顾问任新民，并要求听取飞船情况的汇报。任新民与"863"计划航天领域专家组组长钱振业很快商定了汇报的提纲，并在正式汇报中首先分析了我国为什么从多用途飞船起步，并介绍了技术基础和研制条件情况。钱振业介绍我国研制飞船的费用约30亿元；在保证投资及时到位的条件下，工程研制需要6—7年时间。李鹏详细了解这些情况后表示：钱是有困难。但是，对我们这样一个大国来说，还是可以解决的。我们要搞载人航天，从飞船搞起，争取建国50周年载人飞船上天。我国要搞飞船，基点还是自力更生。

3月20日，航空航天部收到了中央办公厅秘书局转来的中央领导在《航空航天重大情况》文件上的批示："此件江泽民总书记3月9日已阅。"

李鹏总理、刘华清军委副主席均作出批示。李鹏明确此事由专委讨论后报中央。刘华清说："最近几年来许多专家都希望中央尽快下决心搞我国的载人航天技术问题，建议中央下决心干起来，似不要再拖延。经济是个大问题，但十年多时间，每年分担出也是可行的，实在当前财政困难，动用国库存的金子每年出点（一年一亿美元）也得干。"②

中央领导的批示下来后，航空航天部即着手研究载人飞船工程的研制以及分工问题，工程论证也进入了快车道。

① 参见《中国航天事业的60年》，北京大学出版社2016年版，第246—247页。
② 《中国航天事业的60年》，北京大学出版社2016年版，第246—247页。

"921" 工程正式立项①

几乎就在邓小平那次著名南方视察的同时，1992 年 1 月 8 日，中央专委召开第五次会议。会议认为，从政治、经济、科技等诸多方面考虑，立即发展我国载人航天是必要的，我国发展载人航天要从飞船起步。会议决定，由国防科工委组织各方面专家，在既有论证的基础上，对载人飞船工程研制问题进行进一步的技术、经济可行性论证。

集中论证工作持续了半年。全国各相关单位的 200 位专家和科技人员分别参加 8 个小组的论证工作，每个参加论证人员的背后都有参与单位的大量科技人员作后盾，提供着更详细的分析计算和论证材料。1992 年 6 月底，论证工作圆满完成，提出了《载人航天工程技术经济可行性论证报告》。这是一份结合中国国情、具有中国特色的报告，确立了我国未来几十年内载人航天技术的发展方向，是航天智慧的结晶、令人骄傲的杰作。报告提出了我国载人航天工程"三步走"的发展蓝图。

第一步，在 2002 年前，发射两艘无人飞船和一艘载人飞船，建成初步配套的试验性载人飞船工程，开展空间应用实验。

第二步，在第一艘载人飞船发射成功后，大约在 2007 年左右，突破载人飞船和空间飞行器的交会对接技术，并利用载人飞船技术改装、发射一个 8 吨级的空间实验室，解决有一定规模的、短期有人照料的空间应用问题。

第三步，建造 20 吨级的空间站，解决有较大规模的、长期有人照料的空间应用问题。

1992 年 8 月 1 日，中央专委召开第七次会议，听取了国防科工委组织的载人飞船研制可行性论证情况汇报，同意论证组提出的中国载人航天工程分三步走的意见。会议认为，发展我国的载人航天事业，对增强综合国力、

---

① 关于中央决策载人航天工程上马的内容，综合自《中国航天事业发展的哲学思想（第二版）》（第 139—144 页）、《中国航天事业的 60 年》（第 252—257 页）和《神舟连着中南海——党中央与载人航天工程》（《人民日报》2008 年 9 月 29 日）。

促进科技进步、培养科技队伍、提高国家威望、增强民族自豪感和凝聚力等，都有着十分重要的意义。8 月 25 日，中央专委向党中央、国务院、中央军委呈报了《关于开展我国载人飞船工程研制的请示》，建议我国载人航天工程计划分三步走，并且建议第一艘无人飞船要争取 1998 年、确保 1999年首飞。

1992 年 9 月 21 日，江泽民在中南海主持召开中共中央政治局第十三届常委会第 195 次会议。会议审议了中央专委呈报的请示，充分肯定开展载人航天工程的必要性，正式批准载人飞船工程立项上马。会议要求，要像当年抓"两弹一星"那样抓载人航天工程，并成立专门机构对载人航天工程实施专项管理。

中央批准载人航天规划，吹响了向载人航天进军的号角。工程总体设计及相关实施工作随即展开。

明确目标　系统部署

我国对载人航天工程的初期目标与基本任务予以明确。初期目标是：在20 世纪末至 21 世纪初，建成初步配套的试验性载人飞船工程，开展空间应用实验。在确保安全可靠的前提下，从总体上体现中国特色和技术进步，全面完成四项基本任务：一是突破载人航天基本技术，二是进行空间对地观测、空间科学及技术实验，三是提供初期的天地往返运输器，四是为载人空间站工程大系统积累经验。

聚焦"怎么去做"问题，中国载人航天工程明确了指导思想，共七条。

一是从载人航天工程本质特征出发，必须把安全性、可靠性放在首位，把"安全至上，可靠第一"的原则落实到载人航天工程各个组成部分，贯穿到论证、设计、研制、生产、试验的全过程。

二是力求总体性能优化，既要使载人航天工程及其主要系统的总体技术指标与性能体现中国特色与技术进步，又不片面追求单项技术的先进。

三是坚持独立自主、自力更生的方针，同时吸取和借鉴国外的经验教训，力求少走或不走弯路。

四是在确定技术方案时，要充分采用成熟技术和成熟技术的延伸技术，对于那些无法回避的不成熟技术和新技术，要对其难度、研制周期、涉及面大小及对整个工程的作用等进行实事求是的论证。

五是贯彻大力协同、勤俭节约的原则。

六是兼顾后续任务，在确定技术基础建设、技术改造与更新项目时，要为今后发展留有余地。

七是培养造就一支跨世纪的航天研制队伍。

"四项基本任务"和工程指导思想为后续载人航天工程高效、科学实施奠定了重要的思想基础，提供了鲜明的思想指引。

载人航天工程是一项极其复杂的系统工程，技术难度大、系统组成复杂、涉及面广，必须采取特殊的组织管理模式。为此，工程第一步任务就确立了由工程总体和航天员、空间应用、载人飞船、运载火箭、发射场、测控通信、着陆场 7 个系统组成。

考虑到载人航天工程的复杂、艰巨性，为了便于工程实施，1992 年 11 月，中央专委成立了载人航天工程指挥部，并任命国防科工委主任丁衡高为首任总指挥，国防科工委副主任沈荣骏、航空航天工业部副部长刘纪原为副总指挥，航空航天工业部科技委副主任王永志为总设计师，并设立了中国载人航天工程办公室。当时各机构的职责分工是，载人航天工程由中央专委直接领导，国防科工委统一组织，工程指挥部具体负责实施，中国载人航天工程办公室专项管理。这样就形成了一个从中央到中央专委，从中央专委到国防科工委，从国防科工委再到各主管部门的垂直领导体系。中国载人航天工程办公室对工程实施专项管理，通过技术方案、计划方案和配套设施建设统一筹划、统一协调、统一管理，从而有效控制研制质量、进度和经费。

在载人航天工程中，载人飞船系统由中国空间技术研究院、上海航天技术研究院为主负责研制；运载火箭系统由中国运载火箭技术研究院为主负责研制。为了加强工程实施中的领导，工程 7 个系统分别建立了行政和技术两条指挥线，各系统总指挥、总设计师在工程总指挥、总设计师领导下开展工作，名单报请中央专委审定批准。建立了总指挥、总设计师联席会议制度，研究决策工程实施中的重要问题，有关工程的重大决策请示中央专委审批后实施。经过载人航天工程多年实践证明，载人航天工程的管理体系和管理模式科学精干、严密规范，为工程任务取得一次又一次的成功提供了强有力的组织保证。

第三节　全力以赴交出军令状

神舟一号"争八保九"是神舟团队从中央领下的军令状。围绕这个目标，大家付出了艰苦努力。从神舟一号到神舟四号，我国在载人飞行任务实施前先后进行了 4 次圆满彩排，为把自己的航天员送上太空做了全面准备。①

从零起步，从零跃升。在任务实施过程中，尽管人才缺乏，许多人甚至连载人飞船的模样都没有见过，但载人航天队伍怀着"让中国飞船早日进入太空"的共同信念坐标，经历无数个不眠之夜、无数次方案讨论、无数次设计试验，让中国的载人飞船工程在大跨步中捷报频传。

义不容辞勇担当

1992 年 11 月，神舟飞船总设计师的重任落到了 59 岁的戚发轫肩上。

戚发轫 1957 年进入国防部第五研究院工作，1968 年调入中国空间技术研究院，参与中国第一颗人造地球卫星东方红一号研制任务，之后被任命为东方红一号卫星技术主要负责人之一，为工程任务的成功实施作出了重要贡

---

① 神舟一号无人飞船发射时间是 1999 年 11 月 20 日，神舟二号无人飞船发射时间是 2001 年 1 月 10 日，神舟三号无人飞船发射时间是 2002 年 3 月 25 日，神舟四号无人飞船发射时间是 2002 年 12 月 30 日。

献。之后，他又先后担任了东方红二号通信卫星副总设计师、总设计师，并在风云二号、东方红二号甲、东方红三号等卫星工程中担任重要职务。这时，他正在担任研究院院长一职。

戚发轫回忆说："作为我个人来讲，在59岁快要退休的年龄，突然要承担这么大一件事情，心理上是很矛盾的，一方面感到应该由一个年轻力壮、年富力强的人来担当这个重担；另一方面，在思想上又必须服从领导的安排，因此需要突破心理障碍。

"我在俄罗斯观看过'联盟号'飞船的发射过程，三个航天员上天前总设计师要签字表示一切准备就绪，可以发射。载人航天是人命关天的事，我的压力可想而知。但是，这是国家交付的任务，我自然义不容辞。"

戚发轫忘不掉苏联飞船总设计师亲笔签字的庄严时刻，但更盼望着中国首次载人飞船飞向太空的那一刻。他以国家需要为志愿，坚决服从组织决定，克服顾虑笃定地直面挑战。这些让这位飞船的首位"掌舵人"将全部的真情为"神舟"而凝聚。

培养和造就人才，是载人航天工程启动的重要原因之一。载人航天工程启动前后，中国社会正由计划经济向市场经济转变，当时流行一句话"搞导弹的不如卖茶叶蛋的"，做技术、军工"不值钱""不挣钱"，许多人或下海经商，或跳槽到外资企业。如果没有新的大工程，航天队伍无法完成新老交替，人才断档形势严峻。面对时代的"灵魂拷问"，一批矢志不渝的航天人，用坚定的理想抱负作出了响亮的回答。在后续任务实施过程中，他们被推到工程的"聚光灯"下，在精心创造的成长成才环境中，挑担子、肩重任。一批年富力强的航天人，快速走上型号两总岗位，成为载人航天工程的将才和栋梁。

在国家经济转型的特殊时期，面对国家的特殊需要，这批航天人以热爱祖国、为国争光的坚定信念，用"四个特别"的精神传承了老一代航天人的家国情怀，让中国的载人航天工程克服了计划经济向市场经济转型的社会环境冲击和老一代航天人退休、年轻航天人才流失的青黄不接困境，有力还击了国外媒体所谓"几个老头带一群毛头小伙，能干成吗？"的质疑和嘲笑。

跨过重大"岔路口"

按照规划，载人航天工程第一艘试验无人飞船要争取在 1998 年、确保在 1999 年首飞，也就是大家常说的"争八保九"。时间急迫、任务繁重，然而载人航天工程面前还横亘着一个重大拦路虎：飞船设计是两舱方案还是三舱方案？这个问题是继飞船还是飞机起步争论后，载人航天工程遇到的第二个重大"岔路口"。

三舱方案主张，我国起步晚但技术不能落后，要迎头赶上，按照跨越式发展的思路，对标俄罗斯第三代飞船，直接上含推进舱、返回舱、轨道舱的三舱方案，这样等到中国飞船问世，就和俄罗斯在用飞船相较处于同等甚至更高水平。两舱方案则认为，从安全系数考虑，只有返回舱和推进舱的两舱方案更为实际，这样逃逸技术相对简单，安全系数更高。

两舱与三舱的争论各有道理，一时难较高下。戚发轫主持载人飞船总体方案论证，认真听取意见，反复掂量。通过深入研究思考，他认为中国的飞船研制必须有自己的独到之处、要有中国特色。通过无数次计算、论证、验证，他带领团队提出飞船的总体构型为"三舱一段"，即由推进舱、返回舱、轨道舱和一个附加段构成，并撰写出论证报告，以白皮书的形式上报。

经过一年多的争论，1993 年 10 月，专家组最终确定了中国载人飞船按照推进舱、返回舱和轨道舱的三舱段方案起步。实践证明，中国载人航天坚持高起点，以三舱段飞船起步、一步到位，充分考虑了适用性和实用性，从而一举跨越了美俄 40 多年的发展历程。

当时，与研制工程同步推进的，还有飞船研制基础设施建设。为了保证飞船研制的大型试验开展，迫切需要尽快建立一座崭新的空间技术研制试验中心，否则载人航天"争八保九"的目标也将付之东流。试验中心包含了飞船研制所必备的总装、测试和试验十大重点实验室，很多设施技术指标都要求对标国际先进水平。工程建设规模之大、要求之高、时间之紧、协调之难、技术之复杂，在中国航天发展史上都是少有的。为了保证后墙不倒，航天城工程建设指挥部里每天聚集着各路人马，最多的时候有 23 支施工队在现场施工。就是在这样的巨大强度和压力下，1997 年 11 月，空间技术研制试验中心终于拔地而起，一座充满现代化气息的航天城成为神舟飞船和新型卫星的"孵化器"。

这一阶段，除飞船分系统外，其他六大分系统也各自紧锣密鼓、齐头并进。发射场系统方面，1994 年 7 月，中国第一个载人航天发射场在巴丹吉林沙漠中的酒泉卫星发射中心破土动工。仅 8 个月后，一座高 96 米、具有世界先进水平的发射塔建成并高耸在大漠戈壁上，被国外专家称为"中国式的奇迹"。通过各方面科技人员的共同努力，我国很快成为世界上第三个掌握载人运载火箭技术的国家，建成了世界第三个航天员中心、第三个航天员搜救系统，搭建了新一代载人航天测控网。我国空间应用系统方面，科技人员先后研制出 135 种、188 件船载科学仪器和设备……所有这些"特别"的成绩，无一不是"特别的精神"的写照。

中枢神经活起来了

距离"争八保九"只剩下不到一年的时间了，考虑到神舟飞船的实际困难，中央领导同志不断勉励神舟飞船研制团队，并指示"只要飞船能够返回中国就是成功"。而如何攻克制导及导航控制技术（GNC）、实现飞船安全返回，是当时摆在神舟团队面前的一个大难题。

飞船如何运动、怎么运动，都是由 GNC 决定的。GNC 也被形象地比喻为飞船的"中枢神经"。虽然中国已有返回式卫星的技术基础，但是飞船体积、重量均是卫星的数倍，所带来的气动、控制等要求与返回式卫星大不相同。行也得干，不行也得上。1938 年出生的飞船 GNC 系统主任设计师陈祖贵，与一批经验不足的年轻人，开始了艰难的攻关。

1999 年 7 月初，在神舟一号飞船准备出厂发射的前夕，中国载人航天工程办公室的领导找到陈祖贵，说发射神舟一号飞船和新中国成立 50 周年大庆、澳门回归是今年国家三件大事。飞船发射要上得去、回得来，GNC系统十分关键，到底有没有把握把飞船给控制回来？

当时 GNC 系统的软件尚未编制完成，系统试验也没有做完。陈祖贵干返回式卫星干了大半辈子，平日从不含糊，这次却着实犯起了嘀咕。要让在太空飞行数十万公里的飞船准确地返回到预定落点，他们至少要编写八万多条控制指令，让船上八万多个电子元器件中的三分之一都受到这些指令的控制，而且不容许有任何差错。但试验还没有做完，软件也没有编完，要说回不来，影响领导作决策；要说回得来，确实没有十分的把握。第二天，领导又找了陈祖贵，问了同样的问题。

这时，飞船马上就要进入发射场，但 GNC 系统的软件仍在紧张的编写过程中，5 个技术难题还没有解决。

这种情况下，陈祖贵压力很大。但他还是顶着压力，与系统研制人员一起通宵达旦地工作，全力以赴地探索，终于基本解决了 5 大技术难题。在飞船进入发射场几天后，领导请他汇报 5 个问题解决的情况。他一一地解答，并谈道："飞船上有一根天线放在 GNC 系统红外地球敏感器的上方，如果不去掉的话，没法进行控制。"工程总设计师王永志亲自召开总师联席会，去掉了这根天线。陈祖贵得知后，底气十足地说："如果其他分系统不出问题，我保证飞船能够飞回来，而且精度很高。"

1999 年 11 月 20 日，神舟一号飞船在长征二号 F 火箭的托举下成功发射。21 日凌晨，神舟一号飞船实施返回控制计划的惊心动魄的一刻来临。在进入大气层前几分钟，飞船飞离地面测控区，没有飞船的信息，飞船测控大厅的紧张气氛达到了极点，空气仿佛已经凝固。陈祖贵紧盯着飞船的一举一动，而很多双眼睛都在盯着陈祖贵，因为最熟悉这些数据的就是他了。正在大家紧张不安的时候，他忍耐不住心中的激动，猛地喊了一嗓子："配平攻角调整成功！"系统一切正常。这时，测控大厅里的欢呼声、掌声响成了一片，经久不息。

神舟一号飞船成功返回！飞船返回舱找到了！落点偏差仅 11.2 公里。我国由此成为世界上第三个掌握飞船实施返回可控再入技术的国家。

图 8　｜　航天赤子攀科技高峰誉满中华大地　华夏儿女创世纪奇迹威震四海五洲 ①

---

① 这是 1999 年 11 月 25 日出版的中国空间技术研究院院报《太空报》的头版。2000 年更名
为《中国空间》，2003 年更名为《神舟》。

2001 年当选中国工程院院士的戚发轫后来回忆说："经历过几次神舟飞船发射，最紧张的时候还是'神舟一号'发射的时候。"有人还问他："按照正常程序，飞船是无法发射的，为什么你们还要冒这个险？"戚发轫回答道："在那个时候，国家有特别的需要，我们就要用特别的精神来完成这个使命，这就是载人航天精神。"

"必须全部更换！"

在成功发射由电性船改装的神舟一号简化型无人飞船，实现首次无人飞行圆满成功后，神舟团队开始按照载人飞行的技术状况进行后续的飞行试验。神舟二号就是一艘更接近载人飞行技术状态的飞船。而与神舟一号、神舟二号不同，神舟三号则是完全按照载人的标准设计研制的。此外，神舟三号发射的时候，江泽民同志还要亲临发射场观看。

虽然有了前面两艘飞船的成功研制经验，但更高的技术要求，让航天人的压力更大了，而压力最大的，还是飞船系统。更令人没想到的是，神舟三号飞船出师不利！

2001 年 9 月，神舟三号飞船又进驻试验场，在电测试验中，发现电气设备接插件存在问题，1000 余个触点有一个点不能导通。消息传出，整个飞船系统都紧张了起来，戚发轫更是心急如焚。

神舟三号是按载人状态全系统进行的试验飞行，尽管没上人，也必须按上人的标准来，来不得半点马虎和丝毫侥幸。事情马上报告给了工程指挥部。指挥部立即召开紧急会议。会上，换不换这种元器件，两种意见激烈交锋。

不用换！这种意见的理由非常充分。其一，这种元器件在神舟一号和神舟二号上都使用过，并且都发射成功。其二，飞船采用"双保险"的"双点双线"设计，即使 1000 个点中只有 1 个点不通，出现问题的概率也只是千分之一。如果换元器件，既没有现成产品，也没有替代品。重新设计生产最快也得 3 个月。这样，发射时间要推迟，试验队员要撤离，势必给工程造成巨大的经济损失。

必须换！这种理由更是理直气壮。其一，质量是生命，不能存有万分之一的侥幸和幻想。这种元器件存在着设计上的缺陷，虽然现在是暴露 1 个点不通，但很难排除不是批次性问题。其二，神舟三号是一艘改进型的飞船，技术状态与载人飞行的技术状态基本一致。如果这艘不换，拖到神舟四号再出现问题，那么到载人的神舟五号就将冒很大的风险，就不能确保载人飞船的可靠性。

换，还是不换？神舟两总肩上的压力重如千钧。

终于，结论出来了：是批次问题！接插件必须全部更换。安全第一，质量第一。神舟团队一贯信奉的"零缺陷、零故障、零疑点"不能只喊在嘴上，要落实到每一项工作中。最后，指挥部联席会议做出决定：对飞船上 77 个接插件进行改进设计，重新生产，全部更换；神舟三号飞船拆除旧接插件、电池等设备；试验队全体人员撤回原单位。宣布撤离的那天，戚发轫和很多同志都流泪了。

返回工作单位后，神舟团队顶着巨大的压力，以此为契机开始了"抓质量、促进度、保成功"为主题的大会战，按照质量和管理规章，一丝不苟地查找问题。经过一个多月的潜心工作，终于摸清了接插件故障机理，又对厂家生产的新接插件进行了可靠性试验。3 个月后，新的接插件设计制作完成，型号两总亲自盯在更换接插件的现场，工人师傅们在狭小的飞船船舱里操作，小心翼翼地蹲着、跪着、趴着、躺着进行盲插和焊接，还必须保证汗水不能滴在舱内，因为一旦有一个地方出现纰漏，就会出现新的问题。最后，77 个接插件重新进行了更换，1000 多个点重新进行了焊接。

2002 年 3 月 25 日，神舟三号飞船终于划破夜色，直上苍穹。神舟三号的"大撤离"事件，使"零缺陷、零故障、零疑点"的航天质量文化愈发深入人心。让每项工作零缺陷、让每个部件零故障、让每个人心中零疑点，成为神舟团队尊崇的至高信条。这种在特殊境遇、特殊困难中，始终秉持严慎细实的工作态度、"如履薄冰、如临深渊"的风险意识和"事事精益求精、环环严慎细实、人人尽职尽责"的极端负责的工作作风，也为载人航天精神的形成增添了深刻内涵。

第四节 "非典"来袭，载人首飞成功

2003 年 10 月，神舟五号喜圆中华飞天梦想，华夏儿女热血沸腾。首次载人航天飞行的圆满成功，是我国航天发展史上一座新的重要里程碑，标志着我国已经成为世界上独立自主地完整掌握载人航天技术的国家之一。①

神舟五号任务实施过程中，神舟团队克服"非典"等重大不利因素影响，以无比顽强的意志和决心，砥砺不惧万难、顽强拼搏的奋斗精神，锤炼严慎细实、精益求精的工作作风，创造出了载入史册的卓著功勋。

冲破"非典"疫情的笼罩

自 1999 年第一艘神舟飞船发射成功到 2002 年的 4 年中，神舟飞船以平均每年一艘的速度成功发射，其研制速度之快，发射成功率之高，令世界惊叹！正当神舟五号全力以赴保持这种高效率，准备 2003 年下半年发射的时候，突如其来的"非典"疫情袭来了。

当时，神舟五号正在北京航天城紧张的总装调试中，所有的配件都已到位，前前后后来往北京的试验队员有 100 多名。为了确保工程进度，飞船系统果断下令所有人不能回家，吃住全在航天城，实行自我隔离。神舟五号是国家"天字第一号"任务，必须要如期发射，必须要进行首次载人飞行试验，这是国家预先制订好的计划。所有人平复心情，大家互相勉励、互相鼓劲，即刻投入到紧张的工作状态中。

为了做好防护，试验队员每日 3 次进入基地大门、食堂、厂房，每一次进入都要测试体温，这样就是 9 次；而每个人也早晚自觉测量体温，加起来，

---

① 神舟五号载人飞船发射时间是 2003 年 10 月 15 日，搭载的航天员是杨利伟。次日 6 时 23 分，飞船安全返回地面。

一天下来就要量 11 次。为了确保试验队员的身体健康，中央领导、上级部门关心备至，航天城保障充足，针剂、中药、消毒液，一应俱全。大家纷纷表示：虽然工作在北京，但是感受到了家里的温暖！

那时候大家口罩不离身，这也给工作带来了很大的不便。神舟五号的检测大厅是封闭式的，而飞船各系统的测试工作十分复杂，常常要持续 10 多个小时，每天队员都要戴着口罩坚守在测试大厅里，虽然会感到气闷和不便，但大家精神状态都十分好。

心系飞天梦想，"非典"丝毫没有影响到神舟五号的研制工作，所有计划都按预期节点圆满完成。大家忍住思念不回家，不与家人见面，全然不顾安危，用特别能吃苦、特别能战斗、特别能攻关、特别能奉献的"四个特别"精神，在面对时代考验的"特殊"时期，执手度过了那段艰苦岁月。"一切为载人，全力保成功。"这是在飞船队伍中叫得最响的一句话。为了载人，为了成功，神舟团队用千钧之力挑起了万斤重担。

决不让飞船内毒气超标

2003 年春节刚过，中国空间技术研究院就召开会议，专题研究返回舱着陆后舱内一氧化碳浓度超标的问题。神舟四号飞船返回舱着陆后 2 个小时，测得的返回舱内一氧化碳浓度为 1194 毫克 / 立方米，远远大于返回舱着陆后 7 天内一氧化碳最高允许浓度 30 毫克 / 立方米的标准。神舟四号飞船发射后，就进入了有人任务阶段，气体超标将对未来升空的航天员产生很不利的影响，甚至有可能危及航天员生命。这个问题必须尽快解决，"不能再拖了"。

2001 年，在一次神舟飞船返回舱例行综合空投试验时，现场工作人员在返回舱舱门打开的瞬间，闻到了一股异味。这立即引起了大家的警觉。

"这股怪味有点儿像燃放爆竹后的火药味儿。"一位参加试验的工作人员说。

这是一次偶然发现。由于没有思想准备，试验人员突然遇到这种情况都觉得有点儿意外。

大家立即作了汇报。型号两总即刻组织飞船总体与有关系统人员检查有害气体来源。经过专题组研究，发现返回舱内有害气体严重超标，其主要成分是一氧化碳。

飞船不同于卫星。卫星里没有人，里面有害气体超标算不上是什么重要问题，即使有点什么气味，恐怕也可以放过去，不存在对人生存环境的影响。载人飞船则不同，有害气体的存在和超标非同小可。为了保证神舟五号飞船返回舱在正常以及非正常着陆状况下，一氧化碳浓度不超过人体能够承受的水平，在两总系统的带领下，以张柏楠为组长的专题联合攻关组立即投入紧张的工作。

通过查设计方案、图纸，查工艺质量控制环节，最终确认有害气体的"元凶"，是火工装置。问题找到，就必须迅速截断有害气体来源。

当时，承担载人航天工程火工品研制任务的单位接到消息，立即行动起来，向新课题展开了攻势。经过对系统原设计状态、空投试验泄漏原因和潜在泄漏环节的认真分析，研制人员查找出了可能存在的几个气体泄漏点，提出了6种设计思路，并经过试验和验证，最终实现了技术改进。但是，火工品的改进只能减少有害气体的产生，并不能做到彻底消除。

专题联合攻关组做了无数次的试验，想了各种各样的办法，最后还是用大禹治水的办法，先"疏"后"堵"，靠一个个"神秘"的小孔把有害气体排出舱外，这才消除了致命隐患。同时，他们还新研制了一个有害气体过滤器，可以使火工品产生的有害气体得到过滤和净化，做到了双保险。

2003年6月，研制人员对神舟飞船返回舱有害气体进行了再次试验测验，这时测得舱内一氧化碳浓度只有4毫克/立方米。数据理想！考虑到特殊情况下航天员可能短时间出不了舱，测试人员还对返回舱进行了24小时检测，得到的数据是，24小时返回舱内一氧化碳浓度是11.4毫克/立方米，数值降到了半年前所测数据的百分之一！

以正确的心态看待问题，以积极的态度查找问题，以有效的举措解决问题。经过艰苦攻关，返回舱有害气体超标问题终于得到了有效解决，航天员的生命安全得到了更充分的保障。

从 0.999 到 0.999999

安全问题无小事。座椅缓冲器是神舟飞船着陆缓冲系统的关键设备。在缓冲发动机工作不正常时，座椅缓冲器将用来缓冲返回舱"硬着陆"时对航天员的冲击，保护航天员的生命安全。在前几艘神舟飞船里的座椅下，安装的是"拉刀式"着陆缓冲器，这套着陆缓冲器经过了 8 年的研制试验，满足了要求。

但在神舟五号载人首飞前，经过进一步研究，发现这种缓冲器对航天员从头部沿脊椎到骨盆仍有一定的冲击力，如果改用另一种新型"胀环式"着陆缓冲器，可解决这个问题。大家都明白保证航天员绝对安全的重要性。于是，在神舟五号飞船就要进入发射场的重要关头，为确保航天员的安全，决定换掉"拉刀式"着陆缓冲器，并且要全力保证研制进度，飞船必须在 10 月中旬择机发射。这是一个把保险送给航天员、把风险留给自己的重大决定。

按照正常程序，研制新的着陆缓冲器至少需要一年的时间，而给定的时间只有 70 多天。怎么办？

时间紧，迫在眉睫；任务重，责任如山！为此，重点负责载人飞船结构与机构技术的张柏楠成立了缓冲器攻关组，带领科研人员以一种"壮士断臂"的心情走上了试验场，住进了简陋的宿舍。他分派任务，制订计划流程，落实研制方案，检查技术完成情况。在张柏楠的带领下，大家统一行动、各司其职，所有工作几乎同时进行。

第一，胀环式座椅缓冲器的缓冲参数设计。这是研制工作的核心，是工作的难点所在，也是工作的重中之重。

第二，确定单机试验方案。在理论分析的同时，开展了试验方案的确定工作。经过认真反复的研究，用 5 天时间，确定了试验方案，并通过了评审；用 4 天时间，设计、加工了试验工装；用 3 天时间，完成了第一阶段的 155 次试验。

第三，确定系统试验方案。系统试验结果表明，胀环式座椅缓冲器行程稳定，缓冲可靠度由原来的 0.999 提高到了 0.999999，航天员胸背向缓冲性

图 9 ｜ 研制中的神舟五号载人飞船

能显著改善，冲击过载降到了安全区域内。

在整个研制试验的近 120 个日日夜夜里，所有参加研制工作的同志，从型号两总到设计师、工人师傅，大家团结协作、全力以赴，把胀环式座椅缓冲器的研制当成首要任务。为了一个共同目标——确保按计划节点完成任务，保证产品如期顺利装船，他们昼夜奋战。通过所有攻关小组成员的努力工作，在 2003 年 9 月 16 日之前，实现了产品装船，把缓冲器的置换时间提前到了飞船燃料加注之前，比原计划提前了 25 天。

迎接航天员回家

2003 年 9 月 28 日，带着所有研制人员的重托，沐浴着阳光，神舟五号回收试验队进驻内蒙古四子王旗乌兰花镇迎宾馆。他们将在这里进行多次实战状态综合演练，为迎接航天员做最后准备。

9 月 30 日，试验队按计划进行了天线对接试验。飞船设置的多种信标设备是搜索飞机和车队的"千里眼"，它们可以使搜救人员在第一时间获得返回舱的落点。在载人飞行条件下，这个"千里眼"的好坏和精准程度，对任务的圆满成功极具意义。这次，试验队员专程从北京把神舟四号返回舱运来，装上技术状态与神舟五号一致的信标设备，为的就是提前模拟实际状态，考核搜索飞船设备能力。

谁料天不作美，29 日一场大雨使四子王旗周边的道路变得泥泞不堪，能否按时到达试验点，是个严峻的考验。试验队当机立断，决定比计划提前两个小时出发。因为车上载着神舟四号返回舱这一宝贝，经验丰富的司机开得十分谨慎，生怕车滑到沟里、陷到泥里不能动，影响整个试验。这段本来一个小时的路程足足走了三个小时，但终于安全准时地到达了试验点。当飞船报告信标接收正常时，大家才松了一口气：这一关，攻克了！

10 月 5 日和 8 日，试验队进行了两次任务时段演练。凌晨 1 点半车队从驻地出发，到理论落点，还要走上 60 多公里搓板"路"、60 多公里草原"路"。其实，前面根本没有路。由于这些天连续下雨，路上积水很多，有些地方经汽车一轧，早已是烂泥地，车队时不时要绕道走，一路上时不时可以看到陷在泥地里的车辆。夜间演练，行车困难，队员们坐在车上摇摇摆摆，都被晃得头晕乏困，觉得眼皮有千斤重，很容易睡着；但为了不影响任务，有些人只好眯着眼睛忍着，有些人则不时讲讲笑话给大家提神，还有的抹清凉油，或是过一会儿开窗户用寒冷的空气清醒一下头脑。

早晨 5 点，车队终于到达预定落点。天还没有亮，抬眼望，满天星斗。虽然才 10 月初，但草原的寒风吹着，隔着防寒冲锋衣，也能感到寒气袭人，一会儿手就冻僵了。演练一开始，大家一下就来了精神，顾不上寒冷，按程序完成一道道处置工作，操作迅速、准确。待到红日从东边地平线升起，草原又迎来了新的一天，试验队员们也完成了演练。

经过几次演练，大草原又恢复了她往日的宁静，演练留下的蜿蜒曲折的两行车印，仿佛闪耀记载着中华民族千年追梦的历程。载人航天队伍从来都不怕苦、不惧难、不畏累，他们以苦为乐，只为梦想早日成真。在他们心中，在中华民族伟大飞天梦想的光辉下，所有的艰辛与付出不值一提。

2003 年 10 月 15 日，杨利伟乘神舟五号飞船顺利飞向太空，16 日 6 时 23 分，神舟五号安全返回地面，杨利伟笑容可掬地自主出舱，向欢迎的人群挥手致意。这个画面，让每个参研人员脸上都挂上了胜利的微笑和激动的泪花；这样的一幕，也是对神舟团队精益求精、求真务实、严肃认真工作作风和特别能吃苦、特别能战斗、特别能攻关、特别能奉献精神的最好褒奖。

第五节 "我已出舱，感觉良好！"

神舟六号、神舟七号载人航天飞行任务的圆满成功，标志着载人航天工程第二步任务实现顺利开局。① 研制队伍始终恪守"牢记使命、恪尽职守，

---

① 神舟六号载人飞船发射时间是 2005 年 10 月 12 日，搭载的航天员是费俊龙、聂海胜。神舟七号载人飞船发射时间是 2008 年 9 月 25 日，搭载的航天员是翟志刚、刘伯明、景海鹏。

吃透技术、规范操作，严守纪律、确保安全，坚持高标准、实现零缺陷，用成功报效祖国、用卓越铸就辉煌"的铮铮誓言，用成功兑现了对党和人民的庄重承诺，用行动谱写了一曲中国航天人勇于攀登、敢于超越的凯歌，用心血打造了高品质、高可靠的飞天之舟，用辉煌树立了中国航天追求卓越的一面旗帜。

攻关神六　世界一流

首次载人航天飞行任务圆满完成后，飞船队伍的管理人员、技术人员都作了较大层面的调整。张柏楠出任神舟六号总设计师，尚志则接过总指挥的重任，历史的交接棒交到了新一代神舟团队手中。能否继续载人航天的辉煌，能否承接上一代"神舟人"的重托，迎接他们的第一个大考，就是神舟六号任务。

与神舟五号相比，神舟六号飞船要从"一人一天"跨越到"二人五天"。同时，航天员还将首次进入轨道舱生活并开展科学试验活动。这是我国载人航天三步走中承上启下的重要一环，也是中国载人航天技术实现跨越的重要一步。

攀登天梯的每一步都是极其艰难的历程，要实现这种跨越面临着巨大挑战。例如，在地面上，"冷凝水"是很平常的物理现象，在太空中，却是一个大问题。神舟六号的航天员在舱内要频繁活动，出汗和呼吸会带来"冷凝水"。空间有限的舱内，冷凝水聚集多了会造成湿度过大，对舱内仪器正常工作和航天员生命安全产生重大影响。神舟团队想方设法、克服困难，在地面生生造出了一个"类太空"环境，让模拟航天员在环境中生活 7 天，以此研究探索解决方案。经过大家的不断摸索、试验、总结，终于通过增加舱内冷凝水收集能力和优化整体环境"双管齐下"，找到了最终解决办法。

冷凝水只是无数难题中的一个。但再多的难题也挡不住神舟团队的前进步伐。神舟六号飞船上与航天员相关的设备成倍增加，为了解决系统优化问题，总体设计人员深入到有效载荷研制单位组织方案修改，对每一项技术指标、参数进行详细论证。在两个月的时间里，他们每天工作 12 个小时以上，周六周日也难得休息。神舟六号飞船发射成功后，他们说最想做的事，就是"好好睡上一觉"。

航天员在太空的吃喝拉撒，都是需要逐一解决的问题。仅吃饭问题，大家就开展了大量细致入微的设计。从每顿饭的就餐舱段，到食品标记，再到取用位置，甚至连坐在哪里吃饭、采取什么姿势吃饭、用什么工具，都做了周全的设计安排。航天食品大部分是复水食品，需要加热才可食用。那么需要什么样的复水和加热设备，设备什么时候用、怎样用？飞船设计师们都要一一考虑得非常周到细致。饭后的垃圾怎么处理？应急、救生食品放在哪里？能不能方便取用？……这些看似非常细小的问题，设计师们都高度重视，通过反复的试验、调整、再试验，一一寻求最佳解决办法。

为航天员打造安全舒适的"家"，是飞船研制人员的最大心愿。在对飞船内装修的时候，设计师们考虑了方方面面，绞尽了脑汁。为了保证环境安全，对所有装船的材料，都要进行气体溢出试验，并对每一种气体进行分析。为了防止舱内发生火灾，对飞船使用的全部材料都进行了大量的阻燃试验。为了调节航天员的心理、情绪，对色彩进行了科学的搭配和综合平衡，各种灯光亮度颜色都做到可根据航天员个人的需要和习惯自行调整，给航天员营造了舒适的环境。

神舟六号的研制队伍在不到两年的时间里，对飞船进行了一番全新的设计和改进，每一项细微的工作都体现出他们对航天员安全的关心，每一项细微的工作都体现出他们对航天事业的热爱。在"世界一流"的攻关路上，大家用敢于吃苦勇于吃苦的劲头，一点一点战胜困难，一步一步走向胜利。

八道锁卫护"生命之门"

神舟六号飞船返回舱和轨道舱是航天员在太空中的"两居室"，两室之间有一个圆形的舱门，用于为返回舱提供密封环境，以确保返回舱舱内压力。可是，航天员关闭舱门后能不能保证密封，会不会出现问题？一旦这道舱门密封不良发生空气泄漏，航天员的生命便会失去保障。对于航天员来说，这就是一道生命之门。为航天员打造生命之门的，是神舟六号飞船结构与机构分系统的研制人员们。

怎样才能保证舱门的密封性绝对可靠、开关准确自如呢？为了实现这个目标，研制人员日夜攻关，为这道舱门设计了八道"安全锁"，进行了上万次试验，最终从改进密封性能、在轨检漏、舱门清洁等多方面摸索出一套规律，并对航天员进行了专项培训，保证他们能够顺利、安全地关闭舱门。

第一道"安全锁"，确保设计科学无误。神舟六号飞船的舱门设计和加工工艺十分复杂。仅舱门设计图纸就有100多张。科研人员反复揣摩，边攻关、边试验验证、边总结经验，终于找到了最佳数据，保证了每一个零件和每一个尺寸都准确无误。

第二道"安全锁"，舱门安装密封锁。神舟六号飞船的舱门不同于普通的房门，要关好这个门，不仅用力要合适，而且操作要准确。为了保证舱门的密封性，科研人员在舱门上共设计了6把联动杆锁，只有6把锁全部到位，舱门才能准确锁上或解锁打开。

第三道"安全锁"，双保险保证密封性。飞船在太空飞行时，舱外没有空气，而舱内必须保证和地面一样的大气压力。为此，科研人员在舱门的金属边上设计了两道密封圈，采取了双保险，对每个密封环节都采用冗余技术，以保证关上舱门后，密封性百分之百达到要求。

第四道"安全锁"，多手段验证可靠性。为了使舱门精细到夹住一根头发丝都能察觉和报警，确保舱门密封的可靠性，科研人员还设计了各种故障模式，在真空罐里进行了长达数月的环境试验。

第五道"安全锁"，快速检漏测试密封性。航天员怎么才能知道舱门关上的密封性能呢？时间紧迫，大家集思广益，提出了舱门快速检漏法，研制了快速检漏专用设备，让航天员能在关闭舱门约十分钟以内就完成对舱门上双道密封圈的快速检漏。

图 10 │ 为胜利欢呼吧！

　　第六道"安全锁"，秘密武器除绒毛。舱门金属面上有两道"非常娇贵"的密封圈，即便是比头发丝还细小的多余物都不能有。解决这个问题技术难度很大。在三个多月里，大家研究了多种方法，进行了数百次试验，终于找到了一种方法和材料。用它擦拭密封圈不留水迹，不产生静电，又能把密封圈擦得纤尘不染。

　　第七道"安全锁"，科学设计脚踏板。在太空失重条件下开关舱门是一件很不容易的事。为了保证航天员操作方便、准确，能够用上劲，科研人员设计了许多着力点，比如左脚踩在什么地方，右脚蹬踏在哪儿等，都有固定的位置，并编写了详细的开关舱门操作手册。

　　第八道"安全锁"，反复操作熟生巧。在设计舱门及其开关程序的过程中，科研人员指导航天员反复进行环境模拟试验，同时，根据航天员的反馈不断优化设计方案，最终达到了在太空中操作的要求。

　　八道"安全锁"，凝聚着研制人员的心血，体现出航天人精益求精、追求一流的精神风貌和聪明才智。为了航天员的生命安全，为了确保飞行万无一失，他们本着如履薄冰、永无止境的态度，继续践行和发扬载人航天精神，咬紧牙关、快速成长，把工作做到百密而无一疏，担当起了党和人民赋予的重任。

神七"瘦身"前行

"神六"升空是两个人，而"神七"是三个人还要完成出舱任务。增加一个人后，返回舱中航天员的生活、救生物品、应急食品随之增加。而仅一个人的装备压力服、生理测量等装备，加起来就增加70到80公斤。主任设计师朱光辰预感到重量有问题，马上建议做方案设计的同志，把返回舱重量复核一下。果然，技术人员经过复核后发现，返回舱开伞指标超重60多公斤。如果返回舱重量大了，着陆速度便大，着陆冲击也随之增大，伴随航天员的不安全因素也大大增加，后果不堪设想。

问题提出后，经过大家集思广益，决定在保证重要功能配置不减的情况下，为返回舱开展"瘦身""减重"运动。神舟团队干事"麻利"，一旦决定了，整支队伍就握成"拳头"合力去完成，返回舱减重也不例外。

飞船的两总果断提出首先减掉一个坐舱风扇的主意。大家按照这个方案去试验验证，果然非常正确。总体人员冲锋在前，各个分系统鼎力支持，整个团队"一盘棋"。大家有设计的，有组织的，有负责重量复核的，还有进行舱段改装、配重实施的。虽然大家手头都有不少"火烧眉毛"活，但两总们一声招呼，没人含糊，各个分系统不仅投身其中，而且还通过试验证明调整配置后，对自己分系统功能没有影响。大家摒弃了粗放型的工作方式，在减重上处处精打细算。两总系统大力督促，研制集体通力合作，经过9个月的"减重"运动，返回舱"瘦身"工作大见起色。

应该说，返回舱减重是计划外任务。所有参与的同志无一例外都是加班加点参与其中。工作中，大家忘了苦与累，每个人都成了拼命三郎。规模较大的试验，3天完成3个，速度非常之快。在办公室、试验现场，大家聚精会神、挑灯夜战，20多人为"减重"抛家别子、忘我奉献。

此外，研制人员还要克服许多意想不到的困难。如做除湿试验的时候，必须有人模拟航天员进返回舱内检查湿气。找谁呢？为了把工况搞得再苛刻点，负责这个工作的朱光辰等 3 位同志责无旁贷。狭小的舱体座椅已装好，这是按航天员体形设计的，他们可以合适地靠上去；但朱光辰等是"大块头"，每次也在里面待足两个多小时。关了舱门后，里面密封了，安全成了问题。总指挥尚志惦记着大家的安全，让舱内、外的试验人员都拿好对讲机不停地通话。两个工况，共 4 个多小时，型号两总就这样一直在舱门口守着。有队员不言苦的坚持和两总强有力的支持，大家抱定必胜信心，面对千难万险也要拼搏向前，迈过沟坎、闯过难关。

在两年多的时间里，神舟七号的研制队伍将国家利益、对航天事业的追求与个人的价值紧紧结合在一起，牢固树立奉献意识与大局意识，克服艰难险阻，勇攀科技高峰，终于突破掌握了航天员出舱活动关键技术。

在太空挥舞五星红旗

实现出舱活动是神舟七号飞行任务的主要目标，是中国载人航天工程第二步战略任务的重大技术突破，这是中国航天的大事，也是中华民族的大事。该以什么样的方式把中华儿女的风采镌刻在浩瀚太空，记录下这历史性的辉煌时刻？出舱展示国旗，是很多工程决策者和参研者不谋而合的选择！

距离神舟七号飞船发射前半个月，工程领导决定采用飞船系统绣国旗的方案，并请载人航天工程各大系统的研制人员都来参与这面国旗的绣制工作。"试验队员同绣国旗"的方案被正式确定下来，并转入正样实施阶段。这不仅得到了各大系统的积极响应，同时也极大地鼓舞了参试队员的爱国热情。

一面国旗，不仅仅是一面出舱的展示品，更是一件地地道道的上天产品——一个研制周期最短的上天产品！从国旗的材质、工艺、功效等各个方面，都经过了航天人极其专业的考量。就拿绣制工艺来说，飞船系统几名十字绣"女将"通过验证发现，一层绣布太薄，在太空失重的情况下展示效果不好，所以决定把两块布料正反面合绣在一起来解决这一问题。她们跑商场、逛小店，买来了专业绣架，通过反复比较和论证，最终发现选用六股线、十字交叉绣的绣法最为理想。

旗杆的设计更有讲究，为了便于航天员展示，旗杆直径与舱外把手的直径是一致的，长度也和航天手套比例搭配最为合适，另外还选用羽毛球拍上的防滑胶布缠绕旗杆把手以加大摩擦力……所有设计都满足了航天员出舱展示国旗的"工况"需要。

2008年9月17日，历史记录下了载人航天工程各大系统试验队员共绣一面国旗的时刻：来自中国载人航天工程、中国航天科技集团的领导、老专家，以及飞船系统、航天员系统、火箭系统、应用系统、发射场系统、测控系统、回收系统的200多名领导和试验队员，在绣布上庄严地绣出了金灿灿的五颗星，并在纪念旗帜上签上了自己的名字。

2008年9月27日16时40分左右，历史将永远铭记这一刻——航天员翟志刚进行中国首次太空出舱活动。在蓝色地球与壮美星空的映衬下，他顺利打开神舟七号飞船轨道舱舱门，头部慢慢探出舱外，中国人第一次亲身进入并感受到了美妙的地外世界。在浩瀚的太空中，他挥动着鲜艳的五星红旗向世界人民致意。中国人漫步太空的时代来了！这面红旗，凝聚了航天人矢志报国的满腔热忱；这面红旗，展示了中国人探索浩瀚宇宙的豪情壮志。

忘我拼搏为航天　亿万双手托神舟

载人航天工程不仅产品复杂，零失误的要求高，而且关系着航天员的生命安全，研制队伍的能力和作风，是保证航天工程任务成功的关键因素。

为了尽快让这支年轻的队伍成熟起来，唯有严格要求。神舟六号研制工作全面铺开后，作为总指挥的尚志几乎是现场跟班作业，从工作决策到计划调度，总是盯在现场。哪里出现了短线，他就及时靠上去，教方法传经验甚至是手把手地帮带；哪里有了难题，他就帮着出主意想办法。工作中，哪怕有一点点违规，他都不会放过，干工作真是到了事无巨细的份上。经过一段磨合，使命、责任、任务、时间观念深深地根植在每个人的心中。

不过，工作作风严格的尚志也有"柔情"的一面。他总是把队伍里的年轻人称为"孩子们"。团队里的"孩子们"继承了严慎细实，也继承了拼搏奉献。一个负责飞控调度的青年技术骨干，直到他爱人怀孕临产，第二天就要做剖腹产手术，才向尚志请假，而在这之前，整个团队竟没听他说起过一次。为了确保任务发射节点，队伍里几个年轻人都推迟过自己的婚期……尚志说，他以后不准备再去参加"孩子们"的婚礼了，因为参加婚礼本是件开心的事，可是每次在婚礼上想到大家平时的付出，他又总忍不住感动得流泪："我们这些年轻人啊，就是有些傻，傻得执着！"

作为一项涉及众多科技领域的宏大系统工程，中国载人航天工程由七大系统组成。据不完全统计，直接参与载人航天工程研制工作的研究院、基地、研究所一级的单位就有110多个，配合参与这项工程的单位则多达3000多个，涉及数十万科研工作者。航天事业的发展离不开全国各行各业的大力协同，同舟共济、团结协作是航天事业的宝贵品质。

西安的发动机、天津的太阳帆板、河南的电连接器、上海的推进器、四川的元器件……一声令下，前一天还在工厂的设备第二天就送到了北京的总装车间。每次执行飞船发射任务，从国内外的各测控站到海上测量船，成百上千的雷达和各种跟踪测量装备几乎同时启动，成千上万的工作人员把一组组数据由四面八方汇集到北京、酒泉……

以飞船对接器为例，其中就包含了100多个测量传感器、近300个传递力的齿轮、1万多个紧固件，数以万计的导线、接插件、密封圈和吸收撞击能量的材料等。这些零部件结构异常复杂，生产线遍布全国，有的在贵州，有的在安徽，有的在黑龙江……它们最后跨越千山万水，在总装车间汇聚在一起，携手共赴天际。这种跨地域、跨行业的配合，困难极大、风险极高，没有同舟共济、团结协作的精神，根本无法实现。有荣誉共同分享、有困难共同克服、有余量共同掌握、有风险共同承担，这是所有参与载人航天工程研制单位的工作准则。

为了祖国的载人航天事业，工程建设者们默默承受着常人难以承受的困难和压力，不计个人得失、不求名利地位，以苦为荣、以苦为乐、无怨无悔。他们为航天事业奉献了青春年华，奉献了聪明才智，有的甚至献出了宝贵生命，书写了许许多多可歌可泣的感人事迹，涌现出许许多多令人敬佩的时代英雄。在飞船副着陆场训练了8年的搜救队员居然从未见过飞船，他们最大的愿望就是能亲手摸摸返回舱。飞船调试技术人员甚至不知道自己调试的元器件最终会用在何处，他们却有时要为调试一个元器件，在北京工厂和酒泉基地间往返几十次。当问到他们是否值得时，他们总是笑着说："只要飞船上有咱们的东西，就高兴。"一位航天幕后英雄曾这样深情地写道："我们有幸成了人们的踩路石，不管春露秋霜，无论冬来夏往，石子铺就的小道或大道，任由人们踩踏。因为石子的承受，才有了人走的路，相伴着人生辉煌……"

几代"神舟人"怀着强烈的爱国情怀和对党对人民的无限忠诚，呕心沥血、奋力拼搏，像拧螺丝一样把自己拧在工作岗位上、拧在祖国的航天事业中，在平凡的岗位上追逐着不平凡的人生理想，以实际行动兑现了"用成功报效祖国、用卓越铸就辉煌"的庄严承诺。

第六节　神舟往返天地　天宫太空穿针

天宫一号与神舟八号、神舟九号交会对接任务的圆满实施，全面突破了载人交会对接技术，为我国载人航天工程空间实验室和空间站的建设奠定了基础。① 浩瀚的太空，再一次见证了中国航天人的坚毅、智慧与勇气。他们把国家利益举过头顶，把一切困难踩在脚下，用勇攀科技高峰的昂扬斗志，用无懈可击的出色表现，再一次让世界为中国侧目、为中华儿女动容。

① 天宫一号目标飞行器发射时间是2011年9月29日。神舟八号飞船（无人任务）发射时间是2011年11月1日。神舟九号载人飞船发射时间是2012年6月16日，搭载的航天员是景海鹏、刘旺、刘洋。

太空新家 一厅两卧

天宫一号是一个全新的空间飞行器平台，与以往发射的神舟飞船最大的区别之一在于在轨飞行时间长，要为航天员提供一个长期空间驻留的"家"。与作为天地往返运输工具的飞船相比，它的技术特点有着根本性的不同。

面对一个从未探索过的领域，肩负实施中国载人航天二期工程的使命，天宫一号研制队伍任务艰巨、责任重大。没有成熟的经验可供借鉴，没有充分的数据可以参考，要实现两年寿命、完成多次交会对接试验，其难度可想而知。

攻关难，难于上青天。为完成先期的整体设计，研制人员既要考虑空间环境的种种条件，又要对飞行器的总体结构了然于胸，还要对飞行器相应状态下电路的排布、防热的措施、软硬件系统的接口等各项分系统工作有全面的了解，同时还要充分考虑到航天员长期驻留遇到的问题。研制人员大胆探索、不断改进，努力打造一个太空新家。

整个生活工作区域是个"两室一厅"。中间是长条形的厅，左右两边是两个卧室，提供休息、睡觉的场所，能支持两个人的生活和工作。厅里面分为不同的区域，包括储物区、锻炼区、科学实验区以及仪表操作区。每侧一个的卧室不算太大，每个1.3立方米，但一个身高一米八的人睡在里面一点问题都没有。"钻进"睡袋，拉链一拉，灯光、温度和湿度就会自动设定。睡觉的时候，脚还是冲着地球，头边上有个舷窗，能往外看看太空"夜景"。

完美的产品需要完美的设计，时刻都不能掉以轻心。研制人员遇到的最大挑战是考虑好"变数"和"后路"——万一设计出现偏差，有没有后续补救的方案；如何确保两年在轨的长寿命和高可靠性……一个个难题摆在了研制人员面前，这些在地面看似简单的问题到天上却变得异常复杂，需要高超的智慧来一一化解。集智攻关，充分设计，敢于挑战！天宫一号研制人员相继攻克了姿轨控和能源的控制、环控、热控、热管理等设计难题，并及时解决了天宫一号在轨寿命期内经太阳活动高年，受太阳辐射强、高能带电粒子活跃等影响可能发生的各种问题。他们假设了无数个"万一"情况，编订了各种情况下的解决方案……无数的心思和精力为的是肩上沉甸甸的责任。

正是因为有这样锐意进取、勇攀高峰的研制队伍，坚持不懈地用自己的青春和智慧不断向科技制高点发起冲锋，才会有载人航天任务的连战连捷，以及载人航天事业一个又一个里程碑。

史上最受期待的"初吻"

2011年11月3日凌晨1时许，北京航天飞行控制中心飞控大厅灯火如昼。此刻，在深邃的太空中，神舟八号无人飞船和天宫一号目标飞行器正在执行首次空间无人交会对接任务；在地面的飞控大厅里，人们屏住呼吸，翘首以待中国航天史上的"太空初吻"。

这既是一场太空约会，又是一场太空中举行的接力赛。跑道设在了距地面343公里高的太空，前面的选手拿着一根绣花针，后面的选手要把一根丝线从针眼里穿过去，而且两位选手都在高速飞行。

天宫一号和神舟八号是两个独立的飞行器。在茫茫太空中如何寻找到对方，信号捕捉尤为关键，一丝一毫的偏差都可能导致任务失败。为此，研制人员在天宫一号前锥端装了CCD敏感器、微波雷达应答机、激光雷达等配合交会对接使用的设备。然而，测试试验结果，并不像最初想象的那么完美。尽管做足了故障预案，研制队伍还是遇到了"拦路虎"。

天宫一号目标飞行器的前锥端设计采用了银灰色的热控包覆层。但研制人员在试验过程中，很快发现在暗室里做光感、匹配等试验时，这种颜色会对敏感器造成光干扰，而这种干扰是过去没有发生的。如果背景光处理不好的话，会直接影响到交会对接敏感器设备的测量精度，或者说导致无法识别目标飞行器，这是非常重要的问题。

正视问题，排除困难。一场攻坚战迅速打响，设计人员、生产厂家、测试人员，被火速召集起来。问题出在哪里：材料？颜色？测试？……研制人员先后选取了不同的材料，对不同的背景颜色逐一进行试验验证。大家集思广益，认真比对，共同排查问题。

节点非常紧张，责任非常重大！时间一天天过去，测试报告一天天变厚，研制人员一天天消瘦，但问题也一天天地明朗。不知经过了多少个不眠之夜，也不知经过了多少次试验验证，研制人员最终确定，使用黑色热控包覆层为最优方案。

四方联合模飞试验是天宫一号研制过程中规模最大、系统最复杂的一次试验，同时也是发射前目标飞行器与飞船最直接的一次实战演练。2010 年 3 月 8 日，冒着早春的大雪，包括航天员、神舟飞船、目标飞行器、地面测控系统在内的发射场合练试验队，乘火车离开北京，前往酒泉卫星发射中心开始发射场联合演练。

测试工作异常艰苦，每天都要监视大量不断变化的数据，从这些枯燥的数据中发现系统可能存在的问题，确保判读准确无误、不漏判。但研制人员却毫无怨言，默默地克服各种问题。他们顶严寒、冒风沙、忍疲劳，奔赴各站点进行测控工作；他们带着几十个沉重的设备箱，沿途搬运装卸，无论是屏蔽间内，还是奋战在露天检测现场，每当到达一个新的目的地，不管有多晚、有多累，要做的第一件事总是检查设备是否完好。

在四方联合模飞试验中，研制人员先后开展了匹配试验、微波试验、电磁兼容试验、光学试验等一系列验证试验，充分验证了飞行器的技术状态，为夺取最后的成功奠定了坚实基础。

2011 年 11 月 3 日凌晨 1 时 29 分，经历近 43 小时飞行和 5 次变轨的神舟八号飞船与等待已久的天宫一号目标飞行器成功对接，在静谧太空中上演了一场属于中国的"天神拥吻"盛景。这标志着我国成为世界上第三个独立掌握交会对接技术的国家，并达到世界领先水平。交会对接的过程虽然只有短短几分钟，却是研制队伍历经十余年艰辛努力的结果，飞控大厅里一片欢腾，许多人更是泪流满面。

手控交会对接不简单

神舟八号和天宫一号的"太空初吻"，充分验证了自动交会对接技术。

接下来，神舟九号和天宫一号将实现我国首次手控交会对接，这也将成为我国全面掌握空间交会对接技术的标志。为了这件事，手控交会对接的研制队伍"十年磨一剑"，克服了数不清的困难，付出了数不清的汗水。

航天器手动控制系统从来没有搞过，技术原理是什么？关键技术在哪里？许多问题困扰着研制人员。在那段时间里，航天员训练中心频频出现研制人员的身影，他们在向负责航天员训练的专家请教人体工效学概念；航空部门经常留下研制人员的足迹，他们在向专家详细了解飞机的驾驶原理，还坐在驾驶员训练舱里，手握驾驶杆，体味驾驶的感觉；图书馆、资料室里，技术人员翻箱倒柜地查阅各种资料，每天走得最晚的往往也是他们……经过艰辛的努力，我国首个航天员手动控制系统方案终于有了雏形。

如果说自动控制系统技术是一步一个脚印逐渐成熟起来的，那么手动控制系统则是在连滚带爬中摸索前进的。研制人员经过长期积累和试验，大胆提出了采取手动"半自动"控制模式，即采用智能的计算机作为系统的核心部件，航天员如同按触摸屏或手柄一般，只要按一下，就可以有一个持续的效果。大家还把当时最先进的全姿态捕获、相平面开关线、姿态控制等先进技术引入到手动控制系统当中。尤其是使用我国自主研发的"地—地"型全姿态捕获技术，当飞船姿态失控时，航天员只需要操作按钮，就能通过全姿态捕获重新建立飞船正常姿态，大大提升了手动控制系统的可靠性。

不知道经过多少个通宵达旦的攻关，一套成熟的方案终于出台了。方案有了，但要想把方案变成产品还有漫长的路要走。

在研制中，手控系统最核心的部件——控制器给技术人员出了一个大难题。起初，技术人员打算沿用过去的控制器。但随着任务的加大，软件研制人员最先发现这个控制器运行起来越来越慢，以致很简单的程序语句也要运行好长时间，只能不断优化编程来提升运算速度。研制人员意识到，现在的运算能力已经到了这个控制器的极限。分系统的两总果断决策，火速启动新控制器的研制。

这时，留给手动控制器的研制时间不到一年。其他分系统已经就绪，控制器的大小尺寸、内外接口已经固定，研制人员只能想办法"用旧瓶装新酒"，一边从老控制器中挑出有价值的部分，另一边又加入先进的软件。终于，新控制器的运算能力得到整体提升。

太空环境非常复杂，到底怎样检验手动控制系统的可靠性？2010年大年初三，研制队伍踏上了手动控制系统外场试验的征程。外场试验地点在天津市的荒郊野外，条件非常艰苦，凛冽的寒风吹得他们浑身发抖，可是，他们全然不顾。

试验进行得并不顺利。在测试中，技术人员发现成像亮度调节有问题。比如在正常的视场里，可以看清楚状态，但是敏感器如果在视场里发现有一个不知名的亮光，它就会误认为现在亮度很高，于是就自动地调低亮度，但是对航天员来说，视场的亮度已经不足以看清楚靶标。虽然研制人员已经把运算的阈值改了又改，但还是不敢百分之百保证不出问题。于是，研制人员又额外加入了手动调光功能，经过反复试验，终于使设备完全满足了要求。

图11 | 神舟九号与天宫一号实现手动交会对接

为了设备的可靠性，研制队伍就是这样不断地克服困难、挑战自我，默默地耕耘，用汗水与青春换来了最后的成功。当航天员驾驶神舟九号飞船缓缓靠近天宫一号，让二者完美对接在一起的时候，他们不禁欢呼雀跃，因为成功已经永远地被定格在了遥远的天穹。

这次"串门"很欢乐

2012年6月18日17时许，航天员景海鹏如鱼儿一般轻巧游入天宫一号，随后，航天员刘旺、女航天员刘洋也以同样姿态进入天宫一号，这是中国航天员第一次到正在太空运行的目标飞行器里"串门"。一切都来得那么轻松和欢乐。尤其是三个航天员在镜头面前一齐挥手致意时，刘洋还没能完全稳住身体，在太空失重环境下差点又要飞起来。地球上目睹这一刻的人们都为之忍俊不禁，欢笑声似乎回荡在天与地之间。

当然，一切不会是看起来那么轻松。欢乐背后，是巨大的压力和不断的创新。

无论是实施无人首次交会对接，还是实施首次载人交会对接，都离不开一个关键的设备——交会对接机构，它是关系两个航天器能否连接在一起的成败所在。

20世纪90年代初，对接技术只有俄罗斯和美国掌握。面对苛刻的引进和合作条件，中国航天人难以接受，下决心自力更生、自主创新，必须研制出中国人自己的交会对接机构。

对标国际，研制人员一开始便提出了采用跨越式发展的思路——研制能与国际空间站相匹配的异体同构周边式对接机构，保证人货通行方便。异体同构周边式对接机构适应性高、承载能力强，但与此相应的是重量大、对接初始条件要求严格、构造复杂。为了将这个方案论证清楚，大家认真学习研究，收集到的各类资料装满了整整十个大箱子，仅论证报告的撰写就用了三个多月时间。艰辛付出没有白费，通过一轮轮的评审和质询，团队提出的方案最终被采纳了，迈出了对接机构研制决定性的一步。

把理论转化为设计方案难，而把方案变成符合工程应用需求的实物更是难上加难！如何模拟太空微重力环境下的对接过程，成为摆在研制人员面前的第一道难关。刚开始，团队尝试用滑车方案，但是摩擦力太大，无法模拟飞行器在太空中的环境特性。后来一名设计师建设性地提出了气浮平台的方案。但这个方案的关键是需要建立两个平整度高和稳定性好的平台，整个平台在任何情况下平面高低起伏不能超过千分之三毫米，也就是 1/20 根头发丝的直径。通过查询各种资料，发现只有泰山花岗岩才能满足上述要求。于是，他们亲赴泰山石矿区，仔细考察了一个多月，终于开采到了两块 70 多吨重的大石头，又用五个多月的时间加工成两个 20 吨重的精细平台。在这个平台上，两个 8 吨重的飞船模型只要用手指轻轻一点就可移动，而且还可以根据试验需要设置各种初始对接条件。

有时候，成功往往就是源于最后一小步的坚持。2007 年，对接机构地面模拟试验时测得分离角速度太大，超过了 0.35 度 / 秒，达不到设计要求。角速度过大，就可能导致天宫一号和神舟飞船发生碰撞甚至侧翻，后果不堪设想。整个团队开始了无休止的攻关、分析、试验，再攻关、再分析、再试验……但试验结果始终没有大的改观。科学是严谨的，需要用数据和事实说话，没有任何捷径可走。经过 170 多次的反复试验、分析和改进，最终用最严苛的环境条件来模拟，将分离角速度做到了 0.1 度 / 秒。

正是神舟团队自主创新的艰辛探索，正是这一系列中国创造的新技术、新创造、新突破，让中国人在飞天路上行稳致远。

挑起重担的年轻人

在三百多公里的高空，在每小时运行 28000 公里的速度下，两个飞行器要交会对接在一起，必然不是一件轻松浪漫的事。差之毫厘，谬以千里，甚至会极端凶险。缔造"完美一吻"的交会对接任务团队，是一批平均年龄只有 30 岁的年轻人。

天宫一号与神舟八号飞控试验队的每天是这样度过的：在北京飞行控

制中心二层、指挥一厅，对接机构监视岗、热控监视岗、仪表照明监视岗、推进、测控、电源等 13 个分系统、40 余个岗位日夜监测着天宫一号的一举一动，每时每刻几乎都座无虚席；不远处的飞船厅里，能量平衡岗、系统校核岗等近 20 个岗位的工作人员忙进忙出，为身在一厅的同事们传递信息、提供支援。每个岗位的工作人员需要从头一天早上 8 点一直工作到次日早上 8 点，然后由换班同事顶替，在休息 24 小时后，继续回到岗位上。这种工作强度不仅是对科研人员耐心的考验，也是对其体力的考验。

这群年轻的面孔不喊苦不叫累，用顽强的意志支撑着自己，干好每一天每一项工作。按照任务计划，一项在轨测试要连续开展 8 天 8 夜，正好碰上了国庆假期。很多入职没几年的航天新兵主动要求放弃休假，坚守岗位继续战斗。调度小朱连续值了 2 天 2 夜的班，顶着大大的黑眼圈，笑道："实在忙不过来的时候，谁也不好意思自己歇着，就盼着天宫平平安安的就行。"无论如何疲累，飞控中心的岗位上从来没有出现缺岗、无故离岗现象。

负责天宫一号与神舟八号交会对接机构的小沈，2011 年刚 27 岁。这个对接机构是空间交会连接任务的核心与关键。神舟六号发射时，小沈正上大四，和同学窝在寝室里看得热泪盈眶。2009 年研究生毕业后，他成为空间对接机构一名设计师。在任务最紧张的时候，大家连续十几天工作到凌晨两三点，周六日也得不到休息是常有的事。但小沈说："人生的意义，在于不断地追求；人生的欢乐，源自事业的成功。"

每次载人航天任务的镜头中，那一张张青春的面孔引人注目，让国外航天官员欣羡不已。这些充满活力的年轻科技工作者，怀着对理想的追求和对实现梦想的强烈渴望，冲破重重难关，登顶一座又一座科技高峰。对载人航天工程的这批接班人，孙家栋信心十足："我相信，依靠这支队伍、这批人才，我们的航天事业一定可以冲到和世界航天大国并驾齐驱的位置。"载人航天的未来在更深远的太空，为了心中的载人航天梦，年轻的神舟团队，脚步一刻也不会停歇。

　　小故事彰显大担当，体现大格局，反映大情怀。从 1992 年载人航天工程立项以来，神舟团队一路艰辛、一路奋斗，攻克了一系列关键技术和工程难关，冲破了国际空间站的排挤和相关国家的无端封锁、持续打压，取得了全胜战绩，创造了世所罕见的奋斗奇迹。他们为我国改革开放和社会主义现代化建设增添了新的伟大成就，为中国人民自强不息、自主创新谱写了崭新篇章，为实现中华民族伟大复兴奏响了壮丽凯歌，更为人类和平利用太空作出了重要贡献。

第十一章　星光璀璨　造福人民

　　1986年国家确定实施"862"工程后，我国在以"新三星"为代表的应用卫星领域开展了持续探索。1988年，我国相继迎来了风云一号气象卫星、东方红二号甲实用通信广播卫星首次发射成功，并开始与巴西联合研制地球资源卫星。1997年至1999年，"新三星"发射任务取得成功，东方红四号卫星公用平台研制工作启动。

　　伴着21世纪的浪潮，中国航天事业的巨轮以十足马力，向着航天大国迈进。从2000年到2012年，通信卫星主要基于东方红三号、东方红四号卫星公用平台，取得了很大发展，并走出国门，整星出口给许多国家，造福世界。资源卫星创造重大效益，打造了"南南合作的典范"。风云气象卫星持续发展，蜚声世界。北斗系统建设不断加快，继世纪之初建成北斗卫星导航试验系统后，2012年建成了北斗导航区域系统。嫦娥探月迈出重要步伐。这些璀璨的星光，更加全面地服务国计民生，产生了深远影响。

第一节　通信卫星大展身手

　　1986年东方红二号实用通信卫星投入使用后，我国又发射了4颗东方红二号甲通信卫星。同时，我国开始启动东方红三号通信卫星研制工作。20世纪末，我国开始研制新一代大型地球静止轨道卫星公用平台——东方红四号，并斩获了国际通信卫星订单，实现了整星出口。到2012年，我国通信卫星向着大容量、长寿命、高可靠的技术目标，实现了能力持续跃升，在奔向世界一流的道路上，有力推动了经济社会发展，并持续开拓了国际市场。

终于扬眉吐气了！

20 世纪 80 年代中期起，世界上出现了一股加速建立广播卫星系统的热潮。许多国家都在采取紧急措施，以建立专用的国内卫星电视广播系统或通信与电视广播兼容的国内卫星系统。同时，通信卫星在商业化道路上不断发展，市场模式日益成熟，成为航天产业最重要的角色之一，也由此实现了持续的技术创新与跨越。面对这一形势，在东方红二号实用通信卫星发射定点后不久，我国开始依靠自己的力量研制新一代通信卫星，并作为 20 世纪 80 年代后期和 90 年代前期航天技术的目标任务之一。这就是后来的东方红三号通信卫星，最终于 1997 年取得成功。我国基于此打造了东方红三号卫星公用平台。

"862"工程启动后，国防科工委要求迅速开展东方红三号通信卫星的研制，瞄准 80 年代初的国际先进水平。就这样，航天人必须在技术基础薄弱、设施条件差的情况下迈出新的大步。要研制的东方红三号卫星设计寿命 8 年，将装有 24 路 C 波段转发器。与东方红二号甲通信卫星相比，东方红三号卫星转发器数量增加 5 倍、寿命增加 1 倍，一颗差不多抵得上 12 颗东方红二号甲卫星的通信能力！但可以继承的技术只有 20%，其他全部需要创新！这在国外航天史上也是罕见的。

光阴似箭，8 年过去了。这期间我国曾与德国展开合作，但随着 20 世纪 80 年代末西方国家对华大搞封锁禁运，这项合作很快就中断了。中国的航天人自力更生、顽强攻关，解决了上百个技术难点，啃下了 11 个硬骨头课题，最终完成了卫星七大系统的研制工作以及总装和发射前的各项检验与地面试验。如果把卫星总体下发到各分系统的任务书摞在一起，相当于一堵 2 米多高的书墙……

1994 年 11 月，东方红三号卫星发射升空，卫星顺利进入地球同步转移轨道。然而，由于星上姿控推力器发生泄漏，卫星无法定点投入运行，任务最终失利。航天工程展现出高风险属性的残酷一面。而且这给国外通信卫星巨头们以可乘之机，他们很快无一例外地在北京设立了办事处，在中国市场上大肆"淘金"。中国通信卫星市场上开始充斥着国外几乎所有主要制造商的通信卫星。

仰望星空，研制队伍心急火燎、脸上无光。但大家很快擦干眼泪，继续攻关，认真查找原因、总结教训，模拟仿真实验，彻底改进部件，更换不可靠的部件和器件，进行全星热车考核。

1997年5月，第二颗东方红三号通信卫星发射升空。当遥测站传来消息"卫星入轨……太阳帆板展开"，指挥室宣布"东方红三号发射成功"时，所有人都激动地流下了眼泪。不久，卫星成功定点并投入运行。这次成功让航天人扬眉吐气。卫星的主服务区覆盖我国大陆、台湾岛、海南岛及近海岛屿的所有地区，既可以用于公众卫星通信和广播电视传输，还可以为用户提供电视会议、电话、传真、数据通信等多种服务，带来了无法估量的巨大经济社会效益。而且，该星成功后被众多国内用户选用，使得国外通信卫星转发器对华的租用费用一下子下降了很多。

当时，国务院、中央军委发来贺电。贺电说："研制、发射'东方红三号'通信卫星，表明我国通信卫星技术又上了一个新的台阶，对于进一步振奋全国人民的精神，促进我国卫星通信事业的发展，推动我国改革开放和经济建设，提高我国在国际航天领域的威望，巩固我国在国际航天发射市场的地位，都具有重要意义。"①

东方红三号卫星发射任务的成功，不仅实现了我国通信卫星研制技术的新跨越，也为中国航天事业发展提供了一个高可靠的卫星平台。它不仅成功应用于后续一系列通信卫星，还被北斗导航卫星、嫦娥一号探月卫星等采用，实现了全面开花，为推动中国航天实现更好发展奠定了坚实基础。

---

① 《东方红三号卫星定点成功　国务院中央军委致电祝贺》，《人民日报》1997年5月21日。

走出国门 走向国际

让中国制造的卫星"走出去"，是中国航天发展的必然选择。20世纪90年代末，面对激烈的国际竞争和增长迅猛的通信卫星市场，要抢回国内市场、抢占国际市场，在领域内牢牢占有一席之地，就必须加快步伐缩小差距，研制出新一代大容量、长寿命、高可靠的通信卫星平台。1999年12月，国防科工委和财政部联合下发了关于新一代大型地球静止轨道卫星公用平台预发展阶段研制工作的批复，东方红四号大平台进入预发展阶段。

世纪之交，面对我国通信卫星市场被外星严重蚕食的现状，为加快提升通信卫星的市场竞争力，中国空间技术研究院正式组建研制团队，直接瞄准20世纪90年代末的国际先进水平，加紧开展对新一代大容量、长寿命、高可靠卫星公用平台——东方红四号的论证开发工作。周志成被任命为该卫星平台项目的总设计师。

研制团队立下了"为民族工业生存发展而奋斗"的壮志，下定决心"虎口夺食"，不仅要把国内通信卫星市场抢回来，还要乘着国家实施"走出去"、不断扩大对外开放的东风，走出国门，抢占国际市场的份额。他们一边集智攻关，向大型卫星中心承力筒、大容量卫星储箱、大功率卫星热控等关键技术发起冲击，一边组建队伍积极参与全球通信卫星竞标。2004年11月，在尼日利亚通信卫星一号激烈的国际竞标中，这支队伍成功突围，一举击败了西方多家一流宇航制造商公司，成功拿下了卫星研制合同。

2007年5月，中国卫星出口史上迎来标志性时刻——基于东方红四号卫星公用平台研制的尼日利亚一号通信卫星成功发射，实现了中国整星出口"零"的突破。中国不仅出售了卫星，还帮助尼方培训了技术人员，双方的合作开创了发展中国家高科技领域合作的新典范。

2008年10月，第二颗东方红四号平台的出口卫星也走出了国门，委内瑞拉一号通信卫星在西昌卫星发射中心成功发射。这是我国首次向拉丁美洲用户提供整星出口和在轨交付服务。

2011年8月，中国又一颗整星出口卫星——巴基斯坦通信卫星1R顺利升空。这是中巴在空间领域开展合作的力作，加深了两国全天候友谊。

除了国际商业通信卫星，多颗面向国内的、基于东方红四号平台研制的通信卫星也陆续成功发射，大大改善了我国卫星通信发展面貌，尤其是彻底扭转了我国广播电视领域"长期依赖进口卫星、使用受制于人"的被动局面。可以说，东方红四号平台是21世纪前20年我国通信卫星领域的"王牌"卫星公用平台。

为了挖掘东方红四号卫星公用平台的所有潜力，东方红团队一直在努力。2011年6月，中星10号卫星从西昌卫星发射中心发射升空。这颗卫星发射重量为5220公斤，设计工作寿命13.5年，几乎在各项技术指标上都达到了东方红四号平台的上限。但大家并不满足，希望将这个平台的每一分潜力都充分挖掘出来。仅仅两年后，2013年5月2日，同样在西昌卫星发射中心，中星11号卫星发射升空。它装载了26路C频段转发器、19路Ku频段转发器、5副天线，发射重量为5234公斤，服务寿命14年，再次刷新了东方红四号平台的记录，被称为"东四平台最强星"。

"最强星"的炼就，源自一场"减重大革命"。中星11号转发器达到了45路，是当时国内自研通信卫星之最。如果沿用以往的设计思路，不仅在布局上摆不下，而且还会让卫星"超重"。面对困难，研制团队绞尽脑汁，充分利用信息化手段，开展卫星全三维布局设计，研制了体积更小、重量更轻的Ku频段介质输入多工器，开发了国内带宽最大的C频段馈源等，提高了有效载荷性能，也成功给卫星"减重"。这是我国当时自研民商通信卫星中转发器数量最多、载荷功率最高、重量最大的通信卫星，为亚太地区等区域用户提供了高质量的商业通信服务。

为了让平台能力更强、性能更优，研制团队不断推进平台技术发展，开创了东方红四号S、东方红四号增强型、全电推等系列。依托它们，各式各样的通信卫星被研制出来，在大千世界中各显神通。2008年起，我国还启动了比肩国际高水平的东方红五号卫星公用平台的论证工作。从东方红二号到三号、四号、五号，我国通信卫星在奔向世界一流的道路上，不仅做到了大容量、长寿命、高可靠，实现了平台性能的"指数级"跃升，而且还将信号覆盖到了全球数以十亿计的民众，让航天科技带来的现代文明更好造福世界人民，尤其是广大发展中国家的人民。

第二节 资源卫星成为"百家星"

1986年12月，北京京西宾馆，在国务院的组织下，国内几十个省市和农业、林业、水利、环保等20多个有关部委的代表，参加了资源一号卫星用户座谈会。代表们的观点是，资源卫星提供的资料可以广泛地应用于农业、森林、水利监测和城市规划等领域，是国民经济发展的催化剂。但是，使用外国卫星图片不仅要花掉不少外汇，而且即使是本国地面站接收的卫星图片，其版权也掌握在外国人手中，成为发展的掣肘。所以，大家一致期盼航天部门尽快研制出中国自己的资源卫星，服务于国民经济建设。

中国选择与巴西开展资源卫星联合研制，不仅加快了资源卫星发展，而且深化了国际合作，产生了深远影响。

南南合作的典范

1986年，按照国家部署，资源一号卫星研制计划正式启动。该星由实践三号卫星方案更名而来。根据这一计划，中国的资源一号卫星要赶超法国的"斯波特"一号卫星和二号卫星、美国的地球资源"陆地"四号卫星和五号卫星。

发展卫星需要方方面面的投入，资源卫星的投入也很巨大。在技术和经济条件有限的情况下，中国空间技术研究院决定走联合研制之路。当时，恰逢巴西联邦共和国正在寻找资源卫星的合作伙伴，两国迅速接洽，形成合作意向。1988年7月，巴西时任总统若泽·萨尔内访华期间，两国政府签署《中华人民共和国政府和巴西联邦共和国政府关于核准研制地球资源卫星的协议书》。①8 月，中国空间技术研究院和巴西空间研究院签署了关于联合研制中巴地球资源卫星的协议书。1989 年 10 月，国防科工委召开资源一号卫星工程大总体协调会，明确了分工和任务。

　　中巴合作研制资源卫星的消息在当时引起了强烈反响。一些西方国家舆论认为，两个第三世界国家想要研制这样一颗复杂的卫星是"痴人妄想"。但在双方的共同努力下，中巴卫星研制人员既有合作又有分工地开展卫星研制的各项工作，整体合作进展顺利。两国的分工原则，基本上是双方各自负责 50%。地面电性能测试也是如此，卫星 AIT 测试试验的地点也是两国交替轮换实施。在资源系列卫星的研制历程中，两国的项目管理人员、技术人员在研发、设计、测试、试验过程中，经历了从会议桌上争论技术问题的面红耳赤到发射成功后的握手拥抱，留下了难忘的记忆，结下了深厚的友谊，并继续为中巴共同的航天梦而不懈奋斗。

　　1999 年 10 月 14 日，中巴资源一号卫星发射成功，结束了中巴两国长期单纯依赖国外对地观测卫星数据的历史，揭开了中巴航天技术合作的新篇章。中央电视台以最快的速度向全世界转播了这一信息。中国国家主席江泽民和巴西总统卡多佐相互致信，祝贺中巴高科技领域取得的这一历史性成果。江泽民说："中巴联合研制的首颗地球资源卫星发射成功。这是两国在高科技领域合作的一件大事，也是南南合作的典范。"②

　　这颗卫星也是中国第一颗高速传输式对地遥感卫星，结束了中国没有陆地资源卫星的历史。卫星每 26 天遍扫地球一次，每幅图片涉及方圆 120 平方公里，卫星图片分辨率达 20 米。卫星在太空在轨运行 3 年 10 个月，获取了大量的图片数据，并被数十个部门的上百家单位使用，大家亲切地称"资源一号"为造福人民的"百家星"。

　　2003 年 10 月，中巴资源一号 02 星发射成功。这颗星传递的大量图片可

---

① 参见《中国航天事业的 60 年》，北京大学出版社 2016 年版，第 230 页。

② 《就两国联合研制的资源卫星发射成功　江泽民与巴西总统互致祝贺》，《人民日报》1999年 10 月 16 日。

以供我国 30 多个省份以及重要部门的 1200 多个用户使用。中国还以资源卫星为主参加了国际减灾宪章，为全球重大环境与灾害监测免费提供重要数据。同时，卫星数据在中国周边、巴西和南美洲地区也得到了广泛的应用，形成了相对稳定的用户群，卫星数据逐步实现业务化、规模化应用。

2007 年 9 月，中巴资源一号 02B 星发射成功。在非洲召开的遥感部长级会议上，中国政府承诺向非洲国家免费提供资源一号 02B 星的图像数据，使"百家星"成为"世界星"。2011 年 12 月，资源一号 02C 星发射成功，这是首颗专门为我国国土资源用户定制的业务化运行卫星。

中巴围绕资源卫星的合作不断加深。2013 年 12 月，资源一号 03 星发射后在飞行过程中发生故障，未能进入预定轨道。2014 年 12 月，资源一号 04 星成功发射，这也是长征系列运载火箭的第 200 次发射。2019 年 12 月，资源一号 04A 星成功发射。

顽强创新攀顶峰

1986 年，资源一号卫星使用的红外遥感相机研制任务启动。那一年，在一片担心甚至是质疑中，中国空间技术研究院的红外相机研制队伍启程了。

当时，红外相机研制技术是世界上少数几个国家才能够掌握的尖端技术，被称为世界光机扫描技术的顶峰，只有美国才有在轨运行的红外相机。红外相机主任设计师王怀义感慨道："当时几乎所有人都认为我们根本搞不出红外相机来。国内红外技术实力最强的研究所曾花费几百万元，用 4 年时间进行攻关，最终却以失败告终。攀登上'光机扫描顶峰'谈何容易！但是我们最终还是做到了。"

把"不可能"变成可能，是一个创新的过程。从双向线型摆动扫描装置，到大口径光学主镜、中继光学装置，从可见近红外，到短波红外，再到中长波红外探测器等，几乎每个部件都要从头攻关，而每个难关都会触及我国当时工业、工艺水平的天花板。没有高水平材料、零件、部件，还要研制出高性能的相机，有几十项核心关键技术需要各个突破，难度很大。研制过程历经三次技术反复，每一次都严重到研制或许到了要"夭折"的危险。怎么办？

坚忍不拔，继续创新。

在反复的技术攻关过程中，资源一号红外相机研制团队付出了常人难以想象的努力。在三路进光改为二路进光的设计中，研制队伍夜以继日地扑在总体方案修改设计上。那个年代计算机CAD制图还没有普及，只能靠铅笔、橡皮和尺子进行手工机械制图，大家一起翻资料、画图纸、做试验，长期通宵达旦地进行攻关，几乎都没有了白天和黑夜的概念。实在太累了，就在实验室外趴一会儿，起来了再接着干。一本本资料被翻毛了边，一根根使废的铅笔堆成了小山，方案更是修改了一遍又一遍……一分耕耘一分收获，他们最终在节点之前成功达到了目标要求。他们感慨地说："在那一段时间，大家只有一个念头，力保资源一号红外相机研制成功。别的什么都不想了！"

1999年10月，我国第一台传输型空间对地观测红外相机随中巴资源卫星成功发射，使我国成为世界上第三个拥有传输型空间红外相机的国家，结束了我国单纯依赖国外数字红外遥感资料的历史。

进入21世纪，我国的红外相机"家族"不断推陈出新，推动资源卫星性能不断提升。空间红外面阵相机、红外高分辨率相机等，不仅使多项创新性技术得到在轨验证，填补了空白，而且让我国跑步进入了"全天时观测时代"。随着技术发展，红外遥感技术也从航天扩展到航空，从可见红外、短波红外、中波红外、中长波红外发展到长波红外，从多光谱拓展到超光谱。除了资源系列外，相关红外相机还被广泛装载于风云、海洋、环境等多个系列不同运行轨道的卫星上。

第三节　气象卫星"叱咤风云"

我国的气象卫星被命名为"风云"，被世界气象组织纳入全球业务应用气象卫星序列，是全球综合地球观测系统的重要成员，具有重大国际影响，并推动我国气象事业实现巨大进步。

风起云涌见彩虹

继 1988 年风云一号 A 星发射成功后，1990 年 9 月、1999 年 5 月、2002 年 5 月，风云一号 B 星、C 星、D 星发射相继取得成功。4 颗风云一号都是极轨气象卫星，其中 A 星和 B 星未能达到设计寿命，但 C 星和 D 星均活到了"高寿"。它们得到的气象云图——图像清晰、纹理清楚、层次丰富、实用性强，达到了世界先进水平。风云一号 C 星于 1999 年 8 月交付中国气象局，9 月 1 日起正式转入业务运行，这颗星还无偿为世界各国提供有关气象业务服务。2000 年 8 月，世界气象组织将风云一号 C 星列入世界业务极轨气象卫星行列，义务为世界各国人民服务。这是对中国气象卫星的极大认可，令航天人感到十分欣慰。

在 4 颗风云一号气象卫星中，风云一号 B 星的故事尤其充分地体现了航天人自力更生、自主创新的精神。1991 年 2 月 14 日，农历除夕，风云一号 B 星受太空"天气"影响遭到空间高能粒子轰击，星上计算机工作紊乱，卫星姿态失控，如不及时抢救，将会变成一颗"死星"。次日，大年初一，正在上海休假的卫星副总设计师徐福祥接到赶赴西安卫星测控中心、组织队伍抢救风云一号 B 星的命令。他心急如焚，先是直奔飞机场，但碰上春节当天航班停飞，又立刻改买了火车票，当天踏上了去西安的路。火车上，他苦苦思索如何才能使卫星的姿态不要再偏，从而把卫星救回来。不经意间，他睁开眼睛，发现车厢里有一个戴着八角帽的新疆小姑娘，手里把玩着一个指南针。这让他眼睛一亮，脑子也突然清醒——卫星上有 3 根磁棒，与指南针里的磁针不是一样吗？通过地球磁场的相互作用，卫星或许还有救。一个救星的方案在他脑海里渐渐清晰，他忍不住脱口而出："真是天无绝人之路！"

当他抵达时，任新民、杨嘉墀等专家也陆续从北京赶来。经过充分研究讨论，抢救组一致同意用 3 根磁棒产生控制力矩的办法试一试，并巧妙地实现了控制 3 根磁棒通电相位的方法，还设计了有效的进动控制方法。经过 10 天左右的消旋和有效控制，卫星旋转速率从每分钟 10 转，下降到每秒几度左右，卫星自旋轴保持在了空间的正确取向上。

但专家们发现，当卫星消旋达到小于每秒 1 度左右时，利用 3 根磁棒与地球磁场相互作用的控制办法就会失效，卫星将无法继续消旋。为了攻克难关，徐福祥提出采用重力场控制的办法，这样就能巧妙地控制卫星的俯仰角，使它在旋转 360 度的 4 个象限内产生大小不同的重力矩。通过旋转一周产生的重力矩积分效应，让卫星姿态终于稳定不再乱转了。

经过 75 天废寝忘食的艰苦努力，风云一号 B 星终于在 1991 年 5 月 2 日全面恢复正常。这天，西安卫星测控中心大厅内鸦雀无声，大屏幕上显示着卫星缓慢"滚"向控制区的场景。当指挥人员宣布"卫星捕获地球成功"时，大厅里响起了雷鸣般的掌声。

消息报告给航空航天部后，航空航天部给予了高度评价，称这是中国航天史上的一个奇迹，也是国际航天界的一件罕事。

遥瞰神州泽四方

1982 年，国家气象局正式提出"在发展极轨气象卫星的同时，发展地球静止气象卫星"的要求。1986 年，风云二号静止气象卫星研制任务被纳入"862"工程。1988 年，国防科工委正式下达国务院、中央军委批准的《风云二号研制任务书》。1989 年 12 月，中央专委将这项任务列入中国国防科学技术"八五"计划。"风云二号"的研制队伍涉及航天系统多个研究院，以及中国科学院、中国气象局和中国电子科技集团等 12 个单位。

根据总体设计方案，这颗卫星为圆柱体，直径 2.1 米，高 1.6 米，包括天线在内总高度为 3.1 米，重约 600 公斤，设计寿命为 3 年。星上装有多通道扫描辐射计和云图转发等有效载荷，可获取有关可见光云图、昼夜红外和水汽云图，播放宽数字图像、低分辨率云图和 S 波段天气图，获取气象、海洋、水文数据收集平台的观测数据，收集空间环境监测数据。

1994 年 4 月，风云二号 01 星在西昌卫星发射中心的技术阵地进行测试时意外发生爆炸，卫星被毁。这是一起重大事故，造成了不可挽回的损失，试验队员们经受了血与火的洗礼。

大家卧薪尝胆、咬紧牙关，进行了顽强的奋斗。1997年6月，风云二号02星发射成功。李鹏代表党中央、国务院，到西昌卫星发射中心向参加卫星研制、试验任务的单位和同志们表示祝贺。[①] 中国也由此成为世界上第五个独立研制和发射地球静止轨道气象卫星的国家，并成为能够自行研制和发射极地轨道和静止轨道两个系列气象卫星的国家。卫星达到了20世纪90年代同类卫星的先进水平。

1997年12月1日，卫星正式投入气象业务服务，并由用户命名为"风云二号A星"。2000年6月25日，第三颗风云二号卫星发射成功，命名为"风云二号B星"，并一直工作到2005年5月。遗憾的是，A星入轨后星上数传/转发器的主、备份相继出现故障，发送下来的信号比正常情况下差很多，接收起来非常困难，运行10个月后又出现间歇性工作故障，B星的工作质量也不甚理想。

这时，气象部门不得不依靠国外卫星的服务开展工作。然而，国外卫星使用起来不太方便，主要是对我国西部地区观测不清、云图畸变很大，大大影响了气象部门的预报精度。

航天人没有被失利吓倒，他们吸取风云二号A星、B星的经验教训，又研制出了风云二号C星。2004年10月，风云二号C星在长征三号甲运载火箭的轰鸣声中飞向太空。这是一颗成功的气象卫星，能够覆盖以东经105度赤道上空为中心的地球表面1/3的区域，为国内外用户提供广泛服务，得到了世界气象组织及广大用户的高度评价。

2006年12月，风云二号D星升空。2008年12月，风云二号E星升空。2012年1月，风云二号F星发射成功。2014年12月，风云二号G星顺利飞天。2018年6月，风云二号H星发射也取得了成功。至此，中国第一代地球静止轨道气象卫星发射任务圆满收官。

风云一号系列卫星和风云二号系列卫星是一对好"兄弟"。风云一号经

---

① 参见《中国航天事业的60年》，北京大学出版社2016年版，第280页。

过地球两极，可以实现全球观测，可用于中长期气象预报但对同一地区的重复观测周期较长；风云二号运行在地球静止轨道上，绕地球赤道飞行，观测范围可以覆盖地球表面 1/3 的区域，几乎可以对该区域进行连续的观测，对灾害性天气预报有着重要的意义。"兄弟俩"一纵一横，实现了两种卫星相辅相成、互为补充的卫星业务运行方式，大大提高了气象观测效率。

我国气象卫星的排序是，单数为极轨卫星，双数为静止轨道卫星。随着卫星技术的提高，我国发展了第二代极轨气象卫星——"风云三号"和第二代静止气象卫星——风云四号。它们一"动"一"静"，以性能"质"的提高，实现了从追赶欧美到并跑和走向领先的跨越。它们采集的数据在世界范围内得到广泛应用，惠及世界上百余个国家和地区、国内数以千计的用户，让"风云"成为国际气象卫星中的品牌星，造福全人类。

第四节　星河如带　飞向天外

除通信、资源、气象卫星外，我国在其他多个卫星领域也取得了重大进展。

小卫星：个头小、用途大

按国际习惯，重量小于 1000 公斤的卫星被称为"广义的小卫星"。20世纪 90 年代中期，国际小卫星技术发展势头迅猛。与研发周期长、技术复杂、成本高的大卫星相比，小卫星研制周期短，经济实用，前景广阔。

1999 年 5 月发射的实践五号卫星，是我国第一颗采用公用平台思想设计的小型科学实验卫星，从立项到完成飞行星的研制，仅用两年时间，这种速度与国外大体相当。该星圆满完成了任务，并在空间单粒子效应及其对策研究等方面取得了可喜成果，为中国航天器的抗辐射加固设计提供了重要的环境参数。用该星出色完成的空间流体科学实验，获得了国际微重力学领域的重大成果。在满足科学实验的新技术试验需求之外，实践五号卫星还验证了一个可"裁剪"的、满足多种有效载荷需求的公用平台CAST968，推动我国小卫星研制技术达到国际水平。

"探测一号"和"探测二号"，是中国利用CAST968小卫星平台，联合欧洲开展地球空间双星探测计划的主角。该计划于2001年7月启动，主要目的是了解地球的磁层变化，以及影响地球发生大磁暴的因素等。合作初期，欧洲科学家对中国空间技术研究院的厂房管理、净化条件都有过怀疑。但通过卫星取样，在欧洲测试之后，欧洲航天界人士全部说"OK"，夸奖有些指标甚至比他们做得更好，并对中国同行研制的零磁设备直呼"Beautiful"！他们还对中国航天人的敬业精神和技术水平非常钦佩。面对中方希望欧方尽快交付星上测试仪器的要求，欧洲专家曾深表怀疑中方能否按时完成卫星研制。中方人员解释说："当你们在中国度假时，我们的技术人员正在加班加点地工作。"这不仅打消了他们的疑虑，还让他们感到十分惊奇。按照欧洲的试验调试周期，探测一号卫星测试时间至少需要一年时间，但中国航天人只用了6个月就完成了各项大型试验。2003年12月、2004年7月，探测一号、二号卫星相继发射入轨。

海洋一号卫星是CAST968小卫星平台的另一位"乘客"，于1997年启动研制，主要为海洋生物的资源开发利用、海洋污染监测与防治、海岸带资源开发、海洋科学研究等领域服务。2002年5月、2007年4月，海洋一号A星、B星相继升空。2011年8月，我国首颗海洋动力环境监测卫星——海洋二号卫星发射成功，主要用于监测和调查海洋环境，是海洋防灾减灾的重要监测手段，可直接为灾害性海况预警和国民经济建设服务，并为海洋科学研究、海洋环境预报和全球气候变化研究提供卫星遥感信息。

北斗导航与深空探测有大进步

导航卫星方面，1991年海湾战争爆发后，GPS第一次以武器制导方式让美国大获全胜。这场"GPS"的胜利，震惊了世界。卫星导航系统作为重要的信息化手段，对现代化军队建设和维护国家安全的重要作用不言自明。

1994 年 1 月 4 日，国家批准研制导航卫星，双星导航定位系统工程立项，卫星命名为北斗一号。2000 年 10 月、12 月，两颗北斗一号卫星相继发射成功，组成了中国第一个区域导航系统。2003 年，北斗一号 03 星发射成功，进一步增强了系统性能。北斗系统发展向前迈出重要一步。2004 年，北斗二号卫星导航系统建设正式启动。2012 年 12 月，北斗二号系统如期开通服务，服务区域覆盖亚太地区。

探月工程方面，国家于 2004 年 1 月批准月球探测工程立项，命名为嫦娥工程。2007 年 10 月，嫦娥一号月球探测卫星飞向月球轨道，圆满实现我国首次月球环绕探测。2010 年 10 月，嫦娥二号发射成功，并于 2011 年 8 月在世界上首次实现了从月球轨道出发，受控进入日地拉格朗日 2 点环绕轨道。2012 年 6 月 1 日，嫦娥二号又成功变轨，进入飞往小行星的轨道。同年 12 月 13 日，嫦娥二号对图塔蒂斯小行星进行飞越探测。

以应用卫星与卫星应用为代表的各类航天产品直接为满足国民经济建设的需要服务，在解决农业、林业、水利、矿产、能源、测绘、环保、电视转播、天气预报、减灾防灾、导航定位、应急通信、资源调查、地质勘查、铁路选线、城市建设等几乎所有的国计民生问题中发挥着重要作用，极大地促进了人民生活水平的提高。

1987 年，中共中央首次邀请我国科技界专家代表偕爱人到北戴河休养。邓小平亲切接见了时任中国空间技术研究院院长的闵桂荣等 14 位科学家。当了解到闵桂荣是研制人造卫星的专家时，邓小平非常高兴，并说："人造卫星，好！好！"[1] 他对大家说：对于你们在各自领域中做出的卓越贡献，国家感谢你们，党感谢你们，人民感谢你们；今天没有在场的许许多多在科学技术领域里做出重要贡献的人，同样地，国家感谢他们，党感谢他们，人民感谢他们。[2]

---

[1] 闵桂荣：《小平同志说"人造卫星好"》，载《中国航天腾飞之路》，中国文史出版社 1999 年版，第 15 页。

[2] 参见《邓小平年谱（一九七五——一九九七）》（下），中央文献出版社 2004 年版，第 1201 页。

第十二章 航天精神的凝练与发扬

改革开放初期，邓小平同志豪迈地号召："杀出一条血路来。"[①]不舍昼夜的改革开放历程，铺展开一条中国特色社会主义道路，成就了一次改变中国、影响世界的浩荡进军。航天人紧跟时代步伐，全面参与改革开放进程，推动航天事业与经济社会发展更加紧密地结合起来，并努力攀登科技高峰，奋力在空间高技术领域占有一席之地。

20 世纪八九十年代，航天传统精神和"两弹一星"精神得到凝练。在跨世纪的奋斗中，以神舟团队为代表的航天队伍，以特有的崇高境界、顽强意志和精神品质，在奋斗中铸就并叫响了"四个特别"的载人航天精神，展现了鲜明的时代品格和鲜红的基因底色。它们构成了航天"三大精神"，成为民族精神与时代精神的丰碑，跨越时空、历久弥新，在全社会产生了广泛而深远的影响。

第一节 航天传统精神的凝练

中国航天事业首先是在毛泽东思想的指导下创建并取得初步发展的。1978 年，"科学的春天"到来了，改革开放的春风吹来了。在邓小平理论的指导下，航天队伍继续坚持独立自主、自力更生，敢向苍穹挂新星，集中力量打歼灭战，实现了两个"一步走"任务目标，于 1984 年 4 月成功发射了

---

① 邓小平 1979 年 4 月在听取广东省委汇报时说，中央没有钱，可以给些政策，你们自己去搞，杀出一条血路来。见《中国共产党简史》，人民出版社、中共党史出版社 2021 年版，第 237 页。

东方红二号试验通信卫星,1986 年 2 月成功发射了东方红二号实用通信卫星,推动了卫星通信技术的广泛应用。与此同时,科学实验卫星、返回式卫星继续取得突破,风云气象卫星上天,空间技术展现出独有的风姿。

1986 年是中国航天事业创建 30 周年。中央领导同志对此非常重视,在多个场合题词祝贺。李先念写道:"发扬自力更生艰苦创业精神。"陈云写道:"自力更生、集中力量,发展我国航天事业。"徐向前写道:"发扬自力更生、奋发图强的革命精神,攀登航天事业的高峰。"宋任穷写道:"发扬自力更生、艰苦创业精神,攀登航天科技新高峰。"张爱萍写道:"火箭排云上九重,惊弦霹雳震长空。卅年踏破关山路,风霜雨雪数英雄。"

1986 年 6 月,航天部门编写的《当代中国的航天事业》出版。书中说,总结我国航天事业前 30 年的发展,得出的基本结论就是:中国的航天事业,要按照中国的情况来办,要依靠中国人民自己的力量来办,走我国自己的发展道路。① 这也是航天传统精神的精髓所在。10 月,航天工业部在北京集会庆祝,聂荣臻发来贺信。12 月,当时的航天工业部党组对航天精神进行了提炼和归纳,提出了"自力更生、大力协同、尊重科学、严谨务实、献身事业、勇于攀登"的航天传统精神。在随后印发的关于加强思想政治工作的决定中再次强调,要振兴航天事业,实现航天事业发展的奋斗目标,必须大力弘扬航天传统精神。②

之后,根据聂荣臻倡导的"自力更生、艰苦奋斗、大力协同、无私奉献"的精神,结合航天科技工业的具体特点,对航天传统精神的基本点作了新的概括和凝练,表述为"自力更生、艰苦奋斗、大力协同、无私奉献、严谨务实、勇于攀登"。1990 年 5 月,聂荣臻亲笔书写了这一精神。③

1992 年初,邓小平到南方视察时专门谈道:"大家要记住那个年代,钱学森、李四光、钱三强那一批老科学家,在那么困难的条件下,把两弹一星

---

① 参见张钧主编:《当代中国的航天事业》,中国社会科学出版社 1986 年版,第 496 页。
② 参见《中国航天事业的 60 年》,北京大学出版社 2016 年版,第 224—225 页。
③ 参见《中国航天事业的 60 年》,北京大学出版社 2016 年版,第 224—225 页。

和好多高科技搞起来。应该说，现在的科学家更幸福，因此对他们的要求会更多。……搞科技，越高越好，越新越好。越高越新，我们也就越高兴。不只我们高兴，人民高兴，国家高兴。对我们的国家要爱，要让我们的国家发达起来。"①

第二节 "两弹一星"精神的提出

20世纪六七十年代，我国独立自主地掌握了导弹、核弹、卫星技术。腾空而起的蘑菇云画面，响彻寰宇的《东方红》旋律，成为中国人民永恒的记忆。

"两弹一星"的研制成功，是新中国开展社会主义建设取得巨大成就的重要标志，极大地增强了国防实力，促进了科技发展，推动了人才建设，振奋了民族精神，提高了国际地位，给当代中国发展和世界格局演变带来了重大而深远的影响。1971年，中华人民共和国在联合国的合法席位得到恢复。1972年，中美两国关系开始正常化进程，中日两国实现邦交正常化。随后，出现了西方国家对华建交高潮，中国外交格局发生重大变化。国际地位的提高与国际环境的改善，为后来中国实行改革开放和更加积极参与国际事务创造了有利条件。

改革开放以后，尤其是进入20世纪90年代，中国社会从计划经济向市场经济转变，社会上掀起出国潮、淘金热，甚至流传"造导弹的不如卖茶叶蛋的"等说法。90年代中期以后，在经济快速持续发展的基础上，国家加大对国防和军队建设的投入，加快国防科技和武器装备发展。老一代航天人崇高的家国情怀和这种情怀蕴含的磅礴力量，成为时代所需、事业所需、奋斗所需。

1999年5月8日，以美国为首的北约悍然轰炸我国驻南斯拉夫联盟共和国大使馆，引发了全中国人民的极大愤慨。江泽民在随后召开的中央政治

---

① 《邓小平文选》第三卷，人民出版社1993年版，第378页。

局常委会会议上，就此发表谈话，指出："如果没有当年毛主席、周总理领导我们在非常困难的条件下搞出的原子弹、氢弹和人造卫星，我们不会有今天这样安全的局面，恐怕早就挨打了。在这个世界上，最后还是要拼实力的。我们要卧薪尝胆，一定要争这口气！"[①] 对我国驻南联盟大使馆被炸，中国政府作了严正的应对。

5 月 25 日，以考克斯为代表的美国一些反华政客，经过半年多时间的精心策划，炮制了诬称中国"窃取"美国重要军事技术的所谓《考克斯报告》，把中国自力更生、独立自主发展起来的国防尖端技术和关系到国民经济发展的重大科学技术都污蔑为从美国"窃取"或非法"获得"。

对所谓《考克斯报告》，中国政府给予了严厉的驳斥，指出这是捏造事实、颠倒黑白、无中生有、捕风捉影的攻击，是煽动反华情绪、破坏中美关系的一出闹剧。国务院新闻办负责人对记者说：众所周知，在美国对中国进行全面封锁和核讹诈的年代，中国依靠自己的力量发展了"两弹一星"等国防尖端技术。中国完全有能力自主开发任何国防尖端技术。

1999 年 9 月，中央召开表彰为研制"两弹一星"作出突出贡献的科技专家大会，隆重表彰为我国"两弹一星"事业作出突出贡献的科技专家，授予他们"两弹一星"功勋奖章。江泽民在大会讲话中提出了"热爱祖国、无私奉献，自力更生、艰苦奋斗，大力协同、勇于登攀"的"两弹一星"精神，并指出这是爱国主义、集体主义、社会主义精神和科学精神的活生生的体现，是中国人民在 20 世纪为中华民族创造的新的宝贵精神财富。

第三节　中华民族的宝贵精神财富

航天传统精神与"两弹一星"精神作为宝贵的精神财富，热爱祖国、自力更生的特质鲜明突出，其他的精神要素也是我国发展科技事业和航天事

---

① 《江泽民文选》第二卷，人民出版社 2006 年版，第 323—324 页。

业、开展社会主义现代化建设的重要经验和实践要求。

搞航天必须爱国。没有爱国之情干不了航天，也干不好航天。不论在哪一个时代，航天人都必须始终把国家利益放在首位，坚持把个人的理想追求融入党和国家的事业之中。为了这样的崇高事业而奋斗，要有奉献精神。戚发轫说：有爱才能奉献，有大爱才能有大奉献。最高尚、最伟大的爱，就是爱国家。爱国家，首先落实的就是爱岗位、爱事业。和平时期，每个人把工作做好了，就是爱国。每个人做到这一点，国家便能强大。

中国要发展，就必须自力更生，就必须艰苦奋斗、大力协同。《关于建国以来党的若干历史问题的决议》强调："我们一定要有自己奋斗到底的决心，要信任和依靠本国亿万人民的智慧和力量，否则，无论革命和建设都不可能取得胜利，胜利了也不可能巩固。"① 发展航天事业，不仅要依靠航天人自己的力量，更要搞全国大协作，发挥社会主义的制度优势。在党的坚强领导下，聚四面八方之力，航天队伍才能心无旁骛地奋斗，航天事业才能始终沿着正确的方向前进。

严谨务实、勇于登攀，是航天队伍一开始就具备的重要品质。干航天，搞航天重大工程，非自力更生、大力协同不能成，非严谨务实、勇于登攀不能胜。

1984 年 4 月，东方红二号试验通信卫星发射并成功定点后，聂荣臻在写给张爱萍的信中说："在试验前夕——4 月 7 日那天，您来看我时，我已预祝试验的成功。这不是恭维的客话，因我素知这支科技队伍是一支坚强的攻关队伍。从指挥员到战斗员都身经百战，百炼千锤，基础扎实，善打硬仗。"他还勉励大家"更要艰苦奋斗，继续发扬自力更生和勇于拼搏的精神，同心协力，集智攻关，一步一步奔向世界新技术的高峰！"② 张爱萍讲：在这样一

---

① 《〈关于若干历史问题的决议〉和〈关于建国以来党的若干历史问题的决议〉》，中共党史出版社 2010 年版，第 109 页。
② 《集智攻关奔向世界新技术高峰 聂荣臻致函张爱萍祝贺试验通信卫星发射成功》，《人民日报》1984 年 4 月 20 日。

支科技队伍面前，没有攻不下的难关，没有不可攀登的高峰。[①]

在党的领导下，通过细致的思想政治工作和系统的航天任务实践，这支队伍在建立和走向壮大的过程中，切实加强对党的理论、路线、方针、政策的学习，接受革命理想、献身精神、科研道德、组织纪律的教育，具备了优良的政治素质，有理想、有道德、守纪律，耐得住寂寞，经得起考验。他们甘愿"生当隐姓埋名，死亦默默无闻"，以严谨务实的科学精神，掌握了过硬的攻关本领，以老中青的协同合力，开创了科学的发展道路，建立了卓著的历史功勋。他们在传帮带中实现了薪火相传，以坚定步伐砥砺奋进，在自主创新中勇敢攀登，不断从胜利走向新的胜利。

锻造航天传统精神和"两弹一星"精神的航天队伍，从一开始就让党和人民放心，是国家的自豪、民族的骄傲，是航天事业兴旺发达的坚强保证。通过科学的组织与系统的安排，他们的聪明才智被充分调动起来，身上的精神力量充分发挥出来，打赢了一场又一场的战斗，夺取了一项又一项的胜利。中央始终高度赞扬这支队伍的精神作风和取得的成绩，全国人民无不为这支队伍交出的答卷而由衷振奋、备受鼓舞。人们真诚地讴歌航天人和他们的事迹、精神，并通过撰文、写诗、学习、宣讲等各种形式向航天人学习，从航天精神中汲取力量。

第四节　载人航天精神的阐发

"四个特别"的载人航天精神的提出，有一个持续凝练的过程。它不仅主要面向载人航天工程，也面向整个航天事业、空间事业。

20 世纪 90 年代，我国启动载人航天工程时，苏联 / 俄罗斯、美国在载人航天领域已经行进了数十年。尽管我国已经掌握了大推力运载火箭和返回

---

① 参见《张爱萍就试验通信卫星发射成功发表谈话　我国运载火箭和卫星通信技术进入世界先进行列》，《人民日报》1984 年 4 月 20 日。

式卫星技术，但对于载人航天，却几乎一切从零开始。

载人航天工程从论证起步到快速推进，面临着"特别"深刻的经济社会转型，需要承担"特别"重要的任务，必须克服"特别"大的风险挑战，努力实现"特别"难的目标。在党中央的坚强领导下，一批"特别"的航天人集结起来，发扬"特别"的精神，坚决向任务目标冲锋，坚决地完成了军令状，让中央放心，让人民满意，得到了高度评价。

1999年11月20日，神舟一号飞船发射成功。21日，飞船返回舱顺利着陆。23日，飞船返回舱从内蒙古着陆场运抵北京。24日，江泽民、胡锦涛等来到北京航天城，详细了解神舟一号飞船发射试验情况，仔细观看飞船返回舱，亲切会见了参加载人航天工程研制建设和试验的部分科技人员。江泽民满怀深情地对大家说："我所有的千言万语，都代替不了你们所表现出来的爱国主义精神。"①

2002年3月25日，神舟三号飞船发射成功后，江泽民在酒泉卫星发射中心发表了讲话，强调航天科技队伍是一支特别能吃苦、特别能战斗、特别能攻关、特别能奉献的队伍。广大科技人员和解放军指战员在发展载人航天工程中作出的突出贡献，祖国和人民永远不会忘记。②

3月26日，江泽民在会见航天科技人员代表时，谈到头一天晚上成功飞天的神舟三号飞船，指出：我国的载人航天事业刚刚起步，今后还要搞空间实验室和长期有人照料的空间站，任重道远。希望广大航天工作者再接再厉，开拓前进，为人类和平利用太空作出应有的贡献。③

2003年2月20日，先后研制发射了50多颗卫星和4艘"神舟"号飞船的中国空间技术研究院，迎来35周岁"生日"。江泽民致信祝贺，指出：35年来，中国空间技术研究院艰苦奋斗，顽强拼搏，取得了以"神舟"号飞船

① 李君、戴品华：《试论航天精神体系（上）》，《中国航天》2008年第7期。
② 参见《江泽民在载人航天发射场观看飞船发射 "神舟"三号飞船发射成功并进入预定轨道》，《人民日报》2002年3月26日。
③ 参见《神舟连着中南海——党中央与载人航天工程》，《人民日报》2008年9月29日。

为代表的显著成绩，为增强中国的综合国力和国防实力作出了重要贡献。他希望研究院与时俱进、开拓创新，发扬特别能吃苦、特别能战斗、特别能攻关、特别能奉献的航天作风和"两弹一星"精神，努力为中国国防现代化建设和经济社会发展作出新的更大的贡献。①

　　2003年10月14日下午，党的十六届三中全会刚一闭幕，胡锦涛就赶赴酒泉卫星发射中心，连夜听取关于神舟五号飞船发射准备工作情况的汇报。15日发射取得成功后，他发表了重要讲话，强调要进一步增强使命感和责任感，大力弘扬"两弹一星"精神和载人航天精神，科学求实、开拓创新，团结协作、不懈进取，不断夺取我国航天事业和国防科技发展的新胜利。②16日，党中央、国务院、中央军委在祝贺我国首次载人航天飞行圆满成功的贺电中，强调大力弘扬特别能吃苦、特别能战斗、特别能攻关、特别能奉献的载人航天精神。③

　　在2003年11月7日召开的庆祝我国首次载人航天飞行圆满成功大会上，胡锦涛指出："在长期的奋斗中，我国航天工作者不仅创造了非凡的业绩，而且铸就了特别能吃苦、特别能战斗、特别能攻关、特别能奉献的载人航天精神。"④他强调，必须坚持发扬艰苦奋斗的优良作风，以与时俱进的精神不懈登攀。这是实施载人航天工程的一条重要经验启示。

　　2005年11月，在庆祝神舟六号载人航天飞行圆满成功大会上，胡锦涛指出，载人航天精神主要表现为热爱祖国、为国争光的坚定信念，勇于登攀、敢于超越的进取意识，科学求实、严肃认真的工作作风，同舟共济、团结协作的大局观念，淡泊名利、默默奉献的崇高品质。载人航天精神是"两弹一星"精神在新时期的发扬光大，是以爱国主义为核心的民族精神和以改

---

① 参见《江泽民祝贺中国空间技术研究院建院35周年》，《人民日报》2003年2月21日。

② 参见《我国进行首次载人航天飞行 "神舟"五号飞船发射成功》，《人民日报》2003年10月16日。

③ 参见《"神舟"五号载人飞船安然着陆 我国首次载人航天飞行获得圆满成功》，《人民日报》2003年10月17日。

④ 《胡锦涛文选》第二卷，人民出版社2016年版，第112页。

革创新为核心的时代精神的生动体现。①

2006 年 10 月，胡锦涛在致中国航天事业创建 50 周年的贺信中，对广大航天科技工作者提出希望和要求："按照建设创新型国家的要求，继续弘扬'两弹一星'精神和载人航天精神，集中力量实施好国家重大航天工程，不断谱写我国航天事业发展的新篇章，为祖国、为人民作出新的更大贡献。"② 在后续多次对航天重大任务圆满成功后的贺电、贺信和讲话中，他都提出要继续弘扬"两弹一星"精神和载人航天精神，激励和鼓舞航天人为航天事业继续努力奋斗。

第五节 "特别"的精神丰碑

伟大的载人航天成就背后，是伟大的载人航天精神。它是民族精神和时代精神的丰碑。戚发轫讲：载人航天精神的特别之处就在于"特别"二字，"特别"是载人航天精神的核心。纵观载人航天工程建设实践过程，载人航天队伍总是能在特殊时期、特殊环境、特殊情况下展现出特别的精神。

特别能吃苦，这是载人航天队伍千锤百炼的宝贵品质。中国载人航天事业起步之初面临着十分艰苦和困难的条件。白手起家、落后美俄 30 多年历程，大家却一心想让祖国载人航天事业跨越腾飞。人员三班倒，人停机器不停；困了，就裹着大衣打个盹，饿了，就泡包方便面；十几个昼夜的连续奋战更是家常便饭。"非典"肆虐的日子里，为了确保中国第一艘载人飞船按期完成研制试验任务，飞船研制人员吃住在单位、有家不能回，他们和亲人彼此承受着无尽的担心，却个个毫无怨言。对神舟团队而言，只要任务有需要，就没有抵达不了的地方。一次次与艰难险阻一较高下，一次次向荆棘坎坷发起挑战，一次次对技术难题发起进攻。"一切为了任务，一切为了胜利"

---

① 参见《胡锦涛文选》第二卷，人民出版社 2016 年版，第 385、386 页。

② 《胡锦涛为中国航天事业创建 50 周年致贺信》，《人民日报》2006 年 10 月 14 日。

是他们不怕苦累、顽强战斗的执着追求。

特别能战斗，这是载人航天队伍始终如一的坚毅恪守。中国载人航天工程规模庞大、系统复杂、技术难度高，关乎国家利益、关系航天员生命健康，成败系于毫发，质量高于一切。打造第一个返回舱时，技术人员一起将每一道工序、每一个环节、每一个机件、每一个时间进度节点，都逐一排列出来，制定出的计划流程打印在纸上长度超过 5 米。这种精细化的工作极大地提高了效率，加快了飞船的研制步伐。仅用 3 年多时间，全体研制人员就按照载人飞船管理的计划节点，完成了飞船的各项试验任务，使载人航天工程取得历史性突破。仅用 4 年的时间，基本建设也获得了重大进展，一座具有 21 世纪国际先进水平的航天城在京郊拔地而起。从飞船研制之初，到载人飞行的圆满成功，飞船系统的每一点进步，无不体现着神舟团队追求一流产品质量、一流科学管理、一流技术水平的思想境界。

特别能攻关，这是载人航天队伍自力更生的最好诠释。有人曾说，人类航天最难的技术莫过于载人航天。没有研制经验，没有资料借鉴，起初研制队伍中一些搞返回式卫星的老专家们连飞船是啥模样都没见过，但神舟飞船队伍硬是走出了一条有中国特色的飞天之路。从载人航天工程立项到首次无人飞行试验成功，这支队伍仅用 7 年时间，就完成了关键核心技术的突破；从 1999 年中国第一艘无人飞船发射成功，到 2003 年首次载人航天飞行成功，仅仅 4 年时间他们就实现了飞船技术质的飞跃，创造了世界航天史上的奇迹。神舟团队笃守"成功才是硬道理"的奋斗信条，用行动实践着对民族、对祖国的承诺。

特别能奉献，这是载人航天队伍与生俱来的内心笃定。中国载人航天工程立项之初，面对中国人有没有技术和能力研制飞船的质疑，一批空间技术老专家和一批青年才俊肩负历史重担，为了民族的渴盼，为了祖国的重托，倾心尽力地用自己的聪明才智打造出具有国际先进水平的中国飞船。面对"猎头"劝说，面对市场诱惑，他们抗拒住了各种劝诱，航天报国的宏志岿然不动，自觉把个人理想与祖国命运、个人选择与事业需要、个人利益与人民利益紧紧联系在一起，始终以发展航天事业为崇高使命，以报效祖国为神圣职责，殚精竭虑、呕心沥血，奋力拼搏、挑战极限，用实际行动为爱国作出了新的注解，坚定地传承了祖国至上的基因底色。

没有特别的梦想、特别的精神，不可能有特别的成绩。神舟团队始终把"用成功报效祖国、用卓越铸就辉煌"作为对党和人民的庄严承诺，凝聚迸发出拼搏进取、不懈奋斗的精神力量，圆满完成了党和国家交予的神圣使命，树立起中国航天史和世界航天史的重要里程碑，铸就了航天精神和中华民族精神中的重要时代丰碑，为创造更快的"中国速度"，彰显更大的"中国智慧"，激荡出一往直前、无坚不摧的磅礴力量。

精神铸就丰碑。工程立项以来，载人航天队伍代代相承，尽管每一代人面临不同的际遇和挑战，但他们始终接力传承载人航天精神，坚守不渝、科学求实，同时又在实际践行中，不断为载人航天精神增添新的时代气息和内涵诠释。2020年，新一代载人飞船试验船发射时，赶上新冠肺炎疫情肆虐，研制人员传承发扬"非典"时期神舟五号研制过程中的特别精神和特别意志，坚守苦干100多天，丝毫没有影响任务进度。载人航天队伍历经岁月洗礼而精神弥新。正是因为有了载人航天精神的滋养和浸润，中国航天人在飞天之路上拥有了不竭的动力，创造了非凡的奇迹，谱写了充满奉献与大爱的奋斗华章。

第六节　航天"三大精神"的深远影响

在社会主义建设时期和改革开放初期，航天传统精神和"两弹一星"精神支撑了航天事业的创建和发展，支撑了"两弹一星"的成功。20世纪80年代到90年代，中央相继提出航天传统精神和"两弹一星"精神，并一再要求必须大力传承和弘扬。之后，航天传统精神和"两弹一星"精神在航天内外和全社会产生了广泛、持续而深远的影响。

从20世纪80年代起，我国开始找到一条建设有中国特色的社会主义的

图 12 | 国旗见证奋斗

道路，开辟了社会主义建设的新阶段，提出了"三步走"现代化发展战略。我国继续推进改革，不断扩大开放，调整了国防战略、外交方针政策，经受住了政治风波，有效应对了国际风云变幻，并决定建立社会主义市场经济体制，把中国特色社会主义全面推向 21 世纪。面对一系列新形势、新情况、新问题，人民群众更加需要精神的引领，更加呼唤精神的力量。航天传统精神和"两弹一星"精神呼应了时代需要，一经提出便得到了广泛的宣传和报道，收获人民群众的真诚敬意，受到了全社会的热烈传颂，不仅成为社会主义建设时期和改革开放初期的精神坐标，更给 20 世纪八九十年代的中国留下了永恒而鲜明的精神印记。

进入 21 世纪，我国在发展航天事业的道路上行稳致远、创新超越。在航天传统精神和"两弹一星"精神的鼓舞下，以载人航天工程为代表，我国在 21 世纪第一个十年取得航天技术重大进步。2003 年 10 月 15 日，神舟五号飞船发射成功，杨利伟飞天。由此，载人航天精神被正式提出。

　　至此，航天"三大精神"形成，并受到各个领域、各个方面的持续关注和广泛借鉴。党和国家领导人频频提及航天精神，强调必须大力弘扬航天"三大精神"。2011年农历小年，时任中共中央政治局常委、中央书记处书记、国家副主席的习近平来到孙家栋家中看望，并指出"两弹一星"精神激励和鼓舞了几代人，是中华民族的宝贵精神财富。他说，广大航天工作者培育和发扬的"特别能吃苦、特别能战斗、特别能攻关、特别能奉献"的载人航天精神，是"两弹一星"精神的延续和发展。①

　　多年来，航天部门、航天队伍十分注重传承和弘扬航天"三大精神"，开展了大量工作，推动航天"三大精神"深入人心、薪火相传。与此同时，新闻媒体播发大量报道，学术刊物登载许多专题文章，一大批关于航天事业发展、航天精神特质的出版物纷纷问世。随着互联网技术的发展，博客、播客、微博等自媒体兴盛起来，航天精神、航天故事、航天成就成为网民创作的重要题材，并以其"航天"的标签与独特的魅力而广为传播。航天"三大精神"本身，即具备穿越时空、历久弥新的力量，而且在全社会广泛叫响，成为全民族的普遍认知和对奋斗的高度共识。

　　时代传唱辉煌，精神激荡梦想。改革开放以来，航天人把精神写进担当，把品格展现为实践，在凝练、传承和发扬航天"三大精神"的历程中，熔铸了"国家利益高于一切"的光辉旗帜，奏响了"革命理想高于天"的时代华章。航天"三大精神"已经深深融入航天队伍的血脉，成为激励新时代航天人探索浩瀚宇宙、发展航天事业、建设航天强国和鼓舞全党全国人民奋力实现中华民族伟大复兴中国梦的强大精神动力。

---

① 参见《习近平亲切看望著名科学家》，《人民日报》2011年1月27日。

第 四 编

向航天强国梦进发
（2012 年以来）

我们这么大一个国家，就应该有雄心壮志。党的十八大以来，以习近平同志为核心的党中央高度重视航天事业发展，明确提出航天梦，强调航天梦是强国梦的重要组成部分。要实现航天强国梦，就必须大力传承弘扬航天精神，以精神的力量鼓舞和支撑探索浩瀚宇宙、发展航天事业、建设航天强国的不懈奋斗。

在党的坚强领导下，在新型举国体制的支撑下，新时代的航天人传承和弘扬航天"三大精神"，牢记初心使命，坚定理想信念，砥砺奋进登攀，取得了以北斗导航服务全球、嫦娥飞天揽月逐梦为代表的重大成就，在火星上首次留下中国人的印迹，拉开了空间站建造的大幕，创造了新时代中国奇迹的航天篇章。这些得到了以习近平同志为核心的党中央的高度肯定，受到全国人民的频频点赞，让全世界刮目相看。2012年以来，中国航天事业发展向着航天强国梦迈出了坚毅的步伐。

这一阶段的奋斗与成就，彰显了奋进新时代、追逐航天梦、实现中国梦的坚定信念与必胜信心，为中华民族迎来从站起来、富起来到强起来的伟大飞跃提供了重要支撑。以北斗导航、嫦娥探月、天问探火、空间站建造等为标志，我们在探索浩瀚宇宙的征程上，不断刷新着进军太空的中国高度。

这一阶段的奋斗与成就，发展形成了新时代北斗精神，铸就了探月精神，在新时代实现了对航天精神的丰富和发展，让我们以更加主动的精神力量，更加自信地奔向航天强国梦想。

第十三章 航天梦，中国梦

进入 21 世纪以来，随着科技的快速发展，以航天技术为重点的新一轮科技革命和产业变革突飞猛进，科技创新深度显著加深，深空探测成为科技竞争的最前沿。人类正以前所未有的速度开拓太空、走向宇宙，更加深度地开发和利用空间资源。在国际战略竞争上升的态势下，世界主要国家为争夺战略竞争制高点、掌握太空开发主动权而展开激烈角逐，纷纷调整并公开宣示太空战略，竞相组建并强化太空力量，加速高精尖太空技术、武器和装备研发。这也导致太空竞争失序的安全风险问题日益突出。与此同时，各方力量竞相进入太空，商业航天迅速发展并在航天舞台上扮演日益重要的角色。为了谋求有利形势，各方合纵连横，展开激烈博弈，国际航天在竞争与合作交错的格局中日趋复杂。

一个伟大的中国，一个社会主义现代化强国，必然方方面面都要强，要用航天梦来托举中国梦。中国要强盛、要复兴，就一定要大力发展航天事业，以创新驱动发展，以人才支撑发展，以精神引领发展，推动航天领域实现高水平科技自立自强。2017 年，党的十九大提出了建设科技强国、航天强国的战略，确立了到 2035 年跻身创新型国家前列的战略目标。

第一节 创新是第一动力

党的十八大以来，习近平总书记把创新摆在国家发展全局的核心位置，指出"创新是一个民族进步的灵魂，是一个国家兴旺发达的不竭源泉，也是中华民族最鲜明的民族禀赋"[1]，强调创新是引领发展的第一动力，部署实施创新驱动发展战略；强调科技创新是提高社会生产力和综合国力的战略支撑，必须摆在国家发展全局的核心位置，着力加快推进以科技创新为核心的全面创新。[2]

在习近平新时代中国特色社会主义思想的指引下，我国科技事业、航天事业快速发展，科技创新取得新的历史性成就，奋力实现高水平自立自强，为实现中国梦提供了强大助力。

世界百年未有之大变局加速演进，中华民族正在以不可阻挡的步伐迈向伟大复兴。在"两个大局"背景下，我国发展面临的国内外环境发生复杂深刻变化，经济社会发展、民生改善、国防和军队现代化建设等对加快科技创新提出了愈发迫切的要求。在国际上，围绕科技制高点的竞争空前激烈，这些竞争往往"没有硝烟"，但却异常残酷、影响全局。

形势逼人，挑战逼人，使命逼人，必须以创新应对，这是新时代科技工作者的历史责任。中央高度重视创新，强调创新，鼓励创新。党的十九大明确要加快建设创新型国家，强调要加强国家创新体系建设，强化战略科技力量。[3]2020 年召开的党的十九届五中全会，进一步明确要坚定不移贯彻创新、协调、绿色、开放、共享的新发展理念，加快构建以国内大循环为主体、国内国际双循环相互促进的新发展格局。要坚持创新在我国现代化建设全局中的核心地位，把科技自立自强作为国家发展的战略支撑，面向世界科技前沿、面向经济主战场、面向国家重大需求、面向人民生命健康，深入实施科教兴国战略、人才强国战略、创新驱动发展战略，完善国家创新体系，加快建设科技强国。[4]

进入新时代、展望新征程，我们比历史上任何时期都更接近中华民族伟

---

[1] 《习近平在会见嫦娥三号任务参研参试人员代表时强调　坚持走中国特色自主创新道路　不断在攻坚克难中追求卓越》，《人民日报》2014 年 1 月 7 日。

[2] 参见《习近平关于科技创新论述摘编》，中央文献出版社 2016 年版，出版说明。

[3] 参见《习近平谈治国理政》第三卷，外文出版社 2020 年版，第 24、25 页。

[4] 参见《中共中央关于制定国民经济和社会发展第十四个五年规划和二〇三五年远景目标的建议》，《人民日报》2020 年 11 月 4 日。

大复兴的目标，我们比历史上任何时期都更需要建设世界科技强国。经过多年努力，我国科技整体水平大幅提升，我们完全有基础、有底气、有信心、有能力抓住新一轮科技革命和产业变革的机遇，乘势而上，大展宏图。要立足新发展阶段、贯彻新发展理念、构建新发展格局、推动高质量发展，把科技自立自强作为国家发展的重要支撑。

要推动创新，建设科技强国，实现中国梦，习近平尤其强调精神的力量。"精神"是习近平谈治国理政的高频词。一系列内涵丰富、特色鲜明的精神财富在神州大地各处和各条战线上叫响，成为高高飘扬的旗帜。[1] 接过传承与弘扬的接力棒，内化于心、外化于行，已成为新时代的新风尚。科学成就离不开精神支撑。2020 年 9 月在与科学家座谈时，习近平强调：要大力弘扬科学家精神[2]，这是科技工作者在长期科学实践中积累的宝贵财富。科学家精神的内涵是胸怀祖国、服务人民的爱国精神，勇攀高峰、敢为人先的创新精神，追求真理、严谨治学的求实精神，淡泊名利、潜心研究的奉献精神，集智攻关、团结协作的协同精神，甘为人梯、奖掖后学的育人精神。他重点谈了爱国精神和创新精神。

作为新时代航天人和科技工作者，必须矢志不移自主创新，坚定创新信心，着力增强自主创新能力，抓住千载难逢的历史机遇，勇敢直面风险挑战。奋力建设航天强国、科技强国，是必须扛起来、承担好的时代责任，是我们这一代人义不容辞、必须跑好的接力跑。

第二节　发展航天事业，建设航天强国

党的十八大以来，以习近平同志为核心的党中央高度重视航天事业发

---

[1] 习近平关于精神的相关重要论述可参考习近平：《党的伟大精神永远是党和国家的宝贵精神财富》，《求是》2021 年第 17 期。

[2] 2019 年 5 月，中共中央办公厅、国务院办公厅印发《关于进一步弘扬科学家精神加强作风和学风建设的意见》，在意见中首次提出了科学家精神。

展，部署推动一系列航天重大工程任务，并给予鼎力支持。习近平在不同场合和重大节点，通过讲话、回信、指示、批示、贺电等多种形式，作出一系列重要论述，表达亲切关怀，明确奋斗要求，为发展航天事业注入了强大动力，为建设航天强国指明了方向。这些可以被基本归纳为五个方面。

有浓厚的航天情怀

　　"我当时在延川县梁家河村当知青，听到了发射成功的消息，非常激动！"2013年5月4日，习近平来到中国航天科技集团所属的中国空间技术研究院，参加主题团日活动，站在"东方红一号"卫星总装的历史图片前，谈到1970年4月我国第一颗人造地球卫星遨游太空后的情景，与大家深情回忆。①

　　习近平高度评价航天队伍取得的重大成就，多次使用"功勋""史册""祖国和人民将永远铭记"等，表示高度的认可。他不仅肯定"老一代航天人的功勋已经牢牢铭刻在新中国史册上"②，而且强调"广大航天人建立的卓越功勋，党和人民永远不会忘记"③，"祖国和人民将永远铭记你们的卓越功勋"④。

　　习近平不仅阐发了中国梦，而且强调"探索浩瀚宇宙是全人类的共同梦想"⑤。他说："人类自古就对浩瀚的宇宙空间充满好奇和向往，中华民族世代传递着飞天的传说和梦想。"⑥"人类在浩瀚的宇宙面前是渺小的，但人类的

---

① 参见卢新宁、李斌：《中国有梦　青春无悔——习近平五四青年节参加主题团日活动侧记》，《人民日报》2013年5月6日。

② 《习近平给参与"东方红一号"任务的老科学家回信强调　敢于战胜一切艰难险阻　勇于攀登航天科技高峰》，《人民日报》2020年4月25日。

③ 《习近平在会见天宫二号和神舟十一号载人飞行任务航天员及参研参试人员代表时强调　在航天事业发展征程上勇攀高峰　努力建设航天强国和世界科技强国》，《人民日报》2016年12月21日。

④ 《我国首次火星探测任务天问一号探测器成功着陆火星　习近平代表党中央、国务院和中央军委致电祝贺》，《人民日报》2021年5月16日。

⑤ 《习近平在会见探月工程嫦娥四号任务参研参试人员代表时强调　为实现我国探月工程目标乘胜前进　为推动世界航天事业发展继续努力》，《人民日报》2019年2月21日。

⑥ 《习近平向2017年"全球航天探索大会"致贺信》，《人民日报》2017年6月7日。

探索精神是伟大的。"①展望未来，他满怀信心地说："随着中国航天事业快速发展，中国人探索太空的脚步会迈得更大、更远。"②

高度重视航天事业发展

2013年6月11日，习近平在酒泉卫星发射中心接见天宫一号与神舟十号载人飞行任务参研参试单位代表时指出："发展航天事业，建设航天强国，是我们不懈追求的航天梦。"③6月24日，习近平同正在执行任务的神舟十号航天员通话时强调："航天梦是强国梦的重要组成部分。"④2016年是中国航天事业创建60周年，我国从这一年起将每年4月24日设立为"中国航天日"。习近平作出重要指示，强调："探索浩瀚宇宙，发展航天事业，建设航天强国，是我们不懈追求的航天梦。"⑤

太空探索永无止境，航天攻关任重道远。习近平多次鼓励航天人再接再厉，坚持科技自立自强，努力创新超越，为实现航天梦、强国梦而努力奋斗。他叮嘱大家："星空浩瀚无比，探索永无止境，只有不断创新，中华民族才能更好走向未来。"⑥

---

① 《习近平在会见天宫二号和神舟十一号载人飞行任务航天员及参研参试人员代表时强调 在航天事业发展征程上勇攀高峰 努力建设航天强国和世界科技强国》，《人民日报》2016年12月21日。

② 《电波飞架天地 梦想远航高飞 习近平同神舟十号航天员亲切通话》，《人民日报》2013年6月25日。

③ 《习近平在接见天宫一号与神舟十号载人飞行任务参研参试单位代表时勉励大家 发展航天事业 建设航天强国 为实现航天梦谱写新的壮丽篇章》，《人民日报》2013年6月12日。

④ 《电波飞架天地 梦想远航高飞 习近平同神舟十号航天员亲切通话》，《人民日报》2013年6月25日。

⑤ 《习近平在首个"中国航天日"之际作出重要指示强调 坚持创新驱动发展勇攀科技高峰 谱写中国航天事业新篇章》，《人民日报》2016年4月25日。

⑥ 《习近平在会见天宫二号和神舟十一号载人飞行任务航天员及参研参试人员代表时强调 在航天事业发展征程上勇攀高峰 努力建设航天强国和世界科技强国》，《人民日报》2016年12月21日。

——航天精神引领中华民族探索浩瀚宇宙

充分肯定航天事业取得的成就

"建设世界科技强国，得有标志性科技成就。"[1]60多年的奋进历程表明，中国航天有能力争创标志性成就，也必须在强国征程中走在前列。党的十八大以来，中国航天取得一系列重大"标志性成就"，得到了习近平总书记和党中央的高度肯定。

对于神舟十号载人飞行任务，习近平高度评价其圆满成功"标志着我国载人航天工程第二步第一阶段完美收官"，"是我们在全面建成小康社会伟大进程中取得的又一重大历史性成就"[2]。

对于嫦娥三号探月工程圆满成功，习近平赞其"为我国航天事业发展树立了新的里程碑，在人类攀登科技高峰征程中刷新了中国高度"，"把中华民族非凡的创造力刻在了人类文明发展的光辉史册上"，深刻指出其"体现出的最重要意义就是进一步增强了全国各族人民坚持和发展中国特色社会主义的决心和自信"[3]。

对于神舟十一号飞船成功发射并顺利将2名航天员送上太空，正在印度出席金砖国家领导人第八次会晤的习近平第一时间发来贺电，称赞此次飞行任务"标志着我国载人航天工程取得了新的重大进展"[4]。

对于嫦娥四号任务圆满成功，习近平指出这次任务"实现人类航天器首次在月球背面巡视探测，率先在月背刻上了中国足迹，是探索建立新型举国体制的又一生动实践"[5]。

---

[1] 《习近平谈治国理政》第三卷，外文出版社2020年版，第248页。

[2] 《习近平会见神舟十号载人飞行任务航天员和参研参试人员代表 代表党中央、国务院、中央军委向航天员和广大参研参试人员表示热烈祝贺和诚挚慰问》，《人民日报》2013年7月27日。

[3] 《习近平在会见嫦娥三号任务参研参试人员代表时强调 坚持走中国特色自主创新道路 不断在攻坚克难中追求卓越》，《人民日报》2014年1月7日。

[4] 《习近平对神舟十一号载人飞船发射成功的贺电》，《人民日报》2016年10月18日。

[5] 《习近平在会见探月工程嫦娥四号任务参研参试人员代表时强调 为实现我国探月工程目标乘胜前进 为推动世界航天事业发展继续努力》，《人民日报》2019年2月21日。

对于北斗三号全球组网成功，习近平亲自出席系统建成暨开通仪式，宣布"北斗三号全球卫星导航系统正式开通"，参观北斗系统建设发展成果展览展示，称赞其"对提升我国综合国力，对推动疫情防控常态化条件下我国经济发展和民生改善，对推动当前国际经济形势下我国对外开放，对进一步增强民族自信心、努力实现'两个一百年'奋斗目标，具有十分重要的意义"①。

对于嫦娥五号任务圆满成功，探月工程"绕、落、回"三步走规划圆满收官，习近平在人民大会堂亲切会见了探月工程嫦娥五号任务参研参试人员代表并参观月球样品和探月工程成果展览，称赞这是"发挥新型举国体制优势攻坚克难取得的又一重大成就，是航天强国建设征程中的重要里程碑，对我国航天事业发展具有十分重要的意义"②。

对于中国空间站天和核心舱发射任务成功，习近平代表党中央、国务院和中央军委致电祝贺，强调这"标志着我国空间站建造进入全面实施阶段，为后续任务展开奠定了坚实基础"③。

对于天问一号探测器成功着陆于火星乌托邦平原南部预选着陆区，我国首次火星探测任务着陆火星取得成功，习近平代表党中央、国务院和中央军委致贺电，称赞这"迈出了我国星际探测征程的重要一步，实现了从地月系到行星际的跨越，在火星上首次留下中国人的印迹，这是我国航天事业发展的又一具有里程碑意义的进展"，强调"你们勇于挑战、追求卓越，使我国在行星探测领域进入世界先进行列"。④

---

① 《习近平出席建成暨开通仪式并宣布　北斗三号全球卫星导航系统正式开通》，《人民日报》2020 年 8 月 1 日。

② 《习近平在会见探月工程嫦娥五号任务参研参试人员代表并参观月球样品和探月工程成果展览时强调　勇攀科技高峰　服务国家发展大局　为人类和平利用太空作出新的更大贡献》，《人民日报》2021 年 2 月 23 日。

③ 《中国空间站天和核心舱发射任务成功　习近平代表党中央、国务院和中央军委致电祝贺》，《人民日报》2021 年 4 月 30 日。

④ 《我国首次火星探测任务天问一号探测器成功着陆火星　习近平代表党中央、国务院和中央军委致电祝贺》，《人民日报》2021 年 5 月 16 日。

特别强调要传承和弘扬航天精神，发挥航天精神的力量

党的十八大以来，置身世界百年未有之大变局和中华民族伟大复兴战略全局，面对实现中华民族伟大复兴的中国梦，面对建设科技强国、航天强国的战略任务，面对诸如国外围追堵截等的各种风险挑战，习近平一再强调要摒弃幻想，坚持科技自立自强，发挥新型举国体制优势，掌握核心技术，攻克关键技术，打造国之重器。他强调，实现中国梦必须走中国道路，必须弘扬中国精神，必须凝聚中国力量。① 要大力弘扬深厚博大的航天精神，建设航天强国，"谱写中国航天事业新篇章"，"为实现中华民族伟大复兴的中国梦凝聚强大力量"。②

习近平频频提及航天"三大精神"，高度肯定并要求大力弘扬。2013 年，习近平在视察酒泉卫星发射中心时指出，"两弹一星"精神、载人航天精神等是宝贵的精神财富，一定要一代一代传下去，使之变成不可限量的物质创造力。③ 在会见神舟十号载人飞行任务航天员和参研参试人员代表时，他强调，载人航天事业的成就，充分展示了伟大的中国道路、中国精神、中国力量，坚定了全国各族人民实现中华民族伟大复兴的中国梦的决心和信心。④

2016 年，习近平在会见天宫二号和神舟十一号载人飞行任务航天员及参研参试人员代表时，指出我们注重传承优良传统，发扬载人航天精神，彰显了坚定的中国特色社会主义道路自信、理论自信、制度自信、文化自信，

① 参见《习近平谈治国理政》第一卷，外文出版社 2018 年版，第 39、40 页。
② 《习近平在首个"中国航天日"之际作出重要指示强调　坚持创新驱动发展勇攀科技高峰　谱写中国航天事业新篇章》，《人民日报》2016 年 4 月 25 日。
③ 参见李中双、贾常文、王欣阁：《毛泽东国防科技和武器装备建设思想及其时代价值》，《毛泽东与中国道路——全国纪念毛泽东同志诞辰 120 周年学术研讨会论文集（下）》，2013 年 11 月。根据国家博物馆 2021 年 9 月起展出的"协同创新、自立自强——'两弹一星'精神展"，将论文中的表述"使之转化为"改为"使之变成"。
④ 参见《习近平会见神舟十号载人飞行任务航天员和参研参试人员代表　代表党中央、国务院、中央军委向航天员和广大参研参试人员表示热烈祝贺和诚挚慰问》，《人民日报》2013 年 7 月 27 日。

为坚持和发展中国特色社会主义增添了强大精神力量。①

2020 年，习近平在科学家座谈会上强调："希望广大科技工作者不忘初心、牢记使命，秉持国家利益和人民利益至上，继承和发扬老一辈科学家胸怀祖国、服务人民的优秀品质，弘扬'两弹一星'精神，主动肩负起历史重任，把自己的科学追求融入建设社会主义现代化国家的伟大事业中去。"②

根据北斗导航、嫦娥探月等重大工程取得的重大进展与成就，习近平推动凝练并叫响了新时代北斗精神、探月精神。他着重强调要把新时代北斗精神传承好、弘扬好。③ 对于探月精神，他勉励航天工作者们一步一个脚印开启星际探测新征程，为建设航天强国、实现中华民族伟大复兴再立新功。④

2020 年是东方红一号卫星成功发射 50 周年。"不管条件如何变化，自力更生、艰苦奋斗的志气不能丢。"4 月，习近平在给参与"东方红一号"任务的老科学家回信里，寄语新时代的航天工作者要以老一代航天人为榜样，大力弘扬"两弹一星"精神，敢于战胜一切艰难险阻，勇于攀登航天科技高峰。⑤

致力于推动航天事业造福全人类

立时代之潮头、发思想之先声。习近平将"天下一家"的思想创新性发展、创造性转化为"人类命运共同体"的理念，为世界提供了中国方案，在国际社会引起了巨大的反响，带来了深远的影响。他在党的十九大报告中指

---

① 参见习近平：《党的伟大精神永远是党和国家的宝贵精神财富》，《求是》2021 年第 17 期。

② 习近平：《在科学家座谈会上的讲话》，人民出版社 2020 年版，第 12 页。

③ 参见《习近平出席建成暨开通仪式并宣布 北斗三号全球卫星导航系统正式开通》，《人民日报》2020 年 8 月 1 日。

④ 参见《嫦娥五号返回器携带月球样品安全着陆 中国探月工程"绕、落、回"三步走规划如期完成 习近平致电代表党中央、国务院和中央军委祝贺探月工程嫦娥五号任务取得圆满成功》，《人民日报》2020 年 12 月 17 日。

⑤ 参见《习近平给参与"东方红一号"任务的老科学家回信强调 敢于战胜一切艰难险阻 勇于攀登航天科技高峰》，《人民日报》2020 年 4 月 25 日。

出："中国共产党始终把为人类作出新的更大的贡献作为自己的使命。"①

航天事业是全人类共同的事业。习近平高度关注中国航天事业的国际合作与造福世界，希望为世界多作贡献。

向 2017 年"全球航天探索大会"致贺信时，习近平强调愿加强同国际社会的合作，和平探索开发和利用太空，让航天探索和航天科技成果为创造人类更加美好的未来贡献力量。②

外层空间是人类共同的财富，探索、开发、和平利用外层空间是人类共同的追求。2018 年 11 月，在致信祝贺亚太空间合作组织成立 10 周年时，习近平强调，中国倡导世界各国一起推动构建人类命运共同体，坚持在平等互利、和平利用、包容发展的基础上，深入开展外空领域国际交流合作。中国一贯主张合理开发、利用空间资源，保护空间环境，推动航天事业造福全人类。③ 同月，习近平还向联合国全球卫星导航系统国际委员会第十三届大会致贺信，强调中国高度重视卫星导航系统建设发展，积极开展国际合作，愿同各国共享北斗系统建设发展成果，共促全球卫星导航事业蓬勃发展。④

"中国航天积极推动国际合作，同多个国家和国际组织开展了富有成效的合作，嫦娥四号任务圆满成功就包含了许多参与国的贡献。"2019 年 2 月，在会见探月工程嫦娥四号任务参研参试人员代表时，习近平明确表示愿同世界各国一道，坚持共商共建共享，加强基础科学研究国际交流，推动大科学计划、工程和中心建设，扩大创新能力开放合作，推动人类科学事业发展。⑤

---

① 《习近平谈治国理政》第三卷，外文出版社 2020 年版，第 45 页。

② 参见《习近平向 2017 年"全球航天探索大会"致贺信》，《人民日报》2017 年 6 月 7 日。

③ 参见《习近平致信祝贺亚太空间合作组织成立 10 周年》，《人民日报》2018 年 11 月 15 日。

④ 参见《习近平向联合国全球卫星导航系统国际委员会第十三届大会致贺信》，《人民日报》2018 年 11 月 6 日。

⑤ 参见《习近平在会见探月工程嫦娥四号任务参研参试人员代表时强调　为实现我国探月工程目标乘胜前进　为推动世界航天事业发展继续努力》，《人民日报》2019 年 2 月 21 日。

北斗三号全球卫星导航系统的建成开通，标志着我国成为世界上第三个独立拥有全球卫星导航系统的国家。2020 年 7 月，在宣布北斗三号全球卫星导航系统正式开通时，习近平强调要推广北斗系统应用，做好确保系统稳定运行等后续各项工作，为推动我国经济社会发展、推动构建人类命运共同体作出新的更大贡献。①

在对我国首次火星探测任务天问一号探测器成功着陆火星的贺电中，习近平勉励广大航天工作者再接再厉，加快建设航天强国，为探索宇宙奥秘、促进人类和平与发展的崇高事业作出新的更大贡献。②

"为推动世界航天事业发展继续努力，为人类和平利用太空、推动构建人类命运共同体贡献更多中国智慧、中国方案、中国力量。"③ 这是习近平对中国广大科技工作者、航天工作者的叮嘱，也是一个大国领导人对世界展现出的中国担当。

第三节　为实现航天强国梦而不懈奋斗

2013 年 1 月，为贯彻落实党的十八大精神，中国航天科技集团召开第五次工作会议暨 2013 年年度工作会议，印发《中国航天科技集团公司关于加快推动我国成为世界航天强国行动纲领（2013—2020）》。2016 年 12 月，国务院新闻办公室发表《2016 中国的航天》白皮书，明确将"全面建成航天强国"作为中国发展航天事业的愿景，提出关于航天强国"三步走"的战略构想：到 2020 年左右，实现重点突破，加速迈向航天强国；到 2030 年左右，实现整体跃升，跻身航天强国之列；2050 年之前，实现超越引领，全面

① 参见《习近平出席建成暨开通仪式并宣布　北斗三号全球卫星导航系统正式开通》，《人民日报》2020 年 8 月 1 日。

② 参见《我国首次火星探测任务天问一号探测器成功着陆火星　习近平代表党中央、国务院和中央军委致电祝贺》，《人民日报》2021 年 5 月 16 日。

③ 《习近平在会见探月工程嫦娥四号任务参研参试人员代表时强调　为实现我国探月工程目标乘胜前进　为推动世界航天事业发展继续努力》，《人民日报》2019 年 2 月 21 日。

建成航天强国。①

2017 年 10 月，习近平在党的十九大报告中明确要建设航天强国。② 党的十九大吹响了建设航天强国的嘹亮号角。

2018 年 8 月 30 日，中国航天科技集团在改革发展的关键时期，隆重召开了第七次工作会议。大会系统总结党的十八大以来集团发展成绩，分析面临的形势任务，提出推动航天强国建设的战略部署。

推动航天强国建设，要坚持以下基本原则。一是坚持党的领导，把党的政治建设摆在首位，筑牢建设航天强国的思想基础。二是坚持以国为重，将国家利益摆在首要位置，把满足国家战略需求作为最高追求，以发展航天事业为己任。三是坚持全面深化改革，将全面深化改革作为发展的根本动力。四是坚持创新驱动，将创新发展作为提升核心竞争力、推动航天强国建设的根本途径。五是坚持人才强企，着力打造一支具有大局观念、国际视野、市场理念、创新意识和职业精神的人才队伍。

中国航天科技集团推动航天强国建设的战略安排分"三步走"。第一步到 2020 年，全面完成"十三五"规划目标，为推动航天强国建设夯实基础。在此基础上，从 2020 年到 2045 年分两个阶段：第一阶段，到 2030 年，建设成为世界一流航天企业集团，支撑国防和军队现代化建设，推动我国跻身世界航天强国前列；第二阶段，到 2045 年，在全面建成高质量发展的世界一流航天企业集团基础上，有效支撑世界一流军队建设，推动我国全面建成世界航天强国。2045 年的目标，要比到本世纪中叶建成社会主义现代化强国的目标提前 5 年，这是因为集团希望发挥航天的引领、带动作用，主动作为，全面支撑实现中华民族伟大复兴和建设社会主义现代化强国的宏伟目标。

中国航天科技集团第七次工作会召开后，集团内各级展开了深入学习研

---

① 参见《2016 中国的航天》，人民出版社 2017 年版。
② 参见《习近平谈治国理政》第三卷，外文出版社 2020 年版，第 25 页。

究，结合实际研究制定了各业务板块支撑航天强国建设的路线图。在空间领域，中国空间技术研究院提出：到 2020 年，全面实现"十三五"规划目标，为建成世界一流宇航企业夯实基础；到 2030 年，建成世界一流宇航企业；到 2040 年，空间探索、空间应用能力全面提升，实现太空资源深度开发利用，全面建成世界领先的一流宇航企业，为集团公司建设成为世界一流航天企业集团奠定坚实基础。要坚持创新驱动、人才强企、国际化发展等战略，努力赢得并保持竞争优势，把握发展主动，占据发展先机，推动空间事业实现高质量发展。2021 年，中国空间技术研究院进一步提出，要奋进新征程、开辟新局面，为全面推进世界一流宇航公司建设而努力奋斗。到 2030 年，进入世界一流宇航公司行列，有效支撑航天强国建设。到 2040 年，全面建成世界领先的一流宇航公司，全面支撑航天强国建设。

建设航天强国，实现航天梦，要坚持以"高质量保证成功、高效率完成任务、高效益推动航天强国和国防建设"为发展目标。这是中国航天科技集团党组以习近平新时代中国特色社会主义思想为指导，审时度势，科学判断，提出的发展目标，为落实航天强国建设路线图勾勒了发展准则。①

"三高"发展是贯彻落实习近平关于高质量发展要求的生动实践，是加快建设航天强国和世界一流军队的必由之路。其中，"高质量保证成功"是基础和前提、是底线，"高效率完成任务"是方法和手段、是标线，"高效益

---

① 2021 年 8 月 29 日至 31 日，中国航天科技集团召开第八次工作会议，主报告题目是《立足新阶段 勇担新使命 全面开启航天强国建设新征程》。会议发布《中国航天科技集团有限公司"十四五"综合发展规划》，指出航天强国建设已经进入新的发展阶段，要求全体干部职工更加紧密地团结在以习近平同志为核心的党中央周围，以习近平新时代中国特色社会主义思想为指导，立足新发展阶段，完整、准确、全面贯彻新发展理念，积极服务和融入新发展格局，始终牢记强军首责，把握好"惟有成功才能专注发展，惟有奋斗才能实现发展，惟有创新才能持续发展"的辩证关系，以坚韧不拔的意志、只争朝夕的劲头、锐意进取的精神，团结奋斗、顽强拼搏，矢志追求工作一流、过程一流、结果一流，不断提升高质量、高效率、高效益发展的能力，加快建设世界一流航天企业集团，有效支撑世界一流军队建设，全面开启航天强国建设新征程，为全面建成社会主义现代化强国、实现中华民族伟大复兴作出新的更大贡献。

推动航天强国和国防建设"是目的和目标、是高线。为了实现"三高"发展，要把握好"惟有成功才能专注发展、惟有奋斗才能实现发展、惟有创新才能持续发展"的辩证关系，做到工作一流、过程一流、结果一流。

进入新时代以来，在党中央的坚强领导下，航天队伍传承航天"三大精神"，铸就并大力发扬探月精神、新时代北斗精神，自信自强、创新超越，推动多项航天工程取得世界性重大成就，我国进入空间、探索空间、应用空间能力实现质的飞跃。其中，北斗导航构筑起了最为庞大的航天公共服务基础设施工程，嫦娥探月、天问探火谱写了最为深远的求索篇章，空间站建造有力引领科技强国、航天强国的建设。

第十四章　献给世界的中国北斗

2020 年 7 月 31 日，北斗三号全球卫星导航系统建成暨开通仪式在北京人民大会堂隆重举行。习近平出席仪式，并向世界庄严宣布："北斗三号全球卫星导航系统正式开通！"①

北斗三号全球卫星导航系统开通服务，标志着我国北斗导航工程"三步走"发展战略取得决战决胜，我国成为世界上第三个独立拥有全球卫星导航系统的国家。中共中央、国务院、中央军委在发出的贺电中指出，北斗三号全球卫星导航系统的建成开通，是我国攀登科技高峰、迈向航天强国的重要里程碑，是我国为全球公共服务基础设施建设作出的重大贡献，是中国特色社会主义进入新时代取得的重大标志性战略成果，凝结着一代代航天人接续奋斗的心血，饱含着中华民族自强不息的本色，对推进我国社会主义现代化建设和推动构建人类命运共同体具有重大而深远的意义。②

北斗系统是党中央决策实施的国家重大科技工程。工程自 1994 年启动，采取了"三步走"发展战略。这是结合我国在不同阶段技术、经济发展等国情实际提出的。第一步，于 2000 年完成北斗一号系统建设，解决了有无问题，为国土及周边提供服务。第二步，于 2012 年建成了北斗二号系统，将服务范围扩大至亚太区域，服务于"一带一路"沿线国家和地区。第三步，于 2020 年建成了北斗三号系统，面向全球提供高精度、高可靠的定位、导

---

① 《习近平出席建成暨开通仪式并宣布　北斗三号全球卫星导航系统正式开通》，《人民日报》2020 年 8 月 1 日。

② 参见《中共中央国务院中央军委对北斗三号全球卫星导航系统建成开通的贺电》，《人民日报》2020 年 8 月 1 日。

航、授时服务。

从双星定位系统概念的提出到北斗工程立项启动；从北斗一号系统开通运行，到北斗二号系统服务亚太，再到北斗三号系统以昂扬的姿态导航世界，北斗系统建设历经数十年岁月磨砺，走出了一条"自主创新、开放融合、万众一心、追求卓越"的独特道路，彰显了中国智慧、中国速度和中国精度，为世界卫星导航的发展贡献了中国方案。

第一节　辉煌的"五个千万工程"

从 1994 年北斗工程立项启动至北斗三号全球卫星导航系统建成，在党中央的坚强领导下，在全国人民的大力支持下，北斗团队自强不息、锐意进取、接续奋斗，用智慧和汗水书写了一段航天传奇，铸就了伟大的新时代北斗精神，为建设中国特色社会主义、推动构建人类命运共同体作出了彪炳史册的光辉业绩。

波澜壮阔的北斗导航系统建设，被誉为"五个千万工程"，即调动千军万马、历尽千难万险、经过千辛万苦、走进千家万户、造福千秋万代。五个"千万"，不仅是北斗导航系统研制历程及其重大意义的生动表达与真实写照，更是我国社会主义制度优越性的充分体现，彰显了中国人民和中华民族的创造伟力、奋斗伟力、团结伟力、梦想伟力。

"灯塔一号"播下种子

1957 年 10 月，苏联发射人类第一颗人造卫星上天。在观测这颗卫星的过程中，美国霍普金斯应用物理实验室的科学家曾利用多普勒效应对其进行了跟踪试验，发现可以使用卫星进行测控，实现卫星导航。1958 年 12 月，美国实施了"子午仪"卫星导航系统并取得了成功。

提到中国卫星导航系统，不少人首先想到的是 20 世纪 90 年代开始建设的北斗卫星导航系统，其实中国人关于利用人造卫星进行导航定位的设想在

20 世纪 60 年代就已经萌生，并付诸实践。中国的这一设想是与世界同步的。钱学森、赵九章等老一辈科学家敏锐地认识到卫星导航的重要性，并适时提出了研制导航卫星、建设中国卫星导航系统的规划和构想。中央对于这一意见高度重视和支持。1969 年，中国卫星导航工程的先驱、代号为"691"的"灯塔一号"工程立项，正式列入国家计划。到 20 世纪 70 年代末期，卫星初样阶段工作全部完成，即将转入正样研制。但因当时国家工业基础和经济实力比较薄弱，加之原定的技术指标渐显陈旧落后，1980 年为贯彻"调整，改革，整顿，提高"方针和研制急用、实用卫星的原则，"灯塔一号"项目下马封存。

"灯塔一号"是我国对卫星导航的早期探索，"灯塔"和"北斗"有异曲同工之妙，都象征着高挂天宇、永远不落的指路明灯。"灯塔一号"项目的下马虽然留下了不少遗憾，但其播下的种子在改革开放时代沃土的培育下和"科学的春天"良好外部环境中应润而发，即将滋养生根发芽。

北斗导航试验系统

1983 年，以陈芳允院士为代表的专家学者提出了利用 2 颗地球同步轨道卫星来测定地面和空中目标的设想，这一方案能以最小星座、最少投入、最短周期实现导航卫星的"从无到有"。孙家栋等人对这个设想的理论十分认可，中国空间技术研究院等单位随即开展了一系列预先研究和试验工作。在多方力量的积极推动下，1994 年，中国的卫星导航工程获批立项，并以炎黄子孙的祖先们用于识别方向的"北斗星"命名，这就是"北斗一号双星导航定位系统"，孙家栋被任命为工程的总设计师。自此，中国开始了第一代卫星导航系统的研制建设。

2000 年 10 月 31 日、12 月 21 日，北斗一号 01 星、02 星相继发射成功并实现在轨稳定运行，构成了北斗导航试验系统。我国的导航系统建设迈出了关键的第一步，并独创了定位体制。2003 年 5 月 25 日，备份星北斗一号 03 星发射成功。中国的北斗导航试验系统于 2003 年 12 月 15 日正式开通运行，开始面向中国及周边提供有源服务，实现了我国独立自主建立卫星导航定位系统的目标。中国由此成为继美国、俄罗斯之后世界上第三个拥有导航卫星的国家，解决了中国自主卫星导航系统的有无问题，为下一代卫星导航系统的建设奠定了重要的技术基础。

北斗导航区域系统

2003年中国建成北斗导航试验系统时，美国GPS系统、俄罗斯格洛纳斯系统均已完成全球组网。我国北斗一号的定位精度为20米，授时精度为单向100纳秒，短报文通信能力为每次120个汉字。与其他导航系统相比，北斗导航试验系统不仅覆盖范围小，只能提供基本的定位、授时功能，而且无法测速，推广应用受限较大。中国必须造出更精确、覆盖范围更广的卫星导航系统。

同期，欧洲于2002年启动了伽利略导航计划，但进展并不顺利。欧方向中国抛出了"橄榄枝"。中国积极参与，成为其中第一个非欧盟参与国。然而，中国很快就被排挤出了核心机构、享受不到应有的权利。中国人下定决心：再难也要建成好用的"中国牌"卫星导航系统！

早在1999年，中国空间技术研究院就预先展开了对第二代卫星导航定位系统的论证。随着第一步计划的顺利完成，北斗工程由试验阶段正式转入应用实施阶段，并于2004年9月正式启动北斗卫星导航系统建设。在2004年的北斗导航系统应用论坛上，85岁高龄的杨嘉墀院士指出："建立一个亚太区域增强系统，作为近期至远期一个仿真和信息融合的系统是非常必要的。"论坛结束后，杨嘉墀先后与屠善澄、童铠、王礼恒、戚发轫、张履谦5位院士深入交换意见。经集体讨论，他们起草了《关于促进北斗导航系统应用的建议》。该建议于2005年2月2日定稿，2月3日发出后，2月4日就得到了温家宝的批示。北斗卫星导航系统建设被列为国家基础设施规划，而且解决了资金问题，为系统应用的自主创新创造了十分有利的条件。

接下来的北斗路，是一步跨到全球组网，还是分阶段走？一步建全球，基于早期北斗工程的科研经费、技术基础、人才队伍等现实情况我们走不了；分步走，世界又没有先例，这个问题在当时引发了不小的争议。"美国建设 GPS 即使不算研发阶段时间，也花了近 20 年时间才开通服务。直接进行全球组网建设，中国不知何时才能用上这个系统。"北斗一号卫星总设计师范本尧说。最终，"先区域、后全球"的思路被确定下来，北斗之路由此铺开。"三步走的战略确保我们至少提前十年用上了北斗，满足了我国的实际情况，是中国的首创。"范本尧每次谈到这件事都很感慨。

为快速形成区域导航服务能力，北斗团队没有遵循美俄曾经走过的老路，而是提出了中圆地球轨道 MEO 卫星、地球静止轨道 GEO 卫星、倾斜地球同步轨道 IGSO 卫星组成的混合星座方案。这三类卫星，也被北斗团队亲切地称为"萌星""吉星"和"爱星"。"萌星"是全球组网的主力，负责绕着地球满场跑，以求覆盖到全球更广阔的区域；"吉星"则始终绕着地球自转，时刻聚焦祖国；"爱星"则像辛勤的蜜蜂，星下点轨迹始终聚焦亚太地区跳"8"字舞。北斗团队创新性、超越性的组网方案，为国际导航技术体系贡献了中国智慧和中国方案。

2007 年 4 月 14 日，首颗北斗二号导航卫星发射成功，拉开了北斗区域导航系统建设的序幕；4 月 17 日零点前，卫星成功开通了有效载荷并播发导航信号，实现"占频保轨"目标。中国北斗系统建设虽然起步比美国的 GPS 晚了 20 年，但设计方案和技术指标却走在了世界前列。2009 年至 2012 年 10 月底，北斗二号系统连续成功发射了 16 颗卫星，完成了组网部署。2012 年 12 月 27 日，北斗二号系统正式向亚太地区提供服务。北斗二号系统的投入使用，从根本上摆脱了中国对国外导航系统的依赖。

北斗导航全球系统

2009 年北斗三号全球卫星导航系统立项，系统建设之初就以"中国的北斗、世界的北斗、一流的北斗"为奋斗目标。在美国 GPS、俄罗斯格洛纳斯、欧洲伽利略等纷纷以单一轨道卫星部署星座的背景下，北斗系统独树一帜，提出并建成国际上首个混合星座导航卫星系统。2020 年 6 月

23 日，随着第 55 颗北斗卫星顺利入轨，北斗三号全球卫星系统正式完成"3GEO+3IGSO+24MEO"卫星组成的混合星座工程建设。从提供亚太区域服务到提供全球服务，北斗以世界独有的混合星座设计，为世界卫星导航事业发展提供了中国方案，从理论到工程实践上都凸显了中国智慧。

2009 年中国开始建设北斗三号全球卫星导航系统，解决了制约高质量、高水平导航系统建设的核心技术问题，破解了我国全球布站难的困局，实现了部组件和核心元器件 100%国产化自主可控目标，确保了我国自主导航定

图 13 | 北斗三号全球卫星导航系统示意图

位系统的先进性和安全性。从短报文通信功能来看，北斗系统从一诞生就身怀这项独门绝技，北斗三号与北斗二号相比服务容量提升 10 倍，单次可发送 1000 个中文字符甚至是图片。2017 年 11 月 5 日，北斗三号首批组网星以"一箭双星"的方式在西昌卫星发射中心发射升空、成功入轨。在此后短短不到 3 年时间里，在北斗系统全体工程人员的共同努力下，30 颗组网卫星连续发射成功，提前半年建成我国北斗三号系统并投入使用，圆满实现了我国北斗系统建设"三步走"战略目标。2020 年 7 月 31 日，北斗三号全球卫星导航系统正式建成开通，面向全世界提供服务。

在 26 年艰苦卓绝的奋斗中，北斗团队孕育形成了自主创新、开放融合、万众一心、追求卓越的新时代北斗精神。北斗团队取得的突出成绩、作出的巨大贡献和形成的新时代北斗精神，凝结着一代代航天人接续奋斗的心血，饱含着中华民族自强不息的本色。

第二节　从无到有，北斗一号登上舞台

从无到有，何其难也！当中国人下决心建设自己的北斗导航系统后，北斗团队在研制过程中，经受了许多挫折和挑战。孙家栋、李祖洪、范本尧等型号两总带领研制队伍拧成一股绳，顽强地攻坚克难，建成了北斗一号——中国的卫星导航定位试验系统。

拳拳爱国情怀　催生北斗一号

1983 年，根据国内外航天发展形势及我国国情，中国科学院学部委员（院士）、曾任我国第一颗人造地球卫星测控系统总设计师的陈芳允提出了研制"双星定位通信系统"，即利用两颗地球静止轨道通信卫星实现区域快速导航定位的设想。

当时，陈芳允和美国科学家 G.K. 奥尼尔教授不约而同地产生了把导航定位与数据通信聚合为一体的设计理念，并均在 1985 年至 1990 年期间进行了

该系统的概念性研究。当奥尼尔听说中国的航天人也在进行同一研究的时候，他十分震惊。然而，奥尼尔的研究计划很快就因技术、资金等问题而夭折了。那时，中国航天人在突破了中心站和用户机等关键技术后，利用通信卫星开展双星定位演示验证试验，证明了这种系统技术体制的正确性和可行性。

当时对于要不要立即启动耗资巨大的导航卫星工程，仍有诸多因素需要考虑。转变发生在1991年。震撼世界的海湾战争在全世界的注视下打响了，美国GPS全球卫星定位系统第一次以武器制导的形式大获成功，美国人甚至将海湾战争归结为"GPS的胜利"。中国与世界都从这场现代战争中感受到了拥有导航卫星的重要性。1993年7月，震惊世界的"银河号事件"①爆发。中国科学家们更深切地感受到导航系统自主可控的重要性和推动尽早立项的紧迫性。

凭着浓厚的爱国情怀和强烈的责任担当，时任原航空航天工业部副部长的孙家栋与当时的国防科工委副主任沈荣骏敏锐地认识到，拥有自主知识产权的卫星导航定位系统对国家安全和军队保障至关重要。随后，二人联名致信有关领导同志，阐明了他们对国家发展卫星导航系统重要意义的分析以及实现方法的建议。国家对此予以高度重视和支持，中国空间技术研究院等科研单位随即开展了一系列预先研究和试验工作。

1994年2月，一份名为《关于印发〈双星导航定位系统工程立项报告〉的通知》的文件印发，标志着北斗一号正式上马。这一年，已经65岁的孙家栋被任命为工程的总设计师，李祖洪任卫星总指挥、范本尧任卫星总设计师，中国人正式踏上了北斗系统的研制之路。

---

① 1993年7月，我国的"银河号"货轮从天津港起航驶往迪拜，当航行在印度洋上时，突然找不到航向被迫停驶。事后调查发现，原来美国关闭了该区域的GPS信号，使货轮在海上漂泊了33天。其间，美国无中生有地指控货轮要将制造化学武器的原料运往伊朗，强硬要求登船进行检查。面对美方这一无端指控，中方断然否认，但美方仍不依不饶。此后，有第三方参与的联合调查得出结论，"银河号"上根本没有所谓的化学武器原料。美方的指控完全是凭空捏造、颠倒黑白的谎言。

让我们自己也成为巨人

开拓的路总是艰辛的。摆在北斗一号研制工作面前的，就是"四无"局面：一无技术、二无经验、三无人才、四无资源。曾任北斗一号、北斗二号卫星总指挥的李祖洪回忆说："在起步阶段，我们受过很多刺激。例如，向某国购买产品后钱都付了，对方以制裁为名不卖了，退给我们一些硬纸板。这样不讲道理的事情屡屡发生，给了我们很大的教训。"1990年，李祖洪带着几个人去某国考察购买产品。对方严密封锁、处处防备，在位于地下的实验室里，就连上厕所都要派人跟着。李祖洪说："当时心里特别难受——我们买他们的东西，他们防我们像防贼一样。"在向另外一个国家购买北斗卫星某核心产品时，对方在合同里加了一条"如遇不可抗力，我们不负责任"，也就是说，对方随时可以卡我们的脖子。李祖洪从那时起就暗暗下定决心："'巨人'对我们技术封锁，不让我们站在肩膀上。唯一的办法，就是自己成为'巨人'。"

成为巨人，谈何容易？当时国外对我们进行技术封锁，国内研制能力还满足不了要求，北斗一号研制只能在摸索中起步。

长期稳定运行是卫星导航系统的根本，而在当时的技术条件下，影响卫星长期稳定运行的控制分系统三大部件——地球敏感器、动量轮和太阳帆板驱动机构（SADA）都没有实现国产化。1986—1987年间这三大件已经实现了引进，但大家总觉得进口不是长久之计，充满了忧患意识，发誓要自己干出这三大件。SADA如同人体上的肩关节，可以带动太阳帆板向着太阳的方向转动，从而源源不断地获取能源，并将能量传递到卫星内部。在整个卫星上SADA看似不起眼，却被称作"卫星的生命线"。为了将"生命线"牢牢把握在自己手中，国产化研制的序幕拉开了。在测试阶段，他们发现了一个棘手的问题，驱动机构的转动部分与固定部分温差将近60℃。产品是否能经受住如此大的温差考验，研制人员心里也没底。怎么才能克服巨大的温差完成试验？不仅在当时是一个难题，放在现在也依然是个不小的挑战。为了验证产品究竟能否禁得住60℃的温差，研制人员着手自己设计试验设备，展开了国内首次温度梯度试验。试验设备完全手工画制，各种零件有上百个，手稿堆了厚厚的一大摞。这次试验持续了整整三个昼夜。就这样经过多年潜心研究，国产首个长寿命、高轨道 SADA 的初样产品终于被研制了出来。1994 年北斗一号立项时，三大件经过艰苦攻关，完成了研制工作并通过了试验验证，之后在北斗一号卫星上成功实现了首飞，自主解决了卫星的"眼睛""腿脚"和"肩关节"问题。

2000 年，两颗北斗一号卫星发射前夕，在世界无线电大会上，美国为了保护自身利益，提案取消北斗卫星即将使用的 S 频段，阻挠我国北斗系统建设。倘若提案通过，北斗将是违法使用频率资源，这将是个致命的打击。形势危急！中国坚决抵制这一提案，并经过努力争取到了俄罗斯和其他国家的支持，终于修改了这一原则，为北斗一号 01 星、02 星的相继成功发射铺平了道路。

成为"巨人"的路很难走，国产化攻关尤为艰苦。老一辈"北斗人"凭借自力更生的创业精神，带领团队自主创新、攻坚克难，终于在世纪之交建成了北斗一号系统。

工程大总师的责任担当

在北斗一号卫星最初的研制规划中，原计划在东方红二号甲双自旋卫星的基础上研制一种导航卫星专用平台。这种卫星平台没有太阳翼，相机和天线必须对着地球，功率比较小，载荷重量、功率也不够，有几个关键问题无法解决，与导航卫星的要求尚有较大差距。面临北斗后续的发展，下一步该怎么走？

延续原有平台继续攻关，还是改变研制规划更换平台，成了一时间争论的焦点。有一天，孙家栋找到了范本尧，见他皱着眉头便问："想好解决的办法了吗？"范本尧说："做了很多试验还是不行。"孙家栋说："看来不能一条路走到底，得换思路、换平台啦。"

可是前不久第一颗东方红三号卫星发射失利，所以那时候人们不敢提用东方红三号卫星平台取代东二。孙家栋像是看出了其中缘由，问范本尧：

"老范，你同时兼任'东三'的总设计师，你说说这次失利的主要原因是什么?"范本尧答道:"我认为'东三'失利不是方案上的问题，存在的问题是可以解决的。"孙家栋说:"既然不是设计问题，把现有问题解决了，完全可以用'东三'平台取代'东二'平台。我们再仔细论证一下，此事不能再拖了。"

孙家栋果断拍板，北斗一号卫星转而采用东方红三号这种三轴稳定平台。路子顺了，大大加快了卫星的研制进度。范本尧等带领总体设计人员加班加点，在最短的时间完成了平台更改方案的论证，并向航天工业总公司、国防科工委提出了用东方红三号卫星平台取代双自旋卫星平台的建议及相应的技术经济可行性分析报告，最终得到批复同意。

实践证明，更换平台是一个英明的决策。李祖洪回忆道:"这个平台确保了北斗后续型号的功能实现，否则后续研制风险非常大。"1997 年，东方红三号通信卫星发射任务获得成功。基于东方红三号卫星平台的北斗一号卫星很快在 2000 年连发两颗，随即提供导航服务，解决了中国卫星导航系统有无的问题，老一辈"北斗人"的责任担当，推动我国跨入了世界卫星导航的"第一方阵"。

下决心搞国产化太阳翼

北斗一号更改选用东方红三号平台后，平台上的重要供电设备——太阳翼的引进就很快提上了议事日程。李祖洪回忆说:"当时准备从德国引进，外方提出太阳翼要在德国组装。我们想在北京组装测试，便在谈判中提出了我们的想法，但当时外方态度非常恶劣，对我们的态度很看不起，觉得你们中国搞什么太阳翼啊。外方代表提包就走，把我们撂在那里了。后来回来我跟院领导汇报，大家都很气愤。我们下决心搞国产化，不要他的了。"

鉴于这种情况，经过多方调研、动员，广泛征求有关单位领导、专家的意见，并在技术上、经济上和进度上进行充分论证后，中国空间技术研究院提出，克服一切困难，自力更生，集中研究院各型号的技术力量，依靠科学的管理和全体科技人员的共同努力研制出国产化太阳翼。

起步非常困难，但大家都憋着一口气，大力协同、明确分工，要把国产化的太阳翼研制出来。太阳帆板设计、组装和试验以及太阳翼基板加工、太阳电池片贴片生产由两个单位分别负责。由于条件有限，没有大型真空模拟试验设备可以承担太阳翼低温展开试验，研制团队就想出一个巧办法：把太阳翼架起来，在每个帆板铰链上安装了液氮喷头，把温度控制在零下40℃，进行展开试验。不但如此，还对太阳翼重量进行了优化，最后做出的产品比国外产品还轻。后来美国休斯公司来现场看太阳翼产品，对中国的研制速度和质量表示惊叹。自此，北斗一号卫星插上了中国的"翅膀"。

"雄关漫道导航路，筑梦北斗莫等闲"，李祖洪经常这样感慨。回望北斗一号系统的研制历程，从受制于人到挺直腰杆，从满是疑惑到逐个攻破，老一辈"北斗人"凭借着攻关的勇气和创新的热情，开启了中国的北斗系统研制建设的辉煌篇章。

第三节　覆盖亚太，北斗二号走向世界

再难，也要加速建成我国自己的卫星导航系统！

面对国家的迫切需要，面对依靠进口的教训，北斗团队决定自力更生、自主创新，大力团结协作，持续攻坚克难，全力以赴推进北斗二号系统建设任务。经过艰苦努力，他们不负众望，让北斗二号系统自2012年12月27日起正式向亚太地区提供区域服务。中共中央、国务院、中央军委在贺电中指出："该系统建成并投入使用，是国家和军队信息化建设的重要里程碑，是对我国经济社会发展的重要贡献，标志着我国卫星导航发展'三步走'战略的第二步取得了全面胜利，标志着我国在建立自主可控的卫星导航系统进程中又迈出了一大步，意义重大，影响深远。"[1]

---

① 《中共中央　国务院　中央军委对北斗二号卫星导航系统开通服务的贺电》，《人民日报》2012年12月29日。

没有片刻喘息

太空浩瀚无垠，宇宙深不可测。导航卫星时刻与我们同在，与地面保持通信联络；但只有恰好的轨道位置、恰好的通信频率，才能让卫星发挥作用。太空中的频率资源十分有限，由于起步较早，美国与俄罗斯占用了80％的黄金导航频段，给中国等后来者留下的发展空间所剩无几。

国际电联从航空导航频段中挤出了最后一小段频率，提供给世界各国平等申请。按照该组织规定，哪一个国家能够先把卫星发射到预定的轨道上去，并且成功地开通频率信号，就可以优先得到这个轨道和频率资源。

2000年4月17日，中国向国际电联申请导航卫星的轨道位置和频率资源；欧盟因建设伽利略导航系统需要，在2000年6月5日也向国际电联提出频率申请。国际电联有两条原则：谁先占有谁先用；有效期7年，有效期内必须成功发射导航卫星并接收传回信号，逾期自动失效。这就意味着中国必须在2007年4月17日之前发射卫星并成功播发信号，否则建设北斗系统的一切努力和憧憬都将化为泡影。刚刚起步的北斗二号必须直面一场与时间的赛跑。

按照原定的规划部署、计划管理和组织模式，北斗二号飞行试验星最早也只能到2007年12月完成发射，而这样将错过国际电联频率激活生效的最后节点。"我们是以跑百米的速度在跑马拉松"是北斗二号卫星总设计师的谢军对当时那种紧张研制节奏的由衷感慨。那段"激情燃烧的岁月"也让许多同志刻骨铭心。

2005年，北斗二号的研制生产已经进入最紧张的阶段，卫星总指挥李祖洪急得火烧眉毛。他和团队经过反复研究，聚焦于确保研制任务瞄准最后期限按时完成，结合任务需要和单机研制生产规律，决定安排29台鉴定件级产品装星参加飞行试验。这是以往型号从来未尝试过的事情。针对部分核心单机到货晚等风险，研制队伍开展了流程优化、风险论证及对策研究等工作，最终决定用国产化替代。

时间不等人！2007年，首颗北斗二号卫星研制攻关进入最关键的时刻，大年初七，经过北斗团队全员争分夺秒的共同努力，飞行试验星进入发射场，开始紧张的测试阶段。为节省时间，所有参试人员进驻发射场后马不停蹄大干 3 天体力活。由于初到发射场区、叠加工作劳累，70% 的队员水土不服，连续腹泻发烧，但大家还是立刻投入战斗，搬设备、扛机柜、布电缆。没有片刻的喘息，紧接着就是 200 小时不间断的加电测试。9 天 8 夜，院士、型号两总和技术人员全部上阵，一起排班、一起奋战、一起处置各种险情，共同渡过种种考验。

谢军是出了名的"拼命三郎"。面对北斗二号卫星总设计师的岗位，他坦言："压力很大，但时代选择了我、责任选择了我，我决不能怠慢，必须玩命儿地干。"这次在发射场，他长期连续工作，甚至几天几夜不眠不休。一天，他正站在测试人员的后面一起分析数据，突然不说话了。大家回头一看，谢军竟然晕倒在了地上！这样的情形发生了三次，但每一次醒来后，他都立即赶回岗位，问的第一句话都是"卫星没事吧"。工作中，他十分严谨细致，而且再苦再累都毫无怨言、充满激情。他常和同事说，搞科研对他来说有一种强大的诱惑。"当你有了热爱，你就能不怕苦、不怕累，肯下功夫、肯钻研。"谢军责任在肩、愈战愈勇。

惊心动魄的决战

北斗二号飞行试验星转场到发射区，与火箭对接，进入卫星健康状态检查，整流罩合上后一切顺利。然而，在卫星进行第三次总检查的时候，突然出现了卫星应答机异常。但此时，应答机相当于一个手机，能将天上的信号和地上的信号联通，应答机里面一个振荡器工作临界，时而停振、时而正常。从坐镇指挥的型号两总到每一个现场测试人员，都一下子绷紧了神经。虽然经过深入测试分析，发现隐患并不大、导致故障的概率很低，但型号两总的意志坚定如铁："所有隐患，无论大小，必须归零！"因为这颗卫星带着占领频率资源的"使命"，此时留给北斗二号团队用来修复的时间只剩下了三天。为了万无一失、不带任何一个微小的问题上天，他们经过仔细研究后决定对卫星"开膛破肚"。

当时运载火箭已经合上整流罩,而且卫星已经是满燃料的。在六七十米高的发射塔架上,重新打开整流罩存在很大的风险,操作起来难度也非常大。运载火箭试验队和卫星试验队紧密配合,制定了严密的操作文件。打开整流罩,悬空状态,拧下螺栓,打开舱板,现场气氛非常紧张,所有人都目不转睛地注视着进展。一系列稳稳的操作后,应答机终于被安全地拆卸下来,立即进行问题排查与维修。此后的几十个小时里,同志们不眠不休,神经绷得似上箭的弓弦,眼睛一眨不眨地盯着数据显示屏,捕捉着每一个细微的变化,困得不行了,用凉水洗把脸,醒醒脑;饿了,让食堂送个盒饭来,往嘴里扒拉饭菜时,眼睛还一动不动地看着测试屏,吃完了也不知自己吃了些什么。4月6日,应答机通过试验与分析,产品故障被定位,问题被排除,重新装入卫星舱内。4月8日,完成了第三次总检查。

北斗卫星导航系统工程总设计师杨长风动情地回忆道,那三天的心情是紧张、沉重的,压力也很大,72小时基本上没合眼。我们抢占这个频率叫作"背水一战",只有成功才能真正占有这块"太空国土"。

发射的日子终于来到了。2007年4月14日4时11分,北斗二号飞行试验星在西昌卫星发射中心的夜空中,由长征三号甲运载火箭成功发射。很多人眼睛都湿润了,但也都长喘了一口气。但谢军作为卫星总设计师,内心依然"压力山大"。一个新的矛盾紧随而来:卫星入轨后,按规范操作,卫星要在真空环境下暴露5天后再开启设备。如果提前开启,很可能引发微波信号大功率微放电,导致卫星报废;可再等5天,势必错失国际电联规定的最后期限。

4月16日晚,现场凝重的气氛仿佛无时无刻不在催促着大家:逼近我国申请的空间频率失效只剩下不到4小时了。谢军一边掐着时间精确计算,一边仔细回想卫星上设备产品的每一个性能指标。背水一战,无路可退。20时14分,面对不可预知的风险,谢军与有效载荷系统的副总师刘波认真研究商量后,从座席上站了起来,向卫星飞控试验队果断下令:"加电开机!"

"加电开机！"谢军再一次重复。

大家屏住呼吸，都在期待提前开启后的卫星能够如期发送导航信号信息。远在北京的一个大操场上，十几家北斗导航卫星接收机产品研发厂家把接收机一字摆开，技术人员伸长脖子仰望着漆黑的夜空，等待着那个来自远方的信号。21 时 46 分，地面的接收机产品正确接收到了卫星播发的 B1 导航信号；21 时 54 分，接收到了卫星播发的 B2 导航信号；22 时 03 分，接收到了卫星播发的 B3 导航信号。北京、西昌、西安，航天人欢声雷动、拥抱喝彩！此时，离国际电联限定的时间仅剩 2 小时。"压哨破门"，中国北斗二号申请的卫星导航信号频率与轨位资源保住了！首战告捷，我国第二代卫星导航系统建设的序幕拉开了！

很多人问谢军，当时决定提前开机是哪来的勇气？他总是笑笑说："这不是我个人的勇气，关键时刻，靠的就是平时的认真、扎实工作来支撑！这也是一种信念在支撑！"其实，了解谢军的人都知道，他绝不是贸然决定，他的勇气来自于底气，来自于平时的严慎细实和眼见为实，来自于那种历经千锤百炼、发自内心的自信与果敢。

中国精度中国钟

北斗二号系统的研制历程中，星载原子钟的研制无疑是最大的"拦路虎"之一。时间和空间位置信息是一个国家重要的战略资源，准确获取卫星位置信息和星上精准的时间信息至关重要，因此时间精度也被称作卫星导航的"命门"，而星载原子钟又被称为导航卫星的"心脏"。北斗二号"快速组网"，不仅需要先进的星载铷钟，而且要求"批量研制""批量试验"。

星载原子钟分为氢原子钟、铷原子钟和铯原子钟，铷钟是国际上最常采用的也是当时我国选用的原子钟。早在北斗一号工程启动之前，中国就开始布局星载铷钟研发，并写入国家"八五"计划。虽然国内多家单位参与并有所突破，但由于缺乏工程牵引，我国的星载铷钟研制进展依然非常缓慢，远落后于工程进度要求。北斗一号系统只能引进工业级、商业级铷原子钟。

北斗二号系统的导航定位精度要"超过伽利略、赶上 GPS",首先星载铷钟就要"超欧赶美",要求授时精度比北斗一号星载铷钟高出好几个数量级,必须达到宇航级。如此高性能的星载铷钟,从美国引进是不可能的。中国把目光转向瑞士的一家公司。时任北斗导航工程副总设计师杨长风与谢军一起,率团前往开展了多轮谈判,但该公司碍于欧盟和瑞士政府有关要求,在北斗二号所需星载铷钟性能指标和欧盟允许出口产品指标之间找平衡、打折扣、搞折中,而且不能保证什么时候做出来和能否做出来,即使做出来也不能保证得到欧盟和瑞士政府的批准。双方多次洽谈,均无果而终。

此时北斗二号卫星研制已是箭在弦上。了解到谈判进展,孙家栋告诉谢军:"我们再也不能对进口产品存在依赖性了。星载原子钟必须下决心自己搞,就是砸锅卖铁也要做出自己的品牌。"杨长风也说:"这样谈下去,也不知道何时才有结果,我们不能把星载铷钟这个赌注完全押在进口上。这种关键技术只有自己干,才能完全摆脱受制于人的局面,才能真正抓住主动权!"回国后不久,北斗的型号两总就在国内组建了 3 支研制队伍,强强联合、聚力攻关,对星载铷钟这个卫星导航领域的制高点发起了顽强的冲击。

20 世纪八九十年代开始,我国老一辈科学家就着手研制铷原子钟,做了开创性工作。2004 年,贺玉玲从北京大学博士毕业后,怀揣着尽早实现我国星载铷钟工程化应用的梦想,来到中国空间技术研究院所属的西安空间无线电技术研究所,从雷文琦研究员手中接棒,承担星载铷钟的研制攻关工作。

铷钟是利用原子特性进行电磁信号生成的产品,对振动、温度等环境要求极为苛刻,在航天产品中是一个独一无二的存在,其研制被业界称为"耗费生命的事业"。一是铷钟性能的提升,需要充分考虑各个部组件的细微差异,通过整机反复精细调整逐步优化产品性能,调整的次数上百甚至上千。二是每一个参数调试难度都非常大,都需要放到真空罐里测试十几个小时才能看到结果,"起早贪黑"便成了他们的工作常态。三是每解决一个问题,哪怕再小的问题,都要经过反反复复的试验,如为了去掉一个可调电容,他们对单元电路进行了十几轮的设计改进和长达数月的试验验证;为了解决铷灯真空下过热的问题，他们轮流值守在真空罐旁，一守就是许多天……

铷钟整机测试期间，需要对关键性能——长期频率稳定度进行测试，而且连续 17 天不能间断，最后再对得到的大量测试数据进行处理分析。在这个过程中，铷钟电路对外部环境感知极为灵敏，测试需要一个极端稳定的环境。否则，即使轻轻碰一下放置了测试仪器的桌子，振动产生的微小的低频信号都有可能传递到测试设备的电路中被高灵敏度的设备捕捉，导致测试数据波动异常而被废弃，只能重新开始 17 天的测试周期，从而严重影响到以小时为单位的研制计划，后果不堪想象。这给研制队伍提出了极为严格的操作规范性要求，必须严格遵守规章、高度聚精会神。贺玉玲与团队养成了一个习惯，就是让铷钟实验室始终有人值守，以便及时掌握铷钟的各项试验情况。团队成员不知道熬了多少个日日夜夜，睡在实验室、吃在过道走廊成为那段时间的常态。有时工作太过专注，都没有了时间概念，天刚拂晓，贺博士以为还是黄昏！孩子得知妈妈是做关于钟的工作，就问妈妈："你们做时钟的人，怎么那么不守时呢？"原来，贺玉玲为了工作，一次又一次地没有兑现给孩子的承诺。

一般而言，普通航天产品的温控设计常常只要做到几十摄氏度变化范围就可以了，但铷钟的器件、组件、电路、整机都对温度极为敏感，要求达到 16 小时内温度变化小于 $1℃$，否则温度引起的频率变化过大，将导致定位系统精度受到严重影响。北斗团队创造性地给铷钟提供了优秀的控温小舱。为了进一步减少环境温度变化产生的影响，贺玉玲和团队采取了镀金工艺，对铷钟产品的表面进行处理，使其表面的热反射率大幅提高，增强了对铷钟产品温度的控制能力。二者结合起来，产品温度变化被控制在 $±0.1℃$，铷钟温度控制这一世界性难题被中国人解决了！

通过多年的不懈努力，北斗团队终于研制成功了具有完全自主知识产权、满足"北斗"工程要求的星载原子钟正样产品，突破了封锁。中国终于有了自主研发的星载原子钟，其稳定度达到 10^{-14} 量级，可保证系统服务授时精度 50 纳秒，300 万年只有 1 秒误差，指标甚至优于国外产品。前进道路上的这只最大的"拦路虎"之一终于被"打倒"了！当卫星导航信号从太空传来的那一刻，贺玉玲说："忽然觉得再苦再累都是值得的！"大家挺直了腰杆，自豪地说："六七十年代我们有了原子弹，现在我们有了原子钟！"

要掌握关键技术，必须靠自力更生奋斗，靠自主创新争取。2012年后，国产化铷钟全面取代进口铷钟。而一直依赖于购买欧洲原子钟的某国区域导航卫星系统，发生了因原子钟故障导致卫星寿命降低甚至失效的问题。相比之下，我们坚定自主创新的选择无比正确。在接续奋斗中，北斗团队坚定自主创新的骨气和志气，不断增强自主创新的能力和实力，让北斗卫星用上了中国钟、拥有了"中国心"，让不断提升的中国精度耀苍穹！

排故除险，不负国家使命

航天探索的道路没有坦途，北斗团队对于故障处置、转危为安也有着难忘的记忆。

2007年2月3日腊月十六，第四颗北斗导航试验卫星发射后，南太阳帆板在升空后不久出现故障，卫星与地面失去联系。失去动力的卫星能否经受住复杂的深空环境的考验？这也是所有科研人员都关注的一个问题。太空温度约在零下100℃左右，没有电能，卫星内部的加热设备不能正常工作，卫星内部不能维持必要的环境温度，卫星极有可能会被冻坏。根据地面模拟实验，科研人员计算推断，卫星依然保持着巡航状态，大约在2月中旬左右也就是约两周后，卫星姿态可以使已展开的太阳帆板有一定的太阳光入射角，这时卫星能获得一定的能量，便可能向地面发回遥测数据，如能利用有利时机及时补救，有望化险为夷。

但这一切的前提，是卫星的数管、遥测等设备能在低温环境下启动，采集到卫星的轨道数据，并顺利发回地面。在卫星刚刚发生故障时，为卫星提供遥测、数管等设备的科研人员即开展了多次模拟实验。结论是：相关设备在超低温超极限的状态下可以顺利启动，能够采集并发回数据。

经过精细的测算和验证，科研人员已万事俱备、只待时机。2月中旬的一天，远望号测量船成功接收到卫星的遥测信号，中午时分，其他测控点也陆续收到遥测数据。奇迹发生了！消失了十几天的卫星，重新回到了祖国的"视线"之中。根据遥测数据很快拿出抢修方案：通过点火，对卫星实施变轨，在春分左右达到预定轨道。

从腊月到正月，几十名科研人员奋战了十几个日日夜夜，准备着抢修卫星的周密方案。方案是否可行？大年初二晚上，成功实施了低温启动设备的工作；大年初三，分析遥测数据，结果证明预定抢修方案有效；大年初七，复查卫星发回的遥测数据，判断各项设备是否工作正常，又是一个无眠的夜晚。根据地面多次模拟、推断，有关方面认为，可以对卫星进行点火变轨。3月初，实施首次点火。点火后，卫星依靠自身动力，成功进入新轨道，避免了坠入大气层的危险。4月11日，科研人员经过60天的鏖战，攻克了多项技术难关，终于成功排除星上故障，卫星运行姿态良好，星上仪器工作正常，转入在轨长期管理，创造了中国航天史上卫星抢救的奇迹。大家情不自禁地欢呼雀跃、热泪盈眶。

在北斗二号总指挥兼总设计师杨慧的记忆中，北斗二号任务推进过程中另一段经历记忆犹新，她认为是最难熬的日子。有一次遇到了故障，但故障数据只有几秒，而要通过这几秒找出故障的位置和原因，难度可想而知。当时杨慧压力很大，整个团队也陷入了低谷，大家都清楚卫星出现问题的结果就是进度推迟。那段时间真可以用"苦"字来形容，这种"苦"不只是工作强度大、经常加班，主要是要顶住方方面面的压力，把国家交予的重要任务保质按时完成。她回忆道，那时只有时刻告诫自己决不能放弃，更不可能打退堂鼓、撂挑子，这是国家的任务，我们只能咬牙坚持。杨慧一边认真梳理技术细节，一边鼓励团队，在她的带动下，大家重新振作起来，咬紧牙关坚持了下去。团队成员白天向专家和同行汇报查找问题的进展，晚上通宵查找问题，连续干了一个星期，困了就在桌子上趴一小会儿，终于在地面复现了问题，成功排除了故障。

卫星总装特级技师田占敏曾经多次临危受命，在发射场阶段完成多项排故任务，到发射塔架的顶部开展"高空作业"，被誉为航天器的"外科大夫"。"手托上亿资产，肩负国家使命"是他的口头禅。

卫星总装是一项风险极高的工作，需要与成千上万个元部件"打交道"，正常工序有一千多道，工步至少几万步，每个步骤都有严格规范。装配中用到的每一个螺钉的长短、产品状态是否有瑕疵、插头是否有缺陷、工具选择是否正确……每一个细节都必须在地面把所有的隐患和不确定问题解决了；有一个插头装反、有一个电缆接错，都可能导致卫星失效从而造成重大损失。在卫星发射前夕，总装人员一旦接到"排故"的紧急任务，既代表组织的信任，更意味着任务的艰巨。重任在肩，必须迎难而上！这对操作人员的技能水平和心理素质要求极高。

2010年，卫星在发射前需要拆下电源变换器。由于已加注的卫星不能躺倒，操作人员只能采取非常规操作。经过数小时分析模拟，田占敏决定拆下一侧小舱板，侧躺在操作平台探板上单手拆装。两个多小时后，经验丰富的田占敏顺利完成拆装，为卫星发射抢夺了时间。"干活时不觉得累，闲下来反而累。"休息时，他端起茶杯的手还在颤抖。

在发射前，卫星总装是航天器生产制造的"最后一道墙"。各厂交付产品的时间不同，总装需要逆向操作，加班是家常便饭。在田占敏50岁生日那天，家人为他买好蛋糕，在餐馆订好了一桌饭菜，结果田占敏加班到第二天凌晨三点。他摆摆手说："总装技能人员的节假日，几乎是在工作中度过的。"

北斗之路，来之不易。从奋起追赶到并跑超越，无数像田占敏这样的造星人，以强烈担当、严谨作风、过硬技术为北斗发展"增速加油"，在短短20余年里实现了我国在卫星导航领域的"惊人飞跃"。

善打"持久战"，兑现北斗承诺

2018年，在太空中运行的16颗北斗二号卫星，近半数已是超寿服役。虽然这支光荣的"队伍"老骥伏枥、斗志昂扬，但不可否认其"老龄化"趋势。或许有人会问：有了北斗三号，还需要北斗二号吗？

"北斗系统是一个重承诺的系统，一定会为用户提供连续稳定的运行服务。"杨慧语气坚定。北斗是一个开放的系统，不仅是中国国民经济与社会发展的重要基础设施，也是为全人类提供时间坐标和空间坐标的基础设施，服务的连续性和稳定性十分重要。就像停水停电影响城市生活一样，卫星导航服务一旦中断，国家和社会的正常运行也会受到很大的影响。北斗路漫漫，唯有打好"持久战"，确保24小时不间断的精稳运行，才能兑现诺言。为了实现对祖国的承诺，给用户提供连续稳定的运行服务，北斗团队丝毫没有停下在漫漫北斗路上的前进步伐。一方面，青出于蓝的北斗三号密集研制任务正在紧锣密鼓地推进；另一方面，北斗二号即将面临到寿后的密集退役——两大系统如何实现完美交接，成为北斗团队兑现承诺的关键。这对卫星导航的可靠性、连续性设计提出了苛刻的要求。

"北斗是系统工程，每一次导航都需要多颗卫星协作。"杨慧说，"因此在设计之初，我们就充分考虑了系统的冗余，发射了多于可提供运行服务数量的卫星。即使出现单星寿命到期的情况，也有其他卫星替它完成任务，从而保证系统连续稳定运行。"为满足服务要求，2012年12月20日，北斗二号工程领导小组会议明确增加4颗备份卫星，作为北斗二号系统的补充，保证系统连续稳定运行、提供满足精度要求的服务。每一位"替补"都有主要接替的对象，它们陆续接过接力棒，继续在太空征战。

"替补"并不意味着简单拷贝。在继承"前辈"们优良基因的基础上，北斗二号备份星在提高国产化水平、在轨问题改进、满足用户新增需求等方面进行了一系列优化升级，进一步提高了可靠性，实现了继承与创新、技术指标与国家工业基础的统一协调，推进了航天科研生产转型升级。秉承这一思路，第32颗北斗导航卫星率先采用远程测试的方法，在优化发射场流程、精简发射场人员等方面开展了有益尝试，为后续北斗导航卫星蹚出了一条新路。

令人欣慰的是，自正式提供服务以来，北斗二号系统一直在连续、稳定、可靠地运行，免费向亚太地区提供公开服务，全天候、全天时为各类用户提供了大量高精度、高可靠的定位、导航、授时服务，从未发生一次服务中断。

正如杨慧所说："尽我所能、倾我所有，是北斗导航向世界许下庄严的承诺。奉献是北斗的追求，也是北斗的义务。"

从 1999 年预先开展论证起，北斗团队为了北斗二号系统建设，与空间频率申报期赛跑，攻克了一道道技术难关，力保不带隐患上天，全力兑现庄严承诺，于 2012 年底正式提供区域服务，于 2019 年 5 月 18 日完成第四颗备份卫星发射任务，实现了圆满收官。二十载、二十星，北斗二号将国人的承诺与骄傲书写在寥廓星空；新时代、新征程，北斗二号将在天疆默默坚守，续写"老兵"新的传奇。

第四节 全球组网，北斗三号泽沐八方

习近平指出，卫星导航系统是重要的空间基础设施，为人类社会生产和生活提供全天候的精准时空信息服务，是经济社会发展的重要信息保障。[①]从 2009 年北斗三号立项至 2020 年全球组网，在长达 11 年的研制历程里，北斗团队始终大力弘扬、坚定践行自主创新、开放融合、万众一心、追求卓越的新时代北斗精神，心怀航天强国梦想，肩负推进我国社会主义现代化建设和推动构建人类命运共同体的使命担当，勤力创新、攻坚克难，圆满完成了以星间链路技术、行波管放大器为代表的技术创新，圆满实现了部组件和关键元器件 100％国产化的目标，用勤劳和智慧铸就了北斗传奇的新时代篇章。

星间链路 星星相连

自主创新是我们攀登世界科技高峰的必由之路。北斗三号不仅是世界一流的北斗，功能强大、性能指标领先，而且也是创新超越的北斗，是我国自主建设、独立运行的全球卫星导航系统。建设和发展我国的北斗系统要实现

---

① 参见《习近平向联合国全球卫星导航系统国际委员会第十三届大会致贺信》，《人民日报》2018 年 11 月 6 日。

自主可控，摆脱受制于人的局面和隐患，就必须突破100%的关键技术，实现部组件和关键元器件的100%国产化。

针对"卡脖子"技术的攻关，孙家栋曾专门提了四条要求：第一，指标不能降；第二，可靠性不能降；第三，元器件要尽量做到国产化；第四，要申请专利。经过北斗团队的接续奋斗和全国上下的大力协同，北斗三号攻克了星间链路、高精度原子钟等160多项关键核心技术，实现了500多种器部件国产化研制的突破。北斗团队以100%的努力，以全国大联合的协作精神，以足以载入史册的创新壮举，让北斗星光闪耀苍穹，让北斗服务无远弗届。

"全球组网、全球服务"是北斗三号的目标和承诺。北斗三号工程启动建设后，一个问题摆在大家面前：全球组网是延续国际上已有的方法，还是另辟蹊径？大家决定，要走一条不一样的路。但这也意味着全新的挑战。在北斗三号任务中，谢军担任工程副总设计师、卫星首席总设计师。为了实现全球服务的目标，他带领团队花了近5年的时间，提出了中国方案，首创了星间链路和混合星座的架构体系。这个架构涉及星座轨道、计算机网络、通信电子、信号处理等众多学科和专业，技术复杂、攻关难度极大。

"星间链路"，就是卫星和卫星之间的一条路。更严谨地说，就是航天器与航天器之间具有数据传输和测距功能的无线链路。比如打电话，如果打给不同地区、不同国家，信号要通过很多基站才能联通。但是要搞全球导航定位又不能到其他国家建地面站，怎么办？有了"星间链路"，我们通过天上卫星之间的网络，就可以只依靠境内的地面站实现对所有卫星的管理，不用去国外建地面站也能实现对全球的覆盖。可以说，"星间链路"是北斗三号实现全球组网的关键所在。

2010年，康成斌从中科院博士毕业，他求职时只投了一份简历，就是要来北斗团队。之所以如此简单直接，源于受了"刺激"。读博期间，他曾攻关研制了一台导航接收机，然而"打开屏幕，上面显示的大部分都是美国GPS的信号，我国仅有的几颗卫星显得特别孤单"。那一刻，他便下定决心，要做中国的导航卫星。

在方案确立的关键阶段，他与大家一起，大胆提出了关键技术的验证方案。他们设想通过"星间链路"闯出一条"天路"。但要想让地球两端的北斗卫星实现建链、通信功能，测距精度须得提升到厘米量级。康博士感叹："那是七万公里之间的针尖对麦芒，难度可想而知。"令人惊喜的是，上级领导很快批准建造了一颗模拟卫星，依托中国空间技术研究院的亚洲第一大"紧缩场"去做相关测试。"那是全方位的政策支持，包括资源、人力，当遇到技术瓶颈的时候，团队还会组织专家论证来帮扶。"

历时五年，当北斗三号第一颗卫星发射升空，星间链路在测量精度、抗干扰能力等诸多方面的优势得到了真正的验证。北斗团队成员克服重重困难，攻克了星座星间链路技术，采取星间、星地传输功能一体化设计，实现了卫星与卫星、卫星与地面站的链路互通。也就是说，虽然"看不见"在地球另一面的北斗卫星，但用北斗卫星的星间链路同样能与它们取得联系。用星间链路技术，"太空兄弟们"手拉手、心相通，不仅实现了相互间的通信和数据传输，还能相互测距、自动"保持队形"，减轻了地面管理维护压力。星间链路技术在应用中，设计了全新的协议和策略，解决了不能全球布站进行卫星境外监测的难题。这也是北斗全球导航系统建设的一大特色。北斗三号卫星总指挥迟军评价："北斗团队提出了国际上首个高中轨道星间链路混合型新体制，形成了具有自主知识产权的星间链路网络协议、自主定轨、时间同步等系统方案，综合性能达到世界一流水平。"

回忆起那段时光，康博士感慨地说："这让我第一次体会到什么叫'攻坚克难'——国家定了战略目标，小到一个实验、大到发射每颗卫星的目标节点，不论中间遇到任何困难，哪怕是世界级难题，我们都要想尽办法去化解。如果说北斗系统是一套'多米诺骨牌'，那么我们每个人都要保证'后墙不倒'——它没有写入某个规定或者文件，却淋漓尽致地展现在每一位北斗人的身上。"当时有一阵子，他几乎住在了单位，一心求索攻克技术难关，留下了终生难忘的经历。

一星通，星星通；一星准，星星准。北斗系统创造性地在混合星座间设计了星间链路，保证了每一颗卫星的轨道位置精度大幅度提高，能为用户提供更精确、更完美的中国精度，让中国的北斗走向全球、走向一流。

国产化解决"卡脖子"技术

国产化不是敲锣打鼓、轻轻松松就能实现的，而是干出来、拼出来的。行波管放大器是导航卫星有效载荷的核心单机，国际上只有少数几家公司具备生产能力。在北斗系统建设初期，我国在轨卫星所使用的空间行波管都依赖于从国外进口，空间行波管的国产化率不足5%，严重受制于人，是多年来的"卡脖子"技术。

有人曾这样形象地描述，"卫星聊天就像两个人谈话，离得很近，没必要喊着让整栋楼的人都听见，但要让楼外的人听见，就需要用一个高音喇叭"。行波管放大器就是这个"高音喇叭"，卫星导航信号生成后，需要通过它放大功率，再经过传输天线发射，让地面用户用一个很小的设备就能接收到信号的功率。

2013年北斗三号工程伊始，经各部门研究决定，在北斗三号卫星上使用国产行波管放大器。上级机关领导十分关注并进行多次调研，要求卫星系统所用的空间行波管必须尽早实现国产化，以满足工程任务推进的迫切需要。当时，北斗团队把国内所有研制行波管放大器的厂家调研走访了一遍，进行全盘摸底，虽然发现当时仍有不小的难度，但坚定了完全实现国产化目标的决心。

负责研制行波管放大器的单位攻坚克难，费了九牛二虎之力，终于研制出第一批6台设备。一天下午，当研制单位设计师兴致勃勃地介绍产品性能时，谢军经过一番认真检查后，发现个别指标与上星要求还有些"小差距"。本来还很温和的他脸色"唰"的一下就变了！

研制单位工作人员的心一下悬了起来！他们感到，眼前这位表面和气的卫星首席总设计师可能要"推翻"这些产品。

果然如他们所料。"全部重做!"谢军的语气不容置疑。

一旁有人说情:"谢总,指标差距不大,上星虽然有些勉强,但也没什么大问题,是不是可以通过验收?"

谢军好像没有听见,一脸严肃,很不客气地指出:"卫星是在天上运行服务的,再小的问题上天后也是天大的问题。有些参数开始没有问题,可在天上工作一段时间后会变化,那就涉及产品质量和可靠性,是不可接受的。你能保证不出现大的问题吗?"一句话把说情人"顶"得脸通红。

晚间返回住处时,又有人好心提醒他:"按北斗工程进度,离卫星出厂发射时间很紧张了,如果这个设备推倒重来,影响工程进度怎么办?你作为总师,要是耽误了进度,也要负责任的啊!"

谢军何尝不知道这个道理?一边是工程进度,一边是产品质量,都是不能耽搁的大事,孰轻孰重,他心里一直有杆秤。谢军说在这个问题上,自己从来没有一刻迟疑。"设备指标、工程进度,一个不能少,两个我都要!"原则面前,他坚定如铁:"我们不能因为产品滞后影响工程进度,更不能因为工程进度降低质量要求,质量可靠性指标不能降低!"

不过,谢军并没有一否了之,而是跟厂家一起"补课"。他立刻召开卫星各系统负责人协调会,分析产品性能指标出现"小差距"的原因,找出关键部位、关键部件,指示产品研制部门围绕关键抓整改的同时,组织其他系统积极配合、调整相应指标。仅用一个多月时间,就完成了产品性能提升,达到了上星指标,既保证产品质量"零失误",又确保卫星上天"不延误"。

谢军心里清楚,北斗卫星上有数百种设备、上万个零部件,涉及的数十家研制单位,遍布全国东西南北,这些都需要他这个总设计师去检查指导,把好每一个产品的质量关,又怎么可能不操心?事实上,这些年,他每年有三分之一时间,不是待在这些单位,就是在前往这些单位的路上,坐火车、乘飞机、开会讨论、测试试验、分析数据、协调工作、组织联调联试……成为谢军的工作常态、生活状态。用他妻子的话说:"一周不出差,谢军在家里就坐立不安。"谢军自己也坦言:"一周不到下边去看看,心里就不托底儿。"

正是凭借这股劲头，北斗三号一马当先，开始了从并跑到领跑的征程。继续砥砺奋进，必须强志气、硬骨气、蓄底气。谢军说："我们卫星部件的国产化率要高达100%，从长远可持续发展来看，必须坚定地走国产化的道路，做到核心在手。"

型号两总们承担了可能推迟进度、造成风险等极大的压力，研制队伍也付出了艰辛的努力。为了排除新技术和国产设备可能存在的隐患，北斗团队会花费超过一般卫星3倍多的时间反复验证、测试、迭代，甚至会主动帮助生产厂家改进技术和管理流程，毫无保留地传授经验。谢军说："即便是在最艰难的时候，也从未动摇过国产化的信心和决心。"

"国产化我骄傲，国产化我心跳"，北斗团队如此戏称国产化。"骄傲"体现了北斗团队的工程自信——北斗三号核心器部件国产化率达到100%，实现核心技术完全自主可控。核心器部件长期依赖进口、受制于人的局面，被彻底打破了！北斗三号卫星总设计师陈忠贵说："北斗基础产品已实现历史性跨越，国产北斗芯片实现规模化应用，总体性能达到甚至优于国际同类产品。"

"心跳"则是因为北斗的国产化是在不断摸索和"归零"中提升的。犹记得，那个曾在太空中失联而又找回的"调皮孩子"；忘不了，那些半夜来自卫星厂房的电话……每一个新的难题，都在考验着大家的心脏。随着这些难题被一项一项地攻克，北斗系统也实现了一步一步的"成长"。

作为卫星总指挥，见证了北斗三号在自主创新中一路走来，迟军对过去感慨万千、对未来信心百倍。他说："北斗全球卫星导航系统的建成不是终点。中国航天人将继续怀揣梦想、科学谋划、自主创新，推动我国成为航天强国，向世界展现和贡献更多的中国智慧、中国速度和中国精度。"

匠心成就精品

古人常用"声名北斗高"和泰山北斗来形容敬仰之情。北斗团队把工作看作神圣的事业，凭借着对这份事业的热爱和执着，用匠心打造精品，不断刷新纪录，创造了一个又一个奇迹。追求卓越既是赢得100%国产化胜利、积极抢占科技竞争和未来发展制高点的奋斗追求，也是严慎细实、精益求精、敢于质疑、一丝不苟的作风追求。这种追求早已深入骨髓，化为北斗团队的思维方式和行为习惯，贯穿北斗三号系统建设的始终。

在北斗二号区域系统密集研制和发射的同时，中国空间技术研究院就启动了全球导航卫星系统的论证预研工作，并于2009年从区域组网卫星团队中抽调骨干力量组建了研制队伍。从一开始，团队就感受到了泰山压顶般的压力。为了实现全球高精度、高可靠的导航服务，一系列高难度的关键技术摆在团队面前。这个北斗家族的新"成员们"里里外外都是新的，而且全部都要"中国制造"，每一项的技术跨度都很大。这就要求大家必须不断站在技术的"岔路口"上，披荆斩棘、摸索前行；但彼时区域组网密集发射正酣，北斗团队的大部分力量都得扑在完成组批研制和生产上。"太艰难了！"一位深度参与论证的核心成员感叹道。但任务再难也要攻关突破，时间再紧也要追求卓越。

与别的卫星领域不同，北斗对于系统的连续、稳定、完好、可用要求极高，一个产品的好坏直接影响着十几颗卫星的成败，牵一发而动全身。因此，"零缺憾"是北斗团队执拗的追求目标，质量更是他们精心呵护的"眼珠子"。

在北斗三号首组卫星的研制中，出现了一个蓄电池电压微小误差的小插曲。科研人员发现，蓄电池某个单体电池和其他的相比有微小的差异，每十天就有一毫伏的增加。按照设计，电压差增加到一定限额，蓄电池也会自动进行调整，不会影响运行。"不能带着任何疑点上天！"他们没有放过这个隐患，下定决心：换！就这样，他们重新打开太阳翼，卸下舱板，换下有隐患的蓄电池组，加班加点抢进度，依然按照原计划完成了全部工作，给卫星又多了一分安全保障。

年轻的"北斗人"也继承了严慎细实的作风。第9颗北斗三号卫星某关键单机测试中，一位设计师发现了一个产生时间和频率信号的星上设备的某个关键指标偶尔超标。超差了多少？小于 1 纳秒。1 纳秒是 10 的负 9 次方秒，假如 1 个时钟每天变化 1 纳秒的话，300 万年之后，时钟会累积变化 1 秒，短到用"刹那""瞬间"都难以形容。但是卫星导航系统是高精度的"太空灯塔"，各种参数必须稳定、准确。在没查出原因之前，设计师过不了心里的那道关。这一纳秒背后可能存在质量隐患，甚至会影响整个工程。但是，进一步排查无疑会平添很多工作量，还不一定能查出结果，更何况批产研制如此紧张。怎么办？他想起了自己一位最敬重的前辈的话：干航天的，对分析出的问题不能隐瞒，要勇敢面对，发动大家查找问题，要懂得将心比心。他心想：如果不把这个问题搞清楚，就是要带着隐患、带着遗憾、带着疑虑，这绝不允许。"一纳秒"再短也不能放过！

带着这个问题，设计师与其他同事坦诚交底。经过深入讨论，大家认为，在高精度的卫星导航系统中，1 纳秒的偏差是无法被容忍的。它会导致卫星基准 0.3 米的偏差，到地面就会变成 20 米、30 米的偏差；在这种情况下，精密的导航定位授时服务就无从谈起。此时，距离卫星发射窗口只有 4 个月，他们深深地扎了下去，同甘共苦、相互提醒、相互扶助，始终不放弃。通过大家共同的艰苦努力，最终发现是单机的软件设计存在瑕疵。经过修改，指标正常了，为北斗三号任务的后续推进和全面成功又加了一道保险。这次问题的分析和排查，让亲历者们在认识上、能力上和作风上都有了不小的提升，让整支队伍深受教育和启发。

北斗团队的精神传承体现在言传身教上，也来自于持之以恒的知识沉淀和传帮带。创业阶段，"老北斗"用药盒和大头针制作简易的卫星模型向新员工细细讲解。后来，他们用"共享笔记本"等形式，你一句、我两行地记录研制经验和心得。再后来，他们设立了督导师制度，手把手地助推青年成长，并认真编著了总体设计指南以及各分系统的设计 / 工作手册，倾囊传授宝典，并用设计指南与禁忌详解设计中的"清规戒律"。创新开展的虚拟卫星培训项目也渐渐成为"北斗新人"们的必修课，他们分工协作，用不到一个月的时间设计一颗"麻雀虽小、五脏俱全"的虚拟卫星，通过考核后才能走上工作岗位……现在，他们有了"科研生产一体化管控平台"等数字化工具，显著提升了积淀与设计制造能力。

团队致力于推进知识转移，这一点是公认的。即便是团队中的泰斗和"明星"人物，也不爱"藏着掖着"。他们相信"教会徒弟才能解放师傅，一代更比一代强"，醉心于如何让人人都成为"专家"，并摸索出"自我学习，自我提高"的自助、"以老带新，传承经验"的帮助、"专业培训，注重实效"的辅助和"专业互补，共同进步"的互助的"四助"策略。一位经历十余年北斗导航研制历程的核心成员说："我们已经从初期专注于干活，转变到不断思考如何少干活、干好活。"经过一整套综合历练，一批年轻的骨干如雨后春笋般成长起来，成为各自岗位上的小专家、小能手。

图 14 | 北斗团队在发射塔架前祝福新中国成立 70 周年

　　在北斗团队中，这样的团队追求与传承氛围已是常态，更是坚定的执着。对待任何不符合性，一定要把它彻底地消除掉，不带一丝隐患上天！20多年里，北斗团队以万无一失的工作态度，先后把数十颗卫星精准地送入了太空。

　　杨慧曾经这样形容："北斗经历了北斗一号、北斗二号、北斗三号，我们经历了北斗的'三生三世'。为什么这么说？因为我觉得北斗无论从一号到目前的三号，灵魂没变、追求没变、目标没变、初心没改，都是为了建立我们国家的卫星导航系统。从无到有、从区域服务到全球服务，初心不变，但是它一次一次地在脱胎换骨。"这其中没变的重要部分，就是北斗团队身上那股追求卓越的认真劲儿。

千军万马一盘棋

　　北斗三号全球卫星导航系统的建成开通，"是我们在习近平新时代中国特色社会主义思想指引下，充分发挥新型举国体制优势、坚定不移走中国特色自主创新道路新征程上夺取的又一伟大胜利"[1]。在党中央的坚强领导下，四面八方的企业和研究人员加入了北斗研制大团队。他们不忘初心、牢记使命，团结协作、勠力创新，苦干惊天动地事、甘做隐姓埋名人，不分前方后方、不分国企民企、不分台前幕后，形成了航天重大工程"举国上下一盘棋、千军万马大会战"的大格局。

　　"这是一项团队工程，没有个人英雄，航天事业的成功是一个团队的成功。"谢军特别强调团队和合作的力量。如果说北斗三号系统是一个庞大的卫星星座，每一颗卫星都由十几万个元器件组成，它们一刻不停地运转；那么打造这个系统的人们，仿佛也在地面上构成了一个庞大的机器，在研制、发射和应用的各个阶段，每个人都在不停地运转。

---

[1] 《中共中央国务院中央军委对北斗三号全球卫星导航系统建成开通的贺电》，《人民日报》2020年8月1日。

在北斗团队，大家有一条深刻共识："北斗全球组网工作的全面顺利完成，离不开党和国家的信任，离不开以钱学森、孙家栋为代表的老一代航天人为我们打下的坚实基础，离不开我国航天器总体设计、动力学、环境试验技术等专业的快速发展，离不开全国多家兄弟单位的团结协作，更离不开全国人民的支持。"的确，每一颗北斗星都有着强大的"幕后团队"，牵动着卫星、运载火箭、运控、应用、测控、发射场等各大系统。仅以卫星系统为例，总体设计、结构机械、热控制、综合电子、控制与推进、载荷等众多分系统，以及测试、总装等环节的广大研制人员，无论顺境逆境，大家都能做到心往一处想、劲往一处使，一起用汗水和智慧，助推着北斗工程向前迈出坚实而敏捷的步伐。

与其他领域的卫星研制不同，导航卫星是一颗接一颗地发射，从没有缓冲，这个团队成员走的是"长征路"。在这支队伍里，有一种凝聚，叫作"一往情深"。在2017年，19颗北斗三号卫星升空组网。这是在发射场的卫星试验人员比以往减少近一半、在发射场的时间缩短近三分之一的情况下创造的"中国速度"。当时迟军长期守在西昌卫星发射中心，大半年没回过家。试验队员的食堂离工作场所只有几百米远，但在工作紧张时，岗位要连轴转，他们舍不得在路上花时间，就在测试间旁边的临时休息室里吃盒饭，匆匆吃完就回去继续干；半夜岗位不能离开人，他们就临时搭起行军床轮流休息。试验队员们在报告中写道："北斗团队怎么历练出来的？就是我们凭着对国家、对人民负责任的心态，对这份事业负责的心态去支撑。"

"入得光芒北斗星"①。从北斗团队中，走出了数十位型号两总，为我国航天事业的发展锤炼了丰富而宝贵的"明星"阵容。团队形成了以老专家、院士为顾问，以中年专家为核心，以青年骨干为主力"老中青"结合的人才梯队，在高密度组批研制的实战中披荆斩棘、勇创佳绩。

---

① 出自宋代诗人方岳作的《南康宴考试官致语口号》。

在航天精神和航天强国梦的感召下，天南海北的建设者们怀揣激情和梦想都汇聚到北斗研制建设一线。据统计，工程启动以来，陈芳允、孙家栋两位"两弹一星"元勋领衔出征，在全国范围内先后调集了400多家单位、30余万名科技人员参与研制建设，全力托举北斗。国内卫星导航与位置服务领域企事业单位数量在14000家左右，从业人员数量超过50万，形成珠三角、京津冀、长三角、鄂豫湘、川陕渝五大产业区。在全国一盘棋的大协作下，各个环节高效运转，资源得到有效整合。

每次发射任务，当神箭腾飞之际，无论白昼黑夜还是酷暑严寒，无论风雪交加还是大雨滂沱，发射首区和火箭残骸落区多个省市区的数十万人民群众都自觉服从大局，积极进行疏散。

北斗系统建设实践一再告诉我们，重大核心技术和关键产品是要不来、买不来、讨不来的，必须万众一心、合力攻关，把核心技术掌握在自己手中，从根本上保障国家经济安全、国防安全和其他安全。北斗三号卫星研制团队以中国空间技术研究院为核心，辐射全国各类配套单位。从2009年立项开始，型号两总到各地遍寻"能人"和技术水平高的厂家，利用国内最先进的科技成果和最优质的材料、技术、产品，进行系统集成，实现总体优化。他们对产品的考核比国外还要严格，但调研遍了全国最领先的各类元器件企业，他们时常感到十分吃惊：原来国内企业已经如此优秀！特别是在一些原来长期未突破的领域，最近这些年相继取得了重要进展。比如一种用于北斗卫星的大功率微波开关，一直是一个难题。北斗三号立项后，中国航天科技集团第九研究院一家研究所主动找上门，说他们已经攻关了很多年。迟军和同事看了产品，发现基础能力非常出色。经过继续研发和试验，这项技术最终成功实现了对国外产品的替代。尽管这种微波开关在卫星的一生中也许只能用到几次，但每个产品都历经百万次地面试验，次次过关。还有一些民营企业，在一些技术上也达到了全球领先水平。迟军感慨地说："我觉得特别自豪，10年、20年前要想干这事儿可能都不太现实，但这些年国家基础工业突飞猛进。有了大的环境和基础，北斗才有可能干成，要不然就是天方夜谭。"

北斗三号核心器件实现全面国产化，"这事儿能行！"北斗三号研制团队从调研中坚定了信心。而且在推进国产化的过程中，只要北斗工程需要，各地方、各部门、各单位不讲条件、争挑重担。起初，研发资金还没到位，这时一些企业包括民营企业就自掏腰包，按照北斗三号的要求研发元器件。"如果用这些人和时间去做别的项目，他们会赚得更多，但他们觉得国家任务是最重要的。"这让北斗团队更是深受感动。不同于甲方和乙方的关系，北斗三号核心团队将这些供货商都看成队伍的一部分。供货商出现难题时，他们一起想办法。有段时间，大功率微波开关研发遇到问题，因为单位离得近，谢军吃过晚饭就直接去到对方单位，一起查找原因。后来，在原定交货时限的最后一天，经过夜以继日的攻关，研究所的所长亲自抱着微波开关产品赶来交付，没有耽误一天研发进度。在南京，一家配套研发行波管的企业，在一次大功率试验中，几台产品不慎被全部烧毁。为了查找原因，团队里有女同志推迟了婚期，有准爸爸没能见证孩子的出生。

迟军感动地说："众多单位面对国家需求宁可放弃一些经济利益，以报效祖国的情怀全力投入，为北斗工程提供了中国最好、与国外同等水平甚至超越国外的产品，撑起了北斗自主可控的天地。这些都让我特别感动，我们之间也建立了非常信任的关系。"说起北斗三号团队，他想的不只是研究院内部的研发团队，而是所有参与的人。

2020年北斗三号全球导航系统收官发射正值疫情防控吃紧阶段，多支试验队伍、数百科技人员逆行出征，齐聚发射场投身"决战"。尽管任务实施过程一波三折，但大家坚决服从指挥，沉着冷静操作和应对问题，严格落实防疫要求，既打赢了组网收官战，也守住了疫情防控的底线。

2017年11月到2020年6月两年半多的时间，我国不仅成功发射了30颗北斗三号组网星和2颗北斗二号备份星，成功率100%，而且以月均1颗卫星的速度，创造了世界卫星导航系统组网发射新纪录。

北斗是党和国家调动千军万马干出来的，是工程全线几十万人团结一心拼出来的，是广大人民群众坚定支持共同托举起来的。北斗三号全球组网的胜利背后，是万众一心的坚强脊梁；北斗闪耀泽沐八方的荣光之中，是万众一心的磅礴力量。

中国的北斗、世界的北斗、一流的北斗

北斗卫星导航系统致力于向全球用户提供高质量的定位、导航和授时服务。习近平指出："中国愿同各国共享北斗系统建设发展成果，共促全球卫星导航事业蓬勃发展。"[①]

"天上好用，地上用好。"这是中国北斗卫星导航系统工程首任总设计师孙家栋院士对北斗系统的寄语。

"'中国的北斗、世界的北斗、一流的北斗'是我们的理念，也是我们的目标，更是我们中国人的承诺！"谢军特别强调北斗的开放融合，并介绍说："北斗三号全球卫星导航系统开通服务，是一个新的起点，是一个更高的要求。"

"高大上"的北斗导航似乎离我们很遥远，但早已不知不觉"飞入寻常百姓家"，时时刻刻默默地提供着服务。从手机里的移动通信与互联网服务的"随手可及"到天上飞、地下跑、水中游各类交通场景的"无处不在"，从农业、能源、矿产、邮政、航空、铁路、动物保护等各领域应用，到防灾减灾的地震、洪涝、火灾、疫情等危急危难时刻应对，北斗应用从"北斗＋"大步面向"＋北斗"转型升级，助力创造更加美好的生活。

截至 2020 年，北斗已为全国 70％的入网智能手机提供服务。在社会生活中，交通部门用北斗监测旅游车、运输危险品的车辆是否安全行驶；海洋部门通过北斗终端向渔民发布台风、海浪等信息；纪检监察部门用北斗严查公车私用；文物保护部门用北斗监测历史古迹；科学家用北斗跟踪观测雪

---

① 《习近平向联合国全球卫星导航系统国际委员会第十三届大会致贺信》，《人民日报》2018年 11 月 6 日。

豹；农民用安装北斗系统的农业机械播种粮食；牧民边喝奶茶，边通过手机监视草原上戴着北斗定位器的牛羊……北斗还让矿山风险"现身"，能够及时发现燃气管道泄漏地点，为马拉松选手提供线路导航和信息查询，防范老人或小孩走失……凭借着北斗短报文，海上作业的人们能够随时向家人报告平安的消息。截至 2020 年，全国 7 万多条渔船和执法船使用北斗终端；仅在渔业领域，基于北斗卫星累计救援达 1 万余人……

2015 年，为了办好纪念中国人民抗日战争暨世界反法西斯战争胜利 70 周年的抗战胜利日大阅兵，相关训练引进并应用了我国自主研制的北斗高精度定位测量技术，通过研发训练考核系统、配发北斗自动授时系统、制作电子沙盘和阅兵模拟仿真系统等，提高了训练的质量和效益。在 9 月 3 日的阅兵式中，北斗助力，让表现更完美：徒步方队做到了人员正步行进 200 米、齐步行进 1000 米动作不变形；装备方队等速时间正负误差控制在了 0.3 秒内，距离控制在了 ±10 厘米以内；空中梯队达到了米秒不差。

2020 年，在武汉火神山、雷神山医院建设中，北斗系统的高精度定位设备火速驰援，确保工地大部分放线测量一次完成，为两座医院在仅 9 天、12 天时间里完成紧张施工并交付使用争取了宝贵时间。基于北斗的道路货运车辆公共监管与服务平台，向 650 余万入网重点运输车辆持续推送疫情信息、防疫物资运输信息、道路运输服务信息，保障防疫救援物资一路畅通。在我国重点战"疫"区域内，有上百架 10 公斤至 1.5 吨载重无人机在北斗的定位导航下，将一线急需的医疗和防疫物资精准送到医护人员手中，减少了人与人的直接接触。疫情期间，面对迅速增长的物流配送压力，全国各地数十万台北斗终端也进入物流行业，基于全国 2600 个北斗地基增强系统全天候高稳定性运行，服务可用性高达 99.99%，为新冠肺炎疫情防控工作提供了有力保障。

面对地质、洪涝等灾害，北斗应用能够发挥独特的优势，在灾害预警与应急管理等方面发挥重要作用，保障人民的生命财产安全。2008 年 5 月发生的汶川大地震，震惊了世界。在灾区通信没有完全修复、信息传送不畅的情况下，一支携带北斗终端的救援队伍沿着国道进入汶川并通过北斗短报文技术将消息传递出来，北斗为当时震区提供了极其宝贵的通信支持，大大加快了救援的效率，为指挥抗震救灾提供了重要信息支援，为地震重灾区发出了第一束生命急救电波。2020 年夏天，四川阿坝州小金县春厂坝基于北斗的公共监测平台的人工智能预警广播系统，发出了滑坡预警。当地干部群众收到通知后，成功组织避险，避免了当晚突降暴雨导致局部滑坡造成人员灾害。当时南方雨水频繁，湖南常德的北斗卫星预警系统发布橙色预警，当地果断决定，紧急封闭横穿某地质灾害隐患点的交通要道省道 S522 线雷家山路段。交通封闭不到 1 小时，约 300 万立方米山体分两次"倾泻"而下，但没有造成任何人员伤亡。

北斗应用只受想象力限制。未来，北斗将带给我们更多。

中国的北斗要想成为世界的北斗、一流的北斗，需要按照国际化惯例、规则和要求来建设发展北斗系统，积极融入国际体系，为世界卫星导航事业发展作出贡献。全球卫星导航系统已成为经济社会不可或缺的空间信息基础设施，它将惠及人类生活和经济发展。正如孙家栋所说："北斗一定要走向国际，因为卫星本身就是全球化的。"

北斗作为联合国认可的四大全球卫星导航系统之一，与美国 GPS 系统、俄罗斯格洛纳斯系统、欧盟伽利略系统携手，持续深化兼容与互操作及系统间合作，为全球用户提供更加优质的服务。北斗相继进入民航、海事、移动通信等多个国际组织，多个支持北斗系统的国际标准已发布。国际搜救卫星组织还将北斗纳入了全球卫星搜救系统实施计划。

北斗相关产品已出口 120 余个国家和地区，向亿级以上用户提供服务，从全球来看，全世界一半以上的国家都开始使用北斗系统，基于北斗的国土测绘、精准农业、数字施工、智慧港口等已在东盟、南亚、东欧、西亚、非洲等地成功应用。

以面向阿拉伯国家为例。习近平在 2014 年中阿合作论坛第六届部长级会议开幕式上提出构建"1+2+3"中阿合作格局，其中的"3"即指以北斗卫星导航为代表的高新领域合作。①2018 年，他再次提出要推动中国北斗导航系统服务阿拉伯国家建设。② 一些阿拉伯国家在很多领域都采用并实施了北斗的应用，得到了实实在在的便利和好处。北斗导航构筑起联结中阿的太空丝路，并推动中阿集体合作向着更高水平发展。

在开放融合的道路上，中国将继续秉持"中国的北斗、世界的北斗、一流的北斗"发展理念，继续建好北斗、用好北斗，让北斗更好地服务全球、造福人类。

山再高，往上攀，总能登顶；路再长，走下去，定能到达。26 年里，一代代航天人一路披荆斩棘、不懈奋斗，始终秉承航天报国、科技强国的使命情怀，以"祖国利益高于一切、党的事业大于一切、忠诚使命重于一切"的责任担当，克服了各种难以想象的艰难险阻，在陌生领域从无到有进行全新探索，在世界最尖端的科技挑战中牢牢握住了北斗导航的"勺柄"，展现了一个又一个"中国精度"。"26 年来，参与北斗系统研制建设的全体人员迎难而上、敢打硬仗、接续奋斗，发扬'两弹一星'精神，培育了新时代北斗精神，要传承好、弘扬好。"③习近平对这支团队、这种精神进行了充分肯定。这支获得了"影响世界华人大奖"的北斗团队，是名副其实的"最美奋斗者"。他们正以新时代北斗精神为引领，大踏步迈向新的征程。

---

① 参见《习近平出席中阿合作论坛第六届部长级会议开幕式并发表重要讲话》，《人民日报》2014 年 6 月 6 日。
② 参见习近平：《携手推进新时代中阿战略伙伴关系——在中阿合作论坛第八届部长级会议开幕式上的讲话》，《人民日报》2018 年 7 月 11 日。
③ 《习近平出席建成暨开通仪式并宣布 北斗三号全球卫星导航系统正式开通》，《人民日报》2020 年 8 月 1 日。

第十五章　九天揽月星河阔

　　中国人不能总围着地球转。进入 21 世纪，中国拉开了探月工程的大幕。按照规划目标，探月道路上步步艰难，步步都要闯过以前从没有闯过的关。嫦娥团队追逐梦想、勇于探索、协同攻坚、合作共赢，通过不懈努力，让嫦娥一号、二号先后成功奔月；进入新时代以来，嫦娥三号着陆虹湾、嫦娥四号降落月背、嫦娥五号采样返回，我国探月工程"绕、落、回"三步走规划顺利完成。

　　月球探测是我国深空探测活动的起点。月球的下一站，是火星。2020年 7 月，天问一号飞入太空。经过数亿公里的飞行，经历重重考验，2021年 5 月，天问一号成功落火，祝融号火星车开始工作。从地月系来到行星际，中国实现了航天技术的重大跨越。

　　从嫦娥团队到天问团队，大家始终高擎梦想与探索的旗帜，不断凝聚协同攻坚的创新力量，秉持开放心态，谋求合作共赢，面向深空探测科技前沿领域而殚精竭虑、百折不挠，创造了探月、探火等技术的多个"第一"，形成了我国深空探测技术由空白、跟跑、并跑走向领跑的宝贵经验，也为我国高技术领域关键技术创新与跨越提供了生动样本。

第一节　千万里的追寻

　　月升月落，星晦星明。中国自古以来就对明月与繁星充满了美好向往。嫦娥奔月、吴刚砍桂、玉兔捣药等神话流传千年，"举头望明月，低头思故乡""火星忽南见，月硖方东迤""河汉清且浅，相去复几许"等诗句①引人遐思。随着现代科学技术的发展，人类测得了地月之间、行星之间、宇宙之中的漫长距离。但再遥远的距离，也不能阻止探索的勇气。20世纪中叶起，人类开始踏足地外空间，向浩瀚宇宙进军。中国也在甫一进入21世纪就迈出了月球探测的坚定步伐，并在之后以火星为首站，开启了行星际探测的新征程。

上九天揽月

20世纪中叶以来，人类兴起了探月潮。随着航天科技的发展和综合国力的进步，中国人也将探索的目光投向了深空。20世纪90年代，中国航天工作者提出了开展月球探测活动的种种设想。从1999年开始，国防科工委组织对月球探测的科学目标进行系统论证。

2000年，中国政府发表《中国的航天》白皮书，提出开展以月球探测为主的深空探测的预先研究。2002年10月，中央明确要求抓紧月球探测工程的论证工作。②在国防科工委的组织下，相关工作持续推进。中国空间技术研究院也在早期探索的基础上，深入开展了月球探测卫星可行性方案及重点项目的论证工作。

2004年1月，绕月探测工程被正式批准立项，命名为嫦娥工程，之后被《国家中长期科学和技术发展规划纲要（2006—2020年)》明确为国家重大科技专项。③我国探月工程规划为"绕、落、回"三期。第一步是"绕"，计划在2004年至2007年，研制和发射我国首颗月球探测卫星，实施绕月探测。第二步是"落"，计划在2013年前后进行首次月球软着陆和自动巡视勘测。第三步是"回"，计划在2020年前进行首次月球样品自动取样返回探测。

---

① 分别出自唐代诗人李白作的《静夜思》、刘禹锡作的《韩十八侍御见示岳阳楼别窦司直诗》和汉代《古诗十九首》中的《迢迢牵牛星》（作者佚名）。
② 参见《科学决策铸辉煌——党中央关心月球探测工程纪实》，《人民日报》2007年12月13日。
③ 参见《国家中长期科学和技术发展规划纲要（二〇〇六——二〇二〇年)》，《人民日报》2006年2月10日。

2007 年 11 月，嫦娥一号完成绕月探测，实现了中华民族飞天揽月的世代梦想。中国人期盼千年的"到月宫里一探究竟"开始梦想成真。"从'嫦娥一号'飞向月球的那一刻起，我就知道，飞向月球的大门一经打开，深空探测的脚步就不会停止。"探月工程首任总设计师孙家栋的话令人印象深刻。此后，勇于追逐梦想的航天人一路高歌猛进——

2010 年 10 月，嫦娥二号发射取得圆满成功，这也是我国成功研制的第一个行星际探测器，使中国成为世界上第三个造访拉格朗日点、第四个开展小行星探测的国家。

2013 年 12 月，嫦娥三号成功降落在月球虹湾地区，我国首次实现地外天体软着陆和巡视探测，成为世界上第三个成功实现地外天体软着陆和巡视勘察的国家。

2019 年 1 月，嫦娥四号任务取得圆满成功，实现人类航天器首次在月球背面软着陆和巡视勘察，率先在月球背面刻上中国足迹。这次任务还首次实现了月球背面同地球的中继通信。

2020 年 12 月，历经 23 天惊心动魄的太空之旅后，嫦娥五号携带月壤

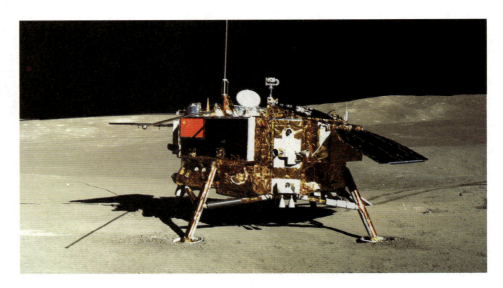

图 15 | 嫦娥四号着陆器在月球背面亮出五星红旗（由玉兔二号巡视器全景相机成像）

圆满回归，实现了中国航天史乃至世界航天史上的多个"首次"，收获了研究月球乃至太阳系行星的宝贵科学样品，奏出了中国探月工程"绕、落、回"三步走的终章强音。①

飞出地月系

"遂古之初，谁传道之？上下未形，何由考之？……"两千多年前屈原望天而问，留下了《天问》这篇"千古万古至奇之作"。路漫漫其修远兮！一代代中国人上下求索。进入现代社会，掌握了航天技术的中国人将"天问"取为中国行星任务探测器的名字，承先哲之思，踏上了新的漫漫求索路。天问一号首先冲锋，飞出了地月系，落在了火星上，迈出了星际探测征程的重要一步。

2016年初，中国自主火星探测任务获批立项，计划2020年开展一次发射任务，实现火星环绕、着陆和巡视，对火星开展全球性、综合性的环绕探测，在火星表面开展区域巡视探测。《2016中国的航天》白皮书也明确提出，实施中国首次火星探测任务，突破火星环绕、着陆、巡视探测等关键技术。白皮书说："2020年发射首颗火星探测器，实施环绕和巡视联合探测。开展火星采样返回、小行星探测、木星系及行星穿越探测等的方案深化论证和关键技术攻关，适时启动工程实施，研究太阳系起源与演化、地外生命信息探寻等重大科学问题。"②

2020年4月24日第五个"中国航天日"，中国行星探测任务被命名为"天问（Tianwen）系列"，首次火星探测任务被命名为"天问一号"，后续行星任务依次编号。③

---

① 为了确保嫦娥五号任务顺利实施，我国在2014年10月24日发射了探月工程三期再入返回飞行试验器，拉开了探月工程三期的序幕；11月1日，再入返回飞行试验返回器在内蒙古四子王旗预定区域顺利着陆，此次任务获得圆满成功。
② 《2016中国的航天》，人民出版社2016年版，第17—18页。
③ 参见《我国首次火星探测任务命名为"天问一号"》，《人民日报》2020年4月25日。

2020 年 7 月 23 日，由中国空间技术研究院抓总研制的天问一号探测器发射成功，开始了一段数亿公里的旅程。

2021 年 5 月 15 日，天问一号探测器着陆巡视器成功着陆于火星乌托邦平原南部预选着陆区，我国首次火星探测任务取得圆满成功。

2021 年 5 月 22 日，祝融号火星车安全驶离着陆平台，到达火星表面，开始巡视探测。

2021 年 6 月 11 日，天问一号探测器着陆火星首批科学影像图揭幕，公布了由祝融号火星车拍摄的着陆点全景、火星地形地貌、"中国印迹"和"着巡合影"等影像图，标志着中国首次火星探测任务取得圆满成功。继月球之后，火星上也亮出了五星红旗。

图 16 │ 火星探测任务中的"着巡合影"①

---

① 这是国家航天局 2021 年 6 月 21 日在天问一号探测器着陆火星首批科学影像图揭幕仪式上发布的图片之一。图片的拍摄过程是：火星车行驶至着陆平台南向约 10 米处，释放安装在车底部的分离相机，之后火星车退至着陆平台附近，然后分离相机拍摄了火星车移动过程和火星车与着陆平台的合影。图像通过无线信号传送到火星车，再由火星车通过环绕器中继传回地面。从图中可见，贴装在"祝融号"火星车表面的器表国旗和安装于着陆平台上的国旗装置，鲜红方正。

天问一号探测器着陆火星取得成功，是在中国共产党成立 100 周年之际实现的。习近平代表党中央、国务院和中央军委致电祝贺，称赞首次火星探测任务指挥部并参加任务的全体同志"勇于挑战、追求卓越，使我国在行星探测领域进入世界先进行列，祖国和人民将永远铭记你们的卓越功勋！"①"勇于挑战、追求卓越"，正是习近平对火星探测队伍精神的重重点赞。

第二节　奔月而去　"绕"月而行

按照我国探月工程三步走规划，首先要完成"绕"，通过实施嫦娥一号任务，实现研制和发射我国第一颗月球探测卫星的工程目标。其中嫦娥一号月球探测卫星备受瞩目，它将开创我国月球探测的先河，走近月球直接获取大量有价值的信息。卫星能否正常工作，关系到整个工程的成败，是整个工程的关键。

嫦娥一号卫星研制面临着重重困难。首先，作为我国第一颗绕月卫星，它与以往研制的任何卫星相比都有特别大的区别；其次，资料匮乏、经验不足、进度紧张，几乎可以说是"白手起家"。但大家始终坚持热爱祖国、无私奉献的理想信念，始终秉持使命高于一切、责任重于泰山的意识，勇于探索、顽强奋战、众志成城、埋头苦干，全力以赴确保了发射任务圆满成功。

以国为重勇逐梦

在嫦娥一号卫星研制现场，人们经常能看到一位儒雅和蔼的老专家，一会儿出现在测试厂房，一会儿出现在监控室，一会儿又现身会议室。这位老先生说话办事，从来不绕弯子。他就是嫦娥一号卫星总指挥兼总设计师、中国科学院院士叶培建。2019 年他被授予"人民科学家"国家荣誉称号。

---

① 《我国首次火星探测任务天问一号探测器成功着陆火星》，《人民日报》2021 年 5 月 16 日。

要说起叶培建与"嫦娥"的缘分，那得从 2001 年说起。当时国防科工委找到已经"功成名就"的叶培建，要求他担任第一颗月球探测卫星的总指挥和总设计师。"之前中国人就在地球附近转，没有机会去月亮。现在让我来扛这面旗。如果丢了这个机会，可能这辈子也没这机会了。"叶培建决定出马。"有一个机会作为深空探测的领军人，很难得！"

可机遇往往与挑战并存。"过去卫星在地球附近飞，只有一个轨道，现在要让卫星从地球飞到月球，完全是两个概念。"叶培建说，与后续任务相比，嫦娥一号不是最难的；但从"没有"到"有"来讲，它是最难的。3 年内要设计出一个全新的航天器，挑战极大。但挑战越大，动力也就越大。他带领着嫦娥一号这支年轻的团队，一边进行技术攻关，一边完成另一项重任：对各种设备的性能周而复始的检测。他说："对于其他型号出现过的问题，嫦娥一号都自动对号，认真举一反三，绝不轻易地说'没有'。"

在叶培建的心中，学成就要报国，天经地义。1980 年赴瑞士留学读博前，一位教育部领导与留学生们恳谈的话让他终生难忘："你们好好想一想，全国十亿人，有多少人能够上大学？有多少人出国留学？你们一个人一个月，路费什么的都不算，光生活费就要 700 瑞士法郎，国家要有 20 个工人辛勤地劳动，才能供得起你们一个人出国留学。你们是站在多少人的肩膀上在国外学习，你们就知道自己的担子有多重！"叶培建回忆，当时他的工资每个月是 46 元人民币，一般的工人每月最多也就 30 多元。去瑞士留学，国家每个月要给学生 700 瑞士法郎，按照当时的外汇兑换率，相当于当时的 700 元人民币。受这段话的触动，叶培建在瑞士从不去咖啡厅，也从不去看电影，而是把这些休闲时间，全部都用到了学习上。"男儿不苦不勤不能成业，我亦盟心矢志朝夕自励，反倒觉得虽苦犹甘。"他说，"我们出来很不容易，国家等着我们回去呢。"

热爱祖国是叶培建一生的动力之源。当时国内流行"出国热"，但叶培建取得博士学位后，没有因为 8000 瑞士法郎的待遇，而留在被称为"世界花园"的瑞士。"我主张大家有机会出去走走，学一点先进的东西，但是有一种观点我很不赞同。如有的人不回来，说是因为国内太穷，如回来的话，可能我想做的实验室也没有，说的都是事实。但是我个人认为，作为一个有真心的人，你是这个国家的一员，这个民族的一员，难道等别人把条件创造好了你才来干吗？你为什么不来改变这种状况呢？"他说，"我从国外回来，很多人问我'你有什么思想斗争啊？'我说，没有斗争，从来没有考虑过留在国外。问这个问题，是小看我了。"这些掷地有声的话，令人动容。

正是凭着这种刻在骨子里的家国情怀和责任担当，叶培建带领研制队伍攻克了一系列技术难题，确保了嫦娥一号任务圆满成功。在庆祝我国首次月球探测工程圆满成功大会上，他饱含深情地说："作为一名直接参加了嫦娥一号卫星研制任务的航天科技工作者，此时此刻，我感到无比激动、十分自豪。嫦娥一号首飞即实现'精确变轨，成功绕月，有效探测'的工程目标，这在世界探月史上是少见的。作为我国第一颗月球卫星，其总体水平足以跻身国际同类飞行器先进行列。今天，我和我的队伍可以自豪地说：我们无愧于党和人民的厚望和重托，我们无愧于中国航天人的光荣称号！"

敢为人先坚毅行

遥望距离地球 38 万公里远的月球，首先的问题是：卫星如何去？在世界探月历史上，美俄等航天先进大国都曾遭遇过卫星与月球"失之交臂"或是撞到月球表面上"粉身碎骨"的惨痛先例，可见轨道设计风险之大。

作为中国空间技术研究院最富经验的轨道专家之一，杨维廉深知核心技术要不来，面对"无指导资料、无试验验证、无前沿研究"的形势，他和研制队伍求解出了地月转移轨道的数学模型。这一关键性突破为嫦娥一号卫星顺利架设出一条精巧的奔月之路。

看着这条不同于任何国家的奔月轨道，又没法验证，要不要去俄罗斯求助？面对工程两总的谨慎，老杨非常自信地说："我的设计肯定没问题，如果他们验证说有错，那也是他们错了。"通过国内 3 家权威单位的"背靠背"

验证，这条轨道确实是科学的，这也让大家心里有了底。之后，研制队伍继续向前探索。在嫦娥一号成功奔月后，周文艳从杨维廉手中接棒，领衔设计团队又为嫦娥二号"加速"，使运载火箭直接把卫星送入地月转移轨道。这样，原本 15 天的奔月飞行缩短为 7 天，为后期我国卫星奔向更远的深空打下了坚实的基础。

嫦娥一号卫星是"嫦娥家族"的大姑娘，制导、导航与控制系统是她的"心脏"，控制着她的姿态变化，"大姑娘"能不能走得稳就看它了！为此，嫦娥团队把"新、难、险、重"任务特点中的"新"变成了创新的"新"，创造了我国第一个高精度变轨控制系统、第一个三体定向控制系统，以及第一个针对月球定姿的敏感器——紫外月球敏感器。

紫外月球敏感器国内从没搞过，按照国外的做法，一般采用蓝宝石作为材料，但大体积的蓝宝石价格十分昂贵，况且当时国内还没有加工蓝宝石的能力。怎么办？"外国人能干的我们也能干！"大家横下一条心，就用国内的材料，自己设计、加工，一定要获得中国自主的知识产权！经过三年的艰苦试验，他们采用光学玻璃和光学晶体的配组代替蓝宝石，创造出我国第一个紫外月球敏感器。事后证明，制导、导航与控制系统的敏感器配置设计方案是最优配置。但当初方案确定时大家心里都直打鼓：紫外敏感器技术基础薄弱，到底上不上星？叶培建拍板：坚决支持自主创新。他说："我们相信自己的能力，紫外一定能够拿下！"科学的魅力正在于不断挑战"第一"，在这种敢为人先、勇于创新的精神鼓舞下，10 项自主创新成果助推嫦娥"出得去""刹得住""飞得稳""控得精"！

攻坚克难攀险峰

地球和月球相隔约 38 万公里。这个距离将导致星地无线信号衰减，比高轨卫星高 100 倍以上，这对当时现有的星载测控分系统来说是相当大的挑战。然而嫦娥一号卫星副总师孙泽洲并没有被吓退。他知道，无限风光在险峰，越是不好走的路，他就越想去走一走，反正自己还年轻，跌倒了拍拍土就能站起来继续打拼。他在心底发誓："一定要干出个样来！"

背负着领导的信任和大家的期望，孙泽洲开始不分昼夜地与数据和资料打交道，积极地与专家进行沟通，并转变思路进行系统优化。最终，他啃下了这块硬骨头，创造性地设计了我国首个深空探测测控数传星载系统，解决了 38 万公里的远距离地月测控通信的设计难题。

一关闯过又是一关。还没来得及喘口气的嫦娥团队，又遇到了系统级的最大创新挑战——月食问题。当时恰逢嫦娥一号卫星初样即将转正样，在一次飞行任务讨论会上，月食的问题引起了大家关注，如果 2007 年 4 月嫦娥一号卫星发射，可能会遇上两次月食。从时间上分析，第一次月食可以过去，但第二次要过去就比较困难。问题一提出来，就显得相当严峻——月食相当于地球把太阳挡住，嫦娥一号在轨运行期间的阴影期，将从原来的 45 分钟延长到 5 小时。阴影时间没有太阳帆板供电，需要运用蓄电池实现整星电源的供给，能源消耗很大。怎么办？

问题严重、时间紧迫。孙泽洲迅速组织专家论证，经过对月食期间的环境温度、轨道条件和卫星姿态等进行分析比对，他很快发现蓄电池组低温放电能力、温度维持能力和各设备的低温耐受能力是解决月食影响的关键所在。思路理顺，他迅速带领设计师开展技术攻关，大胆采用新技术，通过不同舱段的热耦合设计，合理调整飞行程序，尽最大可能把能源平衡好，终于拿下了这只"拦路虎"。

2008 年 8 月 8 日北京奥运会开幕，嫦娥一号传回中英文语音，祝福奥运、预祝成功，并说"'同一个世界，同一个梦想'，奥林匹克精神将在北京完美演绎"。这极大增强了中华民族的自豪感和自信心。实施探月工程，寄托着全体中华儿女的热切期盼。一位老华侨曾经深情地说："我们期盼成功，因为你们的卫星打多高，我们的头就能昂多高。"

向宇宙深空挺进

中华民族是勇于追梦的民族，具有非凡的创造力。正是对"欲上青天揽明月"①梦想的追逐，牵引着嫦娥团队一路披荆斩棘，敢于挑战困难和风险，走前人没有走过的路，孜孜不倦地奋斗在月球与深空探测事业的岗位上。这也让嫦娥二号任务不断取得新的突破，创造了新的奇迹。

嫦娥一号任务成功后，有一种观点是，出于节约，不主张继续发射其备份星。但叶培建在讨论会上据理力争："中国探月要走下去，还有很多事情要做。我们都已经（把产品）做好了，再花点钱，获得更多的科学成果、更多的工程经验，有什么不好呢？"听到叶培建的发言，会议主持人表态："今天不讨论嫦娥二号打不打的问题，只讨论怎么打好的问题。"正是叶培建的坚持，推动嫦娥一号的备份星成为探月二期工程的先导星，也就是嫦娥二号。

2010年10月1日，嫦娥二号卫星成功发射。它的"职业生涯"是为嫦娥三号实现月面软着陆开展部分关键技术试验，并继续进行月球科学探测和研究，为下一步实现成功落月积累经验。11月8日，温家宝总理为嫦娥二号虹湾局部影像图揭幕，嫦娥二号任务取得圆满成功。2011年4月，半年设计寿命期满，嫦娥二号不仅全面实现了既定的各项工程目标与科学探测任务，而且卫星运行状态良好，剩余燃料充足，全系统状态正常稳定。

有关嫦娥二号卫星的"命运"有了多种猜想。

为了最大限度发挥卫星的作用，深化和拓展月球及深空探测成果，综合权衡卫星状态、燃料剩余、测控通信能力、技术试验与科学探测价值等，卫星、测控和地面应用三大系统在国防科工局的统一组织下，细致研究了燃料利用、试验时机、月食应对等因素，最终在五大方案中选择了飞往拉格朗日L2点和开展3项拓展试验。

目标既定，万山无阻。嫦娥二号开启了中国深空探测的新征程。

2012年12月13日，嫦娥二号与4179号小行星"图塔蒂斯"交会并捕获小行星影像，完成4179号小行星国际首次近距离光学探测。

---

① 出自唐代诗人李白作的《宣州谢朓楼饯别校书叔云》。

2014年2月14日，嫦娥二号在距地球7000万公里处的下行信号被捕获，刷新了当时我国深空探测的最远纪录。

再然后，飞行突破1亿公里、2亿公里、3亿公里……

嫦娥二号卫星成为我国首个人造太阳系小行星，状态良好，并在绕日轨道上日夜兼程飞向更远的深空，进行着中国航天器探索更深更远宇宙的"太空长征"。

嫦娥二号拓展试验的成功实施，创造了我国乃至世界航天的多个"第一"：世界上第一次获得7米分辨率的全月球立体影像图，第一次从月球轨道出发探测拉格朗日点；实现我国第一次对月球以远的太空进行探测，第一次开展拉格朗日点转移轨道和使命轨道的设计和控制，并实现了150万—170万公里远距离测控通信。

从备份星到先导星，从月球探测卫星到太阳系人造小行星，嫦娥二号不断蜕变，把潜力发挥到了极致，创造一个又一个奇迹，带给人们一个又一个惊喜，使中国深空探测向前迈进了一大步。从"替补"到"先锋"的华丽变身，嫦娥二号更是充分演绎了航天人用创新追逐梦想、用拼搏踏梦前行的执着追求。在谈到嫦娥二号卫星时，孙家栋表示："我给这次发射任务打满分。"

第三节 "落"月留痕 勘察月背

继嫦娥二号任务拉开探月二期工程的序幕后，探月"绕、落、回"三步走规划迎来了二期主任务——嫦娥三号任务，首次实现我国航天器地外天体软着陆，迈出了"落月"的关键一步。面对当时我国航天领域这项技术挑战最大、工程风险最高的空间活动之一，嫦娥团队坚持自力更生、勇于探索、大力协同、攻坚克难，确保了任务的圆满成功，首次实现了我国航天器在地外天体软着陆和巡视勘察，全面实现了我国探月工程第二步战略目标，在我国航天事业发展中产生了深远的影响。

2019 年 1 月 11 日，作为嫦娥三号备份星、探月工程四期首发星的嫦娥四号任务取得圆满成功。嫦娥四号任务坚持自主创新、协同创新、开放创新，实现人类航天器首次在月球背面巡视探测，在月球背面留下了世界探月史上的第一行足迹，揭开了古老月背的神秘面纱。[1] 中共中央、国务院、中央军委发来贺电，高度评价这次任务"是在以习近平同志为核心的党中央亲切关怀和坚强领导下，航天战线坚持自力更生、自主创新取得的又一重大成就，是我国由航天大国向航天强国迈进的重要标志之一，是新时代中国人民攀登世界科技高峰的新标杆新高度，是中华民族为人类探索宇宙奥秘作出的又一卓越贡献"[2]。

扣人心弦的落月之旅

相比其他航天器新研制产品占比 30% 左右而言，嫦娥三号探测器新研制产品的比例高达 80%，几乎没有可以借鉴的经验。探测器总设计师孙泽洲感慨"连失败的经验都没有！"嫦娥三号研制团队也因此被誉为不畏艰难险阻、勇于追逐梦想的创新先锋。

月球探测是一项非常复杂并具有很高风险性的工程，具体到嫦娥三号，需要迈过 7 道"坎儿"，而其中最为关键的一个环节就是"落月"。当嫦娥三号探测器经过 5 天的急速飞奔，眼看就要到达设计师精心选择的动力下降点了。在这里，嫦娥三号要进入约 720 秒的动力下降段，经缓慢降落，实现在安全区域软着陆。这时，奋力奔跑的嫦娥三号一旦用力过猛，到达近月点时来不及刹车，就会一头撞上月球，后果不堪设想。

如何让一路飞奔的"三姑娘"速度慢下来，至关重要。嫦娥三号着陆器副总师张熇说："月球表面无大气，无法利用气动减速的方法着陆，探测器需

---

① 参见《习近平在会见探月工程嫦娥四号任务参研参试人员代表时强调 为实现我国探月工程目标乘胜前进 为推动世界航天事业发展继续努力》，《人民日报》2019 年 2 月 21 日。

② 《中共中央国务院中央军委对探月工程嫦娥四号任务圆满成功的贺电》，《人民日报》2019 年 1 月 12 日。

要靠自身推进系统减速。在此过程中要进行姿态的精确调整，保证着陆过程可控，还需要推力可调，这些对推进系统的设计提出了很高的要求。"为此，研制人员采用了变推力推进系统，设计了 7500N 变推力发动机，最终破解了着陆减速的难题。为了提高嫦娥三号探测器的自控力，避免出现不可控制的局面，研制人员还设计了专门的敏感器，进行对月测速、测距和地形识别。

"影响整个任务成败的最大风险就是月面环境的不确定性。"孙泽洲介绍说。月球表面覆盖着一层由月面岩石碎屑、粉末、角砾等组成的月壤，而这层土壤又非常松软，且崎岖不平；同时，落月时具体的月面地形地貌也不能完全确定，这些给安全着陆带来了不可避免的风险。此外，当着陆器撞击在月球表面上时，发动机的喷射以及着陆过程的冲击都将扬起尘埃，而这些激扬的月尘不仅会影响任务成败，也可能给着陆器造成一定的危害。为了顺利跨越这道最大的门槛，嫦娥团队创新研制出一种全新的机构——着陆缓冲系统，最终让嫦娥三号探测器顺利地踏上了月宫。

给嫦娥"穿上冷暖衣"

嫦娥三号在月球软着陆成功并开展巡视勘察任务后，面临的最大问题就是月面生存。不同于地球，月球表面昼夜温差较大，温度高时有 120℃，温度低时可低至零下 180℃。在任务周期内，嫦娥三号不仅要应对太空中持续"冰火两重天"的高低温环境，还要耐受月面一个又一个寒冷而又漫长的、相当于 14 个地球日的月夜的考验，其间热控分系统将得不到任何电源供给。为此，要为嫦娥三号量身打造一套"冷暖衣"，确保它能够适应急剧的温度变化，并顺利度过月夜期。这项任务落到了善于创新攻关的苗建印班组肩上。

当接到"打造耐受 200℃温差、重量却不足美苏百分之一的冷暖空调"任务时，热控专家苗建印眼中跳动着热烈的火苗。"需求苛刻，时间紧迫，没有先例，然而，我们就喜欢打这样的硬仗。"他带领班组成员一头扎进了艰难的攻关中。为了早日拿出成熟产品，他们经过 8 个月马不停蹄的论证，

图 17 | 嫦娥三号着陆器悬停、避障、缓速下降地面试验

巧妙地将不利因素转化为有利条件，创造性地提出了重力驱动的两相流体回路方案。然而，接下来的方案验证试验却给大家来了一个下马威：流体回路在低温下不能稳定运行。"问题一定要解决，一定能解决。"苗建印信心满满地鼓励大家。经过紧张的思索和激烈的讨论，很快，团队拿出了解决方案，并一遍遍进行了试验验证，一点点进行了完善设计，最终全球首创了月球重力驱动两相流体回路，不仅确保了嫦娥三号和玉兔号月球车完成了"月夜生存"，而且解决了美国准备在 2030 年前才能突破的科学难题。

"当嫦娥三号着陆月球，玉兔号月球车从轨道上下来，'踩'上月球表面的时候，我的心扑腾扑腾地跳个不停，就跟自己亲自踩在月球上一样。"这是一位年轻设计师的心声，也是苗建印班组全体成员共同的真实感受。

一次次斩关夺隘，一场场拼搏会战，追逐梦想、开拓进取的"嫦娥人"，秉承着"以国家任务为己任"的铮铮誓言，以自主创新为团队成长的驱动力，用最纯真的梦想，最朴实的感动，最执着的创新，为嫦娥三号探测器铺就了一条完美的踏月之路，在中国航天发展史上树立了新的里程碑，在人类攀登科技高峰的征程中刷新了中国高度。

嫦娥三号任务的圆满成功集中体现了嫦娥团队追逐梦想的坚定自信、自主创新的探索精神。探月工程任务连续成功，创造了世界月球探测史的中国纪录。这一成就，凝结的是几代航天人的智慧和心血，依靠的是我们国家的综合实力，汇聚的是中国人民的整体力量。作为当时我国航天领域最复杂、难度最大的任务之一，嫦娥三号任务是货真价实、名副其实的中国创造。取得这样的成就，最根本的一点，就是中国航天事业始终坚持自力更生、自主创新。中国是一个大国，必须成为科技创新大国。嫦娥三号任务圆满成功，既是落实创新驱动发展战略的重要成果，又为加快实施这一战略提供了有益经验。

全力拼搏只为"稳稳一落"

"一个人没有想象力、没有好奇心是没有动力的。"对于嫦娥四号探测器飞向哪里，叶培建认为"要想得更远一点"，主张做更难的事：飞向月球背面。

然而，探索月背谈何容易。相对月球正面平坦地方比较多，月球背面布满沟壑、峡谷和火山口，很难找到一块软着陆的理想地点。要想顺利实现既定目标，该怎么办？面对嫦娥四号登陆月背的第一道难关，嫦娥团队综合分析了月球背面的地形、光照、测控等情况，进行了多轮筛选、迭代，创造性地从可达性、科学性和安全性三方面出发，在月球背面崎岖复杂的地形中，选择出主、备两个着陆区，在任务设计的源头最大限度地提高了着陆的成功把握，解决了着陆区选择的巨大难题。此外，为了确保嫦娥四号稳定可靠地完成与月球背面的亲密拥抱，研制团队突破多项关键技术，自主研制出具有完全自主知识产权的着陆缓冲机构，为嫦娥四号在月背软着陆奠定了坚实的基础。

敢于探索盲区、勇于开拓新区、善于规避误区、敢于挑战难区，嫦娥四号研制团队在自主创新的道路上勇敢追逐梦，在勇立潮头的奋勇拼搏中努力实现梦想。

架起"鹊桥"，天地畅通

每一项航天任务都会因其目标和使命的不同，面对着不同的技术难题和挑战。勇于探索，敢于胜利的嫦娥团队始终站在最前沿，抱着"敢啃硬骨头"的意志和"征战沙场"的决心，为每次任务技术难点的一一攻克而全力以赴。

作为人类航天器首次登陆月背，嫦娥四号研制要破解四个重大技术难题，实现三个国际首次、两个国内首次目标。在诸多设计难度和风险中，首当其冲的关键性难题，就是如何实现月背和地面的通信，而这一点放眼世界都没有成熟的经验可供借鉴。在嫦娥四号探测器任务中继续担任总设计师的孙泽洲鼓励大家："这个成熟经验注定了我们来给！"他带领团队紧抓"牛鼻子"，破釜沉舟、短道速滑，创新性地提出新研和发射一颗中继卫星、在地月拉格朗日 L2 点为月球背面的着陆器和巡视器与地球之间搭建通信纽带的方案并付诸实现，创造性地为嫦娥四号架起了贯通天地的美丽"鹊桥"。他们还解决了远距离中继通信链路等多项工程难题，使我国月球探测第一次走到了世界最前列。

2019 年 1 月 3 日 11 时 40 分，通过"鹊桥"中继星的"牵线搭桥"，嫦娥四号着陆器获取了月背影像图并传回地面。这是人类探测器在月球背面拍摄的第一张图片。当时年近 90 岁的孙家栋说："这一刻，我们都是幸福的追梦人！"幸福都是奋斗出来的。向着梦想努力奔跑、为了梦想接续奋斗的航天人，正是"最懂得幸福、最享受幸福"的逐梦人、奋斗者。

在嫦娥四号探测器的研制队伍中，有这样一个团队：从北京航天城的内场、大厅，到千里之外的发射场厂房、塔架，处处活跃着他们忙碌的身影；从初样到正样、从出征去西昌到发射那一刻，无论有多少坎坷，他们与"四姑娘"一起经历，无论有多少喜悦，他们与"四姑娘"一起分享；从白天到黑夜、从春天到冬天，无数个日日夜夜，他们忠诚地守护在"四姑娘"身旁。他们就是嫦娥四号综合测试团队，而小齐和小马则是团队的主力。

2018 年 9 月 9 日，小齐和小马结束了长达十年的爱情长跑，在亲朋好友的见证下，迈进了婚礼的殿堂。但他们的"洞房花烛夜"，却是在匆匆收拾行李中度过的。因为第二天凌晨 4 点，他们就要随嫦娥四号发射场试验的"大部队"出发，飞往大凉山深处，执行为期 3 个月的发射任务。11 日，试验队召开进场动员会，前天刚刚在婚礼上互道爱情誓言的两人，此刻又与其他同事一起，面对国旗，许下了誓夺任务成功的庄严承诺。

在发射场测试指挥的岗位上，面对飞行程序多次调整、连续 100 小时模飞测试等艰巨任务，小齐巾帼不让须眉，参与并带领当班队员出色完成了相关细则和测试序列的编制，接力五个昼夜，准确完成了每项操作动作、每条指令发送。小马更是以坚忍不拔的战斗作风，克服测试流程复杂、人手紧张等困难，完成了巡视器全部测试细则的编写，并通过清晰的指令发送和准确的数据判读，出色完成了各项测试工作。

发射场的"蜜月"生活并没有想象中那么浪漫，大多数时间都是在厂房里对着电脑、守着产品度过的。只有每天晚饭后的散步赏月，才是他们自己的幸福时光。这对"嫦娥小夫妻"的故事在试验队中广为流传，因为在航天人眼中，这就是"最美的爱情"。

多国合作，共探月背

在探月工程嫦娥四号任务中，中国与多个国家和国际组织开展了具有重大意义的国际合作。

嫦娥四号软着陆月球背面后，由多国组织或参与的科学探测任务陆续展开。着陆器上由德国研制的月表中子及辐射剂量探测仪和巡视器上由瑞典研制的中性原子探测仪开机测试，获取的探测数据通过"鹊桥"中继星陆续传回地面，供中外科学家共同开展相关研究工作。

嫦娥四号任务的圆满成功，包含了许多参与国的贡献。除探测器上德国和瑞典的载荷外，与俄罗斯合作的同位素热源将保障嫦娥四号安全度过月夜，中继星上还配置了荷兰低频射电探测仪。我国在南美洲建设的阿根廷深空站参加了测控任务，并发挥了重要作用。此外，与"鹊桥"中继星一同发射的哈工大环月微卫星"龙江二号"搭载了沙特微型成像相机，并成功传回了地月合影。

2018年下半年起，美国国家航空航天局与中国国家航天局就月球与深空探测合作进行了讨论。嫦娥四号任务发射前，美国国家航空航天局与嫦娥四号工程团队科学家开展了沟通，商讨利用美方在月球轨道运行的LRO①卫星观测嫦娥四号着陆，开展科学研究。为此，美方向中方提供了LRO卫星的轨道数据，中方团队向LRO团队提供了嫦娥四号的着陆时间和落点位置，期待有更多科学发现和成果。

嫦娥四号任务在人类历史上首次实现航天器在月球背面软着陆和巡视探测，首次实现了月球背面同地球的中继通信，是中华民族为人类探索宇宙奥秘作出的又一卓越贡献。2019年2月20日，习近平在会见探月工程嫦娥四号任务参研参试人员代表时指出，中国航天积极推动国际合作，同多个国家和国际组织开展了富有成效的合作，嫦娥四号任务圆满成功就包含了许多参与国的贡献。他表示，我们愿同世界各国一道，坚持共商共建共享，加强基础科学研究国际交流，推动大科学计划、工程和中心建设，扩大创新能力开放合作，推动人类科学事业发展。

伟大事业都始于梦想，基于创新，成于实干。习近平还对探月工程嫦娥四号任务参研参试人员代表说："你们在攀登科技高峰、探索宇宙奥秘上建立的卓越功勋，对激励全党全军全国各族人民奋斗新时代、开启新征程具有重要示范意义。祖国和人民感谢你们。"②

嫦娥四号任务成功后，中央在贺电中首次明确提出"追逐梦想、勇于探

① LRO是月球勘测轨道器英文名称Lunar Reconnaissance Orbiter的缩写。
② 《习近平在会见探月工程嫦娥四号任务参研参试人员代表时强调 为实现我国探月工程目标乘胜前进 为推动世界航天事业发展继续努力》，《人民日报》2019年2月21日。

索、协同攻坚、合作共赢"的探月精神。①

第四节 采"回"月壤 荣耀归来

自 2013 年嫦娥三号任务圆满成功后，中国探月工程全面进入"绕、落、回"三步走规划的第三期：实现月面无人自动采样返回阶段。面对任务极其复杂、难度极大等任务特点，工程大总体经过谨慎、缜密的分析和判断，决定分两个阶段实施，其中第一阶段为突破和掌握航天器高速再入返回地球关键技术，先期实施再入返回飞行试验，即发射一颗飞行试验器，飞抵月球附近后自动返回；第二阶段实施"绕、落、回"的最后一步，发射嫦娥五号探测器，实现月面自动采样返回。

2014 年，我国成功实施再入返回飞行试验。作为开路先锋，探月三期再入返回飞行试验器主要承担了绕月高速返回地球技术的试验验证任务，是用于技术工程试验的探路星。为了全面实现试验任务的预期目的，广大参研参试人员团结一心、锐意创新、拼搏奉献，先后突破了再入返回气动技术，再入返回防热技术，再入返回制导、导航与控制技术，轻小型回收技术等 4 大关键技术，实现了"准时发射、精确入轨、可靠飞行、精准回收"，全面达到了试验任务的预期目的。这次任务大幅提升了我国对多项重大关键技术机理的认识水平，提高了技术精度，积累了工程经验，带动了多项创新，实现了圆满成功。这次成功也标志着我国已经完全突破掌握了航天器以接近第二宇宙速度的高速再入返回关键技术，使我国成为少数具备跳跃式再入返回飞行技术的国家。

2020 年，嫦娥五号首次实现月面自动采样返回。12 月 17 日，采撷月壤的嫦娥"五姑娘"载誉归来，稳稳着陆于内蒙古四子王旗，我国首次月面自

---

① 参见《中共中央国务院中央军委对探月工程嫦娥四号任务圆满成功的贺电》，《人民日报》2019 年 1 月 12 日。

动采样返回任务取得圆满成功。这是嫦娥团队践行追逐梦想、勇于探索、协同攻坚、合作共赢的探月精神，坚持自力更生、自主创新所取得的重大成就，是航天强国建设征程中的重要里程碑。

在探月三期工程任务中，面对关键技术多、任务难度大、实施风险高等难题，嫦娥团队以强烈的责任感和使命感，传承弘扬航天"三大精神"，践行探月精神，不断创新攻坚，用圆满成功为航天事业再立新功。

必须尽全力做到最好

嫦娥五号是一项极其庞大复杂、技术跨度难度非常大的航天系统工程，将首次实现我国地外天体采样与封装、月面起飞、月球轨道交会对接与样品转移、携带样品高速再入返回地球等一系列壮举。嫦娥五号探测器总指挥兼总设计师、中国科学院院士杨孟飞常对大家说："我们要对得起国家的重托，要站在人类航天文明的基础上来开展工作，要体现技术在未来一段时间的先进性。"正是有着这种觉悟和认知，杨孟飞身上有一股追求完美的韧劲，要么不做、要做就尽全力做到最好。

月地高速再入返回是国际公认难题，风险很大。探月的先行者美国、苏联，在这项技术上也是历经探索与坎坷。不把这个问题解决掉，中国的航天器就无法从月球轨道返回地球、落到地面。"实际上难度还是很大的，但是有难度也要去奋斗。"杨孟飞带领团队，向这块硬骨头发起了顽强的冲击，探索构建了由服务舱和返回器组成的双平台协同运行飞行器系统，创造性地提出了多学科系统设计方法、绕月自由返回轨道方案、漏导航卫星信号导航定位方案和控制系统在轨联合标定方法等针对性举措，实现了再入角偏差优于指标近一个数量级的跃升。这些工作不仅取得了重大创新突破，有效解决了一系列国际难题，而且为我国加快向更远深空拓展奠定了基础。

嫦娥五号任务充满了风险，每个环节都对质量提出了特别高的要求，任何误差都可能是"致命"的。为了在突破首创性技术的同时确保高质量、高可靠，杨孟飞经常通宵达旦地工作，不断提出完善方案，解决任何可能存在的瑕疵。"技术要吃透、产品要见底、过程要受控"是他常挂在嘴边的一句话。

杨孟飞不仅自己十分严谨，而且对团队成员要求也十分严格。他总是通过抽丝剥茧的方式，逼着大家把问题想透彻，让思路和技术做到真正地可信、可靠。在这支队伍的身上，有那么一股韧劲，有那么一种"见底"精神。在这支队伍中，还流传着这么一句笑谈：如果谁能够经得住杨院士"七个为什么"的"灵魂"盘问，那就过关了。实际上，即便是一些探月"老将"，最多也只能接住四五个"为什么"。

长期以来，为了确保工程稳妥可靠，航天系统探索建立了事前预想、事后回想的发射场"双想"和技术、管理质量归零"双五条"标准等，推动高质量保证成功。社会上很多行业也都向中国航天学习这些质量管理经验。杨孟飞把这些航天特色的质量管理，把追求卓越、力求完美、要做就做最好的"见底"精神发挥到了极致。这种极致为再入返回飞行试验器和嫦娥五号任务连续成功提供了强力支撑。

成功看起来只是一瞬间，但成功绝不是靠运气，也绝非偶然。除了这样一种"见底"精神，在杨孟飞身上，还有很多可贵的品质。他不喜欢空谈，更多时候选择只做不说，治学科研皆以务实而论，虽"胸有凌云志"，却能"待以平常心"，多年来一直低调做事、脚踏实地。他视航天事业为生命，把航天事业的发展和自己人生追求的目标紧紧地连在一起，以爱国奉献、追求卓越、圆满成功为己任，凭着"以身许国，何事不可为"的勇毅担当与"最为天下先"的创新豪情，在我国星际探测征程上书写梦想与荣光。2021 年，杨孟飞当选第八届全国道德模范。

十年磨砺，始得玉成

嫦娥五号探测器先是飞天落月，再挖土钻取，采集了 1731 克的月球样本，然后从月球出发，再次经过 38 万公里的奔走飞行，返回了地球。在短短的 23 天里，这位"五姑娘"的每一个关键动作、每一次关键进展都牵动着全国人民的心。为了这举世瞩目的大半个月，嫦娥五号探测器研制团队花了 10 年时间反复磨砺、日夜雕琢，始得玉成。

按照原定计划，嫦娥五号探测器本应在 2017 年下半年由长征五号遥三火箭发射升空。但当年 7 月，长征五号遥二火箭在执行发射任务时，突发故障、任务失利。国家组织专家对故障原因进行科学慎重的调查分析，嫦娥五号发射任务也被相应推迟，直到 2020 年 11 月才由长征五号遥五火箭发射升空。3 年的推迟期间，研制队伍围绕探测器如何保存、如何测试做了大量工作，以确保产品质量不下降、可靠性有保证。从 7 年拉长为 10 年，整支队伍经受了巨大的考验。在大家的心头始终绷着一根质量弦，从不曾松懈过。型号出厂前一般要经历 1000 小时的集成测试，但嫦娥五号探测器的集成测试却经历了 4000 小时左右，是一般型号的 4 倍，测试强度和力度可见一斑。而只模拟飞行测试一项，就进行了十几次，力求对探测器的性能和任务剖面有全方位的把握。他们说："嫦娥五号返回器只要一天没有落在地表，我们就始终要保持如履薄冰、如临深渊的态度。"

10 年间，研制团队一次次进行技术验证、一步步实现方案优化，确保各项方案成熟、各项技术最优。仅采样封装的各个环节，整个试验队伍就做了将近 500 次的试验，研制团队对产品的性能全面摸查，确保做到产品可信。

2020 年下半年，文昌航天发射场。当嫦娥五号探测器完成技术阵地各项工作，转移到发射阵地时，大家像每次发射任务一样，随车一路护送，"就像送姑娘出嫁一样"。准备发射前几十分钟，人员按要求即将撤离，这时，型号两总也像往常一样，站在了塔架下面，向塔架上面的火箭和箭中的嫦娥"五姑娘"鞠了几个躬。这次，他们不仅祝"五姑娘"一路走好，也祈盼"她"顺利返家、"早回来"。

从 2011 年 1 月立项，到 2020 年 12 月采撷月壤安全顺利返回地球，嫦娥五号任务跨越整整十年，何其漫漫，何其艰难！嫦娥五号探测器研制团队用十年的坚韧和坚守，经历了岁月的洗礼，赢得了最终的成功。

太空怎么"打水漂"

探月工程中，嫦娥一号作为"绕"的尝试，成功发射后隔着200公里的距离"遥望"月球；作为探月二期的先导星，嫦娥二号成功发射，不仅为落月探测验证了部分关键技术，而且超额完成多次拓展任务，为后来的"嫦娥姐妹"们提供了巨大的"探路"支持；嫦娥三号作为我国首个在地球以外天体实施软着陆及巡视勘察任务的航天器，成功实现"落"的工程目标，迈出三步走规划中承前启后的关键一步；嫦娥四号则实现了人类首次登陆月背。回顾历次重大任务，"嫦娥姐妹"均取得了圆满成功，但因为不同的任务要求，"她们"或飞向遥远深空，或"永远栖身"月球，都不再回到地球母亲的怀抱。与几位"姐姐"远嫁相比，嫦娥五号探测器无疑是个幸运儿：因为执行自动采样返回任务，拿到了一张珍贵的地球和月球旅行的"往返票"。

说这张"往返票"弥足珍贵，一点都不为过。世界上只有美国、苏联的航天器和我国的再入返回飞行试验器开展过绕月再入返回试验。资料显示，国外的再入航天器共有3类：弹道式再入航天器、弹道—升力式再入航天器和升力式再入航天器。而我国的探月工程采用的再入方式——半弹道跳跃式再入返回，属于一种特殊的弹道—升力式再入方式。这是怎样的一种再入返回方式呢？为什么要选择它？其中有什么讲究和门道儿呢？

返回器从月球飞回来的速度大约是11.2公里每秒，接近第二宇宙速度，而一般从近地轨道返回的航天器大多为7.9公里每秒的第一宇宙速度。这约3.3公里每秒的速度差距，看起来好像没什么，但却决不容小觑。就好比扔石头，同样一块石头，从五层扔下来的速度和从十层扔下来速度肯定不一样。同理，航天器从数百公里高的近地轨道返回和从38万公里远的月球返回速度必然不同，且差距巨大。此外，返回器高速进入大气层时，因摩擦会产生剧烈高温，热量急剧提升也会给航天器返回带来巨大挑战。在冷静而全面地分析上述难题和风险后，设计师们清醒地认识到，要想让嫦娥"五姑娘"安全顺利返回地球，首要解决的两大重要难题就是速度和温度。这两只"拦路虎"是决定成败的关键因素。

速度问题首先摆在面前。究竟如何才能成功减速？这是一个世界级的难题。在反复学习、深入研究的基础上，轨道设计师们根据我国航天器实际情况，决定借助地球大气层这个航天器再入返回的天然屏障，通过空气摩擦产生的阻力实现减速目的。为了适应我国四子王旗内陆着陆场带来的长航程飞行需要，他们提出了一个大胆的方案——半弹道跳跃式再入返回。这就像在太空中打水漂，返回器先是高速进入大气层，在借助大气阻力逐渐减速的过程中，通过调整返回器的姿态精确控制升力的大小和方向，从而达到既将第二宇宙速度减小到第一宇宙速度，又同时借助升力跃出大气层，然后再以第一宇宙速度再次进入大气层、返回地面，整个过程环环相扣。

然而，就是这"一入一出一入"三个步骤，却凝结了设计师们无数的心血。一次次分析、一次次计算、一次次论证、一次次试验……大家面对问题不逃避、面对难关不退缩，为了实现设想并力求万无一失而绞尽了脑汁、费尽了心思，最终成就了太空中精彩的跳跃，为探测器安全顺利返回打牢了基础。

气动设计中的创新智慧

作为返回器热防护、GNC以及回收等分系统设计与仿真的重要输入，气动技术研究工作的全面性和正确性也是返回器能否成功实施跳跃式高速再入返回的关键。嫦娥五号探测器的气动技术在研制过程中也遭遇了新的难题。

与返回式卫星、神舟飞船等采用的第一宇宙速度近地返回不同，嫦娥五号探测器采用近第二宇宙速度跳跃式再入返回，使其气动问题更加复杂，再入热环境条件更为严酷，对气动数据的精准度要求更为苛刻。研制人员进行了缜密的技术分析和风险识别。第一，高速再入导致复杂流动效应影响增大，各种复杂流动效应将对返回器气动力、热特性产生巨大影响。第二，由于跳跃式再入，烧蚀、燃料消耗等各种因素使得二次再入地球大气的外形适应不确定性增加。第三，由于轻小型化要求，探月三期返回器的尺寸比国内外任何一种半弹道式再入飞行器都要小很多，尺寸的减小和质量的降低可能导致返回器飞行稳定性下降，对气动特性预估准确度等方面也提出了更高的要求。此外，嫦娥五号的返回器热环境比返回式卫星和神舟飞船返回舱要恶劣得多，由于高温效应，必须要考虑高温辐射加热影响，而这是对后二者再入热环境进行分析时不需要考虑的。

种种考验接踵而至，这些问题必须解决，气动技术攻关势在必行。

面对种种困难，研制人员并没有退缩。从关键技术攻关阶段开始，大家就进行了系统、深入、持续的探索攻坚，开展了大量研究、调研，最终准确把握了返回器气动研究工作难点和关键点，制定了全面而详细的气动研究大纲。

要想突破半弹道跳跃式高速再入返回技术，气动设计、分析与验证就必须解决外形、质心和数据三大需求。为此，设计团队开展了有针对性的技术攻关与试验验证，并携手多个国内专业气动单位，开展了30余项协同研究，计算和试验状态超过20000个，逐步确定了返回器气动外形、配平质心盒、气动标称数据库及其偏差范围，为相关分系统设计、仿真和试验提供了可靠的数据输入。

这支气动设计团队直面问题迎难而上、自立自强勇攀高峰，完成了轻小型半弹道跳跃式深空高速再入返回器的气动外形设计和气动特性研究，提出了适用于轻小型跳跃式高速再入返回器的气动外形设计方法和基于时变估计偏差的配平质心盒设计方法，提出了适用于高速再入返回器的气动力偏差计算方法，完成了适用于第二宇宙速度再入的高空跨流域气动特性计算方法研究等。一系列关键技术的突破，填补了多项国内空白，并在探月三期再入返回飞行试验器任务中得到了有效验证，为嫦娥五号任务圆满成功立下了汗马功劳。这也再次印证了一个道理：关键核心技术是要不来、买不来、讨不来的；只有不断创新，中华民族才能更好走向未来。嫦娥五号研制过程中，每一个大胆设想、每一次试验验证，都是航天人心怀梦想、自强不息、奋勇拼搏的精神力量的充分展示，都是中国科技工作者与时俱进、革故鼎新、坚忍不拔的精神力量的充分展现。

巧妙设计闯过"冷热关"

探测器返回途中的另一个"拦路虎"就是温度。

见过神舟飞船返回舱的人一定对那身乌黑的外表印象深刻。那身乌黑，是返回舱从近地轨道返回地球时，被大气层剧烈摩擦产生的高温烧灼而成的。假如再入的速度提高一倍，再入的热量将提高八到九倍。如此多的热量，一旦传导到返回器的内部，后果将不堪设想。这是嫦娥五号任务必须有效应对的问题。

有效防热、对抗烧蚀，成为必须攻克的难关。由于运载承载能力的约束，返回器的质量受到严格限制，不能超重。研制队伍在设计过程中，不仅需要应用新型低密度防热材料，还要对返回器结构本身采用轻量化设计。

通过细致的研究和精巧的设计，防热结构设计团队为探测器打造了一件"贴心防热衣"。他们先是针对月球轨道返回热环境、空间环境以及对重量的要求，提出了不同部位耐烧蚀和隔热的具体需求与指标，从 33 种新研材料中筛选出了 7 种防热材料，完成了防热材料的布局和局部防热结构设计，实现了我国由近地轨道再入到深空轨道再入的防热结构设计的跨越。接着，他们提出了三维传热烧蚀分析方法，采用整体变厚度、变密度，分区域、偏轴设计方案，突破了轻量化设计关键技术，并利用一维烧蚀分析和三维温度场分析相结合的数值分析方法，实现了用全面的局部烧蚀试验代替整器烧蚀试验，为试验任务的成功奠定了基础。

从防热结构设计、防热材料成型工艺研究、焊接工艺研究，到工程样机、结构器、热控器、专项试验验证器、正样器……这件能够有效防热的"霓裳羽衣"经过精心"缝制"，最终打造完成并"披"装在探测器上，成为嫦娥五号登月并安全顺利返回地球家园的生命保证。

在嫦娥五号探测器众多关键技术中，还有一项令人拍案赞叹的技术，让返回器在遥远的旅程中成功抵抗温差高达几百摄氏度的宇宙环境和烧蚀环境。这就是卫星热控设计师们攻克的异构式环路热管热控技术。它们看起来是一套小小的环路热管。但可不能因为它们"小"就小觑了它们。这可是返回器可调节热导的"热开关"，是针对返回器再入大气层前大热耗散热需求与再入过程中隔绝烧蚀高温需求两个相互矛盾的设计约束而专门设计的，能够有效解决返回器再入大气层前的大热耗散热、热导调节和再入过程中热阻断的技术难题。

为了让返回器舒服地飞行，大家可谓下足了功夫：根据受热要求设计了薄厚不一的"金衣银饰"，通过寻找最冷最热点，优化热控策略，确保器内温度稳定、平均。一道道精雕细琢的操作，一个个设计与施工的完美结合，最终确保了返回器冷热自知、自由飞行，让内蒙古四子王旗着陆场首次迎回了"外星来客"，让三斤半的月壤"土特产"为中国在 21 世纪前 20 年实施的探月"绕、落、回"三步走规划画上了圆满的句号。

嫦娥五号任务成功后，习近平代表党中央、国务院和中央军委致电祝贺。他说："这是发挥新型举国体制优势攻坚克难取得的又一重大成就，标志着中国航天向前迈出的一大步，将为深化人类对月球成因和太阳系演化历

图18 | 嫦娥五号研制队伍组字合影

史的科学认知作出贡献。对你们的卓越功勋，祖国和人民将永远铭记。""人类探索太空的步伐永无止境。希望你们大力弘扬追逐梦想、勇于探索、协同攻坚、合作共赢的探月精神，一步一个脚印开启星际探测新征程，为建设航天强国、实现中华民族伟大复兴再立新功，为人类和平利用太空、推动构建人类命运共同体作出更大的开拓性贡献。"①

嫦娥五号任务的圆满成功，极大地丰富和拓展了探月精神的深刻内涵，将蕴含在探月精神中的力量表现得淋漓尽致。嫦娥五号探测器不仅造访月宫，而且"满载"月壤样品而归，让"可上九天揽月"的梦想"触手可及"。嫦娥五号任务实现多项技术创新和突破，创造了我国深空探测历史上的多个"首次"，填补了人类对月球认识的多项空白，有力推动我国继续开启星际探测新征程，推进航天事业创新发展和建设世界科技强国。在嫦娥五号任务中，任务参研参试人员集智攻关、协同配合，全社会、多部门、跨领域多元参与、协同作战，任务所需人力、财力、物力和各项资源充分调集、全面支撑，新型举国体制优势得到了充分彰显。嫦娥五号任务还延续了合作共赢传统，以月壤样品向世界开放为代表，彰显着中国人的天下胸怀。

第五节　"天问"探火　"祝融"驭火

2021 年 5 月 15 日 7 时 18 分，天问一号探测器着陆于火星乌托邦平原南部预选区域，在火星上首次留下中国人的印迹。5 月 22 日 10 时 40 分，祝融号火星车安全驶离着陆平台，并向前行驶了 0.522 米，我国首次火星探测任务取得圆满成功，中国成为世界上第二个成功着陆火星并开展巡视探测的国家。任务成功后，习近平代表党中央、国务院和中央军委致电祝贺，予

---

① 《嫦娥五号返回器携带月球样品安全着陆　中国探月工程"绕、落、回"三步走规划如期完成　习近平致电代表党中央、国务院和中央军委祝贺探月工程嫦娥五号任务取得圆满成功》，《人民日报》2020 年 12 月 17 日。

以高度评价。①

　　一代人有一代人的历史使命，一代人也有一代人的家国担当。回顾我国首次火星探测任务一路走来的艰辛历程，正是天问团队传承并发扬航天精神，将自己的梦想与国家的梦想紧密融合在一起，将自己的未来与祖国的深空探测事业紧密联系在一起，始终保持开拓进取的探索劲头、涵养敢为人先的创新锐气、擦亮攻坚克难的奋斗底色，勇于挑战、追求卓越，将满腔热血注入问天脉搏，将火热激情寄托广袤寰宇，在航天精神的指引下谱写了一曲奋进新时代的壮丽凯歌。

求知火种，指引逐梦方向

　　伟大的事业都始于伟大的梦想，但伟大梦想是等不来、喊不来的，必须基于创新、成于实干。追逐梦想的脚步不停歇，梦想才能照进现实。到火星上去，让五星红旗在火星上"飘扬"，正是全体"火星人"共同追逐的梦想，也是支撑天问团队在无数个日日夜夜里以梦为马、以苦为乐、奋斗前行的信念所在。

　　一步完成"绕着巡"，天问一号惊艳世界。国际上对火星的探测，起步于 20 世纪 60 年代，任务成功概率只有 50% 左右。20 世纪 90 年代以来，国际火星探测以发展新技术和获得科学发现为主要驱动力，催生了又一个火星探测的新高潮，并在技术发展和科学研究等方面取得巨大的进步。其中，在技术发展水平方面，国际上已实现对火星的飞掠、环绕、着陆、巡视探测，技术难度更大的采样返回和载人探测仍有待突破技术瓶颈。在科学研究成果方面，国际上通过不同探测形式与任务，在火星轨道运动规律与参数、火星大气、火星地形地貌与地质构造等多个方面取得了巨大的成就。

　　国际上的这些探索和成就，为我国首次火星探测提供了有益的经验，也

---

① 参见《我国首次火星探测任务天问一号探测器成功着陆火星》，《人民日报》2021 年 5 月 16 日。

向我们探索火星提出了挑战。2010 年 8 月，8 位院士联名向国家建议，开展月球以远深空探测的综合论证，国防科工局立即组织专家组开展了发展规划和实施方案论证，中国空间技术研究院的院士、专家团队深度参与论证并承担重要工作。实施方案历经三轮迭代和深化，最终于 2016 年初正式立项实施。我国首次火星探测任务起步虽晚，但起点高、跨越大，从立项伊始就瞄准世界先进水平确定任务目标，明确提出在国际上首次通过一次发射，完成"环绕、着陆、巡视探测"三大任务。如果这一目标能够顺利实现，我国将成为世界上第二个独立掌握火星着陆巡视探测技术的国家。为此，天问团队大力弘扬航天精神，以深空探测的航天梦想为前行的风帆，一步一个脚印在探索火星的征程上阔步前行。

为梦奔跑，挑战"奔火"路上重重困难。与月球探测任务相比，火星探测不仅要实现从 38 万公里到 4 亿公里的距离跨越，而且要面对火星环境与地球环境有较大差异且不确知的挑战。此外，火星大气稀薄，而且受季节、夜昼、火星风暴等影响非常不稳定；火星表面地形复杂，遍布岩石、斜坡、沟壑，火星尘暴也较地球更为严重。这些现实因素给着陆火星带来了极大困难，安全着陆风险非常高。

为了确保火星探测器能够在火星表面顺利开展自主工作，必须在地球表面首先进行充分的试验验证，检验火星车在未知环境中进行长距离巡视探测的能力。为此，天问团队在全国范围内精心挑选了一个类似火星表面、降水量少、土地沙化并且遍布碎石、粗砾、细沙的野外，顶风冒沙展开了一场艰苦的外场试验。大家刚刚到达野外试验场，还没有来得及卸下产品和满身的疲惫，迎头就被七级强风给了一个下马威。狂风袭来，黄沙漫天，粗壮的白杨树几乎要被摇断，沙子打在脸上生疼。虽然提前准备了护目镜等装备，但大家头发里、脸上，甚至嘴里，全都是沙子。试验队员挤在仅有的一顶帐篷里分拨吃饭，因为帐篷太小、仅够容纳七八个人就餐，一顿午饭吃成了六七拨。其间不少队员端着盘子，站在帐篷外面，就着沙子吃。或许是因为累了，或许是因为饿了，大家还互相打趣，一致认为"就数今天的饭菜香"。

火星车外场试验需要野外真实环境验证，但同时也怕风、怕雨、怕高温、怕日晒。风太大，容易把太阳翼折断；火星车的材料不能见水，仪器不能淋雨；而高温和日晒又会让许多仪器失灵，无法正常进行试验。所以，火星车外场试验最大的困难和挑战就是与天斗、与地斗。试验场天气变化多端，时风、时雨、时艳阳。无风的天气，艳阳高照，炽烈的阳光炙烤着沙质的河床与地面，使得整个试验场地燥热无比。下雨的时候，风沙裹挟着雨点，瞬间劈头盖脑地砸下来。为了做好试验，大家快速养成了密切关注天气预报的习惯。预报有雨，就提前做足充分的准备：将帐篷加固、拉紧，防止吹翻或漏雨；给火星车安装底座并抬高，防止雨水漫上车身；将电缆尽可能撤收，防止线路故障；安排好值班及应急措施，确保一旦出现问题第一时间发现并处置。然而，火星车试验那段时间，老天爷童心大发，预报有雨却时有爽约；大家正干得热火朝天却忽然大雨倾盆。大家只能趁着天气好的时候，早四点到晚八点，抓紧时间、争分夺秒地赶进度。终于到了火星车下地"走秀"的日子，大家众星捧月般地将它"请"了出来，除去托着它六个轮子的底座，调整太阳翼和结构机构，加电自检，确保它六足下地，舒活舒活筋骨，抖擞抖擞精神，最后，再给它抹点"护肤品"（进行防风沙密封措施），铺上"红地毯"（给它把跑道打扫干净，设置上试验要求的看起来似乎毫不费力的障碍物）……在大家的注目下，它英姿飒爽地在河床上跑了起来！大家忍不住拍手称赞，激动相拥。

就这样，在多变的天气下、在简易的帐篷里、在漫天的风沙中，大家克服了一个又一个困难，完成了一项又一项试验。面对艰苦的条件和枯燥重复的工作，这支年轻的队伍并没有消磨热情和意志，反而打磨出了韧性与乐观。大家都说，自己是幸福的"追梦人"，享受着逐梦成长的快乐。

从月球到火星，中国人走向更加浩瀚深远的宇宙太空，认知的边界不断拓展。孙泽洲作为嫦娥三号卫星、嫦娥四号两颗月球探测器和天问一号火星探测器系统的总设计师，亲身见证并直接参与推动了这一征程。他觉得，对太阳系或是宇宙的认识、对它的情感，都是随着探测器到达的程度而越来越深、越来越浓。"以前觉得火星、月球，那是一种感觉。现在的火星、月球，由于我们的探测器到达以后，我的这种情感已经变得不太一样，变得更亲近一些。"

创新火苗，点燃探索引擎

探索永无止境，创新决定未来。天问一号任务的圆满成功正是天问团队落实创新驱动发展战略，坚定创新信念信心，致力于实现高水平科技自立自强的最好写照。

选择最佳进入方式。要着陆火星，首先面临的是进入方式的选择。当时有两种方案，一种方案是技术难度低的弹道式进入方案，另一种方案是相对复杂的弹道升力式进入方案。选用哪一种方案，对火星着陆探测至关重要。总体、轨道、气动、GNC、推进、结构机构等多专业设计师组成设计团队，开展了联合攻关，进行了大量多工况的仿真对比分析。研究发现，如果选择弹道式进入方案，则在动力下降前都可以不进行主动姿态控制，整个系统在敏感器、推进系统等配置上较为简单，构形布局设计的压力小，但存在一个重要问题：由于火星大气参数不确定性较大，包括开伞高度在内的多项关键系统指标的裕度太低，正常工况下就存在着陆失败的可能。相比之下，弹道升力式进入则因为存在一定的升力，可以显著改善开伞高度，而且这种方案对大气参数、气动参数和进入点条件的适应能力很强，具有的气动减速制导功能也可以实现较高的落点精度。但要选择这种方案，也面临很大的挑战：着陆巡视器在与环绕器分离后直至着陆必须具备全程姿态控制能力；而且该方案气动减速时存在配平攻角，其与开伞前所需的零攻角条件存在矛盾，这些都意味着需要再增加具备相应控制功能的 GNC 和推进系统。

GNC 和推进系统通常占卫星的产品、重量的比例很大，会给系统资源、构形布局设计、产品实现等环节带来巨大的压力。面对这一难题，为了确保着陆任务万无一失，天问团队下定决心探索创新，向技术高峰发起冲击。在大量的理论仿真分析和关键的试验验证的基础上，团队充分利用了为动力减速阶段配置的 GNC 和推进系统，通过增加星敏感器、部分推力器改为通过导流装置与舱外联通、质心配平与构形布局联合设计等方法，实现了对气动减速段的全程制导导航控制。同时，针对弹道升力式进入方案需要解决的开伞前攻角回零问题，总体、气动、GNC、结构机构设计师联合设计，在国际上首次采用了以气动力调节攻角、基于配平翼的可变气动外形方案。最终，天问团队拿出了最优的设计结果，完美提升了着陆巡视器系统功能和着陆安全裕度。

选择弹道升力式进入方案并解决了相关技术难题后，紧接着要攻克着陆巡视器减速下降的难关。降落伞减速作为衔接气动减速和动力减速的关键环节，对着陆任务的成功至关重要。在型号立项初期，伞形选择是影响任务成败的关键工作之一。不能总是指望依赖他人的科技成果来提高自己的科学水平！技术人员不搞"拿来主义"，而是根据自己的任务特点和任务要求，从缩比小伞着手，设计了十字伞、环帆伞、平面圆伞、锥形带伞等多种伞形，开展了高塔投放、风洞试验、热气球投放等大量的试验对比与分析论证工作，最终选定了锯齿形的改进盘缝带伞，并在满足阻力性能的前提下，进一步提高了开伞后的稳定性，改善了伞衣局部载荷。

天问落火后，要让火星车稳稳地走起来。从祝融号火星车驶离着陆平台、踏上火星表面的那一刻起，它就要在万众瞩目下，开展火面巡视探测任务。设计祝融号时必须要彻底解决车轮沉陷、沙地爬坡困难、车轮破损这三个问题，而且必须要满足极为苛刻的火星车重量要求。

为了彻底解决问题，研制队伍创造性地提出了摇臂主动悬架的设计方案，同时采用 6 轮转向的方式，既实现了超过半米范围的车体升降，再也不怕托底，又可以实现蠕动前进，解决车轮沉陷、松软爬坡困难等问题。他们还让火星车具备了六轮转向"蟹行"功能，能够更加从容地应对复杂地形，在车轮发生故障时还可以抬轮行驶，保证移动能力基本不变。

减重是深空探测器永恒面对的问题，每一点点重量都要精打细算。为了做出世界上"最轻"的移动机构，天问团队首次采用整体封闭腔体的碳纤维

图 19 | 热烈欢迎天问一号火星探测任务试验队凯旋

复合材料摇臂结构，相比金属结构重量减轻 50% 以上；在世界上首次采用铝基碳化硅整体加工车轮，彻底解决车轮破损问题；在驱动机构上采用了十余种减重措施，从系统优化设计到生产工艺改进，再到材料优选，每一个环节都精确设计。

就这样，火星探测团队勇于挑战、追求卓越，用实力说话、用技术证明，一步步攻关，一环环验证，一次次竭尽全力，终于在火星上留下了中国印记，让火星上永远飘扬一抹中国红。

协同火花，照亮攻坚之路

协同攻坚力量大，众人拾柴火焰高。面对首次火星探测"任务起点高、设计约束新、关键技术多、验证任务重、研制周期紧"等多重难关的挑战，天问团队联合全国包括港澳地区数千家单位、数万名科技工作者的力量，充分发挥新型举国体制优势，大力协同、聚力攻坚，让天问成功造访火星，让我国迈出了星际探测征程中的重要一步。

太阳能集热器是一个跨学科的复杂产品，承担着在火昼期间高效收集太阳辐射的热量并存储起来、以保证巡视器在火星上过夜时热量供应的重要使命。集热器上有一个关键部件——高透明聚酰亚胺薄膜，研制这个薄膜的配方是必须要攻克的第一道难关。之前国内的高透明聚酰亚胺薄膜一直依赖进口，而且宽幅聚酰亚胺薄膜进口受到限制。要想太阳能收集效率高，薄膜的透明度必须要足够高。天问团队在国内有关高校的支持下，配比、试制、测试、调整、再试制、再测试……数不清干了多少轮，终于从无到有，成功研制出了满足透明度要求的聚酰亚胺薄膜材料配方。

配方有了，小样试制也满足要求了，全尺寸产品试制又遇上了新的难题。国内厂家生产的薄膜尺寸小，要生产全尺寸薄膜就必须停产进行设备更新和技术改造，而火星车的薄膜用料少，这显然是一个贴钱赔本的生意。就在大家担心找不到生产厂家时，江苏一家民营企业主动请缨，并明确表态："只要国家需要，航天需要，赔钱我们也干！"

全尺寸高透明聚酰亚胺薄膜一生产出来，立刻被送往兰州进行后处理和测试试验验证，再回到北京，与上海生产的国内外形尺寸最大的聚酰亚胺板材完成集成装配。最终，薄膜顺利压制并生产，确保了国内首台高性能太阳能集热器成功问世，为火星车上的电子设备配置了功能足够强悍的"电热炉"。

一路走来，天问团队获得了国内相关专业顶级专家、各科研院校、各行各业的大力支持，为任务的顺利推进与圆满成功提供了强大的助力。

探火之路上也有"紫荆花"的智慧与贡献。火星探测任务立项之后，首先启动的是着陆区选择工作，很关键的一项内容是要开展着陆区地形地貌的分析。但是当时我们没有提前发射环火卫星获取火面图像，而国外已有覆盖火星的高分辨率影像区域又极为有限。面对这一难题，天问团队邀请了长期参与探月工程的香港理工大学吴波教授参与研究。在可公开获取的国外图像数据基础上，吴教授协助开展了大量着陆区地形分析，并针对地形坡度创造性地引入了放大因子概念，解决了火星高分辨率数字高程数据不足的问题，为确定候选着陆区作出了贡献。

环绕火星以后，在停泊轨道运行期间，天问团队利用环绕器高分辨率相机开展了着陆区成像覆盖。由于成像轨次多、成像周期长、图像数据量大，着陆区原始影像拼接合成与分析工作异常繁重。吴波教授带领团队不惧困难，协助快速、高质量地完成了整个着陆区域高分辨率光学影像拼接与数字高程数据生成，并实现了对原定着陆区小尺度坡度、石块丰度、撞击坑覆盖等关键地形参数的定量评估，为最终着陆区选择的优化调整提供了重要技术支持。

为了更好地开展火星探测任务中的科普展示工作，2018年，天问团队决定在着陆平台上增加一台落火监视相机，以获得在探测器着陆火星后的初始状态建立过程中火星车桅杆、太阳翼展开等过程和状态的图像和视频数据。基于在嫦娥探月任务中与香港理工大学容启亮教授团队建立起来的友好合作关系，这台落火监视相机的研制任务就落在了容教授团队身上。

时间紧、任务重。容教授接到任务后，立即组织研发团队开展工作。据团队成员说，容教授每天都要到实验室与大家讨论解决技术问题，他们经常在凌晨收到容教授对某些问题的看法和建议。对于相机的生产、加工和测试，容教授更是事无巨细，参与到每一个环节中。为确保相机生产、加工、测试各个环节不出纰漏，团队曾凌晨5点抵达零下十几摄氏度的兰州、长春，来不及休息就立即进入实验室跟进试验进度，有人曾凌晨4点赶飞机参加会议，甚至一天内往返北京和香港。试验最紧张的时候，每天只能睡两三个小时。在容教授的带领下，研制人员团结一致、夜以继日地工作，终于成功克服各种困难，保证相机按时、高质量交付，在轨获得优秀的表现。

天问一号火星探测任务的圆满成功，凝结的是全体中国航天人的智慧和心血，依靠的是国家的综合实力，汇聚的是中国人民的整体力量。团结协作、和衷共济、协同攻坚，将全国最优势的力量、最宝贵的资源凝聚在一起，最终在短时间内取得历史性突破，一举摘取火星探测的桂冠，成就了一段璀璨的"奔火"传奇。

合作火炬，闪耀共赢光芒

探索浩瀚宇宙是全人类的共同梦想，合作共赢是新时代航天精神的显著标识。2020年4月24日，中国发布的首次火星探测任务标识，象征"揽星九天"，展示了独特字母"C"的形象，汇聚了中国行星探测（China）、国际合作精神（Cooperation）、深空探测进入太空的能力等多重含义，展现出中国航天开放合作的理念。①

在天问一号火星探测任务中，中国始终坚持合作共赢的精神，积极开展有关国际交流与合作，并获得了许多国家的协助。比如，欧洲空间局利用其跟踪站网络支持了天问一号；位于阿根廷的深空站作为我国首个海外深空测控站，为天问一号提供了测控支持；法国为火星车的激光诱导击穿光谱仪提供帮助；等等。

面向未来，参与火星探测的国家日益增多，但人类探火、登火、乃至进军更加遥远的探测之路，仍然困难重重，需要克服无数的问题和挑战。要完成这些任务，单靠一国力量是不现实的，必须开展广泛持久的国际合作。中国政府表示，将继续本着为全人类谋福祉的精神，一贯致力于和平利用外空，分享航天发展成果，努力为探索宇宙奥秘、促进人类和平与发展的崇高事业作出新的更大贡献。②

让中国人探索太空的脚步迈得更大、更远，是党中央和全国人民对航天事业的殷切期望。新的征程上，航天队伍正向着更加高远的梦想进发，勇于探索、协同攻坚，勇于挑战、追求卓越，在致力于实现高水平科技自立自强的同时，以开放的胸襟推进合作，谋求共赢。

---

① 参见《我国首次火星探测任务命名为"天问一号"》《"天问一号"离火星还有多远》，《人民日报》2020年4月25日。

② 参见《外交部：中国将继续为探索宇宙奥秘、促进人类和平与发展作出更大贡献》，中国政府网，http://www.gov.cn/xinwen/2021-05/17/content_5607524.htm。

第十六章　空间技术大发展大跨越

随着时代发展，科技进步日新月异，空间技术实现了大发展大跨越，在新时代展现了新气象。在航天精神的引领下，在载人航天、通信卫星、遥感卫星、空间科学探测卫星等各个型号领域，在广泛的国际合作实践中，航天队伍斗志昂扬，奋进步伐激越铿锵，文化之花竞相绽放，精神旗帜高高飘扬。

第一节　中国的空间站来了

1992 年，中央批准"921"工程，我国载人航天事业起步远航。到 2012 年的 20 年间，从"神舟"到"天宫"，中国人将"载人天地往返、太空出舱、交会对接"载人航天三大基本技术全部攻克并自主掌握，推动中国载人航天工程按照既定战略稳步前行。

党的十八大以来，载人航天队伍继续弘扬载人航天精神，自强不息、开拓进取，向着"第三步"任务目标前进的脚步更加铿锵有力，在浩瀚太空写下了振奋人心的中国故事。习近平充分肯定载人航天队伍，指出他们"展现出了坚定的理想信念、高昂的爱国热情、强烈的责任担当、良好的精神风貌"，"不愧是思想过硬、技术过硬、作风过硬的英雄团队"。[1]

---

① 《习近平会见神舟十号载人飞行任务航天员和参研参试人员代表》，《人民日报》2013 年 7 月 27 日。

太空授课播撒航天梦想

2013 年 6 月 11 日 17 时 38 分，在习近平的注视下，聂海胜、张晓光、王亚平 3 名航天员乘坐神舟十号载人飞船从酒泉卫星发射中心直上苍穹，顺利奔赴与天宫一号的太空之约。"如果将神舟飞船比作一辆新型汽车，经过从神舟一号到神舟九号各种不同路况条件下的各种试验，从神舟十号开始，这辆汽车的状态固定了，不用再进行大的修改了。"神舟飞船第二任总设计师张柏楠如此描述神舟十号的作用。

这是我国组织实施的第五次载人航天飞行，也是神舟飞船和长征二号 F 运载火箭组成的载人天地往返运输系统的首次应用性飞行。本次任务取得成功后，这种状态的神舟飞船和长征二号 F 运载火箭将构成我国标准的天地往返运输系统，作为我国空间站的运输工具，承担航天员天地往返运输系统和空间站救生船的职能。

神舟十号任务为全国乃至全世界的青少年准备了一份惊喜——"太空授课"。2013 年 6 月 20 日，来自孔子家乡——山东的女航天员王亚平，成功进行了我国首次太空授课。在天宫一号这座"最高学府"里，在指令长聂海胜和摄像师张晓光的协助下，王亚平通过质量测量、单摆运动、陀螺运动、制作水膜和制作水球 5 个实验，展示了失重环境下物体运动特性、液体表面张力特性等物理现象，并回答了学生们关于航天器用水、太空垃圾防护、失重对抗和太空景色等问题。设在中国人民大学附属中学的地面课堂里，包括少数民族学生、进城务工人员随迁子女及港澳台地区学生代表在内的 300 余名中小学生，与王亚平实时互动。全国 8 万多所中学、6000 万名师生通过电视直播同步收看。[①] 这堂"太空授课"，是一次最生动的科学教育，是对全体国民的科学素养的培养，是对无数孩子的科学梦想的播撒。

在完成太空授课的同一天，王亚平在天宫一号通过电子邮件向世界第一位"太空教师"、美国前宇航员芭芭拉·摩根回信。她在信中说："飞行期间，

① 参见《飞天梦永不失重　科学梦张力无限》，《人民日报》2013 年 6 月 21 日。

我经常会通过舷窗遥望我们美丽的家园。太空寄托着人类美好的向往，知识是走向太空的阶梯。我们愿与您一道为开启全世界青少年朋友热爱科学、探索宇宙的梦想共同努力。"①

太空授课的意义不仅是科学和梦想的启蒙，其背后反映的是我国日益强大的航天能力。神舟十号和天宫一号组合体运行在距离地面大约 340 公里的高度，绕地球运行一圈的时间约为 90 分钟。受地球曲率影响，如果要保持不间断的通联，理论上需要在地表均匀布设 100 多个地面或海面测控站，这在经济上、政治上都是不可能的。怎么办？解决方案就是在静止轨道上布设中继卫星，为中、低轨道卫星提供数据中继服务，为航天器发射提供测控支持，从而极大提高各类卫星使用效益和应急能力。我国 2012 年建成了天链一号全球组网数据中继卫星系统。此次太空授课的时长是 50 分钟，从上课开始到结束，神舟天宫组合体围绕地球飞行了半圈多，而整个过程中信号稳定连续，充分展示了我国第一代中继卫星系统的实时传输能力。2021 年 12 月 9 日，王亚平时隔八年半再次在太空"开讲"。这场"天宫课堂"图像稳定清晰、话音清脆响亮、天地宛如咫尺，体现了我国中继卫星系统能力的新发展。

2019 年 3 月 31 日，天链二号 01 星在西昌卫星发射中心成功发射，标志着我国第二代数据中继卫星系统登上历史舞台。如果说天链一号卫星实现了我国数据中继卫星"从无到有"，天链二号 01 星则要实现"从有到强"。相比基于东方红三号卫星平台研制的天链一号卫星，天链二号 01 星采用东方红四号卫星平台，这使它的数据传输速率增加了一倍，并增加了多目标任务调度功能，可以自动接收多目标任务，并自主排序完成，成为我国数据中继卫星系统中强大的新生力量。2021 年 12 月 14 日，天链一号 02 卫星成功发射，为保障空间站等任务中的天地通信提供更好支撑。

---

① 《王亚平"天宫"回信芭芭拉·摩根　愿为开启青少年朋友　探索宇宙的梦想努力》，《人民日报》2013 年 6 月 21 日。

"没有变化"的神舟更加安全可靠

2016年10月17日7时30分，神舟十一号载人飞船搭载着航天员景海鹏和陈冬飞向浩瀚宇宙，与等候在太空的天宫二号空间实验室进行交会对接。"神舟十一号最大的变化是没有变化。"张柏楠表示，神舟十一号在外观、任务、技术上均与神舟十号相似，但依然有其独特的历史地位。神舟十一号之后，神舟系列飞船的目标从突破关键技术转为保证任务的可靠性、航天员的安全性。

航天产品可靠性为0.97，因为要保障人的安全，载人航天的失败率必须控制在3‰以内。两个要求同时满足，故障率必须在三十万分之一以内。换句话说，每天发一次，30年都不能出问题。这样严苛的安全性要求从神舟一号到神舟十一号从未改变，从发射到返回每个环节都必须做到。

2016年11月18日，神舟十一号返回舱在预定区域准确降落，两位航天员很快被安全转移至医监医保直升机，除了接受身体检查，还吃上了返回地球家园后的第一顿饭。

为了航天员回家，航天人一直在路上。回收任务圆满成功的背后，是回收试验队员们的不懈努力。与神舟十号飞船相比，神舟十一号飞船返回高度提高至393公里。这给回收试验队提出了新的要求，他们对所有能想到的细节问题都进行了验证，并准备了预案。考虑到11月18日左右内蒙古可能下雪，大家提前建模仿真，分析雨雪对降落伞系统的影响，还针对降落伞伞衣、伞绳被雨雪打湿后强度的变化做分析，验证强度是否满足设计余量。针对结露问题，他们用了一个月的时间通过胶封等方法做了大量试验。有队员说自己在这两次回收任务前夕做了同一个梦，梦见自己坐到正在下落的返回舱中，感觉很真实。大家说他精神高度紧张，同时也开玩笑说，只有亲自体验一下，才能更清楚工作该怎么做。

降落伞系统可以将返回舱从高铁速度降到普通人的慢跑速度。这个由7000多个零部件组成、铺开后可以覆盖3个篮球场的巨型降落伞，在加工上很有讲究。包伞的每一步都有工艺要求，要拍照、录像，因为包完就不能拆开检查了。研制人员说，他们记录包伞的照片成册后有一本辞海那么厚。在神舟十一号发射前，景海鹏到中国空间技术研究院参观包伞时说："我们整个安全就由这个伞决定着，交给你们，我们放心！"而这次任务的圆满完成、航天员的安全回家，再一次证明了这支队伍不辱使命、不负重托。

美丽宜居的"新"天宫

2011 年 9 月 29 日，天宫一号成功发射，中国人迈出筑造"天上宫阙"的第一步。天宫一号在超期服役两年半后，于 2016 年 3 月 16 日正式终止数据服务，全面完成了历史使命。太空里的中国"宫殿"没有离开太久，2016 年 9 月 15 日，在中秋皎洁的月光中，我国第一个真正意义上的空间实验室——天宫二号，正式"接力"天宫一号，在太空展翼翱翔！

天宫二号空间实验室担负着验证我国空间站技术的重任，运行的轨道也是我国空间站运行的轨道高度。它的主要任务是接受神舟十一号载人飞船的访问，完成航天员中期驻留，考核面向长期飞行的乘员生活、健康和工作保障等相关技术；接受天舟一号货运飞船的访问，考核验证推进剂在轨补加技术；开展航天医学、空间科学实验和空间应用技术，以及在轨维修和空间站技术验证等试验。

针对航天员要在太空待 30 天的需求，天宫二号空间实验室总设计师朱枞鹏带领团队从提高生活质量、降低工作负荷、改善睡眠环境、丰富娱乐条件等方面着手，首次系统开展了面向中期驻留的载人宜居环境设计。他们经常把自己模拟成航天员，进舱实际体验，再根据自身感受和航天员反馈，不断完善舱内人性化设计。通过这种方式，航天员工作区和生活区的噪音被控制在 50 分贝的适宜程度，密封舱空气温度控制在 22℃—24℃、相对湿度为 45%—55% 这一人体感觉最舒适的温湿度。考虑到航天员在太空处于失重状态，行动需借助踩踏内部结构的反作用力，他们将内饰材料换成了轻量化的硬质材料，有效解决了之前在天宫一号中软质内饰"一踩一个坑"的不便。

此外，他们还开发了天地一体化多媒体系统，让航天员可以看球赛、听新闻，还能跟家人、战友视频聊天；设计了可折叠多功能平台，让航天员就餐和进行科普活动时更方便；研制了无线头戴设备，解决有线头戴设备"相互纠缠"问题，让航天员在舱内更自由地与地面对话……这些精心设计为航天员长期在轨驻留提供了有力保障。

天宫二号是天宫一号的备份产品，2011年它们两个同时在中国空间技术研究院"呱呱坠地"。天宫一号在太空执行任务时，天宫二号要在地面一直等待属于它的高光时刻。在5年的等待期里，它的零部件是否还能可靠应用、性能是否稳定？要解决这个问题，急需一位"延寿"专家。由于在天宫一号飞行程序编写中的上佳表现，2012年柏林厚成为天宫二号系统总体主任设计师，与团队一起开始寻找影响每一台设备寿命的"敏感因素"。

比如控制力矩陀螺，这是控制航天器在轨姿态的重要设备。经过分析发现，控制力矩陀螺中存在着特别怕湿的化学成分，湿气是影响它寿命的一个敏感因素。研制人员就对控制力矩陀螺进行了密封保存，通过隔绝空气来为其延寿。就这样，在柏林厚的带领下，研制人员对天宫二号上的近300台设备一一进行了寿命影响因素分析，通过分门别类地做试验、做调研，制定了有针对性的延寿方案，为每一台设备进行延寿。

延寿只是第一步，针对天宫二号将要执行的中期驻留、推进剂在轨补加任务，还需要攻克许多技术难题。在突破推进剂在轨补加技术过程中，为全面验证补加系统的功能性能，验证飞行器间的补加流程并获取关键数据，团队集智攻关，组织搭建了系统间补加综合试验平台来模拟真实太空环境。为了吃透每一个细节，团队设计了极为详尽的方案，确保每个工况都能准确模拟太空环境。经过20多天的奋战，试验顺利完成，获取了极其宝贵的数据，破解了推进剂在轨补加的关键技术难题。在真空热试验中开展补加压气机抽气试验时，发现出口压力数值不达标。他们第一时间将压气机拆下开展排故，并在一个排气阀的阀芯上找到了一个0.1毫米的多余物。原因找到了，但多余物从何而来？管路内还有多少？……一系列的问题随之而来。为了保证百分百的可靠性，大家把管路一段一段重新拆下来检查、吹除，直到找到多余物来源并清除所有多余物后才放心。

精益求精的研制，为天宫二号精彩纷呈的表现奠定了坚实的基础。像"老大哥"天宫一号一样，天宫二号同样超期服役。在近三年的时间里，天宫二号在轨正常运行1036天，其中延寿飞行306天，在轨完成了数十项空间应用试验和航天医学试验，并最终受控离轨。其间，天宫二号与神舟十一号悉心照顾两位航天员长达30天，圆满突破了中期驻留技术，为空间站长期运营摸索了经验；与天舟一号联手完成首次"太空加油"，成功突破了推进剂在轨补加技术。天宫二号还首次在空间微重力环境下，用具备视觉和力感知功能的机械臂操作终端与航天员配合完成了我国人机协同在轨维修试验，建立了集信息管理、手动控制、遥操作和自主控制一体化的人机协同在轨维修系统，为后续空间站任务中的人机协同作业奠定了技术基础。

我们自己的"太空快递"

2017年4月20日，天舟一号货运飞船成功发射；4月22日，天舟一号与天宫二号进行交会对接。在做好一系列推进剂在轨补加试验相关准备工作后，在地面操作人员精确控制下，天舟一号与天宫二号相互配合，完成了持续约5天的推进剂在轨补加，实现了空间推进领域的一次重大技术跨越。我国由此成为世界上第三个独立掌握这一关键技术的国家。

6月19日，天舟一号货运飞船与天宫二号空间实验室在轨完成了我国首次"全自主"绕飞和第二次交会对接试验。该试验巩固了我国航天器多方位空间交会技术，也为后续空间站工程建设奠定了技术基础。

天舟一号是我国第一艘货运飞船，它的特点在于"快"。快速交会对接是天舟一号的拿手绝活，核心和难点也在于"快速"。

早在2012年，天舟一号货运飞船GNC（制导、导航与控制）分系统团队就瞄准快速交会对接这项新技术，开始了前期预研。2015年底，天舟一号GNC系统正样硬件和软件产品研制已经完成，开始出厂前最后阶段的测试，这时有专家建议性地提出能否在天舟一号上实现快速交会对接。为此，团队在一年内升级了 10 个软件版本，有效提高了在工程约束下的 GNC 系统的精度和可靠性。他们压缩地面引导过程，让飞船自主定位、自主快速制导，同时将复杂的算法和远距离导引技术工程化，把原来需要地面干预的工作交给天舟一号计算机自主进行……一系列新技术的探索和应用，让飞船变得更智能、更自主、更快速。2017 年 9 月 12 日，天舟一号与天宫二号只用了 6 个小时左右时间就完成从入轨到交会对接的全过程，而按之前条件的交会对接需要大约 2—3 天。6 个小时不仅能够大大缩短航天员在飞船上狭小空间中等待的时间，减少航天员不必要的体力消耗与精力付出，而且可以保障科研用品特别是生物制剂等无法经历长期运输的货品尽快送达太空中的目的地，为科学实验提供更多选择。这些都表明，我国掌握的全程自主交会对接技术是国际领先的，为满足空间站时代的应用需求奠定了基础。

在全体参研参试人员特别的奉献和战斗中，天舟一号圆满完成了它的任务。2017 年 9 月 22 日，在地面控制下，天舟一号逐渐下降轨道并向地球接近，最终受控进入大气层烧毁，5 个月的"太空快递"不辱使命。

天宫二号与神舟十一号、天舟一号共同为中国载人航天工程第二步画上了圆满的句号，向党和国家递交了一份完美的答卷。中国载人航天工程即将跨入空间站时代！

空间站"太空施工"交出完美第一棒

建造空间站、建成国家太空实验室，是实现我国载人航天工程"三步走"战略的重要目标，是建设科技强国、航天强国的重要引领性工程。2020 年 5 月 5 日，长征五号 B 运载火箭在文昌航天发射场一飞冲天、首战告捷，拉开我国载人航天工程"第三步"任务序幕。2021 年，建设中国空间站的大戏正式上演。

2021 年 4 月 29 日，由中国空间技术研究院抓总研制的我国空间站工程首个航天器——天和核心舱发射任务取得圆满成功。5 月 29 日，天舟二号货运飞船成功发射；6 月 17 日 9 时 22 分，神舟十二号载人飞船将聂海胜、刘伯明、汤洪波 3 名航天员送入太空，在 6 个多小时后与天和核心舱完成交会对接。中国空间站的"一"字构型顺利完成，当天晚上，3 名航天员先后进入天和核心舱。这是中国人首次进入自己的空间站。可以说，中国空间站"太空施工"第一棒堪称完美。

回望空间站研制一路走来，在每一次党和国家有重大考验的时候，空间站任务有特殊需要的时候，载人航天队伍都能凭借着"四个特别"的载人航天精神，将"不可能"变成了可能。

2006 年，天宫一号正式立项，杨宏担任天宫一号的总设计师。2011 年，天宫一号成功发射后，杨宏又开始担任中国空间站系统的总设计师。如何实现从"空间实验室"到"载人空间站"的迭代和升级，成为杨宏与团队重点思考的问题。

为了建成中国空间站，按计划将在两年内实施 11 次飞行任务，这在我国载人航天工程中从未有过。11 次任务环环相扣：天和核心舱上天后，需要根据自身表现，在 48 小时内评估在轨状态，进而为下一个任务——天舟二号发出指令，让其进入"发射倒计时"准备阶段；天舟二号货运飞船上天后，根据对接状态，给下一个任务——神舟十二号载人飞船相应的指令；确认一切正常后，载人飞船才能进入发射准备阶段。随后的每一次飞行，都要在之前任务状态正常的前提下才能实施，任务之间耦合度极高，不允许有任何闪失。

从发射倒推研制节点，每一个产品研制的"后墙"都不能倒。既要保证产品的高质量，还要高效率、高效益，如何做到又快又好？杨宏提出，要坚持以信息技术来提升载人航天器能力的设计理念，通过采用先进信息技术为航天器研制带来突飞猛进的进步。传统的航天器研制和生产，从图纸到初样再到正样，是必经之路；到空间站研制时，则实现了"数字化模型设计"，设计过程中没有产生一张纸质图纸。数字化建模之后，各个系统就可以在自己的模块内反复迭代，直到生成一个在参数范围内的最理想、与其他系统匹配度最高的模型，生产方拿到设计模型后，直接进入生产环节。借力数字化和信息化，空间站产品的设计和生产几乎没有误差，就连舱内最难办的1000多条异型管路，都能一次安装到位、没有返工。

以空间站天和核心舱发射成功为起点，我国正式拉开了空间站建造的大幕，中国载人航天稳步迈进空间站时代。恰逢中国共产党成立100周年，天和核心舱发射场试验队定下了"天和献百年，一站定苍穹"的主旋律，并以此为鼓舞，凝聚力量、决战决胜。面对"天和"成功发射，杨宏依然冷静，他一再跟大家说："这仅仅是万里长征的第一步。天和核心舱要在轨进行关键技术的多项验证，验证过后还要在轨评估才能进行组装建造，组装建造完成后还要开启十年的长寿命，通过航天员的维修、维护、延寿还要更长的时间，后面任重而道远。"

"天舟献百年，一帆济星海。"天舟二号的脚步紧随天和之后，将空间

图20 | 在发射塔架下举办的誓师大会上，神舟十二号飞船发射场试验队员郑重签名

站运维所需的 2 吨推进剂以及航天员在空间站上所需的生活用品、两套航天员舱外服和开展空间科学实验的设备物资，共 160 余件大大小小的货包送上了太空。截至 2020 年，世界上最大运载能力超过 5 吨的现役货运飞船只有两型，中国的天舟就是其中之一，而天舟货运飞船"载荷比"超过 50%，位居世界第一。天舟二号为天和核心舱运送了近 6.9 吨的物资，对航天员来说，货物的打包、开包、整理、安装的工作量巨大。曾有媒体报道，国际空间站上有上百件物品找不到了。设计师们借鉴中国发达的地面物流和货物管理技术，为中国空间站建立了一套物流管理系统，航天员只需通过扫描二维码的方式，就能识别货物的位置信息和产品信息，并对产品的库存数量做到动态掌控。与此同时，尽管携带大量货物，但所有货物摆放十分有规律。天舟二号的货架看似与普通货架无异，但所有的细节和构型都经过科学的设计分析，中间留出通道，航天员可在货架中顺畅通行，拿取货物非常便捷。

　　"神舟献百年，一骑掌天宫。"神舟十二号载人飞船紧随天舟二号之后发射。尽管神舟飞船的技术已经定型，可以进行批产化研制生产，但神舟十二号肩负着特别的使命。从它开始，我国要具备天地结合多重保证的应急救援能力。为此，研制人员采用"滚动待命"策略，在前一发载人飞船发射时，后一发载人飞船在发射场待命，并具备 8.5 天应急发射能力以实现太空救援。两艘飞船都在发射场，这也意味着发射场试验队必须连续作战，几乎没有休息时间。张舸是神舟十二号发射场试验队的一名总装工人。作为神舟飞船总装班组的班组长，他身先士卒，在爱人怀孕数月的状况下，还是主动请缨来到发射场。飞船发射前夕，他的爱人也即将临产，试验队了解到这一情况后，安排他回去陪产。而他回答："家里有人照顾，飞船任务更需要我。"因为发射前，他的岗位就在塔架上，他是协助航天员进舱的操作人员之一，是最晚从塔架上撤退的人员之一。岗位职责所在，他只能把个人家庭放在后面。在完成神舟十二号的发射任务后，试验队第一时间为他订好飞机票，让他能尽快回到爱人身边、抱抱可爱的孩子。2021 年 7 月，张舸被授予"中央企业优秀共产党员"称号。像这样的故事还有很多，他们是普通的航天人，也是不平凡功绩的创造者。"一切为载人，全力保成功"是这支队伍的铮铮誓言，也是托举中国空间站翱翔太空的重要精神力量。

我国载人航天走的是一条艰苦卓绝的科技自立自强之路，彰显了中国人的智慧和勇气，凝聚着无数人的心血和汗水。在神舟十二号航天员平安返回后第三天，天舟三号货运飞船于2021年9月20日奔赴天际，与空间站核心舱和天舟二号组合体实现自主快速交会对接，太空再舞"华尔兹"。2021年

图21 | 中国空间站示意图

10月16日，中国空间站关键技术验证阶段收官之战——神舟十三号成功发射，对接于天和核心舱径向端口，与此前对接的天舟二号、天舟三号货运飞船共同组成四舱（船）组合体，构成一个小型的"T"字构型，翟志刚、王亚平、叶光富3名航天员开启为期6个月的在轨工作和生活。2022年，"问天""梦天"两个实验舱、两艘货运飞船、两艘载人飞船飞行任务按计划实施后，中国空间站将完成建造并投入运营。太空探索永无止境，空间站只是未来征程中的一个新起点。在中国共产党成立100周年的特殊时刻，每一位参与中国空间站建造的航天人，心中都有同一个声音：请党和人民放心，航天强国有我，民族复兴有我！

第二节　通信卫星比肩国际高水平

　　通信卫星和卫星通信是航天最重要的应用领域之一，也是市场化程度最高、参与主体最多、竞争最激烈的"赛场"。

　　党的十八大以来，通信卫星研制团队大力传承弘扬"两弹一星"精神，忠于初心、诚于价值、勇于担当、敢于超越，推动通信卫星领域实现迅猛发展，促进卫星通信得到日益广泛应用。2019年底，随着基于东方红五号卫星公用平台研制的实践二十号卫星成功发射，我国正式跻身国际一流通信卫星"俱乐部"。

"东四增强"续写传奇

　　2010年，基于东方红四号平台的卫星研制"风生水起"的时候，中国空间技术研究院就提出要在东方红四号平台基础上，进一步开展技术创新和能力提升工作，全面提高平台能力，满足未来国内外通信卫星领域的应用需求。为此，研究院决定完全自主投入，开发东方红四号增强型平台。

　　东方红四号增强型平台，顾名思义，是比东方红四号平台更胜一筹的卫星平台。研制它，是为了更好满足市场差异化需求，提高我国通信平台国际竞争力。增强"强"在哪里？首先核心在于承载能力强，在不改变主承力结构设计、不增加主结构重量的情况下，承载能力提升了 0.5 吨的设计目标，整星起飞重量可达 6 吨。其次是多层通信舱，有效提高了转发器的携带数量。最后是大功率供配电，设计人员对平台功率产生装置、功率传输装置、功率储蓄装置等进行了全面升级，大幅提升了有效载荷功率水平。还有先进的推进系统，不仅应用了电推进技术，还紧跟国际的先进科研方向，解决了推进剂装填量的限制，提高了卫星的在轨服务寿命。

2020 年 7 月 9 日，基于东方红四号增强型平台的全配置首发星——亚太 6D 卫星项目成功发射。在"增强"的平台的加持下，亚太 6D 通信卫星的有效载荷重量达到普通东方红四号卫星的 1.5 倍，转发器设备数量增加 2 至 3 倍，波导数量增加近 6 倍，达到了世界先进水平，能够为国家和用户创造更大的价值。

忠于初心，提出"增强"的愿景；诚于价值，坚定"增强"的目标。勇于担当，引领"增强"的探索；敢于超越，交出"增强"的答卷。通信卫星研制团队传承精神薪火，在赓续奋斗中创造出的这款高性能的通信卫星公用平台，能够满足未来 10 年左右的应用需求，并继续书写属于东方红卫星平台、属于中国航天事业的更多传奇。

要让天地永不失联

2016 年 8 月 6 日，天通一号 01 星成功发射。观看发射的许多同志尤其是四川当地的群众，都情不自禁地流下了泪水。

大家永远不会忘记"5·12"汶川大地震后的新闻画面，永远不会忘记没有通信对救援造成的困难。面对灾后通信中断的局面，一代人由衷地期盼：中国什么时候才能拥有属于自己的卫星电话？

抗震救灾之后，研制我国首颗移动通信卫星被提上了日程，并得到了温家宝总理专项基金的支持。这颗卫星定名为天通一号 01 星，也被誉为"中国版的海事卫星"。

342 | **精神的力量**
——航天精神引领中华民族探索浩瀚宇宙

天通，要让天堑变通途，要让天地永不失联。

天通一号卫星关键技术很多，难度很大。研制队伍始终忠诚于以国为重、为国而战的奋斗初心，忠诚于服务国家、贡献人民的事业价值，在勇敢担当、创新超越的道路上付出了艰苦努力。

低 PIM 天线技术（收发共用天线中的无源互调技术）是整个卫星系统最关键的技术之一，也是国际宇航界共同关注的技术难题。这是一项国外重点保密的尖端技术，当时全球也仅有波音、劳拉两家卫星制造商掌握。国外某卫星就因为没有在地面进行整星级 PIM 测试，导致在轨功能严重损失。

能否突破低 PIM 天线技术，决定了天通卫星任务的成败。在没有任何先行经验可以借鉴的情况下，天通一号卫星总设计师陈明章带领青年骨干，与天线研制人员一起开展了顽强攻关。他们在北京、西安两地对卫星的零部件、单机、分系统、整星系统进行反复测试，开展了上百项测试验证。在整星测试时，为确保 PIM 测试数值精确可靠，大家一起搬着 100 多斤的天线、200 多斤的试验设备，在近半个足球场大小的测试场里，认真细致地把每个角落都测了一遍，最终确认了卫星在轨状态的 PIM 性能。这也打破了国外的低 PIM 天线技术封锁。

"在技术层面，天通一号卫星的技术指标与能力水平能够达到国际第三代移动通信卫星水平，它标志着我国正式进入了地球同步轨道移动通信卫星'俱乐部'。"陈明章介绍说。天通一号 01 星发射任务结束后，为了确保卫星应用的高质量，部分研制人员又告别家人，会同电信部门走遍全国进行卫星信号的调试验证。他们曾花了将近一周时间穿越新疆、西藏的无人区，也曾在南海上一漂就是一两个月。他们到过高山，踏过雪原，穿过戈壁，渡过远海……从乌苏里江到帕米尔高原，从漠河到曾母暗沙，从阿勒泰到珠穆朗玛，祖国各处都曾留下他们的身影，为的就是让中国疆域内的每一分土地、每一寸海洋都"信号畅通、永不中断"！

天通一号 01 星在发射后很快就开始发挥作用。2017 年 8 月 8 日晚，四川阿坝藏族羌族自治州九寨沟县发生 7.0 级地震。灾害发生后，天通一号卫星电话第一时间调拨到灾区，用于救灾部队、灾区单位的紧急通信，在救援黄金 72 小时内协助相关部门指挥救援工作。在森林火灾扑救、超强台风登陆防汛等其他许多重要应用场景中，也都有天通一号的功劳。2018 年 7 月，天通一号卫星正式投入商用，天通一号卫星系统通过与地面基站、光纤宽带、海缆等融合，构建了陆海空一体化的泛在信息网络基础设施。2020 年 1 月，天通一号卫星系统正式面向社会提供服务。

2020 年 11 月，天通一号 02 星成功发射。2021 年 1 月，中国航天"十四五"的首战——天通一号 03 星发射任务取得圆满成功。至此，天通一号实现组网运行，为我国及周边亚太地区提供优质的移动通信卫星服务，成为中国为"一带一路"空间信息走廊建设与应用搭建的重要支撑平台。

东方红五号走向更强

东方红五号卫星公用平台是我国自主开发的新一代大型地球同步轨道卫星平台，综合服务能力达到世界一流，堪称我国航天领域最先进的"公共汽车"。

卫星平台好比一辆公共汽车，载荷是上面的乘客。通过使用平台搭载不同的"乘客"，卫星的应用性能得以实现。平台越先进，卫星应用性能的提升空间就越大。在国际通信卫星领域竞争日趋激烈的背景下，随着卫星通信需求的不断增长，在东方红四号卫星公用平台之后，论证开发新一代的、更强的卫星平台必须提上日程、加快速度。

东方红五号卫星公用平台从 2008 年启动论证，到 2019 年 12 月实践二十号卫星发射成功并在之后验证多项核心技术，前后历经十余年时间。数千个日日夜夜里，这支研制队伍坚守报国的初心，走过了"雄关漫道真如铁"的苦苦求索；坚守奋斗的价值，走出了"三军过后尽开颜"的跌宕征程。大家以勇毅展担当，将"连峰去天不盈尺"①的崎岖"蜀道"甩在了身后；以创

---

① 出自唐代诗人李白作的《蜀道难》。

新求超越，生动诠释了什么是"世上无难事，只要肯登攀"。

启动研制时，东方红五号卫星公用平台到底该是什么样的？研制人员坦承"自己也没想清楚"。为此，大家用了近十年的时间推进这项工作。当时，从华南理工大学图像处理专业博士毕业的裴胜伟，进入通信卫星研制团队工作还不到两年。在东方红五号卫星公用平台总指挥周志成的鼓励下，个子高高、功底扎实的裴胜伟迎难而上，围绕东方红五号卫星公用平台的设计与技术攻关，与大家一起进行了经年累月的研究论证，逐渐确定了平台方案。

东方红五号卫星公用平台确定走的是桁架式卫星平台技术路线。这与以往通信卫星平台采用承力筒的结构截然不同，其结构优化设计、传力特性以及试验验证等均给研制团队带来了新的挑战。在预研论证工作中，研制人员结合卫星总体优化，一步一步开展了从原材料设计、部组件设计到整星结构优化，再从原材料验证、部组件试验验证到整星结构验证，完成了对桁架式结构的充分的优化设计和试验验证。2014 年 4 月，东方红五号卫星公用平台结构静力星顺利通过了鉴定级结构静力试验，为采用桁架式主承力结构东五平台研制奠定了基础。

2015 年 4 月，东方红五号卫星公用平台终于获得国家国防科工局和财政部联合立项批复，标志着其研制工作正式进入工程实施阶段。立项时，先期攻关的大功率太阳翼驱动机构、半刚性太阳翼、可展开式热辐射器、新一代大功率电源控制器、板式贮箱等近 10 项关键单机已完成样机研制与地面试验验证，平台结构星完成总装并顺利通过力学验证、热试车星圆满完成整星地面点火试验……一个起飞重量 8 吨、在轨寿命 15 年的新一代大型地球静止轨道卫星平台，呼之欲出。

航天人没有"不可能"

实践十八号卫星是基于东方红五号卫星公用平台的首颗新技术试验验证卫星。当时，研制团队计划用 40 个月的时间完成平台的初样研制，但为了抓住长征五号火箭第二次发射的搭载机会，东方红五号卫星公用平台的首发日期必须提前一年半以上，研制周期由 40 个月直接缩短至 18 个月！

18 个月？ 18 个月！

"不可能完成。"这是研制团队很多人听到这个消息的第一反应。要知道，一般的新卫星型号研制周期为 33—38 个月，成熟的商业卫星也需要 28—33 个月才能完成。要在 18 个月内拿出实践十八号卫星，怎么可能？

但在航天人的词典里，没有"不可能"。在短暂的迷茫后，研制团队决定开展一场跟时间赛跑的攻坚战。

那段时间，研制团队大部分人每天几近深夜才下班回家，周末也在坚持工作……2017 年下半年，由于长期工作劳累，裴胜伟患上了气胸病。他刚做完手术，放心不下卫星，下了病床就要上班。"老裴，你疯了，不要命了么?!"同事们纷纷劝道，阻止了裴胜伟的"疯狂"行动。实践十八号卫星总指挥周志成只要不出差，每天都会习惯性地去测试大厅转一圈，白天工作忙，哪怕夜里 10 点、12 点，他也会出现在大厅。在这支队伍里，大家以办公室、试验场为家，上演了一幕幕"夜以继日""宵衣旰食"的故事。有一些同志甚至常常连续好多天不回家。饿了，就扒拉两口已经不知道放凉了多久的饭菜；渴了，就拿起杯子灌一口早已凉透的白开水；困了，就躺在凳子上，趴在桌子上，或者倒在行军床上，胡乱盖上衣服，眯瞪一会儿。当时，由于使用频率太高，办公室里的行军床换了一张又一张……

18 个月，仅仅 18 个月。研制团队如期地完成了实践十八号卫星的交付。2017 年 7 月 2 日，伴随着巨大的轰鸣声，搭载着实践十八号卫星的长征五号遥二火箭在海南文昌航天发射场点火升空。

然而，似是上天捉弄，升空后没多久，火箭飞行出现了异常，发射任务失利。大家悲恸得无以言表，泪水流满了脸颊，流进嘴里全是苦涩。这是一颗倾注了十年心血、拼尽全力赶制了 18 个月的东方红五号的卫星啊！这颗卫星在空中只来得及验证了一个动作，便与大家永远告别了！一群人抱头哭作一团，如同失去了自己的孩子一般。

各级领导和型号两总很快来到试验队伍中，尽管声音有些哽咽，但依然鼓励大家："我们失去了攀登高峰的机会，但更要坚定站上顶峰的信心，因为我们已经奔跑在路上！加油！"悲痛的情绪没有笼罩太久，这支不服输的团队没有忘记报国的初心，没有忘却奋斗的价值，没有丢掉担当的本色，没有失去超越的勇气——

首战不利，不屈再胜之心。这支队伍就像一代代航天前辈一样，就像他们以往遇到的各种大小挫折时那样，很快便擦干了泪水，重新奋起。东方红五号卫星公用平台的又一技术试验卫星——实践二十号卫星很快启动研制。

实践二十号卫星的研制难度和进度要求比实践十八号卫星更高，相似的工作、熟悉的节奏又回来了，依旧是如履薄冰、如临深渊，依旧是披星戴月、夜以继日。研制团队充分分析任务特点，充分总结实践十八号卫星的研制经验，点滴梳理每一个技术细节的变化，严慎细实、精益求精，所有的努力只为不留遗憾，按时保质地完成了实践二十号卫星的研制工作。

2019 年 12 月 27 日，长征五号遥三火箭在南海之滨的文昌叩天，实践二十号卫星出征寰宇。在无数关切的目光中，东方红五号再战！这一次，发射成功的消息振奋了神州大地，换回了研制团队脸上的真挚笑容。"实践二十号卫星重达 8 吨，是世界上最重的通信卫星，也是我国研制的发射重量最重的卫星，还是中国技术含金量最高的卫星。"[①] 实践二十号卫星总指挥、中国工程院院士周志成的兴奋之情溢于言表。

成功的道路总是曲折的，但前途始终是光明的！2020 年 4 月，实践二十号卫星核心试验全部完成，包括高速激光通信技术、电推进技术在内的多项核心关键技术首次在轨验证，多个空间技术领域的新产品在轨正常工作，标志着我国航天领域多项关键技术、材料和产品达到了世界领先水平。十余年的辛苦，换来了未来 20 年大容量通信卫星的发展空间，让我国通信卫星一举进入国际领先水平。

永远的东方红，崭新的中国梦。从 1970 到 2020 年，50 年过去了，"东

---

① 这是周志成在 2020 年初接受采访时的一句回答。

方红"也从一号发展到了五号，实现了巨大的跨越。在半个世纪的征途中，流淌着东方红一号血脉的通信卫星研制队伍始终传承弘扬"两弹一星"精神，让《东方红》的悦耳旋律回声嘹亮，愈发地激荡人心。

第三节　遥瞰寰宇　感知天地

党的十八大以来，遥感领域系列卫星实现了跨越式发展，带来了一个多层、立体、多角度、全方位和全天候对地观测的新时代。高分专项和资源系列、海洋系列、测绘系列等各遥感型号成绩斐然，研制队伍打造了别具特色的团队文化，产生了深远的影响。

雁翔万里傲苍穹

在遥感卫星领域，有这样一个鲜为人知的研制团队。他们以卓绝的姿态一次又一次地将骄傲写在寥廓天空，他们在各自的专业内是叱咤风云的高手，他们选择《鸿雁》作为自己的队歌。20年的型号工作逐渐锻造了一支作风过硬的队伍，沉淀形成了鸿雁文化，精髓是"不惧险阻、勇往直前，齐心协力、亲密无间，敏锐洞察、高效行动，深藏功名、甘于奉献"。这种文化助推了该领域近十星成功的辉煌，也让一大批领域专家和技术骨干在淬炼中迅速成长起来。

不惧万里征程险。"鸿雁"团队是公认的能打硬仗的团队，其坚韧和锲而不舍的精神为人所惊叹。面对苛刻的指标要求，他们勤于学习、善于思考。某项技术不明白怎么办？看书、查文献、问专家，直到搞透为止；没有先例可循怎么办？思考、研讨、评审把关，直到开辟出属于自己的道路；设计理念未经实践检验过怎么办？测试、总结、提高、再测试，直到验证无误。面对"万无一失"的要求，团队鼓励发现问题，着眼于治"未病"，提前排除隐患。不论山高路远、风疾雨骤，这支团队向着目标坚定飞翔，圆满地完成了一个又一个"不可能完成的任务"。

深藏功名甘奉献。一直以来，任务要求"嘴要紧"的特点影响了团队成员的性格，塑造了团队的风格。他们奉行"少说多做、沉默是金"；他们擅长憋着劲干活，用结果来证明一切；他们不太会计较得失，坚信"安排我做的，我就去做好"。面对兄弟型号成功后的举世瞩目，他们心如止水、毫不在意；自己的卫星成功后，没有媒体关注和众多的荣誉，就连自己的简历中也不能涉及细节，常有人评职称时因为材料乏善可陈而"败下阵来"……但他们认为，实现个人价值"不在于这些方面"。他们在意的，是充分享受与团队成员们一起奋战的过程，以及成功后那强烈的成就感和集体荣誉感。

从鸿雁高歌到石榴传奇

鸿雁展翅飞穹庐，石榴花开别样红。在"鸿雁"团队基础上，来自不同厂所的研制人员，像石榴籽一样紧密团结在一起组成了"石榴"团队。可以说"小石榴"与"鸿雁"血脉相连，石榴文化是对鸿雁文化的延续和拓展。

血脉相连，代代传承。在"石榴"团队，以老带新、不断传承的故事比比皆是。担任飞控任务90号的青年设计师回忆说，有一天，还是新人的自己做了一份包括7天指令清单的飞控程序，请时任分系统主任设计师、后来担任卫星副总师的曹京看看。"当时就想请曹总帮个忙，在大面上看看有没有遗漏"。但是，等她拿回文件时却发现，曹京竟然一个指令一个指令地逐条核对打钩，并对有疑问的地方进行了标注。"这是他牺牲一晚上休息时间帮我做的。当时我就感觉，什么事儿只要跟着曹总干，我都安心。"她说，"这就是对工作的敬畏之心吧！这件小事，我一直深深地记到了现在。能够继续跟他工作，我心里很踏实，也很骄傲。"经过多年打磨，这位年轻的设计师后来成长为团队骨干，把曹京副总师当年好的做法学习、传承了下来，并将其转化为自己的工作习惯。在"石榴"团队中，这种隐形的传承在潜移默化中成为强大的精神力量，感染、影响着每一个人，成为大家能够圆满完成任务的强力支撑。

紧抱成团，风雨同心。有队员说，古人称石榴千房同膜、千子如一，其实，虽然每一个"石榴籽"都才能显著、独当一面，但整个队伍却千人同心、相互包容、相互帮助、亲密无间。大家紧紧抱在一起，风雨同心向前。他们说："石榴人，有军人的情怀和气质。大家心照不宣，'石榴'在，即为心安，而心安之处，即为家！我们始终在一起！"

从实验室到厂房再到塔架下，从"鸿雁"列队高飞到"石榴"续写成功传奇，他们以一颗不畏艰难无惧险阻的顽强之心，以一颗风雨同舟携手同行的团结之心，以一颗默默坚守深藏功名的温柔之心，坚持到了最后，迎来了胜利的硕果，鸿雁文化在工程实践中得到了极大的传承，石榴文化也在艰辛的研制历程中焕发出夺目的光彩。

唱向大海的战歌

自 2011 年 8 月我国首颗海洋动力环境探测卫星发射成功，到 2021 年海洋二号 D 星发射成功，海洋二号 B 星、C 星、D 星在轨组网，建成我国首个海洋动力环境监测网。十余年里，海洋二号卫星研制队伍始终坚持"祖国利益至上、用成功报效祖国"的爱国主义精神，勇于创新、敢于担当、团结协作、共创一流，唱响了唱向大海的战歌。

海洋二号卫星开创了多个第一，研制过程艰难复杂。卫星研制队伍不仅经过了艰苦的技术攻关，探索实施了科学有效的协调管理，更是大力倡导敢于担当的责任意识，砥砺严慎细实的作风，不断强化使命感、责任感。海洋二号卫星在轨出现姿态异常后，以工程总师徐福祥为代表的研制团队马上启动应急预案，果断决策切断载荷供电，保平台、保能源，全力以赴开展应急处置工作。接下来的日子里，在西安卫星测控中心，海洋二号卫星总指挥马世俊、总设计师张庆君一直认真协调着各项工作，忙碌在各种会议、穿梭在一线各个岗位上。在西安的一个多月里，马世俊感冒两次，不顾发烧、咳嗽，白天一直坚持在测控大厅查数据、做记录，晚上则跟着大家一起仿真分析、讨论问题，就像个连轴转的陀螺一样不停歇，把责任扛在肩上，把坚毅留在心里。年轻的设计师们在各自的岗位上脚踏实地、全力以赴，以不服输的大无畏精神，扛住压力。技术骨干们一遍遍地仿真，终于在最短的时间内让卫星姿态恢复并准确进入预定轨道，为最终交付使用打下了坚实的基础。研制队伍在卫星应急姿态恢复过程中所表现出来的这种担当，不仅是唱向大海的战歌的主旋律，更是他们取得一次又一次成功的文化密码。

书写测绘新篇章

在以资源三号卫星、高分七号卫星研制团队为代表的测绘队伍中，大家高效协同地精心工作，在坚守与奉献中谱写了奋进的壮歌。

作为我国首颗民用高精度立体测绘卫星，资源三号卫星的研制工作面临关键技术攻关难度大、研制工作周期紧、同类设计经验少等困难。团队以"打造国内一流遥感卫星"为共同目标和奋斗愿景，形成了"无私奉献、争创一流"的价值理念，并高质量完成了整星研制任务。试验队员在发射场零下30℃的寒冷条件下顶风冒雪、精心工作，克服了重重困难，创造了遥感卫星发射场最短工作纪录。

资源三号卫星团队有一种"完美"情结，力求将每一项工作都做得尽善尽美，不把任何隐患留到后续工作中。例如，在遥感领域设计最复杂的星敏支架的设计中，考虑导热性能和工艺成熟性原采用铝合金材料整体铸造成型，研制团队通过试验发现此种材料热稳定性能较差，后来经过多轮讨论论证和试验验证，最终更改了设计方案，采用全新的复合材料制造支架，保证了指向的高精度，也间接地保证了卫星指标的高精度。

资源三号卫星团队做事讲求规范。航天器研制是一项庞大复杂的系统工程，多数时候需要多个部门和人员的协同设计，而文件、纪要、图纸作为传递设计人员思路、指导卫星研制的主要手段，必须字斟句酌、务求精确。借助技术文件三级审签机制，资源三号卫星共形成科技文件（含图纸）4328份。型号两总在对文件进行把关时，从不放过任何一个技术疑点。

高分七号卫星是我国首颗民用亚米级光学传输型立体测绘卫星，高效研制和圆满成功的背后是研制团队迎难而上的勇气、协同攻坚的精神、夜以继日的坚守和航天报国的初心使命。

发射前一周，卫星总设计师曹海翊由于连续高负荷工作病倒了，住院3天后，医生劝她多输一天液，但她坚持出院，立即投入到工作中。有位型号测试人员是个准妈妈，卫星出场时自己的预产期也不远了，虽然不能到发射场，但她仍坚持在北京参加远程测试保障。她说，两个都是自己的孩子，都得照顾好……

为了使高分七号卫星安全稳定飞行，所有试验队员都付出了百倍的努力。型号两总每天盯在现场，进行技术把关，处理各种繁复的工作；为了更好地掌握每一个动作状态，飞控试验队领导亲自编写了长达上百页的飞控细则；而各岗位人员紧紧盯着屏幕上变化着的监测数据，精心比对查验，快速分析着各种数据和曲线。

遥瞰寰宇，感知天地；星汉灿烂，逐梦前行。遥感卫星领域的队伍们弘扬航天精神，坚定勇毅前行，创造了卓越的成就，更加有力地服务人民，让生活更美好，让世界更美好。

第四节　科学探测卫星求新知

2016年、2017年、2018年，习近平连续三年在新年贺词中提到"悟空"（暗物质探测卫星）、"墨子"（量子科学实验卫星）、"慧眼"（硬X射线调制望远镜卫星）等空间科学探测卫星的名字①，给这个领域的研制团队以极大的鼓励。

在中国空间技术研究院，以慧眼号卫星、张衡一号电磁监测试验卫星研制队伍为代表的科学探测卫星队伍，始终坚持在工程实践中继承和发扬航天精神，用辛勤奋斗托举科技强国、航天强国的梦想。

---

① 参见《人民日报》于2016—2018年的1月1日刊发的习近平新年贺词。

逐梦，让理想照进现实

2011 年，我国在空间科学领域进行战略性布局，实施中国科学院空间科学战略性先导科技专项，筹备发射系列科学卫星。经过艰苦的自主研发，2015 年 12 月 17 日，中国首颗天文卫星——暗物质粒子探测卫星"悟空"号成功升空。之后，实践十号返回式科学实验卫星、量子科学实验卫星"墨子"号和硬 X 射线调制望远镜卫星慧眼号（HXMT）相继顺利发射，中国航天在空间探测领域取得了显著的进展，勇于追逐梦想的航天人让空间科学探测的愿景逐渐变为现实。

从 1960 年开始，国外已经发射 100 多颗空间天文探测卫星，但卫星传回的应用数据能够提供给中国科学家们时，已经是几年后的事情。我们只能在人家挑剩的数据里寻找"玛瑙"，获得的成果里还要标注上数据的出处。这一切，随着 2017 年慧眼号卫星的发射升空而终于得以扭转。这颗卫星在浩瀚的宇宙架设起中国人自己的空间天文台，结束了我国长期在空间高能天体物理领域没有自主数据的历史。

人类对于地磁场的研究探索已有千年历史。进入太空时代以来，苏联／俄罗斯、美国、欧洲空间局围绕发展地磁场测绘技术，开展了大量卓有成效的工作。2003 年初，我国启动张衡一号电磁监测试验卫星规划论证任务，旨在逐步形成我国完全自主的全球地磁场建模及其动态更新能力，并通过与法国、俄罗斯、意大利、日本等国开展合作，积极参与到全球地磁场研究的大舞台中来。

回顾这颗寄托着中国科学家和航天人厚望的卫星的研制历程，其中充满了艰辛和曲折。

电磁监测试验卫星项目在我国酝酿多年，早在"九五"期间就开展了卫星预报地震的研究和应用并取得初步成果，但整体而言，在地震监测方面的卫星建设仍显缓慢。2008 年，学界曾就电磁监测试验卫星项目有过深入的讨论，初步的思路是通过国际合作尽快拥有中国自己的电磁监测卫星。但受国际金融危机的影响，并且中国在技术储备上还没能达到需要的水平，计划延期。此后，科学家们经历了日积月累的攻关路。直到 2013 年，各方面条件日渐成熟，中国电磁监测试验卫星工程项目才被正式批准立项。

2008 年，硬 X 射线调制望远镜卫星在立项过程中也遇到瓶颈。面对科学家关于"HXMT 项目是中国实现学科重大前沿跨越式发展的一个难得的机会，是抓住利用方法的原始创新在一个新领域取得突破的机会"的呼吁，有关方面高度重视。三年后，硬 X 射线调制望远镜卫星批复立项。对这来之不易的机会，卫星研制团队格外珍惜。面对国外同领域激烈的竞争态势，从一开始，研制工作就被设置成了自主创新、勇于探索的"HARD 模式"①。承担卫星抓总研制任务的中国空间技术研究院和提出科学目标、承担有效载荷研制的中国科学院高能物理研究所两支"国家队"，发扬团结合作、协同攻坚的精神，精诚合作，付出了极其艰苦的努力，确保了卫星顺利研制、成功发射，打造了用中国的理论、中国的卫星，提供给中国和全世界科学家使用的太空望远镜，树立了工程与科学、工程与技术完美融合的典范。

无论是慧眼号，还是张衡一号，空间科学探测卫星一路走来的艰辛历程，都是航天人追逐梦想、勇于探索的真实写照。

创新，展示我国空间科学领域新实力

创新是引领发展的第一动力。在无数个技术"拦路虎"面前，慧眼号卫星研制团队选择了更高的难度级别，既彰显了卫星的技术特点，也体现了研制团队的创新胆魄。

面对全新的领域和用户严苛的要求，团队以最大化实现科学目标和用户要求为最高准则，瞄准世界一流水平努力破解卫星工程关键技术，提出"以新制新"的技术构想，大胆采用新方法解决有效载荷提出的新问题，倾力打造世界一流的空间天文望远镜。研制团队结合任务需求对卫星的工作模式展开了深入的论证，对研制难度较大的控制、测控、数传、热控等分系统的技术方案进行了反复的专题讨论、优化论证和技术研究。例如，为了解决望远

---

① 即困难模式，相较于其他选择类型，难度的级别要更高。这是一个来自游戏的用语。

镜内近乎"冰炭同炉"的热设计挑战，热控设计师们动用了包括深冷热管在内的核心储备技术；针对卫星测控与数传任务的特殊性，进行了测控与数传方案优化论证，实现了全空间覆盖、可见即可控可传的测控与数传方案；等等。一系列总体深入论证与优化设计工作的开展，简化了卫星设计的复杂难度，实现了有效载荷苛刻的技术要求，满足了多种观测模式需求，为获取更多的科学数据提供了基础保证。

凭借着自主创新、勇于探索的精神，慧眼号卫星研制团队攻克了一个又一个难题，卫星在设计技术、姿态控制、热控、封装工艺、试验验证等方面有多项技术填补了国内和国际空白，充分展示出我国在空间科学领域的雄厚研究实力。

攻坚，助推科学探测技术走进高精尖"新时代"

张衡一号是我国首颗观测与地震活动相关电磁信息的卫星，也是国家地球物理场探测卫星计划的首发星，其总体技术指标达到国际先进水平，部分技术指标达到国际领先水平，创造了多项国内首次——首次实现低地球轨道卫星高精度电磁洁净度控制，弥补了我国天基科学探测领域发展的短板；首次实现在轨精确磁场探测，卫星装载高精度磁强计、感应式磁力仪载荷，有望获取宝贵的全球地磁场数据，填补了我国全球地球物理场战略信息获取能力的空白，是我国构建天空地一体化地震立体监测体系的重要里程碑。

张衡一号卫星拥有许多"独家本领"，如新一代高磁洁净度、国内首次研制超高收纳比的伸杆机构、高精度标定技术、多载荷集成技术等。其中，"新一代高磁洁净度"要求整星磁洁净度优于 0.5 纳特，这是一个近乎苛刻的指标，对整星、分系统、各单机都提出了极高的要求！对此，研制团队迎难而上，开展了卫星研制全流程的磁设计、磁仿真、磁控制实施及验证等一系列工作，最终打造出我国新一代磁洁净卫星平台。特别是在磁试验工作中，研制团队深入、细致地分析了地球磁场及试验区磁场的变化规律，确定磁试验时间要求为每天晚上 11 点至次日凌晨 4 点半。在此之前，从来没有任何一颗卫星的常规试验时间是在夜间，也没有哪个试验要求同一批研制人员连续近一个月夜间工作和判读数据。研制人员没有怨言、顽强攻坚，持续进行了 20 多天的连夜奋战，顺利完成了试验任务，推动了卫星任务最终取得圆满成功。

回望一路摸索前行的拼搏历程，卫星总指挥兼总设计师袁仕耿说："随时播种，随时花开，将这一路点缀得花香弥漫，于是，不再觉得路途艰辛。"大家经常引用这句话来回忆奋斗，从精神中收获力量，继续前进。

合作，中国的态度让全球共享共赢

科学卫星是开展国际合作最好的平台之一。围绕科学卫星开展国际合作，不但能够促进我国与相关国家的合作关系，而且能够大幅提升中国在国际上的地位和影响力。以慧眼号卫星、张衡一号卫星为代表的空间科学探测卫星走的就是一条开放融合的道路，彰显了合作共赢的鲜明特点。

2017 年 6 月，慧眼号卫星发射升空。这不仅让中国睁开了"慧眼"，洞见惊心动魄的宇宙，而且推动了这一领域国际合作的深入。卫星随身携带的探测器能谱范围非常宽，可以进行全谱段观测，除了探测空间 X 射线，还可拓展进行伽马暴、恒星爆炸、黑洞等探测。也就是说，对于宇宙事件的发生、发展到结束的全过程，慧眼号卫星都能把各种壮丽景象尽收眼底，且比国际上其他同类卫星时间分辨率有大幅提升，这对推动突发天体现象研究的深入具有重大意义。特别值得一提的是，慧眼号卫星使我国首次具备了自主获取空间高能天体原始观测数据的能力，取得的数据为我国科学家首次赢得了优先使用的权利。按照国际惯例，在我国科学家专项应用一年之后，数据将面向全世界开放。这促进了国际空间科学研究的深入，是中国为有力支持全世界的科学家探索宇宙奥秘作出的独到贡献。仅 2020 年一年，慧眼号卫星三分之二的观测时间都对国际天文界开放。卫星每年还会向全球征集观测提案，且数据向全世界开放，谁需要用数据都可以到我国的相关网站上下载，各国研究人员都可以拿数据去分析。

2018 年 2 月，张衡一号卫星发射升空。卫星共搭载了 3 大类 8 种有效载荷进行各类高精度探测、收集科学数据，这其中就包括中国科学院高能物理研究所和意大利国家核能物理研究所分别研制的高能粒子探测器。两套设备互为补充关系，在不同的天域进行探测，能够为地震前兆信息研究捕捉较为全面的高能粒子动态信息和数据，为张衡一号在太空中捕获高能粒子提供最有力的支持。除高能粒子探测器之外，中意两国还就星上一些有效荷载的精确标定等技术展开了深入合作。卫星成功发射后，中意两国元首互致贺电。习近平指出，中意两国在该项目合作中取得的重大战果，"将有力提升两国利用航天技术对地球电磁环境的监测能力和水平，为地震预警、防灾减灾发挥重要作用，服务两国经济社会发展"[1]。

　　开放融合、合作共赢，为全世界的科学家和工程界提供中国智慧，为人类和平利用太空贡献更多中国力量，这就是中国空间科学探测领域的态度和胸怀。

　　习近平指出："浩瀚的空天还有许多未知的奥秘有待探索，必须推动空间科学、空间技术、空间应用全面发展。"[2] 空间科学探测领域发展任重而道远。研制队伍将继续逐梦、创新、攻坚、合作，探索浩瀚宇宙、勇攀科技高峰，为把我国努力建设成为世界主要科学中心和创新高地作出更大贡献。

第五节　国际合作展现中国担当

　　走向太空、利用空间资源是世界上每个民族的梦想。人类探索太空的实践证明，开展空间合作十分必要——既能少走弯路、稀释风险、降低成本，又能互通有无、各取所需、互利共赢。作为世界上少数在航天领域有所建树的国家之一，中国始终把加强空间合作作为推动航天事业发展的重要决策，

---

① 《习近平同马塔雷拉总统互致贺电　庆祝中意电磁监测试验卫星发射成功》，《人民日报》2018年2月3日。
② 习近平：《为建设世界科技强国而奋斗——在全国科技创新大会、两院院士大会、中国科协第九次全国代表大会上的讲话》，《求是》2021年第6期。

并十分注重加强与各国尤其是发展中国家的空间合作。

进入新时代以来，中国航天开展了深入而广泛的国际合作，不仅取得了丰硕成果和可观效益，促进了世界航天共同发展，而且充分展现了中国担当，将"中国梦"与推动构建人类命运共同体的伟大实践紧密地联在一起。

携手探索太空，为人类谋福祉

和平利用太空，共享航天成果，是中国航天人一直为之努力和奋斗的方向。

在载人航天领域，中国自一开始就以开放的姿态面向世界。在历次任务中，与俄罗斯、德国、法国、比利时、意大利等国家的航天机构，以及联合国外空司、欧洲空间局等国际航天组织开展了广泛合作与交流，并与法国、意大利、巴基斯坦等围绕在空间站开展空间实验进行双边合作交流。杨利伟在神舟五号飞行任务中，向世界展示了联合国会旗和五星红旗。神舟八号飞船搭载了中德联合生命科学试验，神舟九号带回了国际宇航联合会会旗。法国国家空间研究中心研制的心血管监测设备搭乘天宫二号进入太空，用以监测宇航员在太空舱失重状态下的身体状况。

中国宣布将开放空间站使用。中国空间站"天和"核心舱和实验舱上均配备标准化的载荷接口，具备开展各类科学实验国际合作的能力，使中国空间站成为一个造福全人类的太空实验室。中国致力于开展载人航天国际合作，将让更多国家有机会参与载人航天技术研究，跨越技术鸿沟，让各国发挥所长、携手作出有益于全人类的丰硕科学成果。[1]

在月球和深空探测领域，中国一直保持开放融合的理念。如嫦娥四号开展了广泛国际合作，嫦娥五号任务取回的月壤将与有关国家和世界的科学家共享。围绕火星探测，我国与多个国家和国际组织开展了广泛合作，并在发射天问一号火星探测器的长征五号遥四运载火箭的整流罩上，喷涂了与我国

---

[1] 参见任仲平：《继往开来的世纪伟业》，《人民日报》2021年7月5日。

开展合作的国家和国际组织航天机构的标识。

中国一贯致力于和平利用外空，促进外空探索和利用的国际合作，并且更加自信和开放。2021年4月，中国国家航天局和俄罗斯国家航天集团公司发表联合声明，宣布合作建设国际月球科研站，并将面向所有感兴趣的国家、国际组织和国际伙伴开放。①

在国家间航天合作方面，中国与俄罗斯、欧洲的航天合作日益深入密切。2018年10月，中国与法国共同研制和运营的"中法海洋卫星"成功发射。中法、中意还就月球探测开展合作。围绕科学探测卫星的国际合作同样充满亮点。

中国不仅追求高水平科技自立自强，而且始终站在历史正确的一边，按照"和平利用、平等互利、共同发展"原则，秉持开放合作、互利共赢理念，探索浩瀚宇宙，为了人类和平与发展的崇高事业、为了增进人类共同福祉而不懈努力，展现了负责任大国的担当与风范。

胸怀天下　服务全球

中国航天不仅希望造福中国，也希望泽沐世界，便利更多国家和地区的人民。

北斗三号全球卫星导航系统服务全球，向全世界各国和亿万民众提供稳定服务，是当之无愧的全球公共服务基础设施，对推动构建人类命运共同体具有重大意义。中国政府明确表示愿同各国共享北斗系统建设发展成果，共促全球卫星导航事业蓬勃发展。"BEIDOU"享誉全球，给世界人民带来了更多的可能，带去了实实在在的好处，受到了普遍而热烈的欢迎。

中国与巴西自1988年起启动联合研制地球资源卫星起，两国航天工作者互相帮助，在风雨兼程中创造了一个又一个奇迹，不仅被誉为"南南合作的典范"，开创了发展中国家在航天领域开展合作的成功先例，更把资源卫星打

---

① 参见《中国国家航天局和俄罗斯国家航天集团公司发布关于合作建设国际月球科研站的联合声明》，国家航天局网站，http://www.cnsa.gov.cn/n6758823/n6758838/c6811838/content.html，2021年4月24日。

造成全球稳定的遥感数据源之一，为中国、巴西以及相关国家和地区的经济建设和社会发展发挥了重要作用，也对人类的文明进步作出了积极贡献。

人类只有一个地球，地球是人类唯一的家园。为了增进对家园的了解，中国在遥感、气象卫星等领域开展了大量工作，加强国际合作。以风云系列气象卫星为例，它们不仅是我国获取全球资料和满足区域灾害性天气及环境监测、气象服务和地球系统科学研究的重要工具，而且是全球综合地球观测系统的重要成员，为全世界提供服务。

中国永远是发展中国家大家庭的一员，为发展中国家获得空间技术、应用空间技术做了大量努力，如承接并成功发射巴基斯坦遥感卫星一号、援埃塞俄比亚微小卫星、埃及二号卫星等国际项目，为沙特阿拉伯、阿根廷、乌拉圭等国家发射卫星，等等。中国主动为第三世界国家开辟绿色通道，提供卫星数据，为相关国家抗灾救灾、资源利用等发挥了重要作用。

"太空丝路"播撒航天梦想

进入 21 世纪以来，我国在通信卫星领域取得长足发展，在赤道上空的静止轨道上连成了一条浩荡的"星星桥"。它们的光芒不仅照进了中国千家万户、亿万民众，还通过整星出口，点亮了更多国家和地区的天空，让世界上 60% 以上的陆地、80% 以上的民众享受到航天科技发展带来的现代文明的光亮之中。

2013 年，玻利维亚通信卫星发射成功。这颗卫星以玻利维亚民族英雄图帕克·卡塔里的名字命名。卫星发射时，玻利维亚时任总统莫拉莱斯专赴西昌卫星发射中心观看，玻国内组织了盛大庆祝活动。2015 年，老挝一号卫星实现中国对东盟地区的首次整星出口。2016 年，白俄罗斯通信卫星发射成功，中国制造的卫星首次进入欧洲。2017 年，阿尔及利亚通信卫星发射成功。这些卫星帮助有关国家捍卫了通信主权、信息主权，"让人民拥有通信的权力"，圆了卫星梦、航天梦。这些卫星定点交付后，让本国及周边国家和地区的民众在互联网服务、卫星电视服务等方面享受到了实实在在的便利，让边远地区的通信服务和远程医疗得到了切实发展，得到了热烈的反响。阿尔及利亚通信卫星还登上国家货币，成为荣耀的象征。

为了更加有效地帮助这些国家逐梦圆梦，中国航天为他们"量身定制"，打造了"一揽子"合同方案，不仅帮助制造卫星，而且帮着建设地面站，提供卫星频率咨询、卫星发射、学员培训、在站支持等服务。截至 2021 年，十余个国家的学员来华接受了培训、完成了学业。他们将中国航天的先进技术、管理理念和美好期待，带回自己的国家，走上重要岗位，推动了本国航天技术、管理体系的发展。

在得到了全世界普遍欢迎的共建"一带一路"倡议中，"天"是与陆、海、网并列的四位一体互联互通的重要方面。①中国愿意并致力于与各国共建"一带一路"空间信息走廊。2015 年，亚太九号通信卫星成功发射后，与亚太五号、亚太六号、亚太七号、亚太 9A 一起，形成自西向东排开，从印度洋至马六甲海峡再至南海海域的态势，实现了对"海上丝绸之路"周边区域的基本覆盖。2018 年，亚太 6C 通信卫星成功发射。2019 年，亚太 6D 通信卫星成功发射。除了"亚太"系列外，天通一号 01、02、03 星实现区域组网，对我国及周边乃至"一带一路"沿线形成覆盖，使"一带一路"沿线的人们能随时随地用手持移动终端享受到卫星通信服务。

除了通信卫星，北斗导航和遥感、气象卫星等也是中国"太空丝路"的重要组成部分，为"一带一路"国家乃至全世界提供服务。我国的遥感卫星也实现了整星出口。支撑中国航天加快建设"太空丝路"的力量，来自播撒梦想的澎湃热情，来自对共商共建共享理念的真诚笃信，来自对和合共生、世界大同的美好期待。

言而有信　一诺千金

重诺守信是中华民族的传统美德，也是中国航天在国际合作履约中的基

---

① 参见《共建"一带一路"倡议：进展、贡献与展望》，《人民日报》2019 年 4 月 23 日。

本操守。

早在 2004 年拿下尼日利亚通信卫星研制合同时，通信卫星研制团队就面对着巨大考验。国际上研制同类通信卫星一般需要 33 个月，但按合同规定中方必须在 25 个月内完成卫星研制出厂。为此，尼星队伍把一天掰成两天用，24 小时连轴转，与时间赛跑，一分一分、一秒一秒地抠时间、抢时间，无论冬寒夏暑、无论周末节假。正是有了这种"尼星速度"，从三舱对接到卫星出厂，研制团队用 5 个月的时间完成了国外同类卫星需要 13 个月才能完成的工作；其他同类卫星两年内进行 1300 小时电性能测试就足矣，尼星仅在一年内的整星加电考核时间就达 1800 多小时……最终，卫星如期交付。

白俄罗斯一号通信卫星运营范围是白俄罗斯本土，但白俄罗斯周边国家都有各自的卫星，并且对卫星频率和覆盖区域限制很多，卫星天线的覆盖区域一直都是一个大难题。精细的覆盖区域要求，对研制团队来说，又是一个史无前例的难题。但答应了用户，定下的目标就一定要实现！研制团队对天线进行反复论证、不断试验，失败了就再来一次。攻关的过程中，有人觉得指标已经很接近用户需求了，问题就算是解决了。"接近指标是不够的，我们必须达到，而且我们有实力达到！"这支队伍"执拗"地坚持最初的目标，并经过长达数月的论证与试验，圆满地满足了用户的要求。

这样攻坚克难的故事在卫星研制的过程中不胜枚举。玻利维亚一号通信卫星出场评审持续 24 小时不间断，设计师们倾力闭环 300 余项待办事项。老挝一号通信卫星首次实现星上综合电子技术，开辟了综合电子应用的新道路。阿尔及利亚一号通信卫星首次实现星上设备全国产化。

合同中明确的帮助建造地面站、提供在站支持服务等，让航天精神的力量更加直观地展现在更多国家和地区的人民的面前。许多中国的航天人来到国外，到卫星地面站"手把手"教授卫星在轨管理知识，提供长期的在站支持服务。他们与所在国家的航天工程师及民众心连心，交到了一大批朋友，并以身上的精神与风采，给当地人留下了深刻的印象。

为了帮助玻利维亚建设卫星地面站，中国于 2013 年 10 月派出了强有力的队伍。来自中国空间技术研究院等单位的15位同志历经40多个小时候机、飞行、转机，才抵达了玻利维亚的行政首都拉巴斯。这座城市的平均海拔约3600米，与拉萨相差无几，也是世界上离天空最近的城市之一，被称为"美洲屋脊"。而地面站要建在市郊的一个山顶小平地上，这里的海拔达到4100米。虽然地图上的直线距离只有四五公里，但因路况不佳需要颠簸整整一个小时，而且几乎都是陡坡和急转弯。到了山顶，人下了车几乎都无法站稳，加上颅压眼压都会增大，感觉十分难受。举目四望，温度低、风也大，正在装修的屋子四面漏风、粉尘飞扬、噪声隆隆，还没有水和卫生间。就是在这样的艰苦条件下，他们每天上山、下山。有几位同志天天流鼻血，但不肯留在酒店休息，硬要跟大家一起上下山。"一天、一会儿都耽误不得啊！"大家下了山，还得开会讨论，到了夜里要睡觉了，还要克服疲劳加剧的高原反应。"一会儿睡个好觉！"成了大家互道晚安的由衷祝愿。

这批黑眼睛、黄皮肤的中国人的工作状态和身上的那股劲头儿，让班车司机、地面站和酒店的工作人员无不表示钦佩，有一位酒店经理感慨："见到这样的中国人，我才理解了'中国奇迹'为什么会发生。"

随着中国航天深入开展国际合作，"这样的中国人"在国际合作和国际项目履约中数以百计、数以千计。他们不仅在美洲屋脊上唱响了嘹亮的中国航天之歌，而且将航天精神的力量展现在西非和南亚的炎炎烈日之下，展现在加勒比海岸与湄公河畔的郁郁葱葱之中，东欧的冰雪纷飞是航天精神的背景，撒哈拉的黄沙漫漫是航天精神的见证……

山峰耸立，挺立的是脊梁；事业兴盛，昂扬的是精神。空间技术取得大发展、实现大跨越的背后，是航天精神的高光闪耀，是精神力量的澎湃激荡。在永不止步的逐梦中，在感人至深的奋斗中，在举世瞩目的成就中，在真诚务实的国际合作中，航天精神的力量孕育着空间技术更大发展、更大跨越、更加美好的未来。

第十七章　航天精神的赓续发展

中国特色社会主义进入了新时代，中国航天也踏上了迈向航天强国的壮阔征程。广大航天工作者在工程实践中大力弘扬航天"三大精神"，发展形成了新时代北斗精神，铸就了探月精神，并始终忠诚地践行。

经以习近平同志为核心的党中央提出和倡导，新时代北斗精神和探月精神成为航天精神传承红色基因、赓续红色血脉，在新时代引领队伍奋斗与事业发展的闪亮坐标。它们不仅在新时代发展了航天精神，让航天精神焕发出新的时代光芒，丰富了中国共产党人的精神谱系，而且为中华民族贡献了具有新时代特点、适应新时代需要、适合全社会大力弘扬的新的民族精神、时代精神，必将激励一代代中华儿女奋勇向前。

第一节　从北斗精神到新时代北斗精神

北斗星，以其在太空中的独特位置和运动轨迹特性，自古为中华民族指方向、辨四季、定时辰。"北斗将移，西风已半""北斗阑干南斗斜""河汉纵且横，北斗横复直"①……在璀璨的中华传统文化中，有浩如烟海的诗词歌赋记录北斗、歌咏北斗。斗转星移几度秋，当代中国人用"北斗"来命名独立自主研制的卫星导航工程，为这项代表世界科技前沿的航天工程赋予了传统文化的内涵，让文明的力量穿越时空，实现了古今"对话"。

---

① 分别出自宋代无名氏作的《满庭芳·北斗将移》、唐代诗人刘方平作的《月夜》和南北朝诗人沈约作的《夜夜曲》。

　　靠目测观察天体实现原始的天文导航，体现了人类在古代科学技术发展不够时的智慧，但深受气候条件限制，具有模糊性、不够精确等特点。卫星导航是利用太空资源长期、有效、精准服务人类的典型应用，受到了世界范围内的广泛重视。从 1994 年至 2020 年，几代"北斗人"迎难而上、敢打硬仗、接续奋斗，努力占领世界科技制高点，建成北斗系统并最终覆盖全球。这一史诗般的辉煌历程，是中华儿女为早日实现中华民族伟大复兴而自立自强、创新超越的光辉典范和生动写照。习近平 2018 年称赞北斗系统"已成为中国实施改革开放 40 年来取得的重要成就之一"①。

精神传承的完美接力

　　从北斗精神到新时代北斗精神，北斗系统的建设者们完成了工程建设的完美接力，也实现了精神传承的完美接力。

　　2012 年 12 月，中共中央、国务院、中央军委对北斗二号卫星导航系统开通服务发来贺电，强调：北斗二号卫星导航系统研制建设，凝聚了广大工程技术人员的聪明才智，体现了自主创新、团结协作、攻坚克难、追求卓越的北斗精神。②

　　2020 年 7 月，中共中央、国务院、中央军委在对北斗三号全球卫星导航系统建成开通的贺电中指出，希望参研参建单位和全体同志大力弘扬"自主创新、开放融合、万众一心、追求卓越"的新时代北斗精神，不忘初心、牢记使命，不懈探索、砥砺前行，为实现"两个一百年"奋斗目标、实现中华民族伟大复兴的中国梦作出新的更大贡献！③

　　从北斗精神到新时代北斗精神，不变的是"自主创新"的出发点和"追

---

① 《习近平向联合国全球卫星导航系统国际委员会第十三届大会致贺信》，《人民日报》2018 年 11 月 6 日。
② 参见《中共中央国务院中央军委对北斗二号卫星导航系统开通服务的贺电》，《人民日报》2012 年 12 月 29 日。
③ 参见《中共中央国务院中央军委对北斗三号全球卫星导航系统建成开通的贺电》，《人民日报》2020 年 8 月 1 日。

求卓越”的落脚点。北斗团队咬定青山不放松，在不同的历史时空，总是选择自主创新这条攀登世界科技高峰的必由之路，总是在砥砺奋进中追求卓越、永不止步。他们团结协作、攻坚克难，建成了北斗导航区域系统，使我国在建立自主可控的卫星导航系统进程中迈出了一大步。进入新时代以来，他们胸怀“两个大局”、心系“国之大者”，贯彻新发展理念，在新型举国体制下坚持开放融合、万众一心，最终突破了重重藩篱，建成了完全拥有自主知识产权的世界第三个全球卫星导航系统，为实现中华民族伟大复兴、推动构建人类命运共同体提供了重要的全球公共服务基础设施，成为中国特色社会主义进入新时代取得的重大标志性战略成果。

从北斗精神到新时代北斗精神，精神内涵得到丰富发展，主要是对中间的二词、八字进行了调整，由“团结协作、攻坚克难”变为“开放融合、万众一心”。这一变化扣合了时代变迁之中时代气象、社会面貌的变化，深刻反映出开放融合的时代气息与万众一心的时代气质。

从团结协作到开放融合，反映的是开放持续扩大、合作不断深化。面向时代、面向世界，中国具有大国的胸襟，主动承担大国的责任，坦坦荡荡、无私无畏。中国坚持实施更大范围、更宽领域、更深层次的对外开放，依托自身超大规模市场优势，促进国际合作，实现互利共赢，推动共建“一带一路”行稳致远，推动构建人类命运共同体。从北斗二号到北斗三号，要从区域到全球、从服务“一带一路”到服务“人类命运共同体”，也必然要求扩大开放力度；北斗三号还实现了与世界其他全球导航系统的兼容。

从攻坚克难到万众一心，反映的是方向更加统一、力量更加凝聚。党的十八大以来，中国特色社会主义和中国梦深入人心，社会主义核心价值观和中华优秀传统文化广泛弘扬，主旋律更加响亮，正能量更加强劲，文化自信得到彰显，全党全社会思想上的团结统一更加巩固。面对错综复杂的国际形势、艰巨繁重的国内改革发展稳定任务，特别是新冠肺炎疫情严重冲击，以习近平同志为核心的党中央不忘初心、牢记使命，团结带领全党全国各族人民砥砺前行、开拓创新，奋发有为推进党和国家各项事业。我们取得了抗击新冠肺炎疫情斗争重大战略成果，创造了人类同疾病斗争史上又一个英勇壮举。我们还完成了消除绝对贫困的艰巨任务，创造了彪炳史册的人间奇迹。这些也让万众一心成为新时代具有深厚政治基础与社会基础的价值取向、行动取向。从北斗二号到北斗三号，实现了更加广泛的力量调动，天南海北资源汇聚、四面八方支持到位、千军万马步调一致、万众一心决战决胜，奏响了同心筑梦的时代凯歌。

通过开放融合发展，有赖万众一心支持，我国完全依靠自己的力量，建成了中国的北斗、世界的北斗、一流的北斗，打破了国外垄断，扭转了受制于人的局面，充分展现了中华民族自强不息的本色和矢志创新的豪情，有力彰显了中国推动构建人类命运共同体的大国气度和大国担当。

在奋斗中释放磅礴力量

新时代北斗精神由中央明确提出，是航天人在奋斗中大力弘扬航天"三大精神"、发展北斗精神而形成的。新时代北斗精神丰富了航天精神，赓续

图 22 | 2020 年 6 月 23 日，北斗全线、抗疫一线、扶贫一线共同见证北斗三号收官之战

了航天精神血脉，彰显了以国家民族命运为己任的爱国主义精神和不断超越、追求卓越的改革创新精神，突出体现了进入新时代以来中国共产党团结带领中国人民在推进中华民族伟大复兴历史进程中所倡导的价值追求。

在奋斗中，航天人始终坚持自主创新。面对缺乏频率资源、没有自己的原子钟和芯片等难关，广大科研人员集智攻关，首获占"频"之胜、攻克无"钟"之困、消除缺"芯"之忧、破解布"站"之难，走出一条自主创新的发展道路。特别是在北斗三号工程建设中，攻克了星间链路等160余项关键核心技术，推进了500余种器部件国产化研制，实现了核心器部件国产化率100%，把关键核心技术牢牢掌握在自己手中，把竞争和发展的主动权牢牢掌握在自己手中。

在奋斗中，航天人始终坚持开放融合。建设和发展北斗系统既立足中国，又放眼世界，与世界各国协调合作、兼容互补、资源共享，同各国共享北斗系统建设发展成果，共促全球卫星导航事业蓬勃发展。中国北斗秉持和践行"世界北斗"的发展理念，在覆盖全球的基础上积极融入全球、用于全球。截至2020年底，北斗产品已出口120余个国家和地区。北斗系统不仅面向全球提供定位导航授时基本服务和短报文、搜救等特色服务，而且在交通运输、电商物流、自动驾驶、精准农业、海洋渔业、减震救灾、食品安全、智慧旅游等领域也实现了应用全面开花落地。

在奋斗中，航天人始终坚持万众一心。北斗系统是党中央决策实施的国家重大科技工程，是一项世界级工程，必须充分发挥集中力量办大事的制度优势。400多家单位、30余万名科研人员参与研制建设，广大人民群众鼎力支持。从总体层到系统层、从管理线到技术线、从建设口到应用端、从设计方到施工方……不同类型、不同隶属的单位有机融为一体，汇聚起万众一心的磅礴力量。

在奋斗中，航天人始终坚持追求卓越。北斗系统建设历程波澜壮阔，任务连战连捷、系统功能拓展、性能指标提高、寿命持续提升，彰显中国速度、中国精度、中国气度，靠的就是那股追求卓越、精益求精的精气神。北斗系统的导航、定位、授时精度不断提升，独有的特色功能广受欢迎，实现了人无我有、人有我优，北斗三号全球卫星导航系统更是达到了整体先进、局部超越领先的水平。

北斗服务世界，应用赋能未来。北斗导航让万物互联的世界更加精彩，一定将书写人类文明发展新的高度。以新时代北斗精神为引领，北斗团队以奋发有为的精神状态、不负韶华的时代担当、实干兴邦的决心意志，瞄准 2035 年前建设完善更加泛在、更加融合、更加智能的综合时空体系而继续努力，并致力于推动通信导航深度融合发展，不断书写中国航天事业新的辉煌。

第二节　从"可上九天揽月"到探月精神

月球这个距离地球最近的天体，寄托了古往今来中华民族的深厚文化情感。我国自古就有"奔月梦"，从"嫦娥奔月"的神话传说，到关于"月亮"的诗词歌赋的广泛创作，人们对月亮的向往源远流长、延绵不断。毛泽东1965 年作的"可上九天揽月"诗句，表达了现代中国人面对星空宇宙、面对科技前景的无尽豪情。纵观世界多国的探月计划，其命名也均含深意。无论是我国的"嫦娥"，还是日本的"辉夜姬"探测器、美国的"阿尔忒弥斯"计划等，都具有各自鲜明的文化烙印。

月球是人类发射航天器探测地外天体的第一站。月球探测的每一个大胆设想、每一次成功实施，都是人类认识和利用星球能力的充分展示。2004 年，中国探月工程正式立项。之后，"载人航天与探月工程"被纳入《国家中长期科学和技术发展规划纲要（2006—2020 年）》，作为 16 个重大科技专项之一。从 2007 年开始，中国探月工程屡战屡胜、战战告捷。无数"逐梦人"大力传承航天精神，以探月精神为激发与鼓舞，挥洒辛勤汗水，阔步向前迈进，终于让"嫦娥"从神话来到了人间，让月亮从"眼中"来到了"脚下"。

让飞天揽月的梦想照进现实

探月工程的实施，分为绕月探测、落月探测和月球采样返回探测三个阶段，即"绕、落、回"三步走规划。自 2007 年至 2020 年，我国共进行 6 次探月工程重大发射任务，将嫦娥一号、二号 2 颗卫星，嫦娥三号、四号、五号 3 颗探测器以及 1 颗再入返回飞行试验器送入预定轨道，完成工程既定目标，不断从胜利走向新的胜利。从奔月到绕月再到落月，航天人将望月千年的中国与照耀千古的明月之间的距离越拉越近，每一次任务都取得了丰硕的成果，以名副其实、货真价实的中国创造，体现出我国科技水平和创新能力的快速提升，谱写了"可上九天揽月"的逐梦壮歌。

探月工程实施以来，党中央给予了高度重视和亲切关怀，在历次贺电中为研制队伍和他们创造的丰功伟绩、展示的拼搏精神点赞，并提出殷切希望，勉励大家大力弘扬"两弹一星"精神和载人航天精神，再接再厉、团结拼搏、改革创新、锐意进取，不断谱写中国航天事业发展新篇章。嫦娥四号任务取得圆满成功后，中央在贺电中正式提出了"追逐梦想、勇于探索、协同攻坚、合作共赢"的探月精神，要求大家不忘初心、砥砺奋进。嫦娥五号任务取得圆满成功后，习近平在贺电中希望全体研制人员大力弘扬追逐梦想、勇于探索、协同攻坚、合作共赢的探月精神，一步一个脚印开启星际探测新征程。

探月精神是依托探月工程实践培育形成的新时代伟大精神之一，既是航天"三大精神"的延续，也反映了新时代的鲜明特点，具有深厚的科学内涵与深远的实践意义。

回顾我国在以探月工程为起点的深空探测工程实践，探月精神始终是研制队伍高擎的旗帜，引人前行、催人奋进。正是在探月精神的引领下，胸怀报国初心与强国梦想的航天人拥有了勇往直前、永争第一的勇气和力量，在一个个未知的科学领域无畏地探索，创造出一个又一个让人惊叹的飞天奇迹，迈出了向航天强国奋进的铿锵步伐。

精神指引奋进的步伐

在探月精神的指引下，航天人追逐梦想，让"嫦娥"上九天揽月，把到月球背面一探究竟从遥不可及变成了现实，把中国人的足迹率先刻在了月背，捧回了中国人魂牵梦萦的那一抔月壤。

中华民族世代传递着自强不息的飞天揽月梦想。这个梦想被浓缩、凝练为探月精神中的"追逐梦想"。作为整个探月精神的出发点，实现"奔月梦"是实现中华民族伟大复兴"中国梦"在探月工程领域的具体体现，是崇高的价值追求，同时反映了要把我国建设成为航天强国、世界科技强国的雄心壮志。具体到个人层面，参与探月工程的广大航天工作者正是实现奔月梦想的逐梦人，肩负着我国航天强国的使命担当，是勇做新时代科技创新排头兵的杰出代表。在风沙满天的艰苦外场试验场，嫦娥团队在生活区门口立了一块漂亮的石头，上面写着"望舒"两个字。在《楚辞·离骚》里，望舒是为月亮驾车的女神的名字。住在"望舒村"的试验队员把自己看作现代为月亮造车、驾车的人。大漠孤烟，因为村口见不到一棵草，所以大家从远处运来了一棵胡杨，寓意不屈不挠、上下求索的深空探索精神。树上的 6 个指向牌标出了外场到祖国六个城市的距离，因为 150 名试验队员来自这六个地方。树梢向上一块指向牌，上面写着：月球，38 万公里。38 万公里，这是梦想的距离。这个梦想，是目标、动力和方向。亘古而来的中华民族奔月梦，激励着探月工程不断向前迈进。

在探月精神的指引下，航天人勇于探索，面对浩瀚宇宙的漫漫征途，面对复杂未知的地月空间环境，面对深远空间的测控通信等难题，敢下先手棋、善打主动仗，取得了一系列重大创新成果，实现了多个国际首次。

作为高新技术发展中极具风险和挑战的领域，探月工程中一系列创新性任务的实现，都是探月精神中"勇于探索"的直接体现。在追逐梦想的道路上，探月工程全线始终奋发图强、始终不畏艰险、始终勇于登攀，向着未知领域勇敢进发。研制队伍落实创新驱动发展战略，立足和依靠自主创新解决工程中的技术瓶颈问题，紧抓总体技术决策、建立工程研制体系、突破核心关键技术、协调系统间技术接口，推动科技发展实现重大飞跃，有力提升国家科技自立自强能力。勇于探索，驱动着探月工程为人类文明作出了中国贡献。

在探月精神的指引下，航天人协同攻坚，发挥新型举国体制优势，从设计到生产、从研制到试验、从发射实施到飞行控制，集结全国数以千计的单位、数以万计的科技工作者直接或间接参与并密切配合，集中力量办大事、办成了大事。

探月工程作为国家重大科技工程，规模宏大、系统复杂、高度集成，是一项涵盖多学科、涉及大量高技术的大工程，也是一项极具创新性、挑战性和风险性的工程。在工程实施过程中，承担任务的各科研单位协同创新、攻坚克难，广大航天工作者在各自的岗位上恪尽职守、密切配合，共同促成了探月工程目标的圆满实现，展现了社会主义中国强大的组织能力和中国科技工作者的杰出品质。探月精神中的"协同攻坚"既是对航天"三大精神"中"大力协同""特别能攻关"等的延续和发扬，也包含了新时代下探索构建新型举国体制的新内涵。弘扬协同攻坚的精神，将激励新时代我国科技工作者胸怀大局、大力协同，在党的领导下以更饱满的热情，投身新时代努力实现高水平科技自立自强的奋斗，在大有作为中建功立业。

在探月精神的指引下，航天人坚持合作共赢，与多个国家和国际组织开展了具有重大意义的国际合作，携手探索浩瀚宇宙、和平利用太空。

作为新时代中国航天自主创新、探索未知、造福人类的重大科学实践活动，探月工程成为全球航天国际交流与合作中的重要项目，为推动构建人类命运共同体作出了重要贡献。探月精神中的"合作共赢"理念，也是对航天精神中既有的"大力协同"观念的进一步发展，反映了探月工程从国内各个单位的合作拓展至国际多国研究机构的合作，使探月精神具有了宏阔的全球视野和世界胸怀。大家还深刻认识到，国际科技合作是时代潮流，必须更加主动地在开放合作中提升自身科技创新能力。面向未来，包括深空探测在内的中国航天事业，也将继续秉持合作共赢的理念，与国际社会真诚合作，为世界航天事业和科技事业的发展、为人类和平与发展崇高事业作出更大的贡献。

宇宙空间是无限的，开发利用宇宙深空的事业也是无限的。在开启星际探测新征程的道路上，探月精神坚定了中国航天人坚持科技自立自强的信心与力量，鼓舞中国航天人在新时代新征程上向着更加璀璨的星空迈出更加铿锵的步伐，迎接更加光明的未来。

第三节　实现中国梦的强大动力

伟大的时代呼唤伟大的精神。伟大的精神引领伟大的事业，引领实现伟大梦想的伟大奋斗。新时代的航天人在老一代航天人的感召下，牢记"国之大者"，从航天"三大精神"中汲取力量，在投身北斗导航、嫦娥探月等航天重大工程实践中，培育并践行了新时代北斗精神和探月精神。

新时代北斗精神和探月精神与航天"三大精神"一脉相承，是对航天精神的丰富发展，为北斗系统建设"三步走"和探月工程"三步走"规划目标的顺利实现，为显著提升我国综合国力、进一步增强民族自信心和推动人类科学事业发展、增进人类福祉提供了重要的精神动力。

新时代北斗精神和探月精神紧扣时代脉搏，与新时代中国特色社会主义事业发展需要高度契合，是中国梦与航天梦指引下航天人铸就的新的民族精神丰碑，具有鲜明的时代特征。在新时代新征程上，大力弘扬新时代北斗精神和探月精神，有助于让"凝心聚力的兴国之魂、强国之魂"更好融入实现航天梦、中国梦的伟大奋斗，赢得新的伟大胜利。

大力弘扬新时代北斗精神和探月精神，有助于增强"四个自信"。北斗导航、嫦娥探月取得了举世瞩目的成就，为世界和平发展、推动构建人类命运共同体贡献了中国智慧、中国方案和中国力量，是中国特色社会主义道路、理论、制度、文化优势的极佳实践证明，是新时代科技自立自强的典范，极大鼓舞了全国各族人民奋进新时代的斗志和士气，极大坚定了全国各族人民的"四个自信"。新时代北斗精神和探月精神是社会主义先进文化在新时代的新发展，积淀着中华民族最深层的精神追求，代表着中华民族独特的精神标识，为中国人民自信满怀投身中国特色社会主义伟大事业提供了重要的力量来源。

大力弘扬新时代北斗精神和探月精神，有助于实现价值引领。中国梦的最大特点，就是把国家、民族和个人作为一个命运的共同体，把国家利益、民族利益和每个人的具体利益都紧紧地联系在一起，并在此基础上推动构建人类命运共同体。新时代北斗精神所倡导的"自主创新、开放融合、万众一心、追求卓越"和探月精神所倡导的"追逐梦想、勇于探索、协同攻坚、合作共赢"等价值理念，将个人成长、国家意志、人民需要以及人类发展有机结合在一起，全面体现了个人价值、国家和民族的价值、时代价值以及全人类共同价值。广大航天工作者在北斗系统建设、探月工程实施中的典型事迹、榜样力量，对凝聚起全体人民同心共筑中国梦具有强烈的感召力和引领力。

新时代北斗精神、探月精神在弘扬光荣传统、赓续红色血脉中闪耀时代，实现了对航天精神的新发展，汇入中国共产党人的精神谱系，为党的伟大精神增添了新内涵，进一步拓宽了中华文明的精神航道，丰富了中华民族的精神家园。大力弘扬新时代北斗精神和探月精神，将为党团结带领人民沿着中国特色社会主义道路，迎难而上、锐意进取、永不懈怠、久久为功，全面建设社会主义现代化强国，实现中华民族伟大复兴的中国梦，推动构建人类命运共同体等，提供磅礴绵延的精神力量。

第 五 编

航天精神的建构
与启示

——航天精神引领中华民族探索浩瀚宇宙

　　深厚博大的航天精神是中华民族的宝贵精神财富，是中国共产党人精神谱系的重要组成部分，彰显了中华民族和中国人民长期以来形成的伟大创造精神、伟大奋斗精神、伟大团结精神、伟大梦想精神，彰显了一代又一代中国共产党人"为有牺牲多壮志，敢教日月换新天"的奋斗精神。在航天精神中，既有民族精神的澎湃浩荡，也有革命精神的一往无前；既有科学精神的求实求进，也有时代精神的日新又新。它们汇聚在一起，为航天精神之"深厚博大"奠定了基础。

　　航天精神具有深广的精神力量。航天精神力量的生发和涌动有其规律。这种力量不仅为航天队伍所掌握，而且能够跨越行业、超越时空，具有对全民族、全社会的持久的感召力和引领力。

　　航天精神蕴含着深沉的文化自信。这是因为，航天精神与社会主义核心价值观高度契合、充分互动，有助于坚定对马克思主义的信仰、对中国特色社会主义的信念和对实现中华民族伟大复兴中国梦的信心。中国航天是精彩的中国故事，航天精神是对人类和平与发展崇高事业的融汇与促进。

　　历史凝铸记忆，精神力量永恒。从航天精神的积淀发展与力量迸发中，从中国航天事业的创建、发展和迈向航天强国的奋斗中，我们可以得出深刻的经验启示。这些经验启示是具有规律性的认识，是可学、可鉴、可做、可及的实践参考。

第十八章　深厚的精神渊源

　　航天事业的创建和发展，是中国共产党基于历史与时代、革命与建设、国内与国际、局部与全局等多重关系而作出的重大决策。航天事业是党的事业的重要组成部分。航天精神是在航天事业创建和发展的过程中铸就、积淀而来的，有着来自民族的、革命的、科学的、时代的深厚精神渊源。长期以来，航天精神在丰富发展中，传承了历久弥新的民族精神，赓续了代代相传的红色血脉，贯穿了孜孜以求的科学品格，彰显了创新开放的时代气质，力量磅礴，生生不息。

第一节　历久弥新的民族精神

　　中国是一个有着五千多年灿烂文明的国家，中华民族是由 56 个民族共同构成的一个整体。中华民族精神是中国人民在长期奋斗中培育、继承、发展起来的伟大民族精神。几千年来，中国文化、中华文明长期延续发展，虽曾经走过曲折的道路，而总能奋发图强、自我更新、大步前进。

　　习近平指出："我们民族有一脉相承的精神追求、精神特质、精神脉络。"[1]"爱国主义是我们民族精神的核心，是中华民族团结奋斗、自强不息的精神纽带。"[2] 在历史长河的不同阶段，中华民族精神以"刚健有为"为纲[3]，在一脉相承中又展现出具体的风貌，特别是近代以来，饱经磨难、历

---

①　习近平：《从小积极培育和践行社会主义核心价值观》，《人民日报》2014 年 5 月 31 日。

②　习近平：《在纪念五四运动 100 周年大会上的讲话》，《人民日报》2019 年 5 月 1 日。

③　参见张岱年、程宜山：《中国文化精神》，北京大学出版社 2015 年版，第 14—18 页。

尽艰辛的中华民族在寻求伟大复兴的道路上，在革命、建设和改革的每一个重要历史关头，都会呈现出独特的恢宏气象。

中国共产党十分重视传承和弘扬民族精神。党的历代领导人对民族精神都有过精彩的论述。习近平在 2018 年 3 月召开的十三届全国人大一次会议上发表重要讲话，对中华民族精神作出了高度凝练与清晰阐发，并要求大力发扬。①

历久弥新的中华民族精神可以涵括为四种伟大精神，即伟大创造精神、伟大奋斗精神、伟大团结精神、伟大梦想精神。中国人民的这些特质、禀赋，不仅铸就了绵延几千年发展至今的中华文明，而且深刻影响着当代中国的发展进步，深刻影响着当代中国人的精神世界，为中国发展和人类文明进步提供了、提供着并必将继续提供强大精神动力。

中华民族精神是航天精神的起源，航天精神是中华民族精神在当代高科技领域的集中体现与时代表达。创造、奋斗、团结、梦想，不仅是千百年来生活在中华大地上勤劳勇敢的中华民族的精神品质，也奠定了航天精神的核心内涵。始终发扬民族精神，是实现中华民族伟大复兴的坚实底气与强大动力。始终弘扬传承以民族精神为根脉的航天精神，是凝聚新时代航天人为早日建成航天强国而不懈奋斗的强大精神动力。

伟大创造精神是航天跨越发展的力量源泉

伟大创造精神是中华民族在辛勤耕耘、发明创造，推动社会不断向前发展的过程中产生的。正是依靠伟大创造精神，中国甩掉了积贫积弱的帽子，创造出一个又一个更新更大的人间奇迹，实现了日新月异的前进发展，大踏步赶上了时代，日益走近世界舞台中央。

实践告诉我们，伟大事业都基于创新。核心技术是买不来、要不来的。没有一个民族、没有一个国家可以通过依赖外部力量、跟在他人后面亦步亦

---

① 参见习近平：《论党的宣传思想工作》，中央文献出版社 2020 年版，第 296—299 页。

趋来实现强大和振兴，必须始终发扬创新创造精神。

伟大创造精神也是支撑中国航天事业实现从跟跑到并跑、走向领跑的强大精神力量。中国航天靠自力更生起步、在自主创新中发展，是在封锁和打压中一路成长的，从来走的都是一条独立自主的创新创造之路。从东方红一号和通信卫星的独立研制，到稳步推进载人航天工程和空间站建造任务；从北斗卫星导航系统在前所未有的打压、遏制和排挤中奋起，坚定走上独立运行、自主可控的发展道路，实现核心器部件国产化率达到100%，到嫦娥探月工程通过创新抢占先机，完成了"货真价实、名副其实的中国创造"，中国人在人类攀登科技高峰的征程中，敢想敢干、担当超越，不断刷新中国高度，把进入太空、利用太空的主动权牢牢地掌握在了自己手中。

伟大奋斗精神是航天跨越发展的勇气所在

伟大奋斗精神就是一种不畏险阻、自强不息、艰苦创业，为国家和人民的利益而无私奉献的顽强斗争精神。中华民族历来以吃苦耐劳著称，伟大奋斗精神凝聚着中华民族的聪明才智，浸透着中华民族的辛勤汗水，蕴含着中华民族的巨大牺牲。正是依靠伟大奋斗精神，勤劳勇敢的中国人民战胜了前进道路上的重重困难，并在奋斗中创造更加美好的生活。

实践告诉我们，伟大事业都成于实干。社会主义是干出来的。新时代是奋斗者的时代，奋斗本身就是一种幸福。有奋斗才有创造，才能走向成功，才能实现梦想。

伟大奋斗精神也是中国航天事业从无到有、从小到大、从弱到强，实现跨越发展的勇气所在，也是航天事业从创建之初就矢志不变的信仰。奋斗是航天事业的鲜明特色，是创造一个个航天奇迹的成功密码。航天人的奋斗，是以国为重、自立自强、成就梦想的行动，是夜以继日、矢志拼搏、勇攀高峰的努力，是爱岗敬业、严慎细实、精益求精的作风，是攻坚克难、百折不挠、负重奔跑的执着。在火热的战斗岁月里，老一代航天人艰苦奋斗、无私奉献，干惊天动地事，做隐姓埋名人，创造了非凡的人间奇迹。改革开放后尤其是进入新时代以来，一代代航天人在奋斗中克服了一个个风险挑战，突破了一项项关键技术，大力推动通信、导航、遥感、气象等应用卫星发展，奋勇攀登载人航天、深空探测等科技高峰，勇立时代潮头。"863"计划倡导者、"两弹一星"先进群体、航天科技"北斗"团队、航天科技"神舟"团队、航天科技"嫦娥"团队被授予新中国"最美奋斗者"荣誉称号。

伟大团结精神是航天跨越发展的重要依靠

伟大团结精神就是一种团结一心、同舟共济，心往一处想、力往一处使的力量，这是引领中华民族勇往直前、无坚不摧的强大力量。正是依靠伟大团结精神，全国各族人民手挽手、肩并肩浴血奋战，书写下保卫祖国、抵御外辱的壮丽史诗，创造出让世人瞩目的"中国奇迹"。

实践告诉我们，团结是铁，团结是钢，团结就是力量。团结统一是中华民族的立身之本。有中国共产党的坚强领导，有社会主义制度能够集中力量办大事的政治优势，全国人民齐心协力、开拓前进，无坚不摧，无往不胜。

伟大团结精神也是中国航天事业得以创建、接续奋斗、实现跨越发展的重要依靠。航天事业中的团结精神不仅反映在航天人大力协同、团结一致、刻苦攻关的品质上，而且展现了社会主义制度和新型举国体制的优越性。如果没有党的领导和体制优势，没有国家大力支持，没有各个方面形成的全国大协作，中国航天就不可能实现这样持续的发展，取得这样巨大的成就。每一项航天重大工程任务的背后，有着中央和上级机关的科学决策、系统谋划与大力推进；有着成千上万航天人的团结拼搏、鼎力付出；有着全国各地区各方面的通力支持、全面保证；有着无数公安干警，通信、电力、气象、交通、医疗等行业员工，成千上万航天家属的辛勤付出与担当奉献。香港、澳门的科学家们也积极参与到嫦娥探月等航天工程中来。这些都昭示着中华民族伟大团结精神的力量，是航天精神的力量，是党的领导和社会主义制度的力量。

伟大梦想精神是航天跨越发展的不竭动力

伟大梦想精神就是不懈追求、持续探索的精气神。中华民族是勇于追梦的民族。中国共产党团结带领中国人民进行的一切奋斗、一切牺牲、一切创造，归结起来就是一个主题：实现中华民族伟大复兴。凭着伟大梦想精神，中华民族迎来了从站起来、富起来到强起来的伟大飞跃，实现中华民族伟大复兴进入了不可逆转的历史进程。

实践告诉我们，伟大事业都始于梦想。梦想是激发活力的源泉。在建设社会主义现代化强国、实现中华民族伟大复兴的征程上，每一个行业、每一个人都要心怀梦想、奋勇拼搏，一步一个脚印，一棒接着一棒，在奋力奔跑和接续奋斗中成就梦想。

伟大梦想精神也是推动中国航天人接续奋斗、实现跨越发展、奔向强国梦想的不竭动力。从中国人在太空中播放《东方红》，到中国人在火星"乌托邦"平原上留下印记，中国航天以梦为马、勇敢逐梦，迅速赶上世界先进水平，并实现部分"领跑"。在梦想的指引下，我们实现了千年飞天夙愿，实现了"上天揽取北斗柄"的无限浪漫和"可上九天揽月"的万丈豪情。是梦想的力量，让中国航天越攀越高、越飞越远，让中华民族向着探索浩瀚宇宙、发展航天事业、建设航天强国的航天梦迈出坚毅步伐。

第二节　赓续传承的红色血脉

2021年7月1日，习近平在庆祝中国共产党成立100周年大会上指出："一百年前，中国共产党的先驱们创建了中国共产党，形成了坚持真理、坚守理想，践行初心、担当使命，不怕牺牲、英勇斗争，对党忠诚、不负人民的伟大建党精神，这是中国共产党的精神之源。一百年来，中国共产党弘扬伟大建党精神，在长期奋斗中构建起中国共产党人的精神谱系，锻炼出鲜明的政治品格。"①

中国航天事业的发展历程，就是在党的领导下，弘扬伟大建党精神，实现航天事业从无到有、从小到大，迈向航天强国目标的砥砺奋进的历程；就是践行伟大建党精神，在自力更生、自主创新的发展道路上，推进重大工程实践、突破关键技术、取得辉煌成就的登攀超越的历程；就是发展伟大建党精神，积淀深厚博大的航天精神，让磅礴绵延的精神力量激荡时代的历程。

弘扬光荣传统、传承红色基因、赓续红色血脉，是航天人与生俱来的品质，也是贯穿航天精神而始终不变的根本。航天精神也由此成为中国共产党人精神谱系的重要组成部分。

红色基因代代相传

中国共产党人历经百年征程，已经把自己的精神融进祖国的江河、民族的星空，汇入天地凛然长存的浩气之中，与国家、民族、人民的脉搏一起，生生不息，永恒跳动。

"九原板荡，什么思想能够点燃革命的星火？觉醒年代，怎样的春雷能响彻沉寂的中国？当'诸路皆走不通了'之时，十月革命一声炮响给中国送来了马克思列宁主义。"②1921年7月，在上海石库门的旭日里、在嘉兴南湖的碧波中，中国共产党诞生了，这是开天辟地的大事变。党旗所向，就是革命者的战斗方向；人民所盼，就是奋斗者的前进目标。

为有牺牲多壮志，敢教日月换新天。在推进中国革命的光辉历程中，中国共产党人弘扬伟大建党精神，以壮烈的牺牲、坚强的意志、豪迈的气概、无私的情怀，点燃精神的火种，挺起民族的脊梁，振雄风于委顿，发抖擞于颓唐，让中国人的精神由被动变为主动，由悲观变为乐观，由自卑变为自

---

① 习近平：《在庆祝中国共产党成立100周年大会上的讲话》，人民出版社2021年版，第8页。

② 任仲平：《百年辉煌，砥砺初心向复兴》，《人民日报》2021年6月28日。

强。由此铸就的井冈山精神、苏区精神、长征精神、遵义会议精神、延安精神、抗战精神、红岩精神、西柏坡精神等宝贵精神财富，共同构成中国共产党在前进道路上战胜各种困难和风险、不断夺取新胜利的强大精神力量。毛泽东指出："中国共产党，它的领导机关，它的干部，它的党员，是不怕任何艰难困苦的。谁怀疑我们领导革命战争的能力，谁就会陷进机会主义的泥坑里去。"[①]

新中国成立后，多少千难万险的跋涉，多少执着坚定的前行！中国共产党人不怕苦、不怕难，坚持党的领导，团结人民群众，奋发有为，创新超越，把个人融入民族复兴的伟业中，勇于开拓，勇于登攀，铸就形成了抗美援朝精神、"两弹一星"精神、雷锋精神、焦裕禄精神、大庆精神、塞罕坝精神、特区精神、抗洪精神、抗击"非典"精神、抗震救灾精神、载人航天精神、脱贫攻坚精神、抗疫精神、科学家精神、探月精神、新时代北斗精神、丝路精神等一系列重大精神财富。可以说，这些精神都是中国共产党性质宗旨、中国人民意志品质、中华民族精神的生动写照，是爱国主义、集体主义、社会主义思想的集中体现，是中国精神、中国价值、中国力量的充分彰显。

"我们党之所以历经百年而风华正茂、饱经磨难而生生不息，就是凭着那么一股革命加拼命的强大精神。"[②] 历代党和国家领导人始终高度重视培育、传承和弘扬这种精神，强调必须将其发扬光大，发挥蕴含其中的真理的力量、信仰的力量、意志的力量、人格的力量。

不忘初心，方得始终。中国共产党人的初心和使命就是为中国人民谋幸福、为中华民族谋复兴。党的十八大以来，习近平高度重视红色基因、革命文化，指出人无精神则不立、国无精神则不强，强调革命理想高于天，要求坚定理想信念，牢记党的宗旨，挺起共产党人的精神脊梁，要求进一步发扬

---

① 《毛泽东选集》第一卷，人民出版社1991年版，第150页。

② 习近平：《在党史学习教育动员大会上的讲话》，人民出版社2021年版，第19页。

革命精神，始终保持艰苦奋斗的昂扬精神，使革命文化和社会主义先进文化成为激励人民奋勇前进的精神力量。

2021年2月20日，习近平在党史学习教育动员大会上指出："在一百年的非凡奋斗历程中，一代又一代中国共产党人顽强拼搏、不懈奋斗，涌现了一大批视死如归的革命烈士、一大批顽强奋斗的英雄人物、一大批忘我奉献的先进模范，形成了井冈山精神、长征精神、遵义会议精神、延安精神、西柏坡精神、红岩精神、抗美援朝精神、'两弹一星'精神、特区精神、抗洪精神、抗震救灾精神、抗疫精神等伟大精神，构筑起了中国共产党人的精神谱系。"[1] 在中华人民共和国成立72周年之际，党中央批准了中央宣传部梳理的第一批纳入中国共产党人精神谱系的伟大精神，其中明确列出了"两弹一星"精神、载人航天精神、探月精神、新时代北斗精神。[2] 深厚博大的航天精神由此焕发出更加强大的精神力量。

矢志航天报国奠定航天精神底色

航天精神以民族精神为起源，以红色基因为贯穿，是革命文化和社会主义先进文化在航天高科技领域的集中展现。"两弹一星"精神作为航天精神的基石，奠定了航天精神"矢志报国"的底色。老一代航天人以崇高的理想信念，坚决将个人奋斗与民族复兴紧密结合，切实将爱国之情转为报国之行，担当无畏，奉献无悔，值得代代学习。

国家杰出贡献科学家荣誉称号获得者、"两弹一星"元勋钱学森，几经周折踏上回国旅程的那一刻，就立下誓言："今后，我将竭尽全力，和中国人民一道建设自己的国家，使我的同胞能过上有尊严的幸福生活。"回国后，他为新中国导弹和航天事业的发展殚精竭虑、鞠躬尽瘁，把毕生所学都献给了深爱的祖国。就任国防部五院院长后，面对大量亟待解决的技术难题，他

---

① 习近平：《在党史学习教育动员大会上的讲话》，人民出版社2021年版，第19页。
② 参见《中国共产党人精神谱系第一批伟大精神正式发布》，《人民日报》2021年9月30日。

主动辞去院长职务，改任副院长，专心钻研业务。钱学森说："我作为一名科技工作者，活着的目的就是为人民服务。如果人民最后对我的工作满意的话，那才是最高的奖赏。"2007 年钱学森被评为"感动中国"人物，颁奖词说："在他心里，国为重，家为轻，科学最重，名利最轻。"这是钱学森一生的真实写照。

国家最高科学技术奖、"共和国勋章"获得者、"两弹一星"元勋孙家栋是新中国培养的第一批留学归国人员，他的奋斗历程与国防现代化建设和科技事业发展紧密相连。7 年学飞机，9 年造导弹，50 多年搞卫星，从航空转向航天，从导弹转到卫星，人生几经转折。他常说："国家需要，我就去做。"孙家栋始终以国家民族命运为己任，坚决响应党的号召、听从祖国召唤，矢志不渝地把航天事业作为报效祖国的舞台，被誉为中国航天的"大总师"。2004 年国家启动嫦娥一号探月工程时，孙家栋已经 75 岁了，大多数人在这样的高龄都已功成身退，他却冒着风险，毅然接下了首任探月工程总设计师的重担。2019 年被授予"共和国勋章"后，孙家栋已逾鲐背之年，但依然继续战斗在科研一线，密切关注着航天事业的发展进步。

"两弹一星"元勋王希季与党同龄，他的一生都在兑现"只要党和国家需要，就无条件地接受"的誓言。1949 年，在美国留学的王希季正准备攻读博士学位，但当得知新中国成立后便放弃深造，克服了层层阻挠，抵住了金钱诱惑，义无反顾回到祖国。在上海交通大学任教的他在即将被提为正教授并赴东德柏林大学交流前夕，组织上提出希望他能前往上海机电设计院工作，出于保密原因，工作岗位的具体情况只能在他前去报到后才能告知。面对突如其来的变化，王希季平静地说："作为一名党员，我无条件接受组织的安排。"2016 年 95 岁高龄时，他还亲自研究关于中国空间技术研究院"互联网＋航天行动"的课题，思考并探寻着中国航天的未来。

"两弹一星"元勋杨嘉墀一生精仪表、掌自动、通信息，把毕生精力献给了祖国的航天事业。20 世纪 50 年代初，凭借发明成果"杨氏仪器"，美国人每天付给他 100 美元薪金，这即使在今天也非常可观。但他和夫人还是选择了变卖所有家产，购买了新中国所需要的各种仪器后回国。他当年攻克的人造卫星姿态控制，成为日后返回式卫星、载人飞船发射中的关键环节。作为一位非常有远见卓识的科学家，他在东方红一号卫星研制之前就已经把目光盯在了第一颗返回式卫星研制上，提出了"以试验卫星开路，以返回式卫星为重点"的论点。1986年3月，他参与提出了《关于跟踪研究外国战略性高技术发展的建议》，报送中央后被迅速采纳，形成"863"计划，把中国推到了世界高科技竞争的起跑线上。

牢记"国之大者"驱动航天精神发展

牢记"国之大者"，敢于担当、善于作为，是中国共产党人的认识自觉。把党中央决策部署贯彻落实好，为服务国家富强、民族复兴、人民幸福贡献力量，是中国共产党人的实践自觉。

航天是大国重器、核心技术，是战略制高点。发展航天事业是当之无愧的"国之大者"。传承和弘扬航天精神，发展并续写航天精神，就是坚定航天报国志向、坚定航天强国信念，把完成好党和国家的任务当作安身立命的根本，坚决服从服务于国家战略，自觉在思想上政治上行动上同党中央保持高度一致，不折不扣贯彻落实党中央决策部署，推动中国特色社会主义现代化建设不断前进。

从"两弹一星"走来，航天人坚决将个人选择与党的号召和国家的需要结合起来，坚守不渝、无怨无悔。在卫星通信工程中，有"一定要依靠自己的力量，把我国的通信卫星送上天，长中国人的志气，扬中华民族的威风"的决心，有在山沟沟里待了九个月如一日的坚守。在载人航天工程中，有为了"造出中华牌、交出军令状"而展现出的那种"特别"的精神，有不为各种劝诱所动、要用奋斗书写壮志的青春无悔。在北斗卫星导航系统工程中，有为了攻克铷钟技术、为了占频保轨而付出的千辛万苦，有为了国产化而付出的艰巨努力。在嫦娥探月工程中，有"问题一定要解决，一定能解决"的坚定信念，有"技术要吃透、产品要见底、过程要受控"的卓越追求。进入新时代以来，以北斗为代表的各类卫星在太空中璀璨闪耀、连成星河，嫦娥探月、天问探火、天和扬帆、天舟横渡、神舟凌霄汉，中国人在浩瀚的宇宙中，留下了厚重的足迹。

天地转，光阴迫。从"红船"劈波到"飞船"遨游，从"上海"立志到"星海"逐梦，从党领导的革命斗争到党领导的航天奋斗，从革命精神到航天精神，都蕴含并印证了一个真理，那就是：没有共产党就没有新中国，就没有中国的航天事业；只有社会主义才能救中国，才能成就"两弹一星"创举；只有中国特色社会主义才能发展中国，才能让航天事业取得今天这样的成就；只有坚持和发展中国特色社会主义，才能让中国真正跻身航天强国行列，才能实现中华民族伟大复兴。

第三节　孜孜以求的科学品格

航天科技是科技进步和创新的重要领域，航天科技成就是国家科技水平和科技能力的重要标志。创建和发展航天事业，必须遵循科学发展的、技术演进的、工程实践的规律，具有本质的科学品格，需要科学的方法进行组织和管理，系统地推动产业发展。从事航天，必须尊重劳动、尊重知识、尊重人才、尊重创造，按科学规律办事。

长期以来，中国航天人坚持马克思主义基本原理，在工程实践中锻造形成了严谨务实、实事求是的工作作风，用实际行动丰富了航天精神，诠释了航天事业的科学品格。

航天事业的特点要求始终秉持科学品格

航天科技兴起于 20 世纪，是当代科学技术中最具代表性的前沿领域之一，与其他科技和产业门类相比具有鲜明的特色和显著的区别。航天科技具有很强的综合性，一直充分吸收基础科学和其他应用科学领域的最新成就、高度综合工程技术的最新成果。航天科技的发展，引领并带动着许多学科专业的发展，在科技、政治、经济、社会、军事等各个方面给人类带来了广泛而深远的影响。

航天科技带有显著的工程特点，实施航天工程具有成本高、挑战多、风险大、涉及学科广等特点。相比于其他相对简单的工程项目，航天工程具有系统十分复杂、技术高度密集、风险性很高、研制周期较长等特点，需要依靠复杂的社会化活动才能实现。因此，无论是对航天工程本身，还是对众多参与航天工程的单位而言，航天工程的论证和实施离不开科学的组织管理系统和规则。

在工程实践中，航天人逐步探索形成了系统工程的管理方法。以其为指导，航天人特别注重发挥作为系统总体单位的引领带动作用，通过科学调配各方面技术资源，大力推动与科研院所、高等院校的协同创新，统筹把握推动系统整体优化。

以中国空间技术研究院为例，到2021年10月共抓总研制和发射了300多个航天器，形成了完整的空间飞行器总体设计能力、系统集成创新能力、在轨监测能力，拥有完整的系统设计、系统仿真、系统集成、大型试验等空间飞行器总体技术，通信、导航、遥感、空间科学等有效载荷技术，结构与机构、控制、推进、热控、供配电、测控、数据管理、回收着陆等专业技术，有力带动了运载系统、地面测控系统以及卫星应用等多领域科学技术的发展。不仅如此，在科学精神的引领下，空间技术充分发挥自身优势和辐射作用，促进了我国传统产业的改造升级，带动了信息技术、新材料等战略性新兴产业的发展，使相关科技成果逐步渗透到国民经济生活的各个领域，为推动国防现代化建设、国民经济社会发展和科技进步作出了重大贡献。

航天精神产生于航天工程的组织和实施过程中，是航天科学性与社会性在意识形态领域的集中体现。航天精神一方面反映了航天科技工作者应该具备的态度、作风和素质，另一方面也揭示了航天事业组织和运行的规律。

航天事业在砥砺发展中贯彻了科学原则

发展航天事业，必须坚持科学求实，落实独立自主、自力更生的方针，遵循客观规律，贯彻实事求是的思想路线。

坚持立足国情、独立自主发展。在党的领导下，中国的航天事业、空间事业，按照中国的情况来办，依靠中国人民自己的力量来办，走自己的发展道路。我国发展航天，是以导弹技术为起步和基础，发展了运载火箭技术，然后再解决卫星技术的；同时推动发射场、地面测控网、地面站和信息处理系统等各大系统建设，并致力于培养和锻造一支实力雄厚的、学科专业和技术工种配套的研制队伍。改革开放以来，我国制定的航天发展战略立足国情，与国力相适应，能够充分发挥制度优势，收获了预期目标。

坚持以自力更生为主、积极开展国际交流。我国是一个大国，实行社会主义制度，决定了要发展航天事业，必须走自力更生、自主创新的发展道路。我国致力于建立独立的航天工程体系，走独立设计之路，并注重提高航天工程的技术经济效益。通过建立全国协作网，开展全国大协作，航天事业实现了对资源、知识、人才等各方面力量的充分调动和有效使用。

坚持集中力量、形成拳头、缩短战线、重点突破。这是航天战线取得丰硕成果的一条重要经验。中国空间技术研究院自 1968 年 2 月成立以来，发挥了重要作用，取得了重大成就，正是运用这一经验的结果。中国航天坚持自力更生、自主创新，坚持有所为有所不为，集中力量打歼灭战，坚持系统工程、科学管理，始终抓住质量和效益，建立了定位明晰、分工明确的科研组织管理体系，充分发挥总体设计部作用，确保了事业的稳步发展。

冲天的热情不能代替科学，必须实事求是。在"大跃进"热潮中，科研人员拼抢苦干，但仍有大量实际问题解决不了，再加上科学家代表团访苏"取经"未能如愿，卫星研制工作只好暂时搁浅。按照邓小平指示，对航天任务进行了调整，先从火箭探空搞起，并立足国内，走自力更生的道路。"文革"也对航天事业带来冲击，造成布点多、摊子大、战线长，让一些关键技术的突破和急用、实用卫星的研制受到严重干扰、徘徊不前。"文革"结束后，各项工作回到了正轨。改革开放后，尤其是进入新时代以来，航天事业与经济建设紧密结合起来，在国防建设和国民经济社会发展中大展身手，并通过解放思想、开动脑筋，与时俱进、开拓创新，让中国在空间高技术领域占有一席之地，成为航天大国，正在迈向航天强国。

航天事业在科学管理中锻造了科学作风

航天工程任务十分庞大复杂，对质量和可靠性的要求非常高，任何一个微小的失误都可能影响全局成败，来不得丝毫马虎。从事航天工作必须始终保持如临深渊、如履薄冰的心态，确保各项工作都慎之又慎、严上加严。航天工程也是重要的科学探索项目，在科研生产和技术创新中，必须坚持尊重科学、尊重规律、把握规律、敢于较真碰硬，求实求是，才能不断攀登新的科技高峰。

中国航天坚持以深化管理改革和创新为途径，不断探索大型复杂宇航工程任务科学管理规律，创造性地运用系统工程理论，建立了科学严密的组织管理体系和适应不同发展阶段的系统工程组织管理模式，形成了诸如"探索一代、预研一代、研制一代"的任务规划模式，"方案、初样、正样"等研制划分阶段，以及总体单位、专业单位、装配集成试验单位等相互协调的责任体系，面向产业化发展要求，深入开展了由科研型向科研和产业并重转型的探索与实践。于是，系统工程的核心理念，如整体优化、系统协调、环境适应、创新发展、风险管理、质量保证等，在实践中不断得到丰富和发展，进一步提升了航天器工程管理在决策、计划、组织、指挥、控制等环节上的系统性和科学性，一次次书写出了"好、快、省"的工程实践典范。

在航天事业中，成功和成就绝不仅是鲜花和掌声，更意味着"万无一失"的挑战和考验。在尊重科学、严谨务实等精神的引领和规范下，科研人员始终坚持"如履薄冰、如临深渊"的风险意识，保持"质量是政治、质量是生命、质量是效益"的质量意识，强化责任意识，在实践中形成了"产品零缺陷、发射零疑点、在轨零故障"的质量理念，建立了技术风险分析与控制、质量归零"双五条"标准①、应急突发事件快速处理等管理机制，严格实行发射场"四查双想"②，认真做到"做事有依据、做事按依据、做事留记录"，有效确保了型号任务顺利完成。这些集中体现了航天人科学严谨、严慎细实、精益求精的工作作风。

我国航天事业的一大特点，就是能够做到投资少、成效大。钱学森曾经讲，我们搞"两弹"花钱比外国少。不是没有犯错误，不能说一点钱没浪费，这是学费。但是总的看要比国外好很多。③ 这是因为有党的领导，再就是中国科技人员的优秀品质。通过坚持质量第一的方针，立足国情，自力更生，艰苦奋斗，并通过坚持试验和应用相结合，中国航天缩短了从试验到应用的距离；通过科学的规划谋划和任务分解，实现了稳步的能力跃迁，把在有限条件下的"不可能"变成了可能。从聂荣臻提出的"三步棋"，逐渐固化为机制的"两条指挥线"，到载人航天的"三步走"，从北斗导航系统建设的"先区域、再全球"到探月工程的"绕、落、回"，无一不体现了立足国情、把握规律、求真务实的科学作风，是中国航天发展必须坚持的宝贵经验。

---

① "双五条"是航天人在实践中不断总结、完善、创新的具有中国特色的质量管理方法，指质量问题归零中的技术归零与管理归零的各五条要求。技术归零的要求是"定位准确、机理清楚、问题复现、措施有效、举一反三"，管理归零的要求是"过程清楚、责任明确、措施落实、严肃处理、完善规章"。这些要求环环相扣，最终的展现形式一般是形成归零报告或技术文件。2015 年，由中国航天科技集团主导制定的国际标准 ISO 18238 Space systems–Closed Loop Problem Solving Management（航天质量问题归零管理）由国际标准化组织 ISO 正式发布。这是我国首次将具有中国特色的航天管理最佳实践推向国际，是我国向国际输出质量管理成功经验的重要成果，彰显了中国航天的软实力。
② "四查"是指对整星有关的操作、工艺、状态和接口进行复查，"双想"是指"前期工作回想"和"后期工作预想"。
③ 钱学森：《周总理让我搞导弹》，载《中国航天腾飞之路》，中国文史出版社 1999 年版，第 18 页。

第四节 创新开放的时代气质

一个时代有一个时代的主题，一代人有一代人的使命。航天精神的发展，反映了航天人在事业发展不同阶段的思想观念、价值取向、精神风貌，带有特定的时代标签。历史发展有其规律，但人在其中不是完全消极被动的。只要把握住大势、抓住时机，振奋精神的力量，锐意进取作为，我们就能推动事业和社会更好前进。

时代发展与时代气质是航天精神的重要依据

在激情燃烧的建设年代，面对严密封锁、战争威胁与"核讹诈"，"两弹一星"技术实现突破，掌握战略制高点，维护国家安全，捍卫大国地位，维护和平稳定局面。党带领航天人培育形成的航天传统精神和"两弹一星"精神，彰显了热爱祖国、无私奉献、自力更生、艰苦奋斗的创业精神。

在波澜壮阔的改革年代，面对人民日益增长的物质文化需要，航天技术大力发展，带动科技进步，服务国计民生，增强国家实力，增添民族荣耀。党带领航天人培育形成的载人航天精神，彰显了迎难而上、开拓创新、锐意进取、求真务实的改革精神。

在砥砺奋进的新时代，面对人民对美好生活的向往，航天事业行稳致远，辐射产业发展，带动转型升级，探索未来出路，描画文明前景。党带领航天人培育形成的探月精神和新时代北斗精神，展现了自立自强、追逐梦想、勇于探索、追求卓越的创新精神。

航天事业发展始终与国家经济社会发展需要密切联系，航天精神始终与航天事业相伴相随，在航天重大工程实践中，航天"三大精神"和探月精神、新时代北斗精神涌现出来并被广泛叫响，引领航天事业不断取得振奋人心的成就。从这个角度看，航天精神是一个动态发展的系统，在与时代精神的激荡中，不断实现自我革新，成为在不同社会历史环境下推动航天事业前进的强大动力。同时，由于航天的奋斗常新，取得的成就常新，航天精神的内容得以常新，从而超越了时空、引领着时代、塑造着未来。

社会主义核心价值观是航天精神的要素依据

全社会共同认可的核心价值观，对一个民族、一个国家来说是最持久、最深层的力量。在当代中国应该坚守的，就是社会主义核心价值观。这是当代中国精神的集中体现，更是支撑新时代中国特色社会主义的精神动力支柱，凝结着全体人民共同的价值追求。

社会主义核心价值观共 3 个层面、12 个词、24 个字。其中，富强、民主、文明、和谐是国家层面的价值要求，自由、平等、公正、法治是社会层面的价值要求，爱国、敬业、诚信、友善是公民层面的价值要求。社会主义核心价值观把涉及国家、社会、公民的价值要求融为一体，实际上回答了我们要建设什么样的国家、建设什么样的社会、培育什么样的公民的重大问题。

社会主义核心价值观的形成与凝练，为航天精神的提出和演进提供了十分重要的要素依据。中国航天是中国的、社会主义的、时代的，航天精神也是中国的、社会主义的、时代的。航天精神要凝练航天实践、反映群体奋斗、引领事业发展，就必须依据并且必然契合于社会主义核心价值观；社会主义核心价值观也必将在以航天精神为引领的航天实践与成就中，得到充分的体现。

纵观航天精神，从航天"三大精神"到探月精神、新时代北斗精神，都与社会主义核心价值观完全契合、高度一致。航天精神不仅规范了参与航天的个体的认知和行为，也规范了各级组织和社会各个方面的认知和行为，并经过党中央确认与倡导，成为广受推崇的、具有鲜明时代特色的价值取向。航天精神的力量，由航天人恪守爱国、敬业、诚信、友善而生发，经各级组织和各个方面追求自由、平等、公正、法治而壮大，最终体现为为了建设富强、民主、文明、和谐、美丽的社会主义现代化国家而进行的时代奋斗与取得的伟大成就，体现为向着中华民族伟大复兴中国梦的日益抵近乃至最终实现。

新时代是航天精神日益深厚博大的现实依据

历史在一代代人的接续奋斗中前行。党的十八大以来，以习近平同志为核心的党中央接过历史的接力棒，带领亿万人民撸起袖子加油干、挥洒汗水奋力拼，让党和国家事业取得历史性成就、发生历史性变革，推动中国特色社会主义进入新时代。这是我国发展新的历史方位。

新时代展现出一种创新超越、变革开放的姿态。面对世界百年未有之大变局，身处实现中华民族伟大复兴的关键时期，在千帆竞发、百舸争流中，理想的旗帜鲜艳高扬，发展的动力深厚强劲，人民的地位充分彰显，团结的力量一往无前。① 建设航天强国是新时代的战略部署，是加快建设创新型国家的重要任务。

航天梦是强国梦的重要组成部分。随着中国航天事业的快速发展，中国人探索太空的脚步会迈得更大更远。新时代的航天人传承和弘扬航天精神，发展并续写航天精神，能够在时代发展中肩负起应有的使命担当，勇作高水平科技自立自强的排头兵。2017年，建设航天强国被写入党的十九大报告。2021年3月发布的国家"十四五"规划和2035年远景目标纲要，将"火星环绕、小行星巡视等星际探测，新一代重型运载火箭和重复使用航天运输系统""北斗产业化应用"等纳入其中。② 近年来，航天人聚焦实现高水平科技自立自强，奋力创新超越，取得了一系列阶段性重大成果。"天和献百年，一站定苍穹"，"天舟献百年，一帆济星海"，"神舟献百年，一骑掌天宫"；嫦娥四号人类首探月背，嫦娥五号登月采样返回；天问一号问天而去，祝融号探测火星，中国人留印"乌托邦"。

进入"十四五"，我国开启了全面建设社会主义现代化国家新征程，正在向第二个百年奋斗目标迈进。太空探索永无止境，航天攻关任重道远。中国航天将致力于高质量保证成功、高效率完成任务、高效益推动航天强国

---

① 参见宣言：《社会主义没有辜负中国》，《人民日报》2021年6月7日。

② 参见《中华人民共和国国民经济和社会发展第十四个五年规划和2035年远景目标纲要》，人民出版社2021年版，第15、26页。

和国防建设，努力实现高质量发展；同时，还将向更远的深空、向小行星探测进发，继续在月球探测、载人航天、火星探测等领域广泛开展国际合作，为人类探索浩瀚宇宙、和平利用太空贡献更多中国智慧、中国方案、中国力量。

可以预见，在立足新发展阶段、贯彻新发展理念、构建新发展格局、推动高质量发展的系统实践中，高水平科技自立自强、创新超越的时代旋律，"开放包容""合作共赢"的时代气质，都将进一步融入航天精神，成为新时代和新发展阶段航天精神的显著特征，推动深厚博大的航天精神持续发展、愈发丰富。

第十九章　深广的精神力量

世界上最宽阔的是海洋，比海洋更宽阔的是天空，比天空更宽阔的是人的胸怀。在人的宽阔胸怀中，精神的魅力最绚烂，精神的力量最激荡。伟大的事业需要而且能够孕育崇高的精神，并以此建构认同、凝聚力量、引领发展。在航天这一伟大的事业中，航天精神必然产生，并且必然地成为这个共同体的鲜明特色，生发出强大的精神力量。

航天精神不是从来就有的，而是在实践中，随着航天事业的创建而产生、随着航天事业的发展而丰富的，是由中央予以确认和倡导的。航天精神有力量，并且能够产生力量，其必然性不仅来自哲学的论证，更来自群众的实践首创和丰富发展，来自中央的明确提出与大力倡导，最终流溢至全社会，并跨越时空。

第一节　关于精神的力量

一切事情是要人做的，万事须是有精神方做得。"精神动力"是人类历史发展长河中的特有现象，也是一个重要的哲学命题。从古代的先哲到当代思想者，从中国传统到西方视角，都普遍地注意到精神的力量。认可精神是有力量的，赞同精神能够产生力量，是广泛的共识。但直到马克思主义者，由于掌握了科学的思想武器，才在人类历史上真正地对精神动力问题，或者说精神力量问题，作出了科学阐释。由此，广大无产阶级和无产阶级的政党，以及建立了社会主义制度的国家的人民群众，从精神的被动局面中解脱出来，掌握了精神的主动，并以历史的主体身份，实现了对精神力量的主动。

马克思有句精辟名言："批判的武器当然不能代替武器的批判，物质力量只能用物质力量来摧毁；但是理论一经掌握群众，也会变成物质力量。"①这深刻阐发了理论的力量，理论的力量就是一种精神动力。按照马克思主义的观点，精神动力是人类实践活动特有的现象。人具有主观能动性。精神动力从根本上区别于其他的什么动力，本质就在于精神动力是精神的能动作用的集中体现。精神能够产生力量，首先是因为精神是人的精神。

认识来源于实践并推动实践，人的实践是有意识、有目的的活动，是实践的观念与实践的行为的统一，是知与行的共同结果。人的认识与实践开始后，头脑之中反映主观状态的情感为墨，反映客观需要的动机为笔，蘸墨挥毫，落笔成画，精神的力量便发生了。为了满足对客观世界物质力量发展的需要，同时为了满足对主观世界精神价值发展的需要，精神发生了运动，驱动了实践，产生了力量。这种作用是普遍的，贯穿于一切人的一切实践活动的从始至终，是实践必不可少的重要因素。

精神的力量展现出来，得到了人的认识，在头脑中就形成了认同。一定的人在共同的或各自的实践中，纷纷在头脑中形成对精神的认同，并使其力量一并或分别地展现出来，从而形成了认同的、力量的合力，精神的力量就从个体走向了群体、从个人走向了组织，并在共同体的规模上，汇聚成了更加澎湃的力量。

航天精神亦是如此。一个个航天人的精神，合成了航天精神；一个个航天人的精神的力量，就汇成了航天精神的力量。这种力量在个体、群体、组织层面的内化，让精神在人们的头脑中得到持续的正向反馈，让航天精神愈发昂扬，让航天成就愈发辉煌。因其有利于发展，组织会主动地强化航天精神的力量及其内化，从而让航天精神本身拥有了持续而旺盛的生命力。

航天精神以民族精神、红色血脉、科学品格和时代气质为渊源，形成了

---

① 《马克思恩格斯选集》第 1 卷，人民出版社 2012 年版，第 9 页。

具有航天特色、内涵深厚博大的精神系统，并在实践中迸发出磅礴绵延的精神力量，引领和推动航天事业取得跨越发展。

第二节　航天精神力量的生发

新中国成立之际，毛泽东就预言："随着经济建设的高潮的到来，不可避免地将要出现一个文化建设的高潮。中国人被人认为不文明的时代已经过去了，我们将以一个具有高度文化的民族出现于世界。"[1] 回顾新中国成立以来的峥嵘岁月，航天精神如同一串明珠，光芒闪耀、力量铿锵。这种有光芒、有力量的航天精神，是航天队伍在党的领导下，在实践中承继源流、落实方针而形成，由中央明确提出并予以倡导的。于是，航天精神的力量便同步地生发出来，让航天队伍既勇于攀登科技的高峰，更勇于攀登精神的高峰。

群众实践首创

作为历史的创造者，人民群众既是实践的主体，又是价值的主体。人民群众是真正的历史主体。中国共产党尊重群众首创精神，在党章中明确规定实行群众路线，一切为了群众，一切依靠群众，从群众中来，到群众中去，把党的正确主张变为群众的自觉行动。[2]"江山就是人民、人民就是江山，打江山、守江山，守的是人民的心。"习近平强调，"必须紧紧依靠人民创造历史，坚持全心全意为人民服务的根本宗旨，站稳人民立场，贯彻党的群众路线，尊重人民首创精神，践行以人民为中心的发展思想"[3]。

航天人是人民群众的一部分，以其群体特点、所在领域而具有先进性。

---

[1]　《毛泽东文集》第五卷，人民出版社 1996 年版，第 345 页。

[2]　参见《中国共产党章程》，中国法制出版社 2018 年版，第 20 页。

[3]　习近平：《在庆祝中国共产党成立 100 周年大会上的讲话》，人民出版社 2021 年版，第 11—12 页。

图 23 | 党旗鲜红　誓言铮铮（右后方为天舟三号货运飞船）

党旗所向、人民所盼，航天人义不容辞。在航天事业的创建、发展过程中，在全国人民的大力协同、全力支持下，一代代航天人立足深厚的精神渊源，听党话、跟党走，解放思想、实事求是，培元固本、守正创新，发展了先进的航天科技，创造了日新月异的航天成就，培育和发展了航天精神。

航天事业以文明历程为基，以革命精神为脉，以科学规律为循，以时代发展为廓。于是，航天人在实践中将民族的、红色的、科学的、时代的精神力量融汇在一起，奠定了航天精神的基本源流。航天事业由中央决策创建，以"自力更生为主，力争外援和利用资本主义国家已有的科学成果"为最初基调。在党的领导下，在这个由聂荣臻提出、得到毛主席和周总理批准的方针及与其一脉相承的战略思想的指引下，航天人在时代浪潮中始终自立自强、创新超越，推动航天事业在社会主义建设时期和改革开放后，尤其是进入新时代以来得到持续发展，为航天精神的内涵与力量烙印上鲜明的中国标签。

在党的领导下，在航天事业的发展过程中，尤其是推进重大工程的实践中，国际国内环境持续变化，时代精神不断演进，发展任务目标动态调整，航天精神在群众的首创中，呈现出丰富发展"变"的一面，推动重大工程任务与航天事业在继承中更好地适应时代要求，取得扎实的进步。从航天"三大精神"到探月精神、新时代北斗精神，内涵在丰富，但也有内核贯穿"不变"的一面：航天人对爱国创新、科学求实等作风的弘扬始终没有变，各方面对团结协作、万众一心等品质的传承始终没有变。

在航天事业创建或重大工程任务开始以前，对应航天精神中的许多要素就已经存在了。当启动键被按下，这些要素经过航天人的头脑，在实践中产生了作用，得到了确认。这些要素要么保持了原来的精神内核，要么有了新的内涵发展。还有一些要素是以前不曾有过的，是由中央明确提出或者根据时代发展需要，在实践探索中被新发现、新总结，经过凝练形成的。这样，航天精神就在精神的辽原之中，既有普遍性的一面，也有特殊性的一面。伴随航天事业的发展，航天精神在传承和弘扬中，奏响了旧邦与维新接续、苦难与辉煌兼程、科学与人文荟萃、历史与时代交响的主旋律。

中央予以倡导

航天事业由中央直接领导，航天发展战略的制定、重大工程任务的实施在中央决策部署和领导推进下走向实现、走向成功。中央高度肯定航天重大工程实践及取得的成就，明确提出并大力倡导航天精神，推动其在传承弘扬中实现新的发展。

从计划经济中的全国一张网，到市场经济中充分发挥市场机制作用，从"不能没有这个东西"到"在高科技领域占有一席之地"，再到"建设航天强国"，从"两弹一星"到卫星通信工程，到载人航天，再到北斗导航、嫦娥探月、火星探测、空间站建造等任务，中央始终高度重视航天事业发展，提出发展战略，决策体制架构，批准重大项目。航天高度体现了中央的战略意志，举全国之力实现了创建发展与迅速追赶。在这个过程中，中央始终强调精神因素的重要作用，强调必须发扬精神的力量。

航天精神具有很高的政治地位。毛泽东说："一个正确的认识，往往需要经过由物质到精神，由精神到物质，即由实践到认识，由认识到实践这样多次的反复，才能够完成。"[1] 在航天精神正式提出前，它首先由群众发扬首创精神，在实践中完成初步的生发。基于重大工程实践及取得的成就，相应队伍的精神合力就具有了典型的时代先进性，从而得到了党和国家高度重视，受到了全国人民高度关注。时代需要航天精神的力量，社会期待航天精神的发展。由此，中央便赋予其名称，明确其内涵，阐发其意义，倡导其践行。这些由中央明确提出并大力倡导的航天精神，以其持续发展与沛然涌流，让精神的力量愈发地持续、全面、深入、澎湃。

中央高度期待航天队伍继续传承弘扬航天精神。来自政治上的高度重视，提高了精神的地位，强化了思想上的自觉认同，催动了组织上的迅速行动。航天一盘棋的格局，航天组织体系完善、队伍如臂使指等特点，让航天精神超出了一支或者多支工程队伍的范围，迅速地普及到了整个航天。

第三节 航天精神力量的涌动

经过中央大力倡导，航天精神便在航天系统内被普遍地叫响了，成为重要的理念取向，得到了广泛、持久的践行。航天精神不再局限于代表性的队伍、特定的领域，而是成为整个航天共同体精神的代表，成为航天共同体共享的精神气质。航天精神的丰富发展反映了航天共同体的气质变化。深厚博大的航天精神具有磅礴绵延的精神力量，驱动着航天共同体不懈奋斗，走向光荣，实现梦想。同时，航天精神还跨越了行业，成为广泛的社会共识，产生了持久而隽永的力量，引领创造更多的中国奇迹。

---

[1] 《毛泽东文集》第八卷，人民出版社 1999 年版，第 321 页。

广泛认同效仿

航天重大工程实践及取得的成就密切牵动舆论，具有广泛而深远的影响力。航天精神具有丰富的魅力与深厚的价值，酝酿并蓄积了磅礴绵延的力量。这些都使得航天精神具有强大的社会感召力，能够吸引、感染和影响更加广泛的人群。航天精神迅速地向社会流溢，并凝聚成为全民族、全社会熟悉和认可的广泛共识。

党中央不仅期望航天人传承弘扬航天精神，而且将航天精神作为民族精神、时代精神的宝贵财富，列入中国共产党人的精神谱系，号召社会各行业以航天人为榜样，学习和践行航天精神，从中汲取精神的力量。

航天队伍的奋斗与成就、航天楷模的事迹与品格、航天精神的内涵与特质，经过政治倡导、组织引导、媒体报道、舆论称道，在社会上就形成了从认知到认同再从向往到效仿的正反馈。由此，这些航天因素就跨越了行业界限、超越了时空区隔，成为广受认可的文化符号，持续地鼓舞人心。蕴含在其中的精神的力量，在航天队伍内凝聚起来，向全社会扩散开来，并在时代进程中久久激荡。在这种广泛而持久的认同与效仿中，航天精神以其深厚博大，使其力量愈发磅礴绵延，产生了深远的影响。

力量超越时空

马克思主义认为，矛盾具有普遍性和特殊性，两者相互区别又密切联结。矛盾的普遍性寓于特殊性之中，特殊性又体现着普遍性。在一定条件下，两者可以互相转化。基于群众实践首创，从个体的精神到群体的精神，从队伍的精神到航天的精神，再到中央明确提出并大力倡导，就是在许许多多特殊性的集合汇流中，将普遍性的内容抽象、凝练出来，航天精神就形成了。同时，民族精神、红色血脉、科学品格、时代气质，也与航天精神构成了普遍性与特殊性的关系，不仅作为航天精神的深厚渊源，而且在航天精神中得到了发展与发扬。

中央对航天精神的大力倡导，让航天精神从一支队伍、一个工程、一个领域的精神财富，变成了对整个航天事业而言最重要、最具典型性、最值得推崇的价值取向。航天"三大精神"和探月精神、新时代北斗精神，以其深厚博大的特质，成为高高飘扬的精神旗帜，并在时空演变中赓续发扬。其中蕴含着中国航天"从哪里来"的基因，也确定了中国航天"到哪里去"的路标，吸引了航天队伍的普遍认同与积极践行，发挥了奠定气质、统摄全局的作用。这种作用具有稳定性，在实践中持续地鼓舞着一支又一支航天队伍在奋发中大力弘扬，推动着一项又一项具体工作在奋斗中追求卓越，支撑着一个又一个重大工程在奋进中走向成功，让航天事业在薪火相传中砥砺奋进，在创新创造中勇攀高峰。

在航天国际交往与合作中，中国的航天人践行航天精神，严肃认真、担当负责、团结友善、诚实守信，展现出令人赞赏的品质和风范。国际合作方感到如沐春风，愿意继续加强与中国航天的合作。相关国家和地区的人民对中国航天、对中国人形成了丰满生动的印象认识，促进了公共外交。这些也是航天精神力量的体现。

航天精神得到了中央大力倡导，受到了社会的广泛认同与积极效仿，就从航天的精神财富，成为全民族、全社会的精神财富。航天精神因其有着深厚的精神渊源和深广的精神力量，为社会所需要与推崇，历经岁月而价值隽永。这样，航天精神就在航天特殊性的基础上，具有了社会的、发展的普遍性，具有了跨越行业、超越时空的力量，始终激荡人心，永远不会过时。

第二十章　深沉的文化自信

文化是人民的故乡，民族的远方，国家的力量。习近平高度重视文化自信。他强调："文化自信是一个国家、一个民族发展中最基本、最深沉、最持久的力量。"[①]"没有高度的文化自信，没有文化的繁荣兴盛，就没有中华民族伟大复兴。"[②] 文化建设是"五位一体"总体布局的重要部分，坚定文化自信是坚定"四个自信"的重要内容，是重大的理论命题、时代议题、实践课题。

航天精神的力量能够有力地坚定文化自信。作为一种"向上向善"的精神力量，航天精神是对社会主义核心价值观的丰富与强化，是对信仰信念信心精神动力的巩固与发扬。航天精神以其博大的格局，融汇于人类和平与发展崇高事业，蕴含着包容互鉴的真诚期待和世界大同的美好憧憬。可以说，航天精神不仅是航天领域坚定文化自信的体现和依据，更为全民族全社会增强文化自信提供了深沉的力量。

第一节　对社会主义核心价值观的丰富与强化

习近平指出："人类社会发展的历史表明，对一个民族、一个国家来说，最持久、最深层的力量是全社会共同认可的核心价值观。核心价值观承载着一个民族、一个国家的精神追求，体现着一个社会评判是非曲直的价值标

---

① 习近平：《在全国抗击新冠肺炎疫情表彰大会上的讲话》，《人民日报》2020 年 9 月 9 日。
② 《习近平谈治国理政》第三卷，外文出版社 2020 年版，第 32 页。

准。"社会主义核心价值观"传承着中华优秀传统文化的基因，寄托着近代以来中国人民上下求索、历经千辛万苦确立的理想和信念，也承载着我们每个人的美好愿景"，我们要在全社会牢固树立社会主义核心价值观。① 社会主义核心价值观就是文化自信的灵魂。要把培育和弘扬社会主义核心价值观作为凝魂聚气、强基固本的基础工程，作为一项根本任务，切实抓紧抓好。②

航天精神以社会主义核心价值观为要素依据，与之完全契合、高度一致。航天精神在联系与发展中，也同步实现了对社会主义核心价值观的丰富与强化。这对互动关系强化了文化自信，主要体现在三个维度：特殊与普遍的逻辑关系，引导与强化的作用模式，演变与定准的辩证发展。

特殊与普遍的逻辑关系

中国航天事业从创建到发展，面向浩瀚宇宙，为了富国强军，一路披荆斩棘，奋力创新超越。由此孕育形成的航天精神，呼应了中华文明千百年来深植于心的飞天梦想与进取追求，延续了中国共产党一百年来勇敢战胜一切困难、致力于实现中华民族伟大复兴的奋斗初心与红色基因，是科学精神在多学科参与、大系统协作、规模庞大的工程实践中的凝练与弘扬，是航天人在认识世界、改造世界过程中对时代精神的践行与升华。这些也正是社会主义价值观的题中应有之义。

航天精神在时代发展中持续丰富、动态发展，引领航天队伍奋进，推动航天事业向前。这是社会主义核心价值观进入航天领域，落地转化、生根发芽的具体展现。社会主义核心价值观不仅贯穿于航天精神形成与发展的整个过程，而且通过航天精神得到了丰富和延伸，内涵更加生动，力量更加鲜活。由此，航天精神与社会主义核心价值观就构成了个性与共性、特殊性与普遍性的逻辑关系。

---

① 参见习近平：《论党的宣传思想工作》，中央文献出版社 2020 年版，第 72—74 页。
② 参见习近平：《论党的宣传思想工作》，中央文献出版社 2020 年版，第 52—54 页。

引领与强化的作用模式

航天事业发展在不同时期都主要以重大工程为驱动。航天重大工程具有典型的高科技特性，对相关领域科技和相关行业经济的发展具有显著的牵引带动作用，取得的成就能够极大振奋民族自信心、自豪感。同时，塑造航天精神的主要力量，是一支能力卓越、作风优良、薪火相传的航天队伍。他们敢于斗争、勇于担当，敢于胜利、赢得胜利，让航天精神具有强大的感召力、引领力，振奋了全民族，辐射到全社会。航天精神生发后，由中央明确提出并大力倡导，在航天领域、科学界和全党、全社会都产生了广泛而深远的影响。

航天精神始终关注的是"怎么干"的问题，强调奋进在时代前列应该具备怎样的精神状态，不仅在具体时空里引领航天领域的奋斗，而且通过航天事业在政治层面的高度强调、对各方面力量的广泛调动和经大众传播对社会心理的提振等，实现了对社会主义核心价值观内涵阐发的充分引领，汇入社会主义核心价值观在时代进程中的力量发扬，使其更具感召力、引领力。由此，航天精神对社会主义核心价值观就形成了引领阐发、强化力量的作用模式。

演变与定准的辩证发展

航天精神在发展中不断向前演变，表述得到了丰富发展。但贯穿航天精神之中，"不变"的是精神内核，是主要方面；"变"的是话语表述与部分内涵，是次要方面。"不变"的精神内核与社会主义核心价值观紧密扣合，使之得到确认与强化；"变"的表述与内涵则实现了社会主义核心价值观的外延拓展，使之更加具体地适应时代，更有针对性地引领实践。

航天精神的力量生发与涌动，是随着航天精神本身的丰富发展而磅礴浩荡、绵延不绝的。在时代洪流中前行，尤其是面对激荡的社会思潮，航天事业发展"路漫漫其修远兮"，必须以社会主义核心价值观为标线，以更加鲜活的航天精神为引领，守正出新、砥砺奋进，不断展现新气象新作为。由此，航天精神与社会主义核心价值观就呈现了在持续演变中基调不变、立足基调而生动展现的辩证发展。

可以预见的是，通过对社会主义核心价值观的丰富与强化，航天精神一定能够使其在培育和弘扬中更具魅力，在时代进程中绽放出新的更加绚烂的光芒，为坚定文化自信、推进伟大事业、实现伟大梦想增添更加强大的精神力量。

第二节　对信仰信念信心精神动力的巩固与发扬

习近平指出："信仰、信念、信心，任何时候都至关重要。小到一个人、一个集体，大到一个政党、一个民族、一个国家，只要有信仰、信念、信心，就会愈挫愈奋、愈战愈勇，否则就会不战自败、不打自垮。"[①] 他强调："要增强信仰、信念、信心，这是我们战胜一切强敌、克服一切困难、夺取一切胜利的强大精神力量。"[②]

中国特色社会主义进入了新时代，意味着近代以来久经磨难的中华民族迎来了从站起来、富起来到强起来的伟大飞跃，迎来了实现中华民族伟大复兴的光明前景。实现伟大梦想，必须进行伟大斗争。社会是在矛盾运动中前进的，有矛盾就会有斗争。要斗争，就要有精神，必须发挥精神的力量。尽管各个层面的各种精神动力都蕴含力量，都能够产生力量，但要"进行具有许多新的历史特点的伟大斗争"，就必须从信仰、信念、信心上寻找更加根本的、持久的、坚定的精神动力。这就是，要坚定对马克思主义的信仰，坚定对中国特色社会主义的信念，坚定对实现中华民族伟大复兴中国梦的信心。无论过去、现在还是将来，它们都是指引和支撑中国人民站起来、富起来、强起来的强大精神力量。可以说，信仰、信念、信心的精神动力是文化

---

① 习近平：《在庆祝改革开放 40 周年大会上的讲话》，《人民日报》2018 年 12 月 19 日。

② 《习近平在广西考察时强调　解放思想深化改革凝心聚力担当实干　建设新时代中国特色社会主义壮美广西》，《人民日报》2021 年 4 月 28 日。

自信的发动机。

中国航天事业是中国的航天事业，而不是其他什么国家的航天事业。中国航天事业是在一个中国共产党领导的人民当家作主的社会主义国家，在一穷二白的艰苦条件下，由老一代航天人凭着强烈的信仰、信念、信心而创建起来的。航天事业、空间事业的发展史就是一部听党话、跟党走，以科学理论为指导、以红色血脉为传承、以精神力量为驱动的奋斗史。60多年来，几代航天人发扬光荣传统，在接续奋斗中走出了自己的道路，坚定地践行富国强军使命，奔向航天强国梦想。以"两弹一星"为代表的一系列航天重大成就，是马克思主义为什么行、中国共产党为什么能、中国特色社会主义为什么好的重要见证，极大振奋了中国人民和中华民族的精气神。

信仰、信念、信心根植于航天事业的奋斗。航天精神在丰富和强化社会主义核心价值观的同时，也实现了对红色血脉的赓续和发展，实现了对信仰、信念、信心的巩固与发扬。信仰、信念、信心精神力量成为航天精神的重要内涵与鲜明特色，让精神力量在淬炼中愈发强劲。

航天精神贯穿着对马克思主义的坚定信仰

中国共产党是用马克思主义武装起来的政党。习近平指出："对马克思主义的信仰，对社会主义和共产主义的信念，是共产党人的政治灵魂，是共产党人经受住任何考验的精神支柱。"①"坚持真理、坚守理想"是伟大建党精神的重要内涵。中国共产党自成立以来始终有着崇高理想和坚定信念。"我们党强调理想信念是共产党人精神上的'钙'，强调'革命理想高于天'，就是精神变物质、物质变精神的辩证法。"②

深厚博大的航天精神，就是马克思主义信仰在航天领域的生动体现。中国共产党的最高理想和最终奋斗目标是实现共产主义，其本质特征就是"实

---

① 习近平：《关于坚持和发展中国特色社会主义的几个问题》《求是》2019年第7期。
② 习近平：《辩证唯物主义是中国共产党人的世界观和方法论》，《求是》2019年第1期。

现人的自由而全面的发展"①。创建和发展航天事业，有力地带动了新中国科技实力和综合国力的提升，增强了中国人民的自豪感、安全感和自信心，融入并推动了中华民族伟大复兴的历史进程，同时还给世界人民带去了实实在在的好处，壮大了世界上爱好和平、维护和平的正义力量。贯穿党领导航天事业的实践与发展，坚定的信仰与崇高的理想指引着一代代航天人一以贯之地爱国奉献、艰苦奋斗、自立自强，在学习科学、掌握技术中开展工程实践，在薪火相传中接续奋斗。在这支如臂使指的队伍中，党的领导有力，党的组织健全，党的工作机制完善、思想政治工作传统浓厚，党员比例高、作风好、业务能力强，广大职工群众团结凝聚、精神抖擞、听从指挥、奋发有为。钱学森在 1958 年提交的入党申请书中写道："我回国近三年来受到党的教育，使我体会到党的伟大，党为实现共产主义社会这一目标的伟大，我愿为这一目标奋斗并忠诚于党的事业。"这也道出了航天共产党员乃至全体航天人的共同心声。

深厚博大的航天精神，是一代代航天人以国为重、以人民为中心，敢于战胜一切艰难险阻、勇于攀登航天科技高峰的精神支柱。在祖国的召唤下，为了人民的事业，从新中国成立初期坚决回到祖国的一大批海外游子，到 20 世纪 90 年代选择"留下来"的有志青年，再到新时代踊跃加入航天、矢志奉献航天的青春面孔，一代代航天人纷纷投身于祖国最需要的事业中，扎根航天、忠诚奋斗，坚决把党和国家重大决策部署贯彻好、实现好。贯穿党领导航天事业的实践与发展，集体主义原则、社会主义道德塑造着航天人的价值观，进一步凝聚起航天人的力量，贯穿航天精神丰富发展的始终。在航天精神的引领下，一代代航天人牢记初心使命，坚定理想信念，思想统一、团结有力，不畏"强敌"、不惧风险，敢于斗争、勇于担当，敢于胜利、赢得胜利，经受住了各种风险考验，推动航天事业不断发展跨越。

2021 年七一前夕，中央党史和文献研究院编写了《中国共产党一百年

---

① 习近平：《学习马克思主义基本理论是共产党人的必修课》，《求是》2019 年第 22 期。

大事记（1921 年 7 月—2021 年 6 月）》，列出了百年党史大事。其中，有 39 件展现了在党的坚强领导下，以中国航天科技集团（及其前身）为主导力量的我国航天科技工业所取得的巨大成就。也就是说，在党领导建设、改革的"大事"中，每 20 件就有 1 件与航天有关。它们中，又有 7 成与空间事业发展有关。① 这充分表明：没有中国共产党，没有马克思主义基本原理的指导，就没有今天的中国航天事业；航天人是百年党史的重要书写者和参与者。航天事业、空间事业的发展已深深融入中国共产党的百年奋斗历程。

以航天精神的力量为驱动和借鉴，我们深刻地认识到，坚定的信仰对事业发展与事业常青至关重要。深厚博大的航天精神以其坚定的信仰力量，不仅让我们这支队伍、这份事业行得稳、攀得高、走得远，而且续写了中国共产党人的精神谱系，历经岁月洗礼而始终高高飘扬。展望漫漫征途，这面旗帜必将更加鲜艳夺目。

航天精神深植于中国特色社会主义的伟大事业

"独立自主是中华民族精神之魂，是我们立党立国的重要原则。"② 中国共产党在领导革命、建设、改革长期实践中，历来坚持独立自主开拓前进道路，善于聆听时代声音，勇于坚持真理、修正错误，推动了马克思主义中国化，赢得了革命斗争的胜利，建立了新中国和社会主义制度，开展了社会主义建设，实施了改革开放并开创了中国特色社会主义。习近平指出："中国特色社会主义是改革开放以来党的全部理论和实践的主题，是党和人民历尽千辛万苦、付出巨大代价取得的根本成就。"③ 他强调："坚定不移走中国特色自主创新道路。这条道路是有优势的，最大的优势就是我国社会主义制度能

---

① 基于对《中国共产党一百年大事记（1921 年 7 月—2021 年 6 月）》（人民出版社 2021 年版）的统计分析。

② 《中共中央关于党的百年奋斗重大成就和历史经验的决议》，人民出版社 2021 年版，第 67 页。

③ 《习近平谈治国理政》第三卷，外文出版社 2020 年版，第 13 页。

够集中力量办大事，这是我们成就事业的重要法宝，过去我们搞'两弹一星'等靠的是这一法宝，今后我们推进创新跨越也要靠这一法宝。"①

深厚博大的航天精神，就是中国特色社会主义文化的重要组成部分，是激励全党全国各族人民奋勇前进的强大精神力量。习近平强调："航天科技取得的创新成果极大鼓舞了中国人民的创新信念和信心，为全社会创新创造提供了强大激励。"② 航天事业是中国特色社会主义事业的重要组成部分，航天事业的成就与展现出的航天精神，是中国特色社会主义事业在物质层面和精神层面取得的重大成就，充分展示了伟大的中国道路、中国精神、中国力量。航天精神的发展，是通过弘扬光荣传统、赓续红色血脉而实现的，是在始终坚持和发展中国特色社会主义过程中对党的伟大精神的发展，续写了中国共产党人的精神谱系，富有时代气息并跨越时空，永远不会过时。

深厚博大的航天精神，就是发展航天事业、不断从胜利走向新的胜利的信念来源。周恩来亲自在东方红一号发射成功的新闻稿中添了"坚持独立自主，自力更生方针"的字句。这个方针适用于党和国家事业发展全局，适用于中国特色社会主义事业全局，是航天精神一以贯之的重要原则，指引着一代代航天人在航天领域取得了具有民族复兴标志性的伟大成果。习近平在阐释航天发展取得重大成就时说："最根本的一点，就是中国航天事业始终坚持自力更生、自主创新。"③ 中国航天"走出了一条自力更生、自主创新的发展道路"④。这些正是中国特色社会主义在航天和科技领域的鲜明体现。

以航天精神的力量为驱动和借鉴，牢记"国之大者"，矢志爱国报国，

---

① 《习近平关于科技创新论述摘编》，中央文献出版社 2016 年版，第 35 页。
② 《习近平在会见天宫二号和神舟十一号载人飞行任务航天员及参研参试人员代表时强调 在航天事业发展征程上勇攀高峰 努力建设航天强国和世界科技强国》，《人民日报》2016 年 12 月 21 日。
③ 《习近平在会见嫦娥三号任务参研参试人员代表时强调 坚持走中国特色自主创新道路 不断在攻坚克难中追求卓越》，《人民日报》2014 年 1 月 7 日。
④ 《习近平在首个"中国航天日"之际作出重要指示强调 坚持创新驱动发展勇攀科技高峰 谱写中国航天事业新篇章》，《人民日报》2016 年 4 月 25 日。

坚持自力更生、自主创新，这样的共识就得到了强化：推进中国特色社会主义，必须坚定道路自信、理论自信、制度自信、文化自信，如此我们必然能够有效应对重大挑战、抵御重大风险、克服重大阻力、解决重大矛盾，我们必将实现社会主义现代化，为人民创造更加美好的生活。

航天精神聚焦于实现中华民族伟大复兴的中国梦

　　实现中华民族伟大复兴，就是中华民族近代以来最伟大的梦想。在参观《复兴之路》展览的讲话中，习近平语重心长地说，这个梦想，凝聚了几代中国人的夙愿，体现了中华民族和中国人民的整体利益，是每一个中华儿女的共同期盼。实现中华民族伟大复兴是一项光荣而艰巨的事业，需要一代又一代中国人共同为之努力。①

　　深厚博大的航天精神，就是奋力实现航天梦、中国梦的重要信心和底气来源。历史和实践证明，航天精神具有磅礴绵延的力量，催动航天队伍奋斗，驱动航天事业发展，推动航天成就实现，带动社会文化进步。邓小平 1990 年 4 月与外宾谈及两岸关系时讲："大陆已经有相当的基础。""还有太空领域和其他领域高科技的发展，中国发射卫星的成功率很高。中国人是很聪明的，虽然科学家研究条件差，生活待遇不高，但他们还是取得了很大成绩。"②航天发展和航天精神，是与国家联系在一起的，能够成为国家走向强盛、走向复兴的信心依据。江泽民高度评价"两弹一星"事业的发展，强调"中国人民有站在世界科技进步前列的勇气、信心、智慧和力量"③；充分肯定载人航天工程取得的进展，认为其"充分证明了中国人民有志气、有能力屹立于世界民族之林"④。胡锦涛指出："我国航天事业取得的

①　参见《习近平谈治国理政》第一卷，外文出版社 2018 年版，第 36 页。

② 　《邓小平文选》第三卷，人民出版社 1993 年版，第 358 页。

③ 　江泽民：《论科学技术》，中央文献出版社 2001 年版，第 168 页。

④ 　《江泽民在载人航天发射场观看飞船发射　"神舟"三号飞船发射成功并进入预定轨道》，《人民日报》2002 年 3 月 26 日。

辉煌成就，增强了全体中华儿女的民族自信心和凝聚力，坚定了全党全军全国各族人民继续推进改革开放和社会主义现代化、在中国特色社会主义道路上实现中华民族伟大复兴的决心和信念。"①

　　在习近平为航天队伍的多次点赞中，"标志"和"功勋"是两个重要的高频词。重大的突破是"标志"，卓越的精神也是"标志"。煌煌的航天成就是"功勋"，熠熠的精神丰碑更是"功勋"。这些对进一步增强民族自信心、

图24 ｜ 中国空间技术研究院在中国航天日隆重举行升旗仪式，激励全员传承航天精神，
　　　　为实现航天梦、中国梦而奋勇拼搏

---

① 胡锦涛：《在庆祝天宫一号与神舟八号交会对接任务圆满成功大会上的讲话》，《人民日报》2011年12月17日。

努力实现"两个一百年"奋斗目标，具有十分重要的意义。他强调，老一代航天人的功勋已经牢牢铭刻在新中国史册上；对于航天队伍取得的功勋，党和人民永远不会忘记，祖国和人民将永远铭记。标志让人赞美，功勋令人赞佩，给人信心，带来力量。以此为基，我们振奋力量，开创光明的前景，走向梦想的彼岸。

航天精神有着很高的社会认知度和广泛的群众基础。人们崇尚航天精神，密切关注航天，踊跃支持航天，不仅发出声音而且付诸行动。叶培建经常谈到自己担任嫦娥一号总指挥期间的一个故事。一次，他带队赴发射场执行任务，当时在机场遇到意想不到的飞机客满，不能登机。这时，好几名乘客主动站了起来，自愿把座位让给试验队员，另行改签。叶培建和试验队员们向这些乘客表示感谢，他们却说："我们也是用自己的方式给航天事业做了一点贡献。"这让叶培建和试验队员感动不已。像这样的故事，还有很多很多。这些互动与感动让航天队伍受到极大激励，让奋斗的决心更加坚毅。

以航天精神的力量为驱动和借鉴，我们就有了充足的理由，更加坚定对传承和弘扬航天精神的队伍及其实践的必胜信心，对实现航天强国梦前景的必成信心，对实现中华民族伟大复兴中国梦的必然信心。

第三节　对人类和平与发展崇高事业的融汇与促进

天下非一人之天下也，乃天下之天下也。世界大同，天下一家。中国应当对于人类有较大的贡献。中国共产党始终把为人类作出新的更大的贡献作为自己的使命。天安门城楼上的"世界人民大团结万岁"口号和中国致力于推动构建人类命运共同体的努力，是中华民族、中华文明对世界前景的美好期待。[①]

航天精神是典型的中国精神。航天精神彰显了包容互鉴、谋求大同的典

[①]　参见《为了更美好的世界——习近平的天下情怀》，《人民日报》2021 年 7 月 1 日。

型品质，蕴含着"为人类谋和平与发展"的鲜明追求和浓厚情怀，与"和合共生""协和万邦""世界大同"等中国传统智慧一脉相承，是中国共产党和中国人民始终把推动人类进步事业视作应有担当的题中之义。

典型的中国精神

航天成就是耀眼的中国奇迹，航天故事是极好的中国故事。面对世界，中国人不仅为中国航天的发展成就而感到自信，也能为航天精神的深厚博大及其力量的磅礴绵延而愈发自信。

中国航天白手起家，过去半个多世纪以来创造了令世界印象深刻的"创业"故事、"超越"故事。壮观并且能够被切身感受的航天成就，丰富并且感染了无数航天人、中国人的航天精神，凝聚着智慧和心血，诠释着光荣与梦想。有梦想才有力量，征途漫漫唯有奋斗，"科学有险阻，苦战能过关"，爱拼才会赢……这些积极的精神要素贯穿在航天精神之中，不仅对中国社会具有强大感召力，而且能够引发世界人民的共鸣。

今日之中国，世界之中国。历史和时代都证明，中国越发展，就越能为世界提供更多的机遇，就越有利于世界和平与发展。仰望星空，"天和"遨游，"北斗"定位，"嫦娥"奔月，"天问"探火，"祝融"驭火，"慧眼"观天，"资源"巡地，"墨子"窥微，"悟空"定睛，"张衡"遐思……浩瀚宇宙的征途，闪耀着中华民族的荣光，也给全人类带来了实实在在的福祉。

尤其是，许多航天器的名称来自古老中国的神话传说，以及杰出的古代科学家。这些名字不仅在中华文明史上，也在世界文明史上熠熠生辉。神话是文明的童年，许多文明都有飞天、揽月、摘星的故事流传，许多古老的壁画、文字记载以及口口相传的歌谣中都有对天空、对宇宙的美好想象，许多国家历史上的科学家、文学家都对头顶的穹庐与漫天的繁星进行了不懈的探索与讴歌。可以说，航天是深藏在全人类心灵深处的梦想。中国航天的成就，正在让这些令人骄傲的名字焕发"新生"，是历史的回响，正在吸引着更多的全球目光投向中国文化、探究中国文明，激发着穿透历史、跨越文明的深沉共鸣。

包容互鉴的真诚期待

中国航天致力于包容互鉴，敞开怀抱欢迎全球合作，并将"开放包容""合作共赢"等理念清晰地写入了航天精神。

中国发展航天，于内尊重劳动、尊重知识、尊重人才、尊重创造，重视技术民主，鼓励创新，强调对人的精神因素的有力引导与充分激发，让广大科技工作者在宽松的环境下履职尽责、研究探索，让活力绽放、让激情飞扬，让精神的力量厚积而薄发，流溢于事业发展的各个方面，出成果、出人才、出精神。

中国发展航天，于外积极推动航天技术有效融入社会治理、国家治理与全球治理，促进人的全面发展，促进世界各国的共同发展，不搞零和博弈，不搞技术垄断，反对霸权主义和强权政治，推动历史车轮在航天领域和人类探索太空的征程上始终沿着正确的方向、向着光明的目标前进。

在相当长一段时期，中国航天处于"后发"位置。中国在一定程度上享受到了有前路可循的"后发"优势，但与欧洲、日本不同，由于严苛的技术封锁，中国航天要搞研制、搞创新，在绝大多数时候"只知其然"而"不知其所以然"。没有"灯光"的指引，中国航天人就以大力协同、万众一心、协同攻坚的智慧为引，以自立自强、艰苦奋斗、创新超越的精神与奋斗为烛，照亮了前行的路，攀登上万仞的山，创造了"特别"的成就、"特别"的精神、"特别"的功勋，在世界航天史上开创了辉煌的中国篇章。

一直以来，中国航天从不"关门"，始终尽力寻求合作，真诚地期待包容互鉴。改革开放后，尤其是进入新时代以来，这种合作更加深入，包容互鉴的力度更大、更强。中国不仅致力于与有建树的航天国家开展合作，也致力于帮助广大发展中国家发展航天技术，扩展中国航天的"朋友圈"，壮大国际航天的"共同体"。

随着中国航天的快速发展，中国正在航天领域实现"并跑"和局部"领跑"。

眺望前路，越来越多的科技无人区横亘在远方。眺望星空，更加遥远的征途需要强大的合作力量。中国航天人从航天精神中寻找答案、汲取力量，既决心实现高水平科技自立自强，也真诚地期待与世界上更多的伙伴携手前进。

世界大同的美好憧憬

中国航天事业的发展、航天精神的所及，与为人类作贡献、期待世界大同的美好憧憬是一贯的。中华民族有着朴素而悠久的大同梦想，中国航天敞开怀抱、拥抱世界，积极开展国际合作，努力实现互利共赢。

航天成就和航天精神，与"和平、发展、公平、正义、民主、自由的全人类共同价值"① 高度一致。中国发展航天，完全出于和平的目的，是为了捍卫犹如"空气和阳光"的和平，是为了捍卫中国和全人类的共同利益和对和平的永恒期望。中国发展航天，是为了中国与世界的共同发展，不仅要造福中国人民，也要通过各种方式，致力于成果共享，促进共同发展，造福整个世界。中国发展航天，是为了让中国人民和世界各国人民更加公平地掌握航天技术、应用航天技术，享受现代科技带来的服务与便利，缩小横亘在南北之间的信息鸿沟，让公平的阳光洒遍世界。中国发展航天，是人类正义事业的重要组成部分，是为了建设和共享更加美好的世界。

"两弹一星"的成功，极大地增强了世界爱好和捍卫和平的力量，极大

---

① 2015 年 9 月 28 日，习近平在第七十届联合国大会一般性辩论时发表的讲话中指出："'大道之行也，天下为公。'和平、发展、公平、正义、民主、自由，是全人类的共同价值，也是联合国的崇高目标。目标远未完成，我们仍须努力。当今世界，各国相互依存、休戚与共。我们要继承和弘扬联合国宪章的宗旨和原则，构建以合作共赢为核心的新型国际关系，打造人类命运共同体。"之后，他多次提及全人类共同价值。2021 年 7 月 6 日，习近平在中国共产党与世界政党领导人峰会上发表主旨讲话，指出："各国历史、文化、制度、发展水平不尽相同，但各国人民都追求和平、发展、公平、正义、民主、自由的全人类共同价值。我们要本着对人类前途命运高度负责的态度，做全人类共同价值的倡导者，以宽广胸怀理解不同文明对价值内涵的认识，尊重不同国家人民对价值实现路径的探索，把全人类共同价值具体地、现实地体现到实现本国人民利益的实践中去。"详见《人民日报》刊发的有关报道。

地振奋了广大第三世界国家。周恩来当时特意叮嘱，要对我国第一颗人造卫星飞经各国首都上空的时间进行预报，一定要把这项工作准备好。①

改革开放后，中国航天开展了密切的国际合作，与巴西联合研制地球资源卫星，积极开拓国际市场，承接国际卫星发射任务，以开放心态搞载人航天工程。2003 年杨利伟搭乘神舟五号飞天时，在一本飞行手册的封底上，写下了一句质朴而又激扬的文字："为了人类的和平与进步，中国人来到太空啦！"

进入 21 世纪以来，中国航天积极推动整星出口，并持续扩大"走出去"步伐。北斗二号区域组网服务亚太，北斗三号全球组网服务寰宇，北斗三号是"我国为全球公共服务基础设施建设作出的重大贡献"②，新时代北斗精神昭示着"开放融合"的大国气度。从嫦娥探月到天问探火，中国致力于在探月和深空探测领域推进国际合作，探月精神有着"合作共赢"的重要内涵。火星探测、空间站建造是中国为人类和平利用太空作出的开拓性贡献。通信卫星在静止轨道上联成了"星星桥"，遥感、气象卫星等俯瞰五大洲、四大洋，空间科学合作日益密切。这些还促进了人类对全球气候变化和重大自然灾害等挑战的共同应对。凡此种种，都是航天精神中为世界谋大同的理念反映，都是航天奋斗中致力于共建"一带一路"、推动构建人类命运共同体的实践贡献。

中国人民不仅希望自己过得好，也希望各国人民过得好。立足当下、面向未来，中国航天人将在党的领导下，以航天精神为引领，继续开放融合、合作共赢，在包容互鉴中促进共同发展，为人类和平发展的崇高事业、为了全人类的共同福祉而作出更大贡献。

---

① 参见张钧主编：《当代中国的航天事业》，中国社会科学出版社 1986 年版，第 257 页。
② 《中共中央国务院中央军委对北斗三号全球卫星导航系统建成开通的贺电》，《人民日报》2020 年 8 月 1 日。

第二十一章 深刻的经验启示

习近平指出:"一个没有精神力量的民族难以自立自强,一项没有文化支撑的事业难以持续长久。"① 深厚博大的航天精神,以其磅礴绵延的力量,引领推动中国航天事业在艰辛探索中起步、在封锁打压中发展、在后发追赶中壮大、在跨越发展中突破。其中蕴含着重要的经验与启示。

归结起来就是:要坚持党的坚强领导、增强志气骨气底气、统筹物理事理人理,把握发展规律大势,统一思想、统一意志、统一行动,始终沿着正确的方向坚定前行。

第一节 坚持党的坚强领导,不忘初心、矢志报国

航天精神是航天事业对党的伟大精神的继承与发展,有着深厚的精神渊源,贯穿着"为中国人民谋幸福、为中华民族谋复兴"的初心和使命,蕴含着深广的精神力量。

了解历史才能看得远,永葆初心才能走得远。我们党凭着那么一股革命加拼命的强大精神,历经百年而风华正茂,饱经磨难而生生不息。中国共产党一经成立,就把为中国人民谋幸福、为中华民族谋复兴确立为自己的初心和使命,就把实现共产主义作为党的最高理想和最终奋斗目标,就同中国人民和中华民族的前途命运紧密联系在一起,义无反顾地肩负起实现中华民族伟大复兴的历史使命。毛泽东 1944 年在《为人民服务》一文中说:"我们都

---

① 习近平:《在同各界优秀青年代表座谈时的讲话》,《人民日报》2013 年 5 月 5 日。

是来自五湖四海，为了一个共同的革命目标，走到一起来了。我们还要和全国大多数人民走这一条路。"[1] 新中国成立后，中国共产党团结带领中国人民开展社会主义革命，进行社会主义建设，创建并发展航天事业。老一代航天人听党话、跟党走，热爱祖国、矢志报国，自力更生、艰苦奋斗，继承弘扬"那么一股革命加拼命的精神"，一切为了祖国、为了人民，付出了艰苦努力。钱学森说："我本人只是沧海之一粟，渺小得很。真正伟大的是中国人民，是中国共产党，是中华人民共和国！"

使命因艰巨而光荣，人生因奋斗而精彩。航天人从未忘记来路，从未忘记初心，而是始终坚持党的领导，以国为重，坚决服从服务于国家战略，坚决完成好各项航天重大工程任务，推动航天事业日新月异，推动航天精神日新常新。党的十八大以来，新时代航天人以推动航天强国建设为使命责任，传承航天"三大精神"，大力弘扬探月精神和新时代北斗精神，孜孜不息地探索创新，团结一致地砥砺奋进，在与航天事业一起成长的征程上，不断刷新着人生价值的高度和事业发展的高度。

深厚博大的航天精神及其力量深刻启示我们，必须在中国共产党的坚强领导下，践行初心、担当使命，以人民对美好生活的向往为奋斗目标，与国家发展同频共振，让思想更加统一，以爱国报国之情引领"强国有我"的实际行动。

必须坚持中国共产党的坚强领导。办好中国的事情，关键在党。党政军民学，东西南北中，党是领导一切的。航天精神由中央明确提出并大力倡导，反映了党的意志，在政治上立得住，在实践中作用久，为引领航天事业发展、推动航天强国建设、坚持和发展中国特色社会主义增添了强大精神力量。在党中央的直接领导下，在航天精神的引领下，航天队伍始终与党同心同向，坚决贯彻执行党的路线方针政策和党中央重大决策部署，航天事业发展方向统一、发展目标明确、发展成果丰硕，不断从胜利走向新的胜利。

---

[1] 《毛泽东选集》第三卷，人民出版社 1991 年版，第 1005 页。

必须践行以人民为中心的发展思想。人民是历史的创造者，是真正的英雄。要紧紧依靠群众创造历史，尊重人民首创精神。航天精神是基于航天队伍和广大人民群众为了推动航天事业发展而进行的广泛实践而来的，彰显了人民幸福和民族复兴的价值理想，具有深厚的群众基础与强大的感召力、引领力。在航天精神的引领下，航天队伍为了让发展成果更多更公平惠及全体人民、推动构建人类命运共同体而勇往直前，航天事业前景无限。

必须坚持以国家战略需求为导向。科学的畅想只有转化为国家意志，才能焕发更加夺目的光彩。航天精神有着大气魄、大格局，引领航天事业主动服务和融入国家重大发展战略，引领一代代航天人自觉把个人的理想追求融入党和国家事业之中。从"我们也要搞人造卫星"到"中国必须在世界高科技领域占有一席之地"，从启动"921"工程到探月工程列入重大科技专项，再到习近平提出"我们不懈追求的航天梦"，党领导航天队伍以梦为马，以深厚博大的航天精神为动力，为了迅速赶上世界科学先进水平，为了在领域前沿占有一席之地、推进科教兴国战略、建设创新型国家，为了建设世界创新强国而顽强拼搏、接续奋斗。

必须坚定报国志向与强国信念。孙中山说，做人最大的事情，"就是要知道怎么样爱国"。习近平指出："对每一个中国人来说，爱国是本分，也是职责，是心之所系、情之所归。"① 航天精神所有内容的来源和一切力量的生发，都是以爱国主义为出发点的；爱国主义是民族精神的核心，也是航天人最宝贵的精神薪火。航天人秉承"用成功报效祖国、用卓越铸就辉煌"的理念，将报国作为最强烈的意愿表达。爱国报国是一体的，爱国才会报国，报国必然爱国，爱国、报国方能强国。只要高举爱国主义的伟大旗帜，中国人民和中华民族就能在改造中国、改造世界的拼搏中迸发出排山倒海的历史伟力，向着建设航天强国和社会主义现代化强国的目标持续进发。

---

① 习近平：《在纪念五四运动 100 周年大会上的讲话》，《人民日报》2019 年 5 月 1 日。

第二节　增强志气骨气底气，坚定自信、自立自强

航天精神深厚博大、内涵丰富，深刻反映了党领导航天队伍把握时代脉搏、矢志自立自强、引领事业前进的卓绝奋斗，彰显了发展航天事业、科技事业和中国特色社会主义伟大事业应该具有的志气骨气底气。

自信人生二百年，会当击水三千里。习近平指出："当今世界，要说哪个政党、哪个国家、哪个民族能够自信的话，那中国共产党、中华人民共和国、中华民族是最有理由自信的。"① 文化自信，是更基础、更广泛、更深厚的自信。中华民族是伟大的民族，在漫长的历史进程中创造了独树一帜的灿烂文化，只是近代落后了，但终将并且正在奋起、回到原来的位置。新中国是无数革命先烈用鲜血和生命铸就的，航天事业是一代代航天人和全国人民团结一心、接续奋斗实现的。红色政权来之不易，新中国来之不易，中国特色社会主义来之不易，中国航天事业来之不易。杨利伟感慨道："航天是一项非常艰苦的工作，同时也是让我们感到非常骄傲和自豪的工作。"正因为"感到非常骄傲和自豪"，一代代航天人毅然地选择了航天，选择了奋斗与奉献；通过奋斗与奉献，航天事业持续发展，提供了越来越强大的自信力量。在中国空间站，不仅操作界面是中文，而且设计文件、航天员操作手册、天地间协同程序以及故障处置说明等也都是中文。面对好奇与提问，空间站系统总设计师杨宏说："中文是我们的母语，是世界上最美、最简洁的语言。中国人设计的空间站当然要用中文。"

苟日新，日日新，又日新。习近平指出："走自己的路，是党的全部理论和实践立足点，更是党百年奋斗得出的历史结论。"② 中国特色社会主义是实现中华民族伟大复兴的正确道路，改革创新始终是鞭策我们在改革开放中与时俱进的精神力量。创新是引领发展的第一动力，要坚持创新在我国现代

---

① 《习近平谈治国理政》第二卷，外文出版社 2017 年版，第 36 页。

② 习近平：《在庆祝中国共产党成立 100 周年大会上的讲话》，人民出版社 2021 年版，第 13 页。

化建设全局中的核心地位。科技立则民族立，科技强则国家强，要把科技自立自强作为国家发展的战略支撑。事业发展与科学成就，都离不开精神支撑。航天精神是中国特色航天发展道路在精神文化层面的突出体现，蕴含着改革创新的鲜明时代气质，引领中国航天事业在一穷二白的基础上创建，在奋起直追的过程中攀登，取得了辉煌成就，对科技事业乃至党和国家事业全局都产生了重要影响，并且正在有力地推进自主创新事业和向世界科技高峰攀登，开创更加美好的前景。

深厚博大的航天精神及其力量深刻启示我们，必须坚定"四个自信"，始终保持革命者的大无畏奋斗精神，树雄心、立壮志，涵养自立自强的傲骨，笃定体制优势带来的底气，让意志更加统一，以昂首阔步的姿态走好自己的路。

必须弘扬光荣传统、赓续红色血脉。习近平指出："一百年来，在应对各种困难挑战中，我们党锤炼了不畏强敌、不惧风险、敢于斗争、勇于胜利的风骨和品质。这是我们党最鲜明的特质和特点。"① 这种鲜明的政治品格在航天精神中一以贯之，本色不改、薪火相传，是成就航天精神之"深厚博大"的重要依据。从航天"三大精神"到探月精神、新时代北斗精神，一以贯之地激励着一代代航天人强志气、硬骨气，敢于战胜一切艰难险阻，勇于攀登航天科技高峰，让中国人探索太空的脚步迈得更稳更远。

必须矢志走好自主创新的自力更生之路。独立自主、自立自强是中国航天事业不断突破超越的根本途径，是航天精神一以贯之的重要内核。只有自力更生、自主创新，才能攻克一项项核心技术、关键技术，才能取得一个个里程碑式的成就。航天事业自创建以来，始终面临着发达国家严格的高技术出口限制政策，面临着各种打压、遏制与封锁。航天队伍弘扬航天精神，摒弃幻想，凭借不屈的骨气和非凡的智慧，突破并掌握一大批具有自主知识产权的关键核心技术，逐步实现了关键元器件自主可控，从根本上改变了关键

---

① 习近平：《在党史学习教育动员大会上的讲话》，人民出版社 2021 年版，第 19 页。

技术和产品受制于人的被动局面，把进入太空、利用太空的主动权牢牢地掌握在自己手中。

必须着眼于充分发挥社会主义制度优势。社会主义制度能够集中力量办大事的制度优势，有力保证了从"两弹一星"到载人航天、北斗导航、月球及深空探测等航天重大工程的组织开展，保证了任务成功。这是航天事业发展的重要底气。"大力协同""万众一心"等深刻反映了在党的领导下，全国一盘棋、全国人民大力支持航天事业发展，形成了发展航天事业的共同意志、共同行动。"协同攻坚"反映了在社会主义市场经济条件下，发挥新型举国体制优势能够打赢关键技术攻坚战，能够为攀登战略制高点、提高我国综合竞争力、保障国家安全提供强有力支撑。

必须保持战略定力、一张蓝图绘到底。从航天"三大精神"到探月精神、新时代北斗精神，形成的时代跨越半个多世纪，但它们完整连贯，内在地一脉相承，还将继续发展下去。这既是发展航天事业必须久久为功的实践特点决定的，也引领着航天队伍发扬钉钉子精神，一代接着一代埋头苦干、担当奉献。从创建航天事业到建设航天强国，中国共产党坚定不移推动航天事业发展，始终保持坚韧的历史耐心和战略定力；从社会主义建设时期到改革开放后，尤其是进入新时代，一代代航天人展现了功成不必在我的精神境界，展现了功成必定有我的历史担当，用奋斗书写华章，让梦想照进现实。

第三节 统筹物理事理人理，尊重知识、尊重人才

航天精神的发展及其深厚博大的内涵，是中国航天运用系统工程理论在精神文化层面的重要体现，统摄开展航天活动的主体、客体和方法，指明了航天事业应该如何系统发展的问题，既是科学求实的，也是以人为本的。

系统观念是马克思主义基本原理的重要内容，是具有基础性的思想和工作方法。钱学森在1978年撰文指出：相当于处理物质运动的物理，运筹学

也可以叫作事理。① 后经学者探讨深化，加上了人理，形成了"物理—事理—人理"方法。② 这是一种由中国人提出并完善的系统方法论，具有广泛的适用性。基于这个视角，航天精神一方面厚植于航天科技探索与工程实践，贯穿着理性的思维与原则；另一方面又是人作为劳动者和共同体成员所认同、遵循、践行和发展的理念，反映了主观的、精神层面的认识。航天精神的内涵，主要是对实践过程的引导性表述，而非目标式、愿景式的，强调的是人应该如何认识时空环境、把握物质条件，在精神上应该具备怎样的状态，在管理中应该秉持怎样的思维，在实践中应该践行怎样的方法。这些内涵生发于共同体的组织化实践，体现了科学技术实践与工业集体化实践相结合的特点，具有深植的文化惯性，承载了深厚的共同记忆，并在影响强化的过程中形成了普遍的倡导甚至是约束效力。这种"怎么干"的规范，完成了对既有实践历程的整体性抽象，能够穿透时空界限，对航天各级各类组织，对航天事业发展的各个阶段都具有引领意义，并可以为社会其他行业所广泛借鉴。

人世间的一切成就、一切幸福都源于劳动和创造。劳动光荣，创造伟大。邓小平指出："一定要在党内造成一种空气：尊重知识，尊重人才。"③ 习近平多次强调，尊重劳动、尊重知识、尊重人才、尊重创造，是党和国家的一项长期方针，全社会都要贯彻这一重大方针。航天精神生发于群众的劳动

---

① 参见钱学森、许国志、王寿云：《组织管理的技术——系统工程》，《上海理工大学学报》2011 年第 6 期。

② 1979 年，美籍著名系统工程专家李耀滋在给钱学森的回信中，很同意"物理"和"事理"的提出，并建议再加上"人理"（他加了一个英文单词 motivation）。20 世纪 80 年代中期，顾基发在讲授系统工程时发现领导干部的"人理"确有其所长，但他们有时缺乏自然科学和管理科学方面的知识，因此就将"物理""事理""人理"放在一起，提出一个好的领导干部应该"懂物理、明事理、通人理"，只有把三者有机地融合在一起才能解决一些复杂的社会问题。这正是"物理—事理—人理"系统方法论的出发点之一。"物理—事理—人理"系统方法论译作 Wuli-Shili-Renli System Approach，因此也被简称为"WSR 系统方法论"或"WSR 方法论"。参见顾基发、唐锡晋：《物理—事理—人理系统方法论：理论与应用》，上海科技教育出版社 2006 年版，第 8、12 页。

③ 《邓小平文选》第二卷，人民出版社 1994 年版，第 41 页。

与创造，坚持以人为主体，强调激发积极的精神要素、规范履职的担当作为、鼓励逐梦的探索创新，彰显着对人的充分尊重和对价值的不懈追求。这使得航天精神不仅蕴含着磅礴绵延的力量，而且具有打动人心的魅力。随着航天事业的发展，从航天"三大精神"到探月精神、新时代北斗精神，航天精神在不断孕育、凝练与倡导中，前后递进、互为整体地实现了薪火传承与发扬光大，在航天领域乃至全社会都产生了广泛而深远的影响。

深厚博大的航天精神及其力量深刻启示我们，必须把握"物"，面对浩瀚无比的星空，开展永无止境的探索，以创新驱动发展；厘清"事"，强化系统观念，活用系统工程；强调"人"本身，着力提升组织化协作水平，激发能动性与创造力，以更加统一的行动，充分释放活力与智慧。

必须持续探索、不断创新。人类在浩瀚的宇宙面前是渺小的，探索浩瀚太空永无止境，攀登科技高峰任重道远。航天工程系统十分复杂、技术高度密集、风险性很高、研制周期较长，必须发扬探索精神，在不畏艰险、攻坚克难中一步一个脚印地前进；必须发扬创新创造精神，敢于走别人没有走过的路，在自主创新、追求卓越中抢占未来科学技术制高点，使中国人探索太空的脚步迈得更大、更远。在航天精神的引领下，中国航天走向越来越深远的空间，越来越广泛地应用空间资源，在人类攀登科技高峰征程中不断刷新着中国高度，让中华民族更好地走向未来。

必须坚持系统观念。航天系统工程的理论与方法最早由钱学森提出，其关键与精髓是改造世界。这是中国航天最富特色的组织管理形式，在航天事业发展中发挥了不可替代的作用。航天精神贯穿着系统思维，是中国航天发展道路与体制机制的结晶。用深厚博大的航天精神指引创新探索、引领事业发展，是航天队伍谋事、干事、成事的重要经验；要让事业取得更大发展，就必须继续发挥精神的力量。无论是强调精神因素、凝练理念内涵，还是鼓舞奋进力量、推动事业向前，都应善于运用系统观念，坚持统筹兼顾、协调推进。既要重视科学知识，也要重视人文关怀，既要激励促进，也要规范约束，努力做到前瞻性思考、全局性谋划、战略性布局、整体性推进相统一。

必须重视组织队伍建设。在现代化科学技术活动中，个人须在组织协作中方能尽展其才。航天精神是航天科技工作者共同的气质表达，航天精神的力量通过共同的奋斗得以实现。必须重视人，重视人才队伍建设，重视队伍的团结统一，重视体制机制建设，发挥集体与组织的作用。这是中国航天事业发展的重要经验，也是传承和弘扬航天精神的重要经验。钱学森常讲："一切成就归于党，归于集体。这不是一句空话，而是我的切身感受。"中国航天高度重视人文关怀，坚持深化人才池和人才链建设，逐渐形成研发创新、科研、领导干部、专业化管理、技能等为代表的五支人才队伍，深化科学管理，建立健全了组织管理体系，实现了知识、经验、作风、精神等的良好传承，让航天领域人才辈出。一代代航天人在航天事业的广阔舞台上实干担当，在备受尊重的良好环境中共同奋斗，践行航天精神，致广大而尽精微，极卓越而成大事，不断开创事业发展新局面。

加强思想政治工作是航天精神凝聚人心、焕发力量的重要机制。在中国航天事业中，通过坚持"引领正确政治方向、引领改革发展方向、引领航天精神传承"，做到"人在哪里，思想政治工作就做到哪里；任务在哪里，思想政治工作就延伸到哪里"，航天精神在系统宣传、系列活动和日常工作中持续穿透；通过深入进研究室、进班组、进研制现场、进发射场，航天精神得到了每一位航天人的强烈认同，融入血液、浸入骨髓，并在接续奋斗中代代传承。思想政治工作的优势也由此加快转化为事业发展的胜势。中国航天事业浸润在航天精神的充足养分中，拥有了不竭的发展动力，持续创造着非凡的奇迹。思想引领、政治保证、精神支撑，是中国航天快速发展的成功密码，是中国航天最显著的特色。

精神的传承看青年，事业的未来在青年。要让航天精神朝气蓬勃、航天事业后继有人，尤其要加强航天青年人才队伍建设，用好青年，做好青年工作，用事业吸引人、凝聚人，让一代代航天青年迅速成长起来，担当时代重任。2019年，习近平在纪念五四运动100周年大会上特别指出："航天报国的嫦娥团队、神舟团队平均年龄是33岁，北斗团队平均年龄是35岁。这样的青年英杰数不胜数！"①美国国家航空航天局前局长米切尔·格里芬曾经感慨，中国航天最令人羡慕的地方在于它所拥有的一大批年轻科学家和工程师。②

第四节　把握发展规律大势，放眼时代、拥抱世界

深厚博大的航天精神，深刻反映了党在领导航天事业发展中，从中国实际出发、洞察时代大势、把握历史主动的系统实践，具有全球视野，彰显了中国航天事业不仅造福中国人民，也要增进人类福祉的宽阔视野与博大胸怀。

"虽有智慧，不如乘势。"习近平指出："历史发展有其规律，但人在其中不是完全消极被动的。只要把握住历史发展规律和大势，抓住历史变革时机，顺势而为，奋发有为，我们就能够更好前进。"③要坚持马克思主义基本原理，善于从历史长河、时代大潮、全球风云中分析演变机理、探究历史规律，提出因应的战略策略，增强工作的系统性、预见性、创造性。进入 20 世纪 50 年代，航天科技在世界上已有深厚积累，苏联、美国展开角逐并推动航天成为现实。新中国成立后，党领导人民完成社会主义革命，确立社会主义基本制度，推进社会主义建设；与此同时，一大批科技人才回国报效，带回了先进的知识和理念。中国的航天事业应运而生。党领导老一代航天人自力更生、发愤图强，取得了"两弹一星"的胜利。20 世纪八九十年代，改革开放解放了生产力、打开了国门，"第三次浪潮"带来了新的机遇与挑战，发展高技术、上马载人航天工程成为决策共识并付诸实践。进入新时代，中国日益走近世界舞台中央，有能力也有责任在全球事务中发挥更大作

---

① 习近平：《在纪念五四运动 100 周年大会上的讲话》，《人民日报》2019 年 5 月 1 日。

② 参见刘云、李树、刘吕吉：《中国青年工程师群体对中国及世界的影响》，《中国青年研究》2013 年第 7 期。

③ 习近平：《在党史学习教育动员大会上的讲话》，人民出版社 2021 年版，第 14、13 页。

用，北斗闪耀、泽沐八方，嫦娥探月汇聚多方智慧，空间站建造面向全球开放合作。航天精神一方面以内涵的丰富发展，深刻反映了在历史演进中时代气息的演变；另一方面以内核的一以贯之，深刻体现了发展航天事业必须采取的科学方法、必须遵循的科学规律、必须具备的精神面貌。换言之，航天精神因事业之伟大、随时代之发展而深厚博大，又因把握规律、顺应大势而磅礴绵延。

开放带来进步，封闭必然落后。中国航天事业的发展离不开世界，世界航天事业的进步也需要中国。在"跟跑"阶段，只有选择与领先的国家相同或相近的、被证明是正确的发展路线，尽可能地借鉴、引进、吸收人类共同的智慧成果，才能有效地节约成本，尽快有所建树；否则就会一步落后、步步落后，付出越来越大的代价。在"并跑"直至"领跑"阶段，面对更加复杂的任务目标、更加尖端的技术要求、更加高昂的成本投入，面对越来越多的创新无人区，仅靠一国之力是难以为继的，必须携手合作。尽管中国航天事业长期以来遭受西方国家的封锁，但在党的领导下，我们始终站在历史正确的一边，坚持开放发展，积极开展国际航天合作。一路走来，不管形势和任务如何变化，不管遇到什么样的惊涛骇浪，这种信念都支撑着航天事业始终把握历史主动，锚定奋斗目标，沿着正确方向坚定前行，并凝练在航天精神的表达之中，突出地体现为"开放融合""合作共赢"等重要内涵。

深厚博大的航天精神及其力量深刻启示我们，必须在统一思想、统一意志、统一行动的基础上，统筹谋划、科学施策，以接续奋斗的担当与开放包容的格局，构筑更加主动的精神力量，不仅要"使之变成不可限量的物质创造力"，更要推动其与时俱进地实现创新性发展。

必须实事求是、顺势而为。发展航天事业需要深厚的国力基础和强大的科技实力作为支撑，必须立足发展实际，战略谋划、科学规划，推动实现高质量发展。航天精神适应了航天作为典型的大科学、高技术，作为规模庞大的科技工程等特点，是立足中国国情和时代特点的实践反映与精神引领，彰显了实事求是的作风。中央明确提出的航天精神，主要是基于航天重大工程实践而来的，具有典型的代表性，是时代呼唤、社会认可、广受推崇的精神，并由此具有了更强的事业引领力和时空穿透力。发挥精神的力量，要与"坚持面向世界科技前沿、面向经济主战场、面向国家重大需求、面向人民生命健康，不断向科学技术广度和深度进军"① 等要求密切结合起来，这样才能更好地肩负起光荣历史使命，加快实现高水平科技自立自强。

必须坚持问题导向与底线思维。问题是时代的声音，无处不在、无时不有。航天精神内涵的凝练立足于历史与时代的实践，正确分析了各阶段发展航天事业、推进航天重大工程面临的主要矛盾，抓住了要解决的关键问题，引领了事业的发展进步。航天精神没有全面罗列发展航天事业所需的各种品质，而是选取了最重要、最核心、最有针对性、最能解决问题的要素作为主要内涵。中国航天事业的发展，历经并将继续面对各种可以预见和难以预见的风险挑战，航天精神为此提供了科学的应对方法，以精神的引领实现了力量的充分调动，打的是有准备、有把握之仗，从而把事业发展的主动权牢牢掌握在中国人自己的手中。

必须着眼长远、用实干开创未来。一代人有一代人的奋斗，一个时代有一个时代的担当。发展航天事业是一场接力跑，在深厚博大的航天精神引领下，一代代航天人一棒接着一棒跑，每一代人都致力于为下一代人跑出一个好成绩。星空浩瀚无比，探索永无止境，国际航天竞争十分激烈残酷。每一代航天人都树雄心、立壮志，提出豪迈宣告。豪情诚可贵，实干价更高，伟大事业都成于实干。实干担当是航天队伍的优良传统。在自力更生、艰苦奋斗的实践中，在特别能战斗、特别能吃苦的作为中，在追求卓越、追逐梦想的奋斗中，航天队伍发扬将革命进行到底的精神，不仅发展了航天精神，迎来了未来，而且将继续开创未来、拥抱未来。

必须高举和平、发展、合作、共赢旗帜。航天精神从一开始就确定了

---

① 《习近平主持召开科学家座谈会强调　面向世界科技前沿面向经济主战场　面向国家重大需求面向人民生命健康　不断向科学技术广度和深度进军》，《人民日报》2020 年 9 月 12 日。

"自力更生为主，力争外援和利用资本主义国家已有的科学成果"的基调；改革开放后，尤其是进入新时代以来，航天事业在"引进来"和"走出去"中博采众长、为我所用。航天精神由此兼收并蓄、开阔旷达，引领航天事业擎举起和平、发展、合作、共赢的旗帜，在大时代中迎来更大的发展空间。大时代需要大格局，大格局呼唤大胸怀。置身人类发展大潮流、世界变化大格局，航天事业需要航天精神以内涵丰富与力量勃发，引领发展、指引奋斗。

这些经验与启示弥足珍贵，让我们充满自信、胜券在握，引领我们敢于斗争、敢于胜利。无论何时，不管条件如何变化，我们都要矢志不移地把航天精神运用好、传承好、发展好，在砥砺奋进的征途上凝聚起更加磅礴绵延的精神的力量，努力为党和人民赢得更加伟大的胜利和荣光！

结　语

习近平指出："中国人民在长期奋斗中培育、继承、发展起来的伟大民族精神，为中国发展和人类文明进步提供了强大精神动力。"[①]"一百年来，中国共产党弘扬伟大建党精神，在长期奋斗中构建起中国共产党人的精神谱系，锤炼出鲜明的政治品格。"[②]航天精神是伟大民族精神和中国共产党人精神谱系的重要组成部分，从深厚的精神渊源中孕育，在光荣的奋进征程中铸就，寄托着党和人民的期待与愿景，蕴含着磅礴绵延的精神力量。

60 多年来，在党的领导下，在全国人民的支持下，在航天精神的引领下，一代代航天人在历史前进的逻辑中求索，在时代发展的潮流中奋斗，在科技进步的规律中攀登，作出了巨大贡献，建立了卓越功勋，推动航天事业从无到有、从创建到发展，让中国从拥有"两弹一星"到成为航天大国、走向航天强国，让中华民族底气更足、腰杆更硬、说话更有分量。

科技成就从来离不开精神的支撑。仰望星空，中国发射的数百颗卫星、航天器正在稳定运行，播撒下熠熠的星光。与之相辉映，航天精神的光芒同样闪耀，并照亮了中国航天事业的求索之路、奋斗之路、攀登之路，引领中华民族迈出了探索浩瀚宇宙的坚毅步伐。

在社会主义建设的探索中，在激情燃烧的难忘岁月里，老一代航天人赓续红色血脉，发扬航天传统精神和"两弹一星"精神，热爱祖国、自力更生，成功掌握了"两弹"技术，搞成了东方红一号卫星，开辟了中国航

---

① 习近平：《论党的宣传思想工作》，中央文献出版社 2020 年版，第 296 页。

② 习近平：《在庆祝中国共产党成立 100 周年大会上的讲话》，人民出版社 2021 年版，第 8 页。

天的新纪元。

改革开放后，在波澜壮阔的时代进程中，新时期的航天人传承优良作风，发扬载人航天精神，坚守不渝、科学求实，以"特别"的意志和"特别"的精神，造出了神舟飞船，将中国航天员送入太空，放飞了许多卫星，广泛服务国计民生，把我国建设成了航天大国。

进入新时代以来，在风雨无阻的努力奔跑中，在以习近平同志为核心的党中央坚强领导下，新时代的航天人大力弘扬航天"三大精神"，践行探月精神，发扬新时代北斗精神，追求卓越、追逐梦想，让"北斗"高质量服务全球，让"嫦娥"落虹湾、登月背、挖"土"回，让中国人首次留印火星、中国空间站遨游天河，用航天技术为人民创造更加美好的生活，推动航天事业再攀高峰、造福人类，向着航天强国梦想阔步前进。

越是伟大的事业，越是充满挑战，越需要知重负重。同困难作斗争，是物质的角力，也是精神的对垒。中国航天事业的创建与发展，与其他国家具备的条件和面临的情况有着很大的不同，从一开始就只能选择独立自主、自力更生的发展道路，只能完全依靠自己，在摸索中前进，在创新中发展。历经社会主义建设时期、改革开放新时期，跨入新世纪，进入中国特色社会主义新时代，中国航天事业一路走来，遭遇了无数艰难险阻，经历了无数严峻考验，但总能斩关夺隘、勇往直前。从老一代航天人开始，几代航天队伍始终热爱祖国、信念坚定，始终自强不息、艰苦奋斗，始终自立自强、创新超越，以"越是艰险越向前"的英雄气概和"敢教日月换新天"的昂扬斗志，百折不挠，砥砺奋进。试想，如果没有航天精神作为支撑和引领，中国航天事业怎么可能取得这样的卓越成就？怎么可能迎来这样的大好局面？

习近平指出："生命有限，很多英雄模范人物崇高精神的形成过程也是有限的，但形成了一种宝贵精神财富，是一个永恒的定格。焦裕禄精神，同井冈山精神、延安精神、雷锋精神、红旗渠精神等都是共存的。任何一个民族都需要有这样的精神构成其强大精神力量，这样的精神无论时代发展到哪一步都不会过时。"① 对应到航天精神，从航天传统精神、"两弹一星"精神、载人航天精神，到探月精神、新时代北斗精神，这些由中央明确提出并大力倡导的精神，都是党领导航天人在具体时空的奋斗中凝练形成的，这种形成过程也是有限的；但这些精神的力量和影响是永恒的，"过去是、现在是、将来也是我们党的宝贵精神财富"。

在整体意义上，航天精神又是一个不断发展的、生动的、开放的系统，处于不断升华的动态变化中。中国共产党始终决心发展航天事业，中国人民坚定支持发展航天事业，中华民族矢志不移探索浩瀚宇宙。中国航天事业的发展无止境，航天精神的形成发展无止境。在航天"三大精神"和探月精神、新时代北斗精神之后，新的、具体的航天精神还将在新的时代气象里、新的砥砺奋进中得到孕育与锻造，既传承航天精神的内核，又反映阶段性的航天成就与发展经验，反映新一代航天人的精神特质与昂扬面貌。这些鲜活的航天精神必然在未来继续涌现，融入航天精神的系统，与已有的航天精神共存，并一起迸发出更加强大的精神力量。

天地有正气，浩然塞苍冥。中华民族的伟大民族精神和中国共产党人的伟大精神，感天动地、震天撼地，深厚持久、永放光芒。航天事业是中国人民仰望无垠星空、探索浩瀚宇宙的奋斗，通过这种奋斗，充盈于航天精神中的浩然正气从"天地之间"被播撒到"天地之外"。随着"东方红、太阳升"的激越旋律，随着通天盖地的卫星信号，随着神舟飞船、中国空间站等实现"巡天遥看一千河"的梦想，随着嫦娥、天问等加入"星河欲转千帆舞"的风景，航天精神的力量流淌到太空之中，让伟大民族精神和党的伟大精神具有了更加广阔的时空外延，亘永而无穷。

60多年来，中国航天获得了巨大发展；但太空探索永无止境，航天攻关任重道远。征途漫漫，唯有奋斗。今后，我们要努力高质量保证成功、高效率完成任务、高质量推进航天强国和国防建设，努力实现高质量发展，为实

---

① 习近平：《党的伟大精神永远是党和国家的宝贵精神财富》，《求是》2021年第17期。

现航天梦而奋勇拼搏，创造出让世界刮目相看的更大奇迹，为实现中华民族伟大复兴作出应有的贡献。这是一个伟大的任务，充满了坎坷与挑战；但有航天精神的引领，我们一定能够实现它。

科技是无尽的前沿，航天是无垠的未来。中华民族对时间的理解，不是以十年、百年为计，而是以百年、千年为计。到 21 世纪中叶，实现了航天强国目标，攀上梦想的高峰之后，再向前看，眺望更加遥远的未来，我们的未来是无限的可能。到那时，航天人将继续不懈地奋斗，努力创造更加伟大的航天科技发展成就，让中华民族探索浩瀚宇宙的脚步迈得更大、更远，并创造更加灿烂的航天文化、航天文明，造福中华民族，造福全人类。

光芒指引、力量驱动。在永无止境的探索征途中，航天精神将永远地照亮前程、照亮未来、照亮梦想。以航天精神为引领，一代又一代航天人必将在薪火相传中，不断受到精神的滋养与力量的鼓舞，永远地奔跑向前、奋斗向前、攀登向前，无往而不胜！

主要参考文献

一、经典著作与重要文献

《马克思恩格斯选集》第 1 卷，人民出版社 2012 年版。

《毛泽东选集》第 1—4 卷，人民出版社 1991 年版。

《毛泽东文集》第 1—8 卷，人民出版社 1993—1999 年版。

《毛泽东年谱(一九四九——一九七六)》第 1—6 卷，中央文献出版社 2013 年版。

《周恩来选集》（上、下），人民出版社 1984 年版。

《周恩来年谱(一九四九——一九七六)》(上、中、下)，中央文献出版社 2020 年版。

《邓小平文选》第 1—3 卷，人民出版社 1994 年、1993 年版。

《邓小平年谱（一九七五——一九九七)》（上、下），中央文献出版社 2004 年版。

《江泽民文选》第 1—3 卷，人民出版社 2006 年版。

《胡锦涛文选》第 1—3 卷，人民出版社 2016 年版。

《习近平谈治国理政》第 1—3 卷，外文出版社 2018 年、2017 年、2020 年版。

《习近平关于科技创新论述摘编》，中央文献出版社 2016 年版。

《习近平关于实现中华民族伟大复兴的中国梦论述摘编》，中央文献出版社 2013 年版。

习近平：《论党的宣传思想工作》，中央文献出版社 2020 年版。

习近平：《在党史学习教育动员大会上的讲话》，人民出版社 2021 年版。

习近平：《在中国科学院第二十次院士大会、中国工程院第十五次院士大会、中国科协第十次全国代表大会上的讲话》，人民出版社 2021 年版。

习近平：《在庆祝中国共产党成立 100 周年大会上的讲话》，人民出版社 2021 年版。

《毛泽东邓小平江泽民论弘扬和培育民族精神》，学习出版社 2003 年版。

江泽民：《论科学技术》，中央文献出版社 2001 年版。

《习近平新时代中国特色社会主义思想学习纲要》，人民出版社 2019 年版。

《中国共产党章程》，中国法制出版社 2018 年版。

《〈关于若干历史问题的决议〉和〈关于建国以来党的若干历史问题的决议〉》，

中共党史出版社 2010 年版。

《中共中央关于党的百年奋斗重大成就和历史经验的决议》，人民出版社 2021 年版。

《中国共产党历史》第 1—4 卷，中共党史出版社 2011 年版。

《中国共产党的九十年》，中共党史出版社、党建读物出版社 2016 年版。

《中国共产党简史》，人民出版社、中共党史出版社 2021 年版。

《中国共产党的历史使命与行动价值》，人民出版社 2021 年版。

《改革开放 40 周年大事记》，人民出版社 2018 年版。

《中华人民共和国大事记(1949 年 10 月—2019 年 9 月)》，人民出版社 2019 年版。

《中国共产党一百年大事记(1921 年 7 月—2021 年 6 月)》，人民出版社 2021 年版。

《中华人民共和国国民经济和社会发展第十四个五年规划和 2035 年远景目标纲要》，人民出版社 2021 年版。

《关于进一步弘扬科学家精神加强作风和学风建设的意见》，人民出版社 2019 年版。

《聂荣臻回忆录》（下），解放军出版社 1984 年版。

《刘华清回忆录》，解放军出版社 2004 年版。

中华人民共和国科学技术部编著：《中国科技发展 70 年：1949—2019》，科学技术文献出版社 2019 年版。

中央文献研究室中国道路课题组：《中国道路——马克思主义中国化经典文献回眸》，中央文献出版社 2011 年版。

中共中央办公厅调研室编：《新科技革命的趋势和对策》，法律出版社 1991 年版。

二、研究著作

《中国的航天》《2006 年中国的航天》《2011 年中国的航天》《2016 中国的航天》，人民出版社 2000 年、2006 年、2011 年、2017 年版。

张锡龄等：《邓小平科技思想研究》，辽宁人民出版社 1992 年版。

许先春、林振义：《江泽民科技思想研究》，浙江科学技术出版社 2002 年版。

刘亚东等：《春颂——邓小平同志与中国科技事业》，科学技术文献出版社 2004 年版。

刘亚东等：《春天长在　丰碑永存——邓小平同志与中国科技事业》，科学技术文献出版社 2004 年版。

张钧主编：《当代中国的航天事业》，中国社会科学出版社 1986 年版。

谢广主编：《当代中国的国防事业》（上、下），当代中国出版社 1992 年版。

于永波主编：《当代中国的国防科技事业》（上、下），当代中国出版社 1992 年版。

李觉等主编：《当代中国的核工业》，中国社会科学出版社 1987 年版。

武衡、杨浚主编：《当代中国的科学技术事业》，当代中国出版社 1992 年版。

薛伟民、章基嘉主编：《当代中国的气象事业》，中国社会科学出版社 1984 年版。

杨泰芳主编：《当代中国的邮电事业》，当代中国出版社 1993 年版。

左漠野主编：《当代中国的广播电视》（上、下），中国社会科学出版社 1987 年版。

《飞翔太空》征文编辑部：《飞翔太空——中国空间技术研究院二十年》，宇航出版社 1987 年版。

《天魂》编委会编著：《天魂：航天精神纪事》，中国宇航出版社 2012 年版。

《中国航天报》编著：《共和国往事》，中国宇航出版社 2020 年版。

《中国航天事业的生命线》编写组编：《中国航天事业的生命线》，宇航出版社 1996 年版。

白春礼主编：《当代世界科技》，中共中央党校出版社 2016 年版。

蔡桂林：《炎黄天梦——中国航天发展 50 年纪实》，漓江出版社 2003 年版。

曹静：《追星——风云气象卫星的前世今生》，气象出版社 2018 年版。

陈晓东等：《中国载人航天——从梦想到现实》，解放军文艺出版社 2003 年版。

邓宁丰主编：《天河圆梦》，中国宇航出版社 2004 年版。

邸乃庸：《梦圆天路：纵览中国载人航天工程》，中国宇航出版社 2011 年版。

方向明主编：《旗帜——航天"三大精神"学习读本》，中国宇航出版社 2020 年版。

冯春萍主编：《飞上九重天——中国航天两总群英谱》（谋略篇、星船篇），中国宇航出版社 2006 年版。

《冯鹏志讲稿》，中共中央党校出版社 2019 年版。

顾基发、唐锡晋：《物理—事理—人理系统方法论：理论与应用》，上海科技教育出版社 2006 年版。

国防科工委"两弹一星"精神研究课题组编著：《弘扬"两弹一星"精神　自主创新勇攀高峰》，党建读物出版社 2006 年版。

航天工业部征文办公室：《航天事业三十年》，中国宇航出版社 1986 年版。

郝立新等：《当代中国文化阐释：中国特色社会主义文化发展道路研究》，北京人民出版社 2020 年版。

侯光明等编著：《国防科技工业军民融合发展研究》，科学出版社 2009 年版。

胡才珍：《精粹世界史：20 世纪科技革命与世界历史进程》，中国青年出版社 1999 年版。

黄普明、卢俊：《通联天地——卫星通信知识问答》，中国宇航出版社 2019 年版。

霍有光：《钱学森年谱》（初编），西安交通大学出版社 2011 年版。

解放军总装备部政治部：《两弹一星——共和国丰碑》，九洲图书出版社 2000 年版。

科学时报社：《请历史记住他们——中国科学家与"两弹一星"》，暨南大学出版社 1999 年版。

李成智：《中国航天科技创新》，山东教育出版社 2015 年版。

李成智编著：《中国航天技术发展史稿》，山东教育出版社 2006 年版。

李传江、吕跃勇：《启梦航天》，哈尔滨工业大学出版社 2021 年版。

李鸣生：《千古一梦——中国人第一次离开地球的故事》，江西人民出版社 2015 年版。

李鸣生：《天路迢迢——中国火箭卫星发射纪实》，中共中央党校出版社 1995 年版。

李鸣生：《中国 863》，山西教育出版社 1997 年版。

李鸣生：《走出地球村——中国第一颗人造卫星上天记》，解放军出版社 2009 年版。

李选清、柳刚：《问天之路——中国航天发展纪实》，上海交通大学出版社 2018 年版。

梁小虹：《航天精神》，中国纺织出版社 2006 年版。

梁小虹主编：《中国航天精神辞典》，中共中央党校出版社 2021 年版。

梁小虹主编：《中国航天精神教程》，中共中央党校出版社 2019 年版。

刘戟锋、刘艳琼、谢海燕：《两弹一星工程与大科学》，山东教育出版社 2004 年版。

刘学礼主编：《两弹一星精神》，中共党史出版社 2020 年版。

骆郁廷：《精神动力论》，武汉大学出版社 2003 年版。

苗东升：《系统科学精要》（第 3 版），中国人民大学出版社 2010 年版。

《献身航天 造福人类：闵桂荣院士文集》，中国宇航出版社 2003 年版。

彭成荣：《航天器总体设计》，中国科学技术出版社 2011 年版。

戚发轫：《"神舟"首任总设计师讲述：中国航天的历程》，中国文史出版社 2019 年版。

《钱学森讲演录——哲学、科学、艺术》，九州出版社 2013 年版。

全国政协文史资料委员会、中国航天工业总公司合编：《中国航天腾飞之路》，中国文史出版社 1999 年版。

汝鹏：《科技专家与科技决策》，清华大学出版社 2012 年版。

石磊主编：《龙的腾飞——中国航天走向国际市场纪事》，中国宇航出版社 2011 年版。

孙家栋故事编写组：《孙家栋故事》，中国宇航出版社 2011 年版。

陶家渠：《系统工程原理与实践》，中国宇航出版社 2020 年版。

涂元季、莹莹：《钱学森故事》，解放军出版社 2011 年版。

王成斌、刘兆世：《钱学森总体设计部思想初探》，中国宇航出版社 2011 年版。

王建蒙：《星系我心——著名航天工程技术专家孙家栋》，中国宇航出版社 2010 年版。

王礼恒主编：《中国航天腾飞之路》，中国文史出版社 1999 年版。

《王希季院士文集》，中国宇航出版社 2006 年版。

温飞：《守望航天：神舟七号群英访谈录》，中国对外翻译出版公司 2008 年版。

文扬：《天下中华——广土巨族与定居文明》，中华书局 2020 年版。

吴季：《空间科学概论》，科学出版社 2020 年版。

吴杰明：《树立正确的祖国观、民族观、文化馆、历史观》，人民出版社 2021 年版。

徐福祥主编：《卫星工程概论》，中国宇航出版社 2003 年版。

徐晓延：《以国家的名义——中国航天发展全景纪实之星耀》，白山出版社 2015 年版。

薛惠锋：《系统工程思想史》，科学出版社 2014 年版。

严鹏：《简明中国工业史（1815—2015)》，电子工业出版社 2018 年版。

杨照德、熊延岭：《闵桂荣院士传记》，中国宇航出版社 2017 年版。

杨照德、熊延岭：《杨嘉墀院士传记》，中国宇航出版社 2014 年版。

叶培建：《走在路上》，北京理工大学出版社 2018 年版。

袁珂：《中国神话传说——从盘古到秦始皇》，人民文学出版社 1998 年版。

张岱年、程宜山：《中国文化精神》，北京大学出版社 2015 年版。

张国航：《中国航天体制的建构路径研究》，中国宇航出版社 2020 年版。

张建启主编：《航天使命》，五洲传播出版社 2019 年版。

张庆伟：《航天科技与可持续发展》，中国宇航出版社 2009 年版。

中国航天科技集团公司企业文化部、光明日报科技部：《飞向月球——我国首次月球探测工程纪实》，光明日报出版社 2008 年版。

中国航天科技集团公司企业文化部编：《航天人生：记航天科技战线上的共产党员》，中国宇航出版社 2005 年版。

中国航天科技集团有限公司党群工作部编：《新时代航天三大精神故事汇》，中国宇航出版社 2020 年版。

中国航天事业的 60 年编委会编：《中国航天事业的 60 年》，北京大学出版社 2016 年版。

中国航天事业发展的哲学思想编委会编：《中国航天事业发展的哲学思想（第二版）》，北京大学出版社 2016 年版。

中国航天文化的发展与创新编委会编：《中国航天文化的发展与创新》，北京大学出版社 2016 年版。

中华人民共和国科学技术部：《中国科技发展 70 年（1949—2019）》，科学技术文献出版社 2019 年版。

周武、石磊编著：《飞天圆梦——共和国 60 年航天发展历程》，中国大百科全书出版社 2009 年版。

朱丽兰：《当代高技术与发展战略》，云南科技出版社 1993 年版。

朱晴：《王希季院士传记》，中国宇航出版社 2014 年版。

三、论文

毛泽东：《要下决心搞尖端技术》，《党的文献》1996 年第 1 期。

《求是》杂志 2019 年第 1 期至 2021 年第 18 期刊发的习近平署名文章。

《当惊世界殊——中国航天发展纪实》，《神州》2006 年第 2 期。

《毛泽东笑着说：这是决定命运的》，《毛泽东思想研究》1998 年第 3 期。

陈雄：《大力弘扬探月精神》，《红旗文稿》2021 年第 2 期。

戴诗正：《具有中国特色的航天系统工程管理》，《系统工程与电子技术》1993 年第 12 期。

葛恒阳：《论市场经济条件下大学生在义利冲突中的价值取向及对策》，《教育与职业》2007 年第 33 期。

郭兆炜：《东方红一号：开天辟地启新元》，《太空探索》2020 年第 4 期。

胡增军、侯力军：《毛泽东发展国防思想指引中国航天事业走向世界》，《中国科技论坛》1994 年第 1 期。

黄志澄、仇强华：《迎接 21 世纪世界航天发展的新高潮》，《中国航天》1996 年第 5 期。

姜天骄：《太空奏响"东方红"》，《经济》2021 年第 5 期。

李君、戴品华：《试论航天精神体系（上）》，《中国航天》2008 年第 7 期。

李志黎、陈炳文、刘文科：《回顾历史　展望未来　发展中国航天事业》，《中国软科学》1997 年第 6 期。

　　林宗棠：《奋斗在工业战线的薄老》，《百年潮》2008 年第 1 期。

　　梁东元：《中国载人航天前传》，《神剑》2013 年第 3 期。

　　刘登锐：《中国航天科技工业的发展道路》，《中国航天》1994 年第 11 期。

　　刘卉：《漫谈中国风筝艺术》，《文艺争鸣》2011 年第 6 期。

　　刘云、李树、刘吕吉：《中国青年工程师群体对中国及世界的影响》，《中国青年研究》2013 年第 7 期。

　　陆绶观：《中国科学院与中国第一颗人造地球卫星》，《中国科学院院刊》1999 年第 6 期。

　　美国宇航协会访华代表团：《中国空间技术的考察报告》，沈昭然译，《中国科技史料》1980 年第 3 期。

　　苗东升：《"两弹一星"事业对中国社会发展的影响》，《中国工程科学》2004 年第 7 期。

　　戚发轫：《中国航天发展历程与启示——2009 年空间环境与材料科学论坛大会报告》，《航天器环境工程》2010 年第 1 期。

　　钱学森、许国志、王寿云：《组织管理的技术——系统工程》，《上海理工大学学报》2011 年第 6 期。

　　孙学琛：《世界航天发展的新趋势》，《瞭望新闻周刊》1994 年第 36 期。

　　王景泉：《90 年代世界载人航天发展概述》，《中国航天》1997 年第 3 期。

　　王礼恒、潘坚、曹秀云：《近期世界航天科技发展及我们的思考》，《中国科技论坛》2004 年第 6 期。

　　吴艳华：《加快航天强国建设步伐　助力中国梦早日实现》，《紫光阁》2016 年第 12 期。

　　杨保华：《创新引领中国空间事业科学发展之路》，《航天工业管理》2011 年第 12 期。

　　杨照德：《中国第一颗人造卫星诞生内幕》，《华声月报》2000 年第 3 期。

　　张晓松、朱基钗、杜尚泽：《"加油、努力，再长征！"——习近平总书记考察广西纪实》，《当代广西》2021 年第 9 期。

　　中国航天科技集团公司：《中国航天科技集团公司关于加快推动我国成为世界航天强国行动纲领（2013—2020）》，《中国航天》2013 年第 2 期。

　　中国航天科技集团公司党组：《载人航天精神：航天事业发展的不竭动力》，《国防科技工业》2013 年第 8 期。

　　中国航天科技集团五院：《以高质量党建引领中国空间事业高质量发展》，《党建》2021 年第 6 期。

佐林：《华盛顿的争吵》，《世界知识》1958 年第 6 期。

陈明仲：《航天系统工程与总体设计部——钱学森同志在发展我国系统工程理论与实践中的贡献》，《钱学森科学贡献暨学术思想研讨会论文集》2001 年 12 月 10 日。

李中双、贾常文、王欣阁：《毛泽东国防科技和武器装备建设思想及其时代价值》，《毛泽东与中国道路——全国纪念毛泽东同志诞辰 120 周年学术研讨会论文集（下）》2013 年 11 月。

刘霖：《东方红一号的政治载荷》，国防科学技术大学 2016 年博士论文。

刘耀松：《载人航天精神与社会主义核心价值体系》，河北师范大学 2012 年硕士论文。

王智军：《航天型号研制在特殊时期的战略决策——强化科研生产管理》，重庆大学 2003 年硕士论文。

赵洋：《"东方红一号"科学技术与社会因素的互动》，中国科学院研究生院（自然科学研究所）2006 年博士论文。

周力辉：《马克思恩格斯精神生产理论研究》，苏州大学 2012 年博士论文。

《"百岁国宝"王希季：与党同龄　一生为国》，《中国航天报》2021 年 7 月 28 日。

航天科技集团公司企业文化部：《中国航天事业之魂——航天"三大精神"》，《中国航天报》2006 年 11 月 29 日。

曲青山：《中国共产党百年辉煌》，《光明日报》2021 年 2 月 3 日。

谭智俊：《载人航天精神的由来与发展》，《人民政协报》2017 年 3 月 16 日。

熊杏林、申红心：《读懂载人航天精神中的"特别"》，《光明日报》2020 年 12 月 2 日。

中国空间技术研究院航天精神谱系研究课题组：《深厚博大的航天精神谱系及其传承》，《学习时报》2019 年 11 月 25 日。

后　记

　　组织编写一部体现航天精神引领中国航天事业发展的著作，是我们由来已久的心愿。中国航天的发展与成功，似乎已是"寻常事"；然而看似寻常最奇崛，成如容易却艰辛。我们深知其背后，是多少日夜、多少汗水！是多少拼搏、多少奉献！这些都是航天精神的力量展现与实践表达。冰心老人说："成功的花，人们只惊羡她现时的明艳！然而当初她的芽儿，浸透了奋斗的泪泉，洒遍了牺牲的血雨。"把这些"奇崛"与"艰辛"记录下来，把这些"奋斗"与"牺牲"呈现出来，讴歌蕴含其中的宝贵精神，赞美处处涌动的精神力量，是我们应该担负的使命。

　　中华民族探索浩瀚宇宙的征程，从来都离不开航天精神的引领，从来都离不开精神力量的驱动。在参与航天事业的奋斗中，我们深切为航天事业的发展与成就感到骄傲，为航天精神的品格与力量感到自豪。党中央高度重视传承和弘扬航天精神。党的十八大以来，习近平总书记更是就此发表了一系列重要论述，为我们指明了方向。近年来，中国空间技术研究院将大力弘扬航天精神作为一项重要的政治责任，认真谋划、系统落实，做了大量工作。党委书记赵小津牵头开展了多项课题研究，在中央媒体和理论刊物发表了系列重要成果。他讲授的"精神的力量"课程在航天内外取得热烈反响，形成了广泛的影响。中国空间技术研究院的展厅不仅注重展示空间事业发展成就，还建立了"精神的力量"常展，接待大量来访参观，充分发挥了弘扬航天精神的窗口作用，被评为"全国爱国主义教育示范基地"。一支由研究院的精兵强将组成的航天精神宣讲团，活跃在部门、班组、研制现场、发射场，活跃在机关、学校、企业、社区，为身边的同志们和社会公众阐发精神内涵、讲述精彩故事、传递精神力量，影响多达数十万人次。

2021年是中国共产党成立100周年，也是航天事业创建65周年。在波澜壮阔的百年征程中，航天事业谱写了壮美篇章；立足百年风华、笃定千年志向，航天事业还将继续发挥至关重要的作用。在这一具有历史意义的年份，推出一本讲述航天精神、阐发精神力量的著作，恰逢其时！怀着崇敬与敬畏之心，我们抓紧行动起来，并抽调相关单位的精干力量，迅速组建了编写组。每一位同志都将参与这项任务看作一种莫大的荣誉。在把握既有成果的基础上，大家深入学习重要论述，持续深化思考，细心论证，认真撰写，并根据各方面的意见建议，对书稿进行了数轮更订。

在中华人民共和国成立72周年之际，党中央批准发布了第一批纳入中国共产党人精神谱系的伟大精神。党领导航天人在实践中铸就的"两弹一星"精神、载人航天精神、探月精神、新时代北斗精神被纳入其中。消息传来，作为航天人，我们无比振奋；作为编写组成员，我们深感骄傲，决心以更加严慎细实的作风，为呈现一部高质量的作品而决战决胜。

本书是在中国空间技术研究院党委的领导下，集体合作完成的。党委书记赵小津担任主编，党委副书记李杰担任副主编，提出编写宗旨、基本原则、预期目标和具体要求，听取工作汇报，批准全书的框架与内容布局，决策过程中的重大问题。大家多次讨论、集同写作、精心修改、反复打磨，付出了辛勤的劳动，用"精神的力量"编写完成了这部著作。

按照本书内容的先后顺序，撰写分工具体如下：

第一编：第一、二章，张国航、成方；第三章，胡水洋、孙琳。

第二编：第四、五、六、七章，张国航。

第三编：第八、十、十二章，胡水洋、孙琳；第九、十一章，张国航、母国新。

第四编：第十三、十四章，王同心、门昱；第十五章，庞丹；第十六章，薛飞、庞丹；第十七章，王同心、庞丹。

第五编：第十八章，成方；第十九、二十、二十一章，张国航。

全书由孔延辉、孙菽艺、张国航负责统稿、推动定稿。张国航还进行了查阅资料、核对引文、修改、校订等技术性工作。

赵小津、李杰审阅了每一轮重大修改后的书稿，审定了全书的终稿。

孙家栋院士亲自为本书作序，肯定本书"有高度、有深度、很厚重"，鼓励大家在新的征程上继续前进。戚发轫院士、叶培建院士亲切关心本书编写工作，给予了宝贵的指导。我们为此深受感动、深受鼓舞！在这里，我们尤其要向孙家栋、戚发轫、叶培建等航天前辈致敬！你们奠定了事业的根基，开创了发展的道路，点燃了精神的火炬，功勋永铭史册。你们永远是我们学习的楷模、奋斗的榜样！

在本书编写过程中，中国空间技术研究院总体设计部原党委书记刘燕宁、中国航天报社原总编辑时旭、中共中央党校胡明艳副教授等通读了书稿，进行了仔细校订，为全书修改完善及至定稿发挥了重要作用。研究院有关部门和单位提供了大量素材，多位老同志和许多领导、专家参与了审查工作，提出了宝贵的意见建议。我们对所有为本书作出贡献的单位和个人表示衷心的感谢！

本书的内容，除了主要来自我们的档案与积累，还有许多是从大量有关研究航天精神、反映航天成就的图书及报刊文章中得到借鉴、受到启发的。在此一并表示诚挚的谢意！

最后，我们还要衷心感谢人民出版社的大力支持。尤其是责任编辑毕于慧女士，为我们的编写工作进行了专业严谨的指导，为本书顺利付梓面世作出了卓著的贡献！

限于水平与学识，疏漏及不当之处在所难免，恳请广大读者批评指正。

编　者

2021 年 10 月（2022 年 2 月修订）